NORBERT LÜDECKE

DIE TÄUSCHUNG

Haben Katholiken die Kirche, die sie verdienen?

Die deutsche Nationalbibliothek verzeichnet diese Publikation
in der Deutschen Nationalbibliografie.
Detaillierte bibliografische Daten sind im Internet
über www.dnb.de abrufbar.

wbg Theiss ist ein Imprint der wbg.

© 2021 by wbg (Wissenschaftliche Buchgesellschaft, Darmstadt)
Die Herausgabe des Werkes wurde durch die Vereinsmitglieder der wbg ermöglicht.

Layout, Satz und Herstellung: Arnold & Domnick, Leipzig
Gedruckt auf säurefreiem und alterungsbeständigem Papier
Printed in Europe

Besuchen Sie uns im Internet: www.wbg-wissenverbindet.de

ISBN 978-3-8062-4353-6

Elektronisch sind folgende Ausgaben erhältlich:
eBook (PDF): 978-3-8062-4411-3
eBook (epub): 978-3-8062-4412-0

Inhalt

Abb. 1: Filmplakat zum US-amerikanischen Komödienklassiker von 1993 „Und täglich grüßt das Murmeltier" (Originaltitel: „Groundhog Day"). (© Columbia Pictures)

Und täglich grüßt der „Dialog"[1]

Er ist ein Komödienklassiker, der Film *Und täglich grüßt das Murmeltier* von 1993: Der arrogante, egozentrische und zynische Protagonist sitzt in einer Zeitschleife fest. Er muss ein und denselben Tag immer wieder erleben, allmorgendlich beginnend mit demselben Radiosong. Was derzeit in der katholischen Kirche in Deutschland unter dem Label „Synodaler Weg" firmiert, erscheint bei näherem Hinsehen und im zeitgeschichtlichen Kontext durchaus als eine ähnliche Zeitschleifenfixierung: Nur vermeintlich neu grüßt katholische Laien der „Dialog", wenn die Kirche wieder einmal in einer Krise steckt.

Das ständehierarchisch organisierte römisch-katholische Religionssystem[2] erweist sich auch hierzulande in aller Regel als beeindruckend stabil. Anders als in Kasten- oder Klassensystemen drängen untere Positionen nicht konsequent nach oben.[3] Ein Grund dafür sind sicher Legitimationsmetaphern wie die vom „Leib Christi", von „Hirt und Herde" oder von der „Familie Gottes", die den grundsätzlichen Positionsunterschied zwischen Klerikern und Laien immer noch erfolgreich als gottgewollt und katholisch identitätsbildend vermitteln. Es mag aber auch daran liegen, dass die katholischen Hierarchen in Deutschland jedes Mal, wenn es sporadisch doch zu brenzligen, von ihnen als systembedrohlich empfundenen Situationen kommt, zusammen mit willigen Laienhelfern ein geschicktes Handlungsskript zur Beruhigung der Lage abrufen. Solche Situationen gab es im Vorfeld der Gründung des heutigen Zentralkomitees der deutschen Katholiken 1952, im Nachgang zum berühmt-berüchtigten Katholikentag von 1968 in Gestalt der „Würzburger Synode" (1972–1975), im Skandaljahr 2010 nach der Aufdeckung der Missbrauchsfälle im Berliner Canisius-Kolleg und auch wieder 2018 nach der Vorstellung der sogenannten MHG-Studie zum sexuellen Missbrauch von Kindern durch katholische Kleriker in den deutschen Diözesen. Wer diese Stationen mit ihren zeitgeschichtlichen O-Tönen abruft, erkennt schnell ein vertrautes, vielleicht zeitgemäß neu arrangiertes, aber doch immer gleiches Lied.

Als die deutschen Bischöfe im Nachkriegsdeutschland die Chance zu einer Rechristianisierung oder besser -katholisierung von Gesellschaft und Staat sahen, wussten sie: Sie brauchten dazu die Laien als politischen Arm. Eine entsprechende Rolle hatten diese schon seit dem 19. Jahrhundert in Gestalt eines breit entfalteten katholischen Verbandswesens in treuer Anhänglichkeit an die kirchliche Obrigkeit ausgefüllt. Dass sie im Laufe der Zeit an organisatorischer Stärke und mit Erfolgen in ihrem Kampf für die Rechte der Kirche auch an Selbstbewusstsein gewannen, rief allerdings den Argwohn der Bischöfe hervor. Und als nach dem Krieg bestimmte, auch politische Kreise an diese Tradition des Katholizismus anknüpfen wollten, setzten die Bischöfe entschlossen auf eine enge kirchliche Anbindung aller Laienaktivitäten. Streben nach Kontrolle, Angst vor Konkurrenz und das ständige Schreckgespenst einer Parlamentarisierung der Kirche und damit einer Bedrohung der Kirchenstruktur und vor allem der Position der Bischöfe ließen sie ein Konzept durchsetzen, das der politisch hochbegabte und umtriebige Kölner Prälat Wilhelm Böhler entworfen hatte: 1952 mündete das bischöfliche Bemühen um eine Domestizierung des Laien-Engagements in die Gründung des „Zentralkomitees der deutschen Katholiken" (ZdK). Dieses Organ, das aus engagierten Laien aus kirchlichen Gremien, Verbänden und dem öffentlichen Leben sowie aus Klerikern bestand, sollte nach innen die Laienaktivitäten koordinieren und nach außen als „pressure group" in den vorparlamentarischen politischen Raum fungieren. Um die engagierten Laien nicht zu verprellen, sollte die Anbindung an die Bischöfe diskret erfolgen: Die Laien sollten das Gefühl haben, mit und in diesem Gremium zu führen und selbstständig zu handeln, ohne es tatsächlich zu sein. Statuarische Vorkehrungen wie die Verankerung von Klerikerpositionen, die den Einfluss und die Information der Bischöfe sicherten, sowie personelle und finanzielle Abhängigkeiten garantierten, dass auch bei langer Leine die bischöfliche Führung effektiv gewahrt blieb. Mit einem katholisch formatierten Dialogverständnis und einem ständehierarchisch durchwirkten Verständnis von Gemeinsamkeit sollten Engagement und Kooperationsbereitschaft der Laien erhalten werden. Mit dieser Einhegung des Laienapostolats gehört die Simulation von Partizipation zur DNA des ZdK.

1972–1975 reagierten die deutschen Bischöfe mit der Einberufung der Würzburger Synode auf die nächste heikle Situation: Auf dem II. Vatikanischen Konzil (1962–1965) durfte über die Frage der erlaubten Methoden zur Empfängnisverhütung nicht diskutiert werden, weil diese einer Entscheidung des Papstes vorbehalten blieb. Die ließ nachkonziliar allerdings auf sich warten, wodurch sich im deutschen Katholizismus ein immer stärkerer Druck aus Hoffnungen und Befürchtungen aufbaute. Ohnehin angeregt durch die allgemeine Reformerwartung nach dem Konzil, hofften viele Katholiken, das bisherige Verhütungsverbot könnte aufgehoben werden, zumal die Ergebnisse einer Kommission zur Beratung des Papstes in dieser Frage mehrheitlich in diese Richtung zeigten. Je länger die päpstliche Entscheidung auf sich warten ließ, desto mehr wuchs allerdings auch die Befürchtung, der Papst könne auf der traditionellen Lehre beharren. Überdruck und Explosionsgefahr im Kirchenkessel drohten, als 1968 die „Pillen-Enzyklika" Papst Pauls VI. mit ihrer Einschärfung des Verbots jeder künstlichen Empfängnisverhütung den schlimmsten Befürchtungen entsprechend alle diesbezüglichen Hoffnungen zerstörte. Ein so noch nie dagewesener Protest und Aufstand gegen die als autoritär und übergriffig empfundene Hierarchie war die Folge und fand seinen exemplarischen Ausdruck 1968 auf dem Essener Katholikentag. Die Bischöfe nahmen damals realistisch wahr, mit bloßer Papsttreue und nur formal begründeter Einforderung von Gefolgschaft riskierten sie völligen Kontrollverlust und Dauerschaden an ihrer Autorität. Was sie brauchten, war eine kontrollierte und dauerhafte Druckabsenkung. Dazu öffneten sie mehrere Ventile: Akut ließen sie auf dem Katholikentag 1968 der spontanen Erregung und dem Diskussionsbedarf freien Lauf. Bereits zuvor hatten sie schon Druck durch ihre schnell präsentierte „Königsteiner Erklärung" entweichen lassen: In dieser ließen sich die Bischöfe so verstehen, als sei die eigene Gewissensentscheidung der Gläubigen bei der Wahl der Verhütungsmethode mit der Vorgabe des

Papstes vereinbar; deutsche Katholiken wähnten deshalb die Bischöfe auf ihrer Seite. Erst später mussten sie realisieren, dass dies ein Missverständnis war.

Das entscheidende Ventil zu einer längerfristigen Befriedung war ein anderes: Schon im Umfeld des Essener Katholikentages hatte der Vorsitzende der Bischofskonferenz zusammen mit ZdK-Führungspersonen die Idee einer deutschlandweiten Synode, also eines Beratungsvorgangs, geboren und in schneller und konzertierter Vorbereitung verwirklicht. Sinn und Zweck der sogenannten Würzburger Synode (1972–1975) war, im Kontext von Demokratisierungsforderungen, die aus der Gesellschaft in die Kirche hinüberzuschwappen drohten, ein Format zu präsentieren, das Katholiken ein Aussprache- und Mitwirkungsforum bot, ohne jedoch die Autorität der Bischöfe anzutasten. Diese wollten sie ungeschmälert behalten, aber „dialogisch" ausüben. Verwirklicht wurde das durch ein Statut, das die Synode zu einem Entscheidungsorgan machte und demokratieähnliche Mitbestimmung suggerierte, aber zugleich sehr geschickt dafür sorgte, dass die Kontrolle über Ablauf, Themen und Entscheidungen bei den Bischöfen blieb. Die Rechnung der Bischöfe und des willig kooperierenden ZdK ging auf und sorgte trotz des nicht behobenen Reformbedarfs für eine ambivalente Ruhe, die einerseits auf der Zufriedenheit derer beruhte, denen eine Aussprache vor und mit Bischöfen genügte, und andererseits auf der Erschöpfung und Enttäuschung derjenigen, die zu spät erkannten, dass sie sich über Jahre in einer Partizipationsattrappe engagiert hatten, die mit Demokratie nichts zu tun hatte und dies nach amtskirchlicher Überzeugung auch niemals haben durfte.

In dieser trügerischen Ruhe baute sich anschließend in einem längeren Prozess von zwei Seiten erneuter Druck auf. Zunächst hielt das ZdK über längere Zeit nicht zuletzt durch Ausgrenzung des Linkskatholizismus und der bleibenden heißen Eisen wie Priesterzölibat, Frauenrechte, Laienmitbestimmung und wiederverheiratete Geschiedene noch eine Konsensfassade aufrecht. Je mehr Katholiken sich allerdings politisch nicht mehr nur durch die Union vertreten sahen, in der das ZdK maßgeblich verankert blieb, und je deutlicher sich die klassischen, weil unbewältigten innerkirchlichen heißen Themen zurückmeldeten, desto weniger konnte sich das ZdK auf Dauer dem Veränderungsdruck entziehen. Es öffnete sich seit Ende der 1980er-Jahre nicht nur für die SPD wie später auch für die Grünen, sondern integrierte auch früher ausgegrenzte Reformanliegen.

Auf der anderen Seite setzte ein Restaurierungsprozess von oben ein. Die Würzburger Befriedung hatte Zeit und Raum für eine Neuetablierung der kirchlichen Autorität geschaffen, die sich nie aufgegeben, sondern nur zeitweilig machtopportunistisch zurückgenommen hatte. Das änderte sich entschieden, als im Konklave von 1978 ein Mann an die höchste (Voll-)Macht in der Kirche kam, der von Anfang an keinen Zweifel daran ließ, wer der Herr im katholischen Haus zu sein hatte. Zusammen mit seinem kongenialen Glaubenswächter Kardinal Ratzinger baute Papst Johannes Paul II. die autoritative Infrastruktur der katholischen Kirche durch das neue weltweite Kirchengesetzbuch, den Codex Iuris Canonici von 1983, maßgeblich wieder aus. Auf der doktrinellen Ebene schärfte er sensible Lehren wie die der Enzyklika „Humanae Vitae" neu ein und verschärfte die Lehre von der Unmöglichkeit der Priesterweihe für Frauen durch ihr formales Upgrade zu einer unfehlbaren Lehre. Widerspruch aus der Theologie stieß auf entschiedene römische Sanktionen.

Ein Teil der Bischöfe versuchte zeitweilig, den erneuten Druckanstieg durch unterschiedliche diözesane Gesprächsereignisse zu mindern. Sie produzierten gleichwohl nur neue Enttäuschung und Unzufriedenheit und konnten weder das Kirchenvolksbegehren noch die Eskalation des Konflikts zwischen Papst und deutschen Bischöfen mit dem ZdK in der Frage der Schwangerenkonfliktberatung verhindern. Letzterer wurde durch ein Machtwort des Papstes entschieden, nicht gelöst. Während Teile der Laien an ihrer Gewissensentscheidung festhielten und Beratungsstellen in eigene Regie übernahmen, gehorchten mit einer Ausnahme alle deutschen Bischöfe dem Ausstiegsbefehl aus Rom. Die Probleme aber blieben unbewältigt, weil autoritär abgeblockt, und schwelten weiter.

Als die Aufdeckung der Missbrauchsfälle am Berliner Canisius-Kolleg der Jesuiten das Skandaljahr 2010 einleitete, bestand erneut akute Explosionsgefahr. Und wieder griffen die Bischöfe zu der inzwischen auch in

Österreich erprobten Kombination aus demonstrativer Gesprächsbereitschaft und mobilisierender Gemeinsamkeitsrhetorik, die zwar nie etwas mit Gleichberechtigung zu tun hatte, aber doch vielfach so verstanden wurde. Sie riefen einen über die Jahre 2011–2015 gestreckten „Gesprächsprozess" aus, den sie nach Inhalt und Verlauf steuerten. Die Laien ließen sich erneut hoffnungsfroh darauf ein und realisierten erst spät im Verlauf oder erst am Ende, dass sie viel reden, aber nichts hatten entscheiden können, weil auch umgängliche Hirten an runden Tischen nicht zu Schafen mutierten, sondern ihre ständische Positionsmacht ungeschmälert behielten. Die Bischöfe bestimmten nach ihrem freien Ermessen ebenso darüber, ob es überhaupt einen Dialog gab, wie über den Ablauf und die Inhalte und über die Umsetzung etwaiger Ergebnisse.

Die Forderungen der Laien nach Partizipation blieben nicht nur unbefriedigt. Sie erhielten sogar eine permanente Energiezufuhr durch die anhaltende Missbrauchsproblematik und die Unfähigkeit und Unwilligkeit der Hierarchen, gegebenenfalls politische Verantwortung für Versagen zu übernehmen, geschweige denn persönliche Konsequenzen zu ziehen. Als im September 2018 durch die MHG-Studie Umfang und Qualität des Missbrauchsgeschehens einschließlich der Mahnung, sich etwaigen systemischen Risikofaktoren zu stellen, eine so deutliche empirische Bestätigung erhielten, stieg der ohnehin nicht stark abgesunkene Druckpegel schnell wieder bedrohlich an und die alten und wegen Nichtlösung immer noch aktuellen heißen Eisen meldeten sich jetzt unter dem systemischen Label mit enormer Massivität zurück. Überraschend ist nach allem nun nicht, dass die Bischöfe wieder reflexartig ein „Dialog"-Format namens „Synodaler Weg" auflegten. Erstaunen kann vielmehr, dass das ZdK und seine Laien sich ein weiteres Mal darauf einließen, obwohl das Format keine der Bedingungen erfüllte, unter die sie ihre Teilnahme eigentlich gestellt hatten. Nun arbeiten sie wieder in einem langen Prozess mit, der eine nur relative Verbindlichkeit des Verfahrens und keinerlei Ergebnisverbindlichkeit produziert, sondern maximal Bitten an die Bischöfe und zum größten Teil an den Papst. Es kann verwundern, dass die Laien erneut eine „Partizipation" akzeptieren, die strukturell vollständig im Rahmen der katholischen

Klerikalmonarchie verbleibt, in der die Laien nur beratend am „decision-making" beteiligt werden, das „decision-taking" aber den Hierarchen vorbehalten bleibt.

Diese immer wieder neue Unterwerfung der Katholiken unter hierarchische Vorgaben provoziert die abschließende Frage, woran es liegt, dass katholische Gläubige immer weiter Reformen erhoffen, die seit so langer Zeit von der Hierarchie verweigert oder als gar nicht möglich, weil gegen die Identität der katholischen Kirche verstoßend, qualifiziert werden. Gibt es Faktoren, die Katholiken den Blick auf die kirchliche Realität verstellen, oder vielleicht eine spezifisch katholische Disponierung, diese Realität gar nicht sehen zu wollen? Warum haben katholische Laien keinen wirklichen Plan B für den Fall, dass ihre Erwartungen und Forderungen nicht erfüllt werden? Ist ihre Angst, sich von einer reformunfähigen Kirche distanzieren zu müssen, größer als ihr Leiden an der real existierenden Kirche? An dem genannten Faktorenbündel kann der Kanonist aufklärerisch arbeiten, bei der Frage nach dem Warum wäre es vergebene Liebesmüh. Hier bleibt es beim Dauerbejammern einer Kirche, auf die man heilsängstlich nicht verzichten kann.

1952

Abb. 2: Eröffnungsveranstaltung zum 77. Deutschen Katholikentag am 29. August 1956. Bundeskanzler Konrad Adenauer (grüßend), gerahmt von kirchlichen Würdenträgern, dem Kölner Erzbischof Josef Kardinal Frings (rechts) und dem Paderborner Erzbischof Lorenz Jäger (links). Neben Frings am rechten Rand der Präsident des ZdK, Karl VII. Fürst zu Löwenstein-Wertheim-Rosenberg. (© KNA)

Hierarchische Einhegung des Laienengagements: die Gründung des „Zentralkomitees der deutschen Katholiken"

Dem Staat übergeordnet, aber auf die Laien angewiesen

Im Nachkriegsdeutschland wollten die deutschen Bischöfe den Neuaufbau für eine politische Einflussnahme zur Verchristlichung von Staat und Gesellschaft nutzen.[1] Als Exponenten einer nach ihrem Selbstverständnis von Christus gestifteten, in ihrer Ordnung eigenberechtigten höchsten Gesellschaft zur Vermittlung des Seelenheils sahen sie sich dem Staat als Einrichtung der Schöpfungsordnung zum irdischen Wohl übergeordnet. Denn beide Ordnungen unterstehen dem göttlichen Gesetz, das vom kirchlichen Lehramt verbindlich festgestellt, ausgelegt und konkretisiert wird. Entsprechend schrieb Erzbischof Frings schon im Februar 1946 an seine Dechanten zur Neuordnung des öffentlichen Lebens nach dem Zusammenbruch: „In der allgemeinen Gärung und Bewegung, die dadurch Platz gegriffen hat, besitzen wir Katholiken den einzigartigen Vorteil, dass uns dabei zwei Lichter voranleuchten, die uns vor Irrwegen bewahren und auf den rechten Weg bringen können"[2] – gemeint waren die Offenbarung und die christliche Naturrechtslehre, nach denen sich auch das staatliche Recht zu richten hat.[3]

Entsprechend erwarteten sie das Grundgesetz des neuen Staates als „eine öffentliche Anerkennung der ‚schon in der Natur gegebenen, ewig gültigen, durch Christus neu gefestigten und vollendeten Gottesordnung' ..., ohne die für ein Volk auf die Dauer ein glückliches und gesundes Leben unmöglich ist"[4].

Ebenso bewusst war den Bischöfen aber, dass der kirchliche Vorranganspruch sich schon lange an der Souveränität der neuzeitlichen und schließlich demokratischen Staaten brach. Effektiv zur Geltung gebracht werden konnte er nur noch über die kirchlich gehorsamspflichtigen katholischen Gläubigen als „innerstaatlichem Vollstreckungsorgan"[5]. Diese faktische Angewiesenheit ist für die Hierarchie hinnehmbar, solange die Laien ihre innerkirchliche Ungleichheit und Gehorsamspflicht nicht als problematisch empfinden. So nutzten katholische Vereine seit Mitte des 19. Jahrhunderts die staatlich frisch gewährte Vereins- und Pressefreiheit als „kirchen- und vatikantreue Garde"[6], um für die Rechte und öffentliche Stellung eben jener Kirche zu streiten, die sich gegen die Menschenrechte sperrte.[7] Für ihre Gesamtorganisation „Katholischer Verein Deutschlands" bedeutete das Selbstverständnis als katholisch, sich „der Autorität und der rechtlichen Befugnis unserer Pfarrer, unserer Bischöfe sowie des Päpstlichen Stuhles pflichtgemäß zu unterwerfen"[8].

Die Vereine kämpften für die Freiheit der Kirche im Staat, nicht für die Freiheit der Gläubigen in der Kirche. Als der Theologe Johann Baptist Hirscher (1788–1865) öffentlich forderte, Laien sollten auch an Synoden mit vollem Stimmrecht teilnehmen[9], protestierte der Laienverein und verwahrte sich „auf das Entschiedenste und Nachdrücklichste gegen allen und jeden Anspruch auf Beteiligung an der Führung oder auf Controle des Kirchenregiments", weil „die Führung und Handhabung des Kirchenregiments dem Episkopat Deutschlands zukomme"[10]. Das galt auch für die jährlichen „Generalversammlungen der katholischen Vereine", später „der Katholiken Deutschlands" („Katholikentage"). Organisatorisch getragen von einem gewählten Zentralkomitee (seit 1868 und nach einem langen Zwischenspiel mit einem einzelnen Zentralkommissar wieder seit 1898[11]) gaben sich diese Katholikentage stolz papsttreu-ultramontan[12] und antimodern.[13] In Sachen

Schule etwa betonten sie, der Pfarrer stehe als eigentlicher Erzieher über dem Schullehrer als seinem Gehilfen wie die Kirche über dem Staat.[14] Die vom Staat verfügten Kirchenvorstände aus Laien sahen sie nur in vorübergehender Mitverantwortung für die ihnen eigentlich nicht zustehende Verwaltung von Kirchenvermögen, denn: „Wir sind nicht zu Meistern berufen, sondern zu Helfern"[15]. Die Einigkeit war allerdings eine auch durch Ausgrenzung aufgebaute „Konsensfassade"[16]: Andersmeinende oder gar Reformkatholiken ließ man außen vor oder nicht zu Wort kommen[17], Kontroversen sollten gar nicht erst in die Beratung gelangen, Beschlüsse hatten die Zustimmung der Bischöfe zu finden.[18]

Zum allgemeinpolitischen Arm der Katholikentage[19] entwickelte sich über viele Querverbindungen die Zentrums-Fraktion[20], die gar nicht aus der katholischen Vereinsbewegung, sondern von preußischen Abgeordneten gegründet worden war. Das „Zentrum" galt als das „stehende Heer", das Kirchenvolk als „Reserve, über die wir auf den General-Versammlungen Heerschau halten"[21]. Querverbindungen gab es auch zur 1890 gegründeten zentralen Dachorganisation der Laieninitiativen, dem „Volksverein für das katholische Deutschland", der als Träger politischer, sozialer wie religiös-kultureller Bildung und Aktionsspitze des Katholizismus zugleich zu einer außerparlamentarischen politischen Kraft mit zeitweilig enormer Massenbasis und einer starken Zentrale in Mönchengladbach avancierte.[22]

Das Prinzip der Meinungs- und Willensbildung von unten blieb eine Anomalie im hierarchischen System und bot trotz aller Unterwerfungsbekundungen der aktivierten Laien Grund für Argwohn der Bischöfe, die sich ihrerseits erst später als die Laien organisierten.[23]

Laien werden selbstbewusster

Grundlegende Rechte im Staat erfolgreich für die Kirche in Anspruch zu nehmen, ließ die Laien selbstbewusster und eigenständiger werden.[24] Der „Volksverein" setzte sich für interkonfessionelle christliche Gewerkschaften und gleiches Wahlrecht im Staat ein und forderte damit bischöflichen

Widerstand heraus.[25] Der Präsident des Münchener Katholikentages von 1922, Konrad Adenauer, wagte es, der pauschalen Demokratieverdammung durch Kardinal Faulhaber öffentlich zu widersprechen.[26] Gegen den selbstbewussten und auf Unabhängigkeit bedachten deutschen Vereinskatholizismus wurde die von Papst Pius XI. seit 1922 favorisierte „Katholische Aktion" in Stellung gebracht, ein Laienapostolat „in Unterordnung unter euch [die Bischöfe, N. L.] und eure Priester"[27]: Zurück zu „Pfarrei und Diözese, endlich ein Abrücken von dem ewigen Organisieren über alle Diözesangrenzen hinweg"[28]. Allerdings drängte erst die Zerschlagung des katholischen Verbandswesens durch die Nationalsozialisten die Laienaktivität wirklich effektiv zurück in Pfarrei und Diözese.[29]

Nach dem Zweiten Weltkrieg sahen sich auch die katholischen Laien vor der Herausforderung, die sich neu formierende Gesellschaft im christlichen Sinn zu prägen.[30] Die demografische und konfessionelle Umschichtung ließ als politische Partei einzig die Gründung einer interkonfessionellen Union schlüssig erscheinen. Für die darüber hinaus erforderliche Verfolgung spezifisch katholischer Interessen und das innerkirchliche Gestaltungsbedürfnis kam es zu einem Boom an Neu- und Wiedergründungen verschiedenster Laieninitiativen. So engagierten sich viele Laien in sehr unterschiedlichen, oft von kleinen Kerngruppen getragenen und gerade nicht verbandlich organisierten Werken und freien Initiativen. Solche informellen Gruppen ließen sich durchaus im Sinne der Katholischen Aktion hierarchisch führen und unter bischöflichen Hauptarbeitsstellen oder in eng kirchlich angebundenen Katholikenausschüssen auf Pfarr- und Diözesanebene zusammenfassen. Bald lebten auch verbandliche Organisationsformen wieder auf[31], bis hin zu den von Kreisen um Konrad Adenauer befürworteten Plänen zur Wiedergründung des „Volksvereins" für eine von den Bischöfen weitgehend unabhängige gesellschaftspolitische Laienaktivität.[32] Die ersten Nachkriegs-Katholikentage 1948 in Mainz und 1949 in Bochum verabschiedeten selbstbewusste Entschließungen.[33]

Kontrollbedürfnis, Konkurrenzängste und Parlamentsphobie

Schon in Mainz hatte der gastgebende Bischof Albert Stohr[34] die Laien an ihre Grenzen erinnert. Katholische Aktion bedeute „Laienapostolat, aber nicht Laienregiment"[35], es gehe nicht darum, Machtgelüste zu äußern, sondern um den Willen zum Dienen. In Bochum forderten die Laien die betriebliche Mitbestimmung als „natürliches Recht in gottgewollter Ordnung"[36]. Darauf reagierten die Bischöfe erst recht verärgert, denn die Auslegung des Naturrechts komme allein dem kirchlichen Lehramt zu.[37] Offenbar – so hieß es – sei das „Aufsichts- und Ordnungsrecht der Bischöfe"[38] nicht zum Zuge gekommen. Die Eigendynamik des freien Gesprächs auf diesen katholischen Generalversammlungen erschien dem Episkopat riskant. In einem Memorandum über die „Koordinierung der Laienarbeit unter hierarchischer Führung" überlegten die westdeutschen Bischöfe daher, wie die Aktivitäten im gesamten katholischen Raum beobachtet, die Bischöfe darüber informiert und vor allem die „Intentionen und Anweisungen, die sich aus dem Aufsichts- und Ordnungsrecht des Episkopates ergeben, *rechtzeitig* und wirksam zur Geltung"[39] gebracht werden könnten. Der Leiter einer solchen externen Informationsstelle „im Rang eines Prälaten" sollte das Laienengagement an die Hierarchie binden.[40]

Eine Neuetablierung des katholischen Verbändewesens war nicht im Sinne der Bischöfe. Sie wollten keine überdiözesanen Großvereinigungen mit geistlichen Funktionären in Verbandszentralen (Generalpräsides), die sie als „Verbandskardinäle" oder „Überbischöfe" und damit als Führungskonkurrenz ebenso ablehnten[41] wie sie immer wieder Angst hatten, die Katholikentage oder andere Laienorganisationen könnten sich zu einem „Laienparlament" entwickeln.[42] Schließlich hatte Papst Pius XII. erst 1943 erneut betont, die kirchlichen Oberhirten seien

„nicht bloß als die vorzüglicheren Glieder der allgemeinen Kirche anzusehen, weil sie durch ein ganz einzigartiges Band mit dem göttlichen Haupte des ganzen Leibes verbunden und daher mit Recht ‚die wichtigsten Teile der Glieder des Herrn' genannt werden. Sondern jeder einzelne in seinem Sprengel weidet und leitet im Namen Christi als wahrer Hirte seine eigene ihm anvertraute Herde. … Deshalb müssen sie als Nachfolger der Apostel zufolge göttlicher Einsetzung vom Volke verehrt werden. Und mehr als von den Regierenden dieser Welt, auch den allerhöchsten, gilt von den Bischöfen, da sie mit der Salbung des Heiligen Geistes versehen sind, das Schriftwort: ‚Vergreifet euch nicht an meinem Gesalbten!'"[43]

Für die Bischöfe war daher die entscheidende Frage: Wie konnten sie solche Entwicklungen verhindern, aber dennoch das Laienengagement in ihrem Sinne bündeln, koordinieren sowie strategisch ausrichten und steuern? Denn dieses Potenzial sollte neben der Unionspolitik als zweites Instrument mobilisiert und genutzt werden, um katholische Forderungen in den öffentlich-politischen Raum zu tragen. Manche Bischöfe favorisierten das Konzept der Katholischen Aktion als römisch vorgegeben und daher konsequent durchzuziehen: unzweideutige hierarchische Führung mit klerikalen Protagonisten als Ansprechpartner für Politik und Gesellschaft, die sich allenfalls von qualifizierten Laien beraten lassen durften.[44] Der episkopale Autoritäts- und Führungsanspruch sollte klar und deutlich geltend gemacht werden, denn die Kirche bleibe nun einmal in ihrer Struktur immer dieselbe, nämlich hierarchisch. Sicherlich könnten die Laien „noch weit mehr als bisher zur verantwortlichen Mitarbeit und eigentlichen Führung in der Exekutive" herangezogen werden. Verantwortbar sei dies aber nur, wenn sie „die gottgewollte Stellung der Hierarchie innerlich bejahen und bereit sind, praktisch dementsprechend zu handeln"[45]. Katholische Verbände unter einer reinen Laienführung seien gefährlich, eine Zentrale des Laienapostolats müsse im Sinne hierarchischer Unterordnung von einem Bischof geleitet werden.[46] Durchsetzen sollte sich in Gestalt des „Zentralkomitees der deutschen Katholiken" (ZdK) allerdings eine subtilere Variante mit identischer Zielsetzung.

Prälatenkonzept zur Laieneinhegung

Der ebenso weitsichtige wie politisch versierte und einflussreiche Kölner Prälat Wilhelm Böhler[47] begann unmittelbar nach Kriegsende mit der Durchsetzung seiner Idee eines nationalen Spitzengremiums für das deutsche Laienapostolat mit zugleich zentraler gesellschaftspolitischer Funktion.[48] Nach innen sollten die Laienaktivitäten koordiniert werden. Nach außen sollte eine hierarchisch legitimierte Laien-Repräsentation[49] geschaffen werden, die als eng amtskirchlich gebundene „pressure-group des deutschen Katholizismus im vorparlamentarischen Raum"[50] fungieren und so ein „aktionsfähiges und schnell reaktionsfähiges Instrument"[51] der Hierarchie zur allfälligen Durchchristlichung der Gesellschaft sein sollte. Beide Stoßrichtungen nach innen wie nach außen sollten unter bischöflicher Kontrolle und so verkirchlicht sein.

Böhler verfolgte sein Anliegen auf zwei Gleisen: Einerseits forcierte er mithilfe ausgewählter Laienhelfer[52] die Gründung bzw. Errichtung von Katholikenausschüssen und ihre Zusammenfassung in Diözesankomitees[53], die unter amtlicher Führung katholische Interessen in der Öffentlichkeit vertreten sollten. Der Vorsitz wurde zwar Laien überlassen. Der Informationsfluss hin zur Hierarchie und eine angemessene Kontrolle wurden gleichwohl dadurch sichergestellt, dass jedem Ausschuss ein „Geistlicher Beirat" angehören musste und verbindliche Beschlüsse nur mit Zustimmung des Dechanten, grundsätzliche sogar nur mit der des Bischofs möglich waren.[54]

Auf der anderen Seite warb Böhler beim ehemaligen Zentralkomitee der Katholikentage (Z. K.) unter geschickter Erinnerung an die guten alten Vorkriegszeiten um eine Beteiligung bei einem neuen erweiterten nationalen Laiengremium. Dieses Gremium konturierte er – allerdings nur intern Kardinal Frings gegenüber – schon sehr früh klar als in Struktur und Funktion das Z. K. völlig ersetzend:

„Das Zentralkomitee der Zukunft denke ich mir so, dass es besteht aus Vertretern der Diözesankomitees, Vertretern der katholischen Vereine, führenden Persönlichkeiten aus dem Laienstande, dem Weltklerus und dem Ordensklerus und Fachmännern für die einzelnen großen Aufgabengebiete"[55].

Der zunächst bleibenden Skepsis in Teilen des Episkopats begegnete Böhler mit dem Hinweis, die Katholische Aktion sei von Papst Pius XII. keineswegs monopolistisch, sondern als durchaus mit eigenen teilkirchlichen Traditionen kombinierbar gedacht. Der Grundsatz der Katholischen Aktion: „nie gegen die Hierarchie, nie ohne die Hierarchie, sondern stets mit der Hierarchie"[56] bleibe auch in dem neuen Gremium gewahrt. Es galt ihm als „selbstverständlich, daß keine Persönlichkeiten zum Zentralkomitee gehören können, gegenüber denen bischöfliche Bedenken bestehen, und keine Beschlüsse gefaßt werden können, die nicht auch die Zustimmung des Episkopates haben"[57]. Vor allem der Einbau der Katholikenausschüsse würde den Einfluss des Episkopats auf das Zentralkomitee erleichtern.[58] Zudem wies er darauf hin, die engagierten Laien würden „sich den Weisungen des Episkopates gern und freudig fügen". Bei ihnen herrsche „ein so großes Vertrauen in die Führung der Bischöfe, ein so großes Verantwortungsbewußtsein gegenüber Kirche und Öffentlichkeit und ein so freudiger Wille zur Einordnung"[59].

Partizipationsfiktion und Domestizierung

Bei aller damals sehr „ausgeprägten Gefolgschaftstreue des Laienkatholizismus"[60] wehrte Böhler taktisch zugleich auch einer anderen, psychologischen Gefahr, nämlich der, dass eine zu offenkundige hierarchische Führung auf wache, verbandliche Eigenständigkeit gewohnte und gesellschaftlich aktive Laien demotivierend wirken und damit die kirchliche Durchschlagskraft schwächen könnte. Gegen dirigistische Absichten anderer Bischöfe gab er daher Kardinal Frings früh zu bedenken: „Unsere Laien" – so seine selbstverständliche paternalistische Diktion –

„haben … das Bewusstsein, dass sie in dem geplanten Zentralkomitee doch etwas freier stehen und freier arbeiten und wirken
können. Ich halte es für dringend notwendig, dass in ihnen dieses
Bewusstsein nicht erstirbt; damit wäre zu leicht auch ein Erlöschen
des Bewusstseins der Mitverantwortung verbunden. Wenn ich einmal ganz offen sprechen kann, so möchte ich noch folgendes sagen:
Von einzelnen der Hochwürdigsten Herren Bischöfe wird die Not-
wendigkeit des bischöflichen Einflusses so stark betont, dass die
Laien sich bald überflüssig vorkommen werden; es besteht die Gefahr, dass einmal keine Laien mehr da sind, die geeignet und ge-
willt sind, für katholische Grundsätze in der Öffentlichkeit einzutreten oder die Rechte der Kirche zu verteidigen"[61].

Einfluss und Kontrolle durch die Bischöfe blieben außer Zweifel. Aber sie
sollten so verpackt werden, dass die Laien sich frei fühlen konnten, ohne es
wirklich zu sein. Gezielte Partizipationsfiktion gehört somit zur DNA des
Zentralkomitees. Damit war die Grundmelodie komponiert, die den Laien
in weiteren Krisensituationen jeweils zu Gehör gebracht werden sollte.

Der Böhler-Plan ging auf: Im August 1951 beschlossen die deutschen Bischöfe, ein „Zentralkomitee der deutschen Katholiken" bilden zu lassen.[62] Es
konstituierte sich am 30. April 1952 und gab sich auf der Vollversammlung
am 2. Dezember desselben Jahres ein Statut, das am 27. März 1953 mit dem
Imprimatur des Paderborner Generalvikars veröffentlicht wurde.[63] Nach
diesem Statut war das ZdK der „von der Autorität der Bischöfe getragene
Zusammenschluss der im Laienapostolat der katholischen Kirche in
Deutschland tätigen Kräfte", um diese zu koordinieren und „die deutschen
Katholiken im In- und Ausland zu vertreten". Die „Anmaßung", nicht nur
die Mitglieder des Zusammenschlusses, sondern „die" (= alle) Katholiken in
Deutschland zu vertreten, hatten Laien verschiedentlich moniert. Sie wurde
aber bewusst in Kauf genommen. Im Interesse eines geschlossenen Auf-
tretens im gesellschaftlichen und politischen Raum wurde ein von den Bischöfen kontrolliertes und gesteuertes Organ als Stimme aller deutschen
Katholiken ausgegeben.[64] Die in den Statuten verankerte „Subordination der

Laien"[65] war erklärtermaßen auch als erzieherischer Akt gedacht, um Spannungen zwischen Episkopat und Laienapostolat vorzubeugen.[66] Die in der aktuellen Selbstdarstellung des ZdK behauptete Kontinuität zwischen Vor- und Nachkriegs-Zentralkomitee[67] gab es so nicht. Aus dem früheren gewählten Z. K. zur Vorbereitung der Katholikentage war ein vollkommen neues, statuarisch sehr eng an die kirchliche Hierarchie gebundenes ZdK geworden.[68]

Die Zusammensetzung der Vollversammlung wurde maßgeblich von den Bischöfen bestimmt: Sie benannten die Diözesanvertreter, die Leiter der Bischöflichen Hauptstellen und Referatsleiter, und konnten den Einzelpersönlichkeiten ihre Zustimmung versagen. Auch die inhaltliche Arbeit stand unter bischöflicher Aufsicht: Das Präsidium und den Geschäftsführenden Ausschuss kontrollierten die Bischöfe indirekt durch die erforderliche Bestätigung des Präsidiums und direkt durch ihren „Generalassistenten". Mit dieser Funktion war die früher angedachte externe Kontrollzentrale in Gestalt eines von den Bischöfen beauftragten Informanten und gegebenenfalls Empfängers konkreter Anweisungen als „permanente Kontaktstelle"[69] in das Innere des Zentralkomitees verlegt worden. Um den Kommunikationsfluss zu den Bischöfen noch direkter und effektiver zu machen, wurde diese Position des Episkopats-Agenten seit 1957 mit einem Diözesanbischof besetzt. Zusätzlich war in der Geschäftsstelle an der Seite des Generalsekretärs das Amt eines Geistlichen Direktors geschaffen worden.[70] Grundsatzentscheidungen waren einer eigenen Bischöflichen Kommission zur Koordinierung der Kräfte im Laienapostolat zur Bestätigung vorzulegen. Und schließlich wurde bewusst und strategisch das „süße Gift" finanzieller Zuschüsse eingesetzt: Zweckgebunden für die Sachreferate wurden relativ großzügig überdiözesane Mittel bereitgestellt, damit „diese wirklich ein sicheres Instrument in der Hand und für die Hand des Episkopats werden und bleiben"[71]. Mit der Umstellung von der Orts- auf die Diözesankirchensteuer hatten die Bischöfe seit 1950 „ein finanzielles Steuerungselement in der Hand, das es ihnen jederzeit erlaubte, die Konkurrenz im Organisationskatholizismus zum Gegenstand pastoraler Planungsstrategien zu machen"[72].

Der Bischöfliche Generalassistent Franz Hengsbach erläuterte auf der konstituierenden Sitzung des ZdK:

> „Dadurch dass dieses Instrument auf den Ruf der Bischöfe hin ge-
> schaffen wird und ihm der Dienst im Bereich der Laienarbeit als
> Teilnahme am hierarchischen Apostolat zugedacht ist, kommt die
> Einheit des Apostolates der Kirche und das Vertrauen der Hierarchie
> zur Mitarbeit der Laien in hervorragender Weise zum Ausdruck"[73].

Die engen Grenzen dieses Vertrauens zeigt das Statut in aller Deutlichkeit. Denn damit waren „Koordination, Information, Inspiration und Repräsentation" im Laienapostolat „unter den maßgeblichen Einfluß der Bischöfe gestellt worden"[74]. Und es war klar:

> „Der deutsche Katholizismus wird im letzten selbstverständlich
> durch den Episkopat repräsentiert. Wir sind Hierarchisten. Aber
> wenn es echte Laienarbeit im Volk gibt, dann müssen Formen ge-
> funden werden, daß auch die Laien in einer bestimmten relativen
> Weise das Volk Gottes – den Laos – repräsentieren können"[75].

Der episkopale Einfluss war auch insofern konsequent, als die Organisation des katholischen Laienapostolats nie reine Laiensache war, sondern immer schon Kleriker in Führungspositionen kannte. Entsprechend waren 35 % der ZdK-Gründungsmitglieder Kleriker[76], erster Generalsekretär wurde der Paderborner Hilfsbischof Franz Hengsbach. Bezeichnenderweise sah der zweite Generalsekretär des ZdK, Heinrich Köppler, in diesem Gremium eine Art „überdiözesanen Katholikenausschuss"[77]. Die Domestizierung des deutschen Nachkriegskatholizismus war damit gelungen.[78] Der Versuch der Laien, loyale Unterordnung und Selbstbewusstsein miteinander in Einklang zu bringen, kann treffend mit der paradoxalen Devise beschrieben werden: „Selbständig, aber nie gegen den Willen der Bischöfe"[79].

1972–1975

Abb. 3: Synodenversammlung im Dom zu Würzburg im November 1975, der Bischofsblock vor dem Präsidium. (© KNA)

Druckablass und Beruhigung: die Würzburger Synode

Das ZdK blieb zunächst das ungeliebte Kind des Episkopats und organisatorisch schwach. Erst in der zweiten Hälfte der 1950er-Jahre fand es, vor allem unter der Führung des Geistlichen Direktors Bernhard Hanssler, zu einer Geschlossenheit als Repräsentanz des organisierten Mehrheitskatholizismus gegen einen ausgegrenzten oppositionellen oder linken Minderheitskatholizismus in freien Laieninitiativen. Einiges spricht dafür, dass diese Geschlossenheit und der Konformitätsdruck die innerkirchlichen oppositionellen Kräfte kontraproduktiv fester zusammenschloss und den eigentlich bekämpften Pluralisierungsprozess in der Kirche seit 1960 eher noch förderte.[1]

Die Wahrnehmung des ZdK durch die Bischöfe ist nicht hoch anzusetzen. Noch im Jahr 1967 konnte der inzwischen zum ersten Essener Diözesanbischof avancierte Generalassistent Hengsbach gegenüber dem ZdK-Generalsekretariat feststellen, „von der konkreten Arbeit des Zentralkomitees" wüssten „die meisten Bischöfe wenig"[2]. Das sollte sich ändern, als eine Krisensituation entstand, bei deren Bewältigung das ZdK sich zu einem wichtigen Helfer des Episkopats entwickelte.

Pluralisierung und Reformerwartung

Der Katholizismus der 1960er-Jahre war ein tektonisch aktives Gelände. Vielfältige gesellschaftliche Veränderungsimpulse verstärkten sich gegenseitig.[3] Der massiven Wiederherstellung von Autorität und Geltung des

Nachkriegschristentums entsprach nicht zwingend eine Renaissance des christlichen Glaubens.[4] Schon seit dem Ende der 1940er-Jahre und in den 1950ern erodierte die „Gnadenanstalt"[5]. Unter Katholiken vollzog sich eine „,sexuelle Revolution' im Stillen"[6]. Auch katholische Frauen nutzten seit deren Zulassung 1961 zunehmend die Pille und bestimmten gegen die kirchliche Lehre selbst über die Folgen ihrer Sexualität. Zusätzliche Bewegungsfreiheit und Durchsetzungsfähigkeit gewann die weibliche Normalbiografie durch die vermehrte Erwerbstätigkeit der Frauen im Gefolge des Wirtschaftsaufschwungs.[7] Ihren Kampf gegen die Gleichberechtigung der Frau in der Ehe nach staatlichem Familienrecht hatten die katholischen Hierarchen bereits zuvor verloren.[8]

Innerkirchlich hatte sich zudem schon vor dem und während des II. Vatikanischen Konzils ein beachtlicher Reformerwartungsdruck aufgebaut.[9] Er verstärkte sich nach dem Konzil durch dessen breite reformerische Überinterpretation, die den Keim mittelfristiger Enttäuschungen und Restaurationsoptionen bereits in sich trug.[10] Schon die Tatsache, dass die Stellung der Laien auf dem Konzil überhaupt thematisiert wurde, führte nachkonziliar zu einem erhöhten Selbstwertgefühl und einer ekklesiologischen Standortsuche in einer Atmosphäre, die treffend beschrieben wurde als „Mischung aus tiefer Verwirrung und euphorischer Aufbruchsstimmung"[11]. Das ZdK versuchte, die allenthalben entbrannten Diskussionen unter Katholiken dadurch in geordnete Bahnen zu lenken, dass es beim Bamberger Katholikentag von 1966 nur bewährte Funktionäre und Vertreter der Bischöflichen Hauptstellen als Diskutanten einlud.[12] Mehr Pluralismus und Dialog und eine Neuordnung des Laienapostolats waren zwar durchaus thematisierte Stichworte, zu wegweisenden Entschließungen zur Umsetzung des Konzils führten sie allerdings nicht.[13]

Konziliare Ständehierarchie und Zuflucht Moral

Das II. Vatikanische Konzil hat die katholische Ständehierarchie nicht geändert und nach amtlicher Überzeugung gar nicht ändern können, auch nicht durch die vielbeschworene „Aufwertung" der Laien. Denn diese bestand nicht in einer Nivellierung der Hierarchie, sondern lediglich in der bislang vernachlässigten ekklesiologischen Würdigung der Taufe. Dadurch wurden Laien sichtbar und in ihrem Anteil an der kirchlichen Sendung positiv thematisierbar. Ihre ständische Position änderte sich aber nicht.[14] Wo die Ständestruktur alternativlos ist, scheiden egalisierende Beteiligungsformen für Laien aus. Eine Demokratisierung im Sinne gleicher Beteiligung aller an der Willensbildung ist mit der konziliar gelehrten „wahren" Gleichheit (*vera aequalitas*, LG 32)[15] nicht vereinbar. Anders als im Staat folgt in der katholischen Kirche aus der Gleichheit der Personwürde nicht die der Rechte, also keine Gleichberechtigung. Auf dem Bamberger Katholikentag zeigten die Beiträge von Bischof Hengsbach und dem ehemaligen Generalsekretär des ZdK (bis 1965), CDU-Politiker Heinrich Köppler, exemplarisch, wie man mit dem Grundproblem fertig zu werden versuchte, das Verhältnis von Klerus und Laien neu zu bestimmen, ohne die Standeskluft zu überwinden. Beiden Referenten ging es um „Zusammenarbeit", um etwas also, das nach Gleichordnung klingen kann, aber eben auch unter Ungleichen möglich ist.

Hengsbach sah diese Zusammenarbeit in bis heute paradigmatischer Weise durch Grund- und Sachstrukturen geprägt. Zu den vier Grundstrukturen zählte er die strukturelle Kontinuität in der hierarchischen Identität. Er lehnte eine „einseitige" – also nicht jedwede – hierarchische Auffassung der Kirche (1) ab.[16] Durch diese angedeutete (nur) gewisse Distanz zum Hierarchischen vorbereitet, folgt sodann die „Einheit der Kirche ... im *Neben*einander ihrer Glieder und Gliederungen"[17] (2), wobei der Folgesatz klärt, dass „neben" rein lokal, nicht rangmäßig zu verstehen ist: „... alle haben den einen Geist, aber dieser Geist weist den verschiedenen (sic!) verschiedene Aufgaben zu zum Aufbau des Ganzen. Um die Einheit des Geistes im Unterschied der Aufgaben in der Welt des Menschen zu wahren, bedarf es in der Kirche der Organisation"[18]. Ebenso geschickt wie intellektuell unredlich, aber durchaus exemplarisch wird erst indirekt über die nicht konkretisierten „Unterschiede" in das kontrafaktisch verschleiernde „Nebeneinander" die rechtliche Über- und Unterordnung eingetragen. Des Weiteren wird eine generische Teilhabe aller Gläubigen an der kirchlichen Sendung nach innen wie nach außen in die Welt herausgestellt. Diese Teilhabe ist allen *gemeinsam*, aber *keineswegs gleich*. Sie kommt den Kirchengliedern vielmehr in „unterschiedlicher Weise … zu"[19] (3), nämlich – wie zu ergänzen ist – in Kleriker- oder Laienweise. Bei der letzten Grundstruktur schließlich, der „Zusammenordnung von Freiheit und Autorität in der Kirche"[20] (4), redet Hengsbach Klartext:

> „Die Kirche ist von ihrem göttlichen Gründer hierarchisch verfaßt. In ihren Ämtern ist Gottes Autorität in unserer Welt in neuer Weise präsent geworden. Aber der Sinn all dieser Ämter ist Dienst an allen Gliedern des Gottesvolkes. Bedeutsamer als das, was die Einzelnen in der Kirche auf Grund ihrer unterschiedlichen Dienste voneinander unterscheidet, ist das, was sie eint, die Gemeinsamkeit des Glaubenssinnes, die gemeinsame Teilhabe am Priestertum Christi und an den Charismen Seines Geistes, die große Brüderlichkeit in Christus"[21].

Die (göttlich-)rechtlich unterfütterte autoritative Überordnung wird als Dienst kaschiert. Verschleiert wird, dass die betonte Gemeinsamkeit die hierarchische Ordnung nicht aufhebt, sondern nur umfasst. Verschleiert wird die Abhängigkeit des Glaubenssinns von der lehramtlichen Führung[22], verschleiert wird die je standesmäßig verschiedene Teilhabe[23] und überdeckt wird, dass die Gläubigen in der „großen Brüderlichkeit in Christus" manchen Bruder zugleich zum Vater haben:

„Wir müssen uns im Geiste des Konzils davor hüten, das Amt in der Kirche und die Autorität in ihr, in denen sich Gottes Väterlichkeit spiegelt, nach weltlicher Manier patriarchalisch-paternalistisch oder gar absolutistisch mißzuverstehen. Wir müssen uns aber ebenso vor der Aushöhlung der echten Autorität und des echten Auftrags des Amtes hüten. Es gibt auch heute wie immer in der Kirche legitime und notwendige Weisung und Anordnung, der legitimer und notwendiger Gehorsam entspricht. Gelegentlich besteht die Gefahr, Formen der Demokratie, die im politischen Leben ihren guten Sinn haben, ohne weiteres auf das kirchliche Leben zu übertragen, in einem Enthusiasmus der Brüderlichkeit gottgesetzte Unterschiede der Dienste und des Amtes auszulöschen und mit ihnen die Verbindlichkeit der Lehre und der Zucht in der Kirche anzutasten. Solche Tendenzen entsprechen nicht dem Geist des Konzils, sondern gefährden seine Verwirklichung"[24].

Anschließend konkretisierte der Bischof unter dem Stichwort „Sachstrukturen" den jeweiligen Anteil von Klerus und Laien an der „Zusammenarbeit" im kirchlichen Auftrag nach innen und außen. Sache der Bischöfe sei die autoritative Verkündigung des Gotteswortes, die lehramtliche Vorgabe, Sache der Laien deren Weitergabe und die sachkundige Information der Hirten, damit sie „zur rechten Zeit das rechte Wort" sprechen.[25] Die Liturgie sei „kein bloß hierarchisches Tun [aber auch ein solches!; N. L.] …, dem die Gläubigen beiwohnen, sondern eine gemeinsame [nicht gleiche!; N. L.], gewiß unterschiedliche actio aller"[26].

Der Laienanteil in der Seelsorge verwirkliche sich in den Schwerpunkten Familie, soziales Milieu, Kirchenabständige und darin, in vornehmlich (nicht ausschließlich) eigener Verantwortung die Lebensfragen im Lichte des Glaubens zu sehen. Allerdings: „Von den Geistlichen dürfen sie Licht und Förderung erwarten"[27].

Zusammenarbeit also ja, aber nur gemäß amtlicher Zuweisungs- und Ordnungsgewalt in vorgegebenen Wirkungsfeldern und klerikal zugerüstet.[28]

31

Distanz nicht zum Hierarchischen als solchem, sondern nur zu – nach dem Bewertungsermessen der Hierarchen – missverstandener oder übertriebener Hierarchie, der verbale Mantel der Gemeinsamkeit über nicht angetastete und auch nicht antastbare Ungleichheiten: das sind die Entspannungsvariationen jenes Liedes, das Laien in den nächsten Jahrzehnten immer wieder und zu bestimmten Anlässen besonders intensiv hören sollten.

Der CDU-Bundestagsabgeordnete Köppler bestätigte dieses Konzept aus Laiensicht. Mit der konziliar betonten gemeinsamen Verantwortung aller an der kirchlichen Sendung sei ein geduldig einzuübender Geist der Brüderlichkeit gefordert. Bei einem „neuen Miteinander" von Klerus und Laienschaft gehe es aber

> „nicht um eine ‚Demokratisierung' der Kirche. Von ihrem Stiftungscharakter her entzieht sich die Kirche den aus unserem staatlichen und politischen Leben angezogenen Vergleichsbildern … Bischöfe und Priester sind bei aller Anerkennung des Dienstcharakters ihres Amtes eben keine dem Volk verantwortlichen Beamte, sondern in der Führung ihres Amtes letztlich dem verantwortlich, der der Herr der Kirche ist und von dem jedes Amt in der Kirche hergeleitet ist"[29].

Allerdings benannte Köppler auch ziemlich klar das Problem, Laien für die kirchliche Mitarbeit auch in den neuen Gremien zu gewinnen, seien diese es doch gewohnt, „klare Kompetenzen zu verlangen und in aller Nüchternheit überzeugt zu werden … Der fromme Betrieb allein oder das unverbindliche Beieinanderhocken hat für sie wenig Reiz"[30].

Die damals jahrelang anhaltende und die Diskussionen um die neuen Laienräte und das ZdK prägende ekklesiologische Standortsuche der Laien[31] spiegelt ein Grundproblem der Konzilsumsetzung: Wie ließe sich ein neues Miteinander von Klerus und Laien und deren eigener Auftrag konkretisieren und organisieren, wenn die hierarchische Kirchenverfassung, ihre Ständehierarchie mit der unterschiedlichen Positionsmächtigkeit der Gläubigen nicht angetastet werden darf, wenn zwar die Teilhabe der Laien am priesterlichen, prophetischen und königlichen Amt Christi in Taufe und Firmung gründet, aber gleichwohl nur die besondere wesensverschiedene Teilhabe aufgrund der Weihe (LG 10) die Vollmacht zur Leitung der Zusammenarbeit begründet? Aus weltfremdem Optimismus[32] oder im Bewusstsein, dass eine rechtliche Überbrückung dieser Standeskluft nicht möglich ist, nahm man Zuflucht zu Tugendappellen: Ein neuer Autoritätsstil sei gefordert! Der „Geist der Brüderlichkeit" sollte es richten. Ständeverbindend wirksam werden sollte er durch das „Prinzip des Dialogs". Alle Probleme hielt man im Modus des Dialogs fast nach Art einer Zauberformel[33] für lösbar: „Indem Priester wie Laie selbstbewußt ihren Beitrag leisten und ehrlich auf den anderen hören, entwickelt sich im Gespräch die Lösung der anstehenden Fragen"[34].

Beide Seiten sollten „die gegenseitige Pflicht zu angemessener Information"[35] anerkennen und ausüben. Statt ein verbrieftes Entscheidungsrecht zu fordern, appellierte man an das Pflichtgefühl und moralisierte Strukturfragen. Ob das Gespräch gelingt, blieb damit abhängig von den kommunikativen Fähigkeiten und der Bereitschaft des Klerus und insbesondere des Episkopats, Argumente fair anzunehmen. Die Verwiesenheit auf Appelle an die Moral der Kleriker beließ (und belässt) Laien in der Rolle von Bittstellern.

Katho-Semantik: Dialog und Sprache

Dass „Dialog" und „Gespräch" eine erste innerkirchliche Konjunktur erfuhren, kann überraschen. Beruhen sie doch im zeitgenössischen Verständnis

> „entschieden auf der Anerkennung der wesentlichen Gleichberechtigung der Partner. Ein Gespräch, bei dem von vornherein feststeht, daß z. B. seiner äußeren oder inneren Stellung wegen der eine Partner dem anderen gegenüber recht behalten muß, schließt heute geradezu den echten Gebrauch des Wortes ... aus"[36].

In der Kirche war ein solcher Dialogbegriff nicht nur unvertraut, Dialog war gänzlich anders konturiert. Dass auf dem Konzil Bischöfe Argumente austauschten, mochte die Illusion gefördert haben, es verwirkliche eine dialogische Kirche.[37] Übersehen wurde und wird, dass hier keineswegs Gleichberechtigte im Austausch waren, sondern einer der Bischöfe, nämlich der von Rom, als Papst entscheidend gleicher war als alle anderen. Denn ein katholisches Konzil ist als Ereignis (Einberufung, Themen, Tagesordnung, Dauer) wie in seinen Ergebnissen (verbindliche Auslegung, rechtliche Umsetzung) in der Hand des Papstes.[38] Zudem hatte Papst Paul VI. in seiner Antrittsenzyklika (1964)[39] erstmals das Dialogmotiv zwar in die kirchliche Lehre aufgenommen, allerdings in einer katholischen Neuformatierung. Sein Inhalt wird deutlich, wenn sich die Kirche im Dialog mit der Menschheit, den anderen Religionen und christlichen Konfessionen[40] sieht, allerdings als „Erbin und Hüterin" des Wahrheitsschatzes.[41] Wenn der Wille, Brüder der Menschen zu sein, gepaart ist mit dem, ihre Hirten, Väter und Lehrer sein zu wollen[42], wird klar: „Dieses Lehrer-Sein prägt alles, was Paul VI. mit dem Begriff Dialog umschreibt"[43]. Noch deutlicher wird dies, wo der Papst vom Dialog in der Kirche spricht.[44] Die Beziehung der Glieder der kirchlichen Gemeinschaft im „Geist des Dialogs" wolle auf keinen Fall

> „die Pflege der Tugend des Gehorsams beseitigen, da nämlich die Ausübung der Autorität auf der einen Seite und die Unterwerfung auf der anderen Seite, sowohl von einem geordneten gesellschaftlichen Leben, als auch insbesondere von der hierarchischen Natur der Kirche gefordert wird. Die Autorität der Kirche ist von Christus eingesetzt; sie vertritt ihn, sie ist die bevollmächtigte Vermittlerin seiner Worte und seiner seelsorglichen Liebe"[45].
> „Wenn Wir Gehorsam und Dialog zueinander in Beziehung bringen, so wollen Wir damit unterstreichen, dass einerseits die Ausübung der Autorität ganz von dem Bewußtsein, im Dienste der Wahrheit und der Liebe zu stehen, durchdrungen sein muss, und dass andererseits die Befolgung der kirchlichen Vorschriften und der Gehorsam gegenüber den rechtmäßigen Oberen bereitwillig

und freudig sein sollen, so wie es sich für Kinder geziemt, die frei sind und aus Liebe gehorchen. Der Geist der Unabhängigkeit, der Kritik, der Auflehnung verträgt sich schlecht mit der Liebe, die ein Gemeinschaftsleben beseelen soll ... und verwandelt schnell den Dialog in eine Auseinandersetzung, einen Wortwechsel, ein Streitgespräch"[46].

„Alles, was zur Ausbreitung der kirchlichen Lehren dient, hat Unsere Billigung und Empfehlung. ... Alle, die an diesem lebenspendenden Dialog der Kirche unter Führung der zuständigen Autorität teilnehmen, ermuntern und segnen Wir: besonders die Priester, die Ordensleute, die guten Laien, die in der Katholischen Aktion oder in anderen Vereinigungen für Christus kämpfen"[47].

Angesichts dieses Dialogbegriffs ist folgerichtig, dass ihn auch das Konzil nur für die Außenbeziehungen der Kirche verwendet, „um jede Vorstellung eines innerkirchlichen *par cum pari* von vornherein nicht aufkommen zu lassen"[48] – eine Sensibilität, die sich aus gegebenem Anlass wiederholen wird.

„Mit einem Dialog hat das alles nichts zu tun"[49]. Vom Gespräch unter Gleichberechtigten wurde „Dialog" ständehierarchisch umformatiert zu einer notwendigerweise asymmetrischen Kommunikation zwischen kirchlichen Oberen und den ihnen unterworfenen Gläubigen. Dabei geht es um ein symptomatisches Beispiel für die gängige katholisierende Umdeutung von vertrauten Begriffen und eine signifikante Form lehramtlicher Machtausübung durch verbale Falschmünzerei.[50] Der Papst ist Herr der Semantik. Was hier geschieht, hat Lewis Carroll in seinem zweiten Alice-Roman (Alice hinter den Spiegeln, 1871) exemplarisch anschaulich gemacht. In der Parallelwelt hinter den Spiegeln begegnet Alice dem menschenförmigen Ei *Humpty Dumpty*. Sie wundert sich, dass es das Wort „Glocke" im Sinne von „einmalig schlagender Beweis" benutzt. Auf ihren Einwand, das heiße „Glocke" doch gar nicht, folgt die „recht hochmütige" Antwort: „Wenn *ich* ein Wort gebrauche, dann heißt es genau, was ich für richtig halte – nicht mehr und nicht weniger." Darauf Alice: „Es fragt sich nur, ob man Wörter einfach etwas anderes heißen lassen kann." Und *Humpty Dumpty*: „Es fragt sich nur, wer der Stärkere ist, weiter nichts"[51]. Es geht um die Macht, Wörter zu füllen, um die Definitionsmacht. That's all!

Im Verhältnis zwischen Klerikern und Laien war Dialog ein Wort der Sehnsucht und der Hoffnung, es möge ein ehrliches klerikales Versprechen sein, dessen Einhaltung man zwar nicht einklagen, aber moralisch erwarten dürfe. Nach dem Konzil war diese Hoffnung zunächst stark.[52] Allerdings galt mit Francis Bacon auch damals schon: „Hoffnung ist ein gutes Frühstück, aber ein schlechtes Abendbrot"[53]. Ahnungsvoll forderten Laien daher öffentlich mehr als nur Versprechungen: „Die Laien sind Kirche, nicht nur hörende Kirche und nicht nur Ersatzleute, die bei Priestermangel einzuspringen haben"[54]. Sie wollten nicht mehr von Klerus' Gnaden handeln, sondern echte Laienrechte:

„Wir stellen die Gretchenfrage: Will die Hierarchie eine Demokratisierung, will sie Laienvertretungen, die mutig, in gewissenhaftem Ernst, aber auch in Freiheit ihre Ansichten vertreten, auch wenn sie im konkreten Fall einmal nicht mit der Meinung von einigen Pfarrern, Prälaten oder gar Bischöfen übereinstimmen, oder will sie Jasager?"[55]

Die Kritik traf auch das ZdK selbst. Immer noch gebe es in ihm zu viele Geistliche, und sein Statut ermögliche es dem Episkopat, „jede eigene Meinungsäußerung … zu unterdrücken. … ein schlechtes Statut trägt den Keim des Mißbrauchs in sich"[56]. Dass das ZdK intern bereits Vorschläge zu einer Statutenreform an die Bischofskonferenz gegeben hatte, aber nicht bereit war, öffentlich darüber zu diskutieren, bestätigte die Kritiker.[57]

Das Verhältnis zwischen Episkopat und ZdK wurde von beiden Seiten her neu justiert. Das Gründungsstatut der Deutschen Bischofskonferenz (DBK) vom Frühjahr 1966[58] sah u. a. eine eigene Kommission für die Laienarbeit vor, deren ständigem Beraterstab auch Laien angehören sollten. Das ZdK konnte sie vorschlagen.[59] Die Nähe der Laien zur Hierarchie blieb so erhalten, wechselte in der Form aber von der Anbindung durch Direktion zur Einbindung durch Verflechtung und beratendes Mitreden.[60] Das neue Statut des ZdK, das von seiner Vollversammlung am 10. Juni 1967 verabschiedet worden war, konnte nur mit der Genehmigung der deutschen Bischöfe vom 21. September 1967 in Kraft treten[61], auch wenn das ZdK von den Bischöfen nicht mehr dauerhaft „getragen", sondern in sprachlicher Abwandlung in einem gewissen Eigenstand „anerkannt" (§ 1) wurde, wobei mit diesem Wort die finanzielle Unterstützung der Bischofskonferenz angezeigt werden sollte[62] (*Humpty Dumpty* lässt grüßen). Die bisherige strikte Unterordnung wurde abgemildert[63], ohne den beträchtlichen Einfluss des Episkopats auf Mitgliedschaft wie Tätigkeit aufzugeben. Die Diözesanvertreter wurden nun durch die neuen Laienräte entsandt (§ 4 a). Für die Kooptierung weiterer Persönlichkeiten war keine Zustimmung der Bischöfe mehr nötig (§ 4 d).[64] Die Leiter der Laienapostolats-Einrichtungen der DBK waren von Amts wegen Mitglieder des ZdK (§ 4 b). Der Präsident, wenn auch nicht mehr seine Vertretung, benötigte weiterhin die Bestätigung des Vorsitzenden der DBK (§ 9 Abs. 2).

Das ZdK musste nun nicht mehr einvernehmlich mit den Bischöfen handeln, und auch die Passepartout-Formel von der erforderlichen Bestätigung grundsätzlicher Beschlüsse war weggefallen. Aber ob die neu ermöglichten Beiräte zur Beratung der ZdK-Organe und der DBK mit deren Kommissionen eingerichtet würden, wurde ebenso wie ihre Zusammensetzung und ihr Vorsitz von der Zustimmung der Bischofskonferenz abhängig gemacht (§§ 2 b und 12 Abs. 4). Neu eingeführt wurde ein Generalsekretariat mit Sachreferaten. Geführt wurde es von einer eigenartigen Doppelspitze. Der Laienleiter heißt General*sekretär* und leitet in einem nicht näher konturierten „Zusammenwirken" mit dem Geistlichen *Direktor* (seit 1968 Bischof Hemmerle, Aachen). Diesen leitungsbeteiligten Direktor im selben Atemzug als geistlichen und theologischen „Berater" des ZdK zu bezeichnen (§ 11), verschleiert seine mögliche faktische Bedeutung. Beibehalten wurde der weiterhin von der Bischofskonferenz bestellte Bischöfliche Assistent (früher: Generalassistent). Als Verbindungsmann zwischen DBK und ZdK war er berechtigt, an den Sitzungen aller Organe des ZdK (Vollversammlung, Geschäftsführender Ausschuss, Präsidium) teilzunehmen (§ 10) und sicherte so den Informationsstand der Hierarchie über alle wesentlichen Vorhaben und Aktivitäten des Komitees. Eine äquivalente Vertretung des ZdK bei der Bischofskonferenz gab es nicht. Zur „institutionellen Sicherung" der Zusammenarbeit fanden wenigstens einmal im Jahr gemeinsame Planungsgespräche zur Beratung gemeinsamer Fragen zwischen den Vorsitzenden der Kommissionen der Bischofskonferenz und dem ZdK-Präsidium sowie den Vorsitzenden der Beiräte statt.[65]

In enorm wortreichen grundsätzlichen Erwägungen zur Funktion des ZdK skizzierte sein Geistlicher Direktor dieses als „Gespräch" auf mittlerer Ebene zwischen Zentrum und Peripherie. Dabei gelte:

> „Gespräch ist nur dort, wo zwar jeder zu Wort kommt, aber alle, aufeinander hörend, auf das Eine hören; anders gewendet: Gespräch ist dort, wo zwar alle sich aneinander, an eine gemeinsame Ordnung im Hören aufs eine Wort binden, wo aber gerade dadurch alle dazu freigesetzt werden, ihr eigenes Wort zu sagen, an dem so freilich nicht nur das Recht und Gewicht eigener Meinung, sondern die hörende Verantwortung fürs Ganze mit hängt. Jedem Partner fällt *sein* Wort, *sein* Beitrag zu, und doch ‚gehört' jedem Partner nicht nur ein Teil des Gesprächs, sondern das ganze Gespräch ..., in welchem sich Eigenständigkeit und Vielfalt ‚von unten' und Ordnung, Zusammenhang und Einheit des vielfältigen Gesamten ‚von oben' begegnen und befruchten"[66].

Was hier tief philosophisch daherkommt, ist bei näherer Betrachtung wieder das katholisch-definierende Sprachdiktat als Vernebelung der hierarchischen Überordnung zum Zwecke ihres Erhalts. Und was hier noch undeutlich anklingt, dass nämlich die alle verpflichtende Ordnung und Einheit natürlich von jenem Oben kommt, dem der Sprecher angehört, wird im Laufe des Textes explizit, wenngleich scheinbar en passant eingespielt: Weder fehlt der Hinweis auf die Kirche als „gegliederte Gemeinschaft"[67] noch auf „die eigene unverrechenbare Zuständigkeit kirchlichen Leitungsamtes"[68]. Entsprechend gehe es darum, „die *verschiedenen* Hinsichten und Weisen der allgemeinen Mitverantwortung in der Kirche ... zu einem Zusammenspiel zu führen, das zugleich alle einzelnen Initiativen und das eine Leben des Ganzen fördert und entfaltet"[69]. Es gibt „*in* der gemeinsamen Verantwortung für alles verschiedene Weisen dieser Verantwortung, … dem Leitungsamt der Kirche … bleibt die Sorge fürs Ganze aufgetragen, es bleibt der Garant der Einheit des Ganzen"[70]. Was nottut, ist „die Wechselwirkung, die Zusammenarbeit … In ihr muß aber darauf geachtet werden, daß der eigene Stand und Rang der verschiedenen Aufgaben nicht eingeebnet wird"[71].

Ohne Weisungsbefugnis koordinierte das ZdK damit die Arbeit des funktional gegliederten Verbändewesens auf der einen und die territorialen Zusammenschlüsse der Laien auf Bistumsebene auf der anderen Seite. Laut Satzung sollte es weiterhin Anliegen nicht „von", sondern „der" Katholiken in der deutschen Öffentlichkeit und im Ausland vertreten (§ 2). Dies erweckte wieder statuarisch den Eindruck einer Repräsentation, der faktisch nicht gedeckt war und in der eigenen Außendarstellung bestritten wurde. Gegen den Wortlaut des eigenen Statuts wurde „entschieden" verneint, eine Gesamtvertretung der deutschen Katholiken zu sein:

> „Eine Vertretung der Katholiken selbst ist es aber zweifellos nicht. Das Zentralkomitee hat nicht den Ehrgeiz, Repräsentationsorgan der deutschen Katholiken zu sein. Es geht ihm nicht um Repräsentation, etwa im Sinne von Laienparlamenten, sondern um die Zusammenfassung der Kräfte, die im Laienapostolat tätig sind"[72].

Forderungen nach Demokratisierung lehnte die ZdK-Führung strikt und systemgerecht mit dem Hinweis auf den Stiftungscharakter der Kirche ab und diffamierte sie als „Verspätungserscheinung der Emanzipation des Laien in der vorkonziliaren Phase"[73].

Hoch- und Überdruck

Dennoch erhöhte sich der innerkirchliche Druck. Denn die universalkirchlichen Autoritäten glaubten weiterhin an hierarchische Steuerung und Entscheidung als Integrationsinstrumente. Schon Mitte 1966 hatte die Kongregation für die Glaubenslehre die Vorsitzenden der Bischofskonferenzen ermahnt, den konziliaren Erneuerungsprozess auch zu überwachen. Irrtümer, wie vor allem das ordentliche Lehramt des Papstes zu vernachlässigen oder gar zu missachten, als sei ihm gegenüber eine freie Meinungsäußerung möglich, seien zu unterdrücken.[74]

Diese Ermahnung kam nicht von ungefähr. Denn zu dem Druck der Reformerwartungen, für die das Konzil als Katalysator wirkte, kam ein weiterer akut sehr verstärkend hinzu. Seit Längerem war bekannt, dass die Kommission zur Beratung des Papstes in der Frage, ob die ablehnende kirchliche Haltung zur Empfängnisverhütung geändert werden könnte, ihre Arbeit abgeschlossen hatte. Zudem war der Beratungsstand (Mehrheit pro Veränderung, Minderheit pro Beharrung) geleakt und der öffentlichen Diskussion ausgeliefert worden.[75] Die nun anstehende Entscheidung des Papstes ließ aber weiterhin auf sich warten und erhöhte, je länger je mehr, die Enttäuschungsfurcht der Katholiken.

Der Episkopat befürchtete vor allem eine unkontrollierbare Situation. Kardinal Frings bat im Frühjahr 1967 den Papst, „baldmöglichst eine autoritative Entscheidung" zur Geburtenregelung zu treffen. Andernfalls werde „es kaum noch möglich sein, einer Erklärung der Kirche Nachdruck zu verleihen"[76]. Am 22. September 1967 gaben die deutschen Bischöfe ein „Schreiben an alle, die von der Kirche mit der Glaubensverkündigung beauftragt sind"[77], heraus, mit dem sie der römischen Mahnung in ambivalenter Manier nachkamen: „Wir haben dem Konzil gegenüber immer eine doppelte Aufgabe: Wir müssen vorbehaltlos anerkennen, was es Neues bringt; das gleiche Gewicht aber hat die andere Aufgabe, das Neue als Entfaltung des überlieferten Glaubensbestandes zu begreifen und aufzuzeigen"[78].

In präventiv-abfedernder Absicht gegen die befürchtete Lehrbeharrung[79] wurde zudem einerseits die Autorität des kirchlichen Lehramts betont, andererseits aber ungewöhnlich ausführlich die, wenngleich durch viele Einschränkungen marginalisierte, grundsätzliche Möglichkeit eines Irrtums des ordentlichen nicht-unfehlbaren Lehramts ventiliert sowie zugleich der Eindruck erweckt, als sei eine Gewissensentscheidung in Abweichung von diesem Lehramt als grundsätzlich legitim vorstellbar.[80]

Damit waren jedoch die Erschütterungen nicht zu verhindern, die von der Enzyklika „Humanae Vitae" vom 25. Juli 1968 ausgelöst wurden. Viele Laien wie Priester lehnten die Entscheidung des Papstes rundweg ab. Die einen sammelten sich zu Protestaktionen oder richteten öffentliche Appelle an die Bischöfe, den Papst umzustimmen. Andere emanzipierten sich gänzlich von einer Gewissensjustierung durch die kirchliche Autorität. Manche Priester waren froh, dass ihre mühsame Treue zur Lehre im Beichtstuhl nicht vergebens gewesen war, sondern bestätigt wurde. Die anderen hatten schon bisher den Gläubigen die Entscheidung überlassen und sahen sich außerstande, der Enzyklika zu folgen und bei der geistlichen Führung der Eheleute ein Vorbild des Gehorsams zu sein. Versetzt formierten sich auch Gruppen zur Unterstützung des Papstes und seiner Lehre.[81]

Der Katholikentag in Essen vom 4. bis 8. September 1968[82] zeigte, dass der aufgestaute Hochdruck zum gefährlichen Überdruck zu werden drohte. Die Enzyklika wurde zum Katalysator der innerkirchlichen Kritik, in der die allgemeine Infragestellung von Autoritäten auch vor den kirchlichen nicht mehr haltmachte. Statt der gewohnten bischofsergebenen Laiengroßveranstaltung, die sich aus Kircheninterna heraushielt, waren jetzt durch die Studentenbewegung geschulte junge Leute zu erleben, die mit Spruchbändern wie „sich beugen und zeugen" oder „sündig statt mündig"[83] ihren Status als katholische Gläubige angesichts der päpstlichen „Verkehrsregel" ironisierten.[84] Ein organisierter „Kritischer Katholizismus" trat auf als „Katholische außerparlamentarische Opposition (KAPO)" oder „Außerhierarchische Opposition (AHO)"[85]. Ein bezeichnendes äußeres Detail berichtete der Jesuitenpublizist Mario von Galli:

> „Als ich vor meiner Katholikentagsrede wartend am Rand der Tri-
> büne stand, drängelten sich plötzlich durch die dichte Menschen-
> menge – einen Platz suchend – Kardinal Döpfner und Weih-
> bischof Angershausen. Offenbar hatten sie vermutet, oben auf der
> Tribüne – so wie es früher üblich war – für kirchliche Würden-
> träger reservierte Stühle zu finden. Es gab aber keine. Nur die Jazz-
> Musik war da angesiedelt und das Rednerpult"[86].

Die schon länger dauernde politisch-soziologische Debatte um die so-
genannte zweite Demokratisierung, nämlich nach der des Staates 1945 nun
die der gesamten Gesellschaft, griff auch auf die Kirche über und fand auf
dem diskussionsoffen angelegten Katholikentag ein geeignetes Forum. Der
Ruf nach innerkirchlicher Demokratisierung hatte auch den Mainstream-
Katholizismus erreicht. So konnte vor der Delegiertenversammlung der katholischen Verbände Deutschlands verlangt werden, die

> „Laien an allen wichtigen Willensbildungsprozessen zu be-
> teiligen … In diesem Zusammenhang muß die Kirche begreifen,
> daß es nicht um die Verwirklichung laizistischer Machtansprüche,
> sondern um die Verwirklichung der Forderung nach vollständiger
> Inpflichtnahme eines mündigen Volkes Gottes geht"[87].

Mitwirkung nicht mehr als unverbindliches Gespräch miteinander, kein
Meinungsaustausch als Sandkastenspiel, stattdessen geregelte demokratische Verfahren mit verbindlichen Ergebnissen: Im Ruf nach einem
„Nationalkonzil", auf dem alle katholischen Gruppen entscheidungs-
berechtigt sein sollten, bündelte sich die Forderung nach einer Demokratisierung der kirchlichen Strukturen.[88] Damit war die Systemfrage gestellt, und nicht nur die Hierarchie alarmiert. Der Essener Katholikentag
wird als „Aufstand der Laien"[89], seine Zeit als „Sturmjahre" erinnert.[90] Von
Kardinal Frings ist überliefert, „die ganze Nazizeit habe ihm nicht so zu-
gesetzt wie die Nachkonzilszeit"[91].

Can't beat them? Join them!

Für den Episkopat stellte sich die Frage, wie die offensichtliche Des-integration des deutschen Katholizismus und der kritische Druck akut ver-ringert und auf längere Sicht verlässlich abgebaut werden könnten. Die Vor-bereitungsgremien des Katholikentages hatten auf langen Sitzungen darüber beraten, wie die sich zuspitzende Lage im Griff bleiben konnte. Dies gelang weitgehend mit der Strategie, den heranstürmenden Kritikern offene Türen zu bieten, Foren und Diskussionen weit auf zu machen.[92] Klar war aber, so der damalige Präsident des Katholikentages, Bernhard Vogel, im Rückblick und in kollaborativer Wir-Form: Geredet werden durfte, jeder Anspruch auf Geltung aber, „stieß auf unseren entschiedenen Widerstand. Wir wollten verhindern, dass aus kirchlicher Meinungsbildung kirchliche Willens-bildung wurde. Die … Tradition … als Forum öffentlicher Meinung sollte erhalten bleiben und auch künftig fortbestehen". Aber: „Aus Katholiken-tagen sollten nicht Kirchentage werden"[93].

Auch die deutschen Bischöfe hatten sich im Vorfeld eilig in Königstein versammelt und mit einer Erklärung den Eindruck erweckt, als könnten Gläubige ausnahmsweise doch gewissensgedeckt empfängnisverhütende Mittel benutzen. Den Bischöfen war klar, dass eine vorbehaltlose Identi-fizierung mit „Humanae Vitae" den Totalausverkauf ihrer eigenen Autorität bedeutet hätte. Die „Königsteiner Erklärung" mit ihrer Komposition aus be-tonter Loyalität nach oben und der wenigstens impliziten Legitimierung eines Einzeldissenses nach unten dürfte – der Applaus auf dem Katholiken-tag spricht dafür – als stabilisierendes Ventil funktioniert und unmittelbaren revolutionären Druck abgebaut haben. Das verhinderte Eskalation und brachte wertvolle Zeit, um nach weiteren Möglichkeiten der Befriedung und der Re-Etablierung der kirchlichen Autorität insgesamt zu suchen.[94]

Die unterschiedlichen Nachbereitungen des Katholikentages machten deutlich: Essen durfte sich nicht wiederholen. Um eine solche Aufstauung und unkontrollierte Entladung von Diskussionsdrang zu verhindern, sollten künftig Gespräch und Diskussion auch zwischen den Katholikentagen auf unterer Ebene möglich sein. Geordnet und überschaubar sollten diskussionsfreudige Katholiken Dampf ablassen können und viele kleine Ventile gefährlichen Druck frühzeitig aus dem Kessel nehmen.[95]

Auch der Lagebericht Kardinal Döpfners auf der Herbst-Vollversammlung der DBK griff der Sache nach zur Ventiltaktik. Als zentrales Problem machte er die Krise der Autorität aus. Sie sei nicht nur punktuell, sondern grundsätzlich infrage gestellt. Um sie im unveränderlichen Gefüge der Kirche zu bewahren, empfahl er eine Doppelstrategie: Die Autorität solle einerseits kommunikativ ausgeübt werden, sich im Gespräch aktiv, vermittelnd, inhaltlich argumentierend öffnen. Anderseits solle sie als formale, direktive Autorität bewahrt werden, die Form und Gegenstand des Gesprächs bestimmt und begrenzt. Auch den Priestern gegenüber sei sie brüderlich auszuüben, ohne aber im Bedarfsfall auf die ernste Zurechtweisung (*correctio fraterna*) und gegebenenfalls auf disziplinäre Maßnahmen zu verzichten. Der Kontakt mit der Theologie sei zu intensivieren, um im Austausch etwaigen Gefährdungen vorzubeugen.[96] Dass man nötigenfalls zum Eingreifen bereit war, zeigte der damals akute Fall des Religionspädagogen Hubertus Halbfas, dem Kardinal Frings das *Nihil obstat* für die Berufung an die Pädagogische Hochschule Rheinland in Bonn verweigert hatte und dessen „Fundamentalkatechetik" von der Bischofskonferenz wegen glaubenswidersprechender und -gefährdender Inhalte öffentlich abgelehnt wurde.[97]

Für das Zusammenwirken von Klerus und Laien seien Formen zu finden, die eine stärkere Mitverantwortung ermöglichen, aber an den unverzichtbaren Grundstrukturen der Kirche festhalten sollten. Gesetzgeberische Befugnisse seien ausgeschlossen. Beratung sei ernster zu nehmen, aber man müsse die Mitte halten zwischen bloß scheinbarer Beteiligung und einer revolutionären Aufhebung der hierarchischen Ordnung. Demokratisierungstendenzen wie beim holländischen Pastoralkonzil[98] lehnte Döpfner ab. Im Katholizismus könnten Meinungs- und Willensbildung repräsentativ und demokratisch erfolgen. „Für die Kirche als Kirche" aber könnten auch ein Nationalkonzil, eine deutsche Pastoralsynode oder ein nationales Pastoralkonzil – Döpfners Begrifflichkeit wechselte – nur „eine qualifizierte gemeinsame Beratung mit dem Episkopat" sein, „deren Ergebnisse vom Episkopat zu verantworten wären"[99]. Zur näheren Auswertung und Prüfung der Synodenidee regte er Gespräche mit verantwortlichen Laien an.

Willige Helfer

Tatsächlich hatte das Krisenmanagement im persönlichen Kontakt zwischen Episkopat und ZdK bereits während des Katholikentages in Essen begonnen. Am Vortag seines Abschlusses, am 7. September 1968, seien sich Kardinal Döpfner, Friedrich Kronenberg, der Generalsekretär des ZdK, und Katholikentagspräsident Bernhard Vogel „einig" gewesen: „Es muss zu einer Synode der Bundesrepublik Deutschland kommen." Denn: „Wir waren entschlossen, die weitere Entwicklung nach Essen nicht treiben zu lassen, sondern das Steuer selbst in der Hand zu behalten und die konziliare Erneuerung fortzusetzen"[100].

Das sollte im Weiteren auch geschehen: Am 9. November 1968 trafen sich zehn Diözesan- und Hilfsbischöfe mit Laienfunktionären in Essen-Werden. Eine zukünftige Kirchenversammlung sollte aus dem Demokratisierungskontext gelöst und stattdessen ekklesiologisch begründet werden. Entsprechend sollte auf ihr „nicht quantitatives Kompetenzdenken, sondern das Bemühen" um „den je spezifischen Anteil aller an der Sendung der Kirche"[101] prägend sein. Näheres sollte eine Studiengruppe unter Beteiligung von Bischöfen erarbeiten. Nur deren Einrichtung wurde der Öffentlichkeit bekannt gegeben, Ziel und Arbeit sollten dagegen geheim bleiben, um den Meinungsbildungsprozess zur Synodenfrage in der Bischofskonferenz nicht zu stören.[102] Aus demselben Grund verhinderte der Generalsekretär des ZdK auf dessen Vollversammlung durch geschickte Handhabung der Geschäftsordnung die Annahme des BDKJ-Antrags, das Präsidium möge mit allen kirchlichen Stellen Verhandlungen über die Einberufung der Synode aufnehmen. Weil nicht fristgerecht eingereicht, könne er nur an den Geschäftsführenden Ausschuss zur weiteren Behandlung überwiesen werden.[103]

Kurz nach Weihnachten trafen sich die Bischöfe in Fulda zu einer außerordentlichen Vollversammlung. Anders als üblich gab es am Ende keine Pressekonferenz und auch keinerlei Hinweise auf die Tagungsordnung. Verabschiedet wurde ein Wort der deutschen Bischöfe „Zu Fragen des Glaubens und des kirchlichen Lebens". Veranlasst sahen sie es dadurch, dass „in Stellungnahmen, öffentlichen Erklärungen und Diskussionsbeiträgen … Auffassungen von der Lehre der Kirche vertreten worden sind, die nicht unerheblich von der Lehre der Kirche abweichen und die innerkirchlichen Ordnungen gefährden". Zudem drohe Verwirrung „aus der Verbreitung ungesicherter Denkversuche [eine enthüllende Wendung!; N. L.]".

Deshalb war auch deutlich zu machen:

> „Im Volk Gottes setzt sich die besondere Sendung des Sohnes vom Vater her fort im Dienst der Apostel und ihrer Nachfolger. Die Kirche kann zwar gewisse Formen demokratischer Meinungs- und Willensbildung in Gemeinde und Diözese übernehmen, aber ihre Demokratisierung im strengen Sinne des Wortes ist mit dem Auftrag Jesu Christi nicht zu vereinbaren. Fragen des Glaubens, der sittlichen Normen und des sakramentalen Lebens können nicht durch Mehrheitsentscheidungen gelöst werden. Hier gilt nicht der Grundsatz der Demokratie, daß alle Gewalt vom Volke ausgeht. Das kirchliche Amt ist vielmehr allein dem Herrn im Glaubensgehorsam verpflichtet. Darum bleibt auch die Last der Verantwortung im besonderen Dienstamt des Papstes, der Bischöfe und der Priester bestehen. Wir erhoffen uns jedoch aus der ständigen Zusammenarbeit mit allen Gliedern des Gottesvolkes wertvolle Hilfe, Bestärkung und Ermutigung in der Ausübung unseres Amtes"[104].

Neben der öffentlichen Klarstellung, dass der Ständestruktur der Kirche allenfalls eine Zusammenarbeit unter der Verantwortung des Klerus entspricht, brachte Kardinal Döpfner intern das Synodenthema nach vorne und erwartete von der Studiengruppe nähere Vorschläge. Diese kam schon am

9. Januar 1969 in Bonn zu der einmütigen Empfehlung, die Planung einer „gemeinsamen Synode der Diözesen der Bundesrepublik" zu beschließen. Das ging schnell und sollte auch schnell gehen, weil man das Heft des Handelns in der Hand behalten und nicht an die öffentliche Diskussion verlieren wollte. Die Form der Synode sollte die Beteiligung einzelner Gruppen und die Thematik begrenzen sowie vor Manipulationen von außen schützen. Das rasche Vorgehen behielt man nachfolgend bei: Die Studiengruppe beauftragte den Sekretär der DBK, Karl Forster, und den Generalsekretär des ZdK, Friedrich Kronenberg, eine Beschlussvorlage „Umrisse eines Statuts der Synode und erste Grundzüge einer Geschäftsordnung" für die Frühjahrsvollversammlung der DBK vorzubereiten. Unter Mitarbeit der beiden Bonner Professoren Heinrich Flatten (Kirchenrecht) und Hubert Jedin (Kirchengeschichte) war dies am 5. Februar 1969 erledigt.

Je konkreter der Synodenplan wurde, desto stärker schrumpfte der Kreis der Mitwirkenden. Davon versprachen die Bischöfe sich eher verwertbare Ergebnisse, mit denen sie die öffentliche Diskussion mitbestimmen und lenken wollten. Mit einem klaren, auch kirchenrechtlich fundierten Konzept waren andere Vorschläge besser zu kanalisieren. Die vom Sekretär der Bischofskonferenz immer wieder eingeschärfte strenge Vertraulichkeit schließlich sollte die volle Entscheidungsfreiheit der Bischofskonferenz wie Roms wahren. Der Grundsatzbeschluss der Bischofskonferenz fiel auf der Frühjahrsvollversammlung 1969 mit dem Auftrag an die Studiengruppe, bis zum Herbst eine beschlussreife Vorlage für Arbeitsprogramm, Statut und Geschäftsordnung der Synode zu erarbeiten. Die Fühlungnahme mit dem Apostolischen Stuhl hatte als zwei grundlegende Bedingungen ergeben, dass eine Klerikermehrheit in der Synode garantiert bleiben musste und die Gewalt der Diözesanbischöfe nicht tangiert werden durfte.[105]

Der Schock des Katholikentags war offenbar doch recht schnell überwunden. Dem Beteiligungsdrang von unten begegneten die Hirten mit neuer Regie von oben[106] unter Mithilfe von willigen Laienfunktionären, die sich von den Bischöfen in Vertraulichkeiten selbst gegen ihren Auftraggeber, das ZdK, ziehen ließen und denen die Entscheidungsfreiheit der Bischöfe offenbar wertvoller war als die Beteiligung der von ihnen vertretenen Laien an den Entscheidungen. Gesprächsbereitschaft und -formate sollten verlorene Autorität zurückbringen. Dass Bischöfe überhaupt mit Laien reden, sollte offenbar bereits als demokratisierendes Element wahrgenommen werden. Dabei war klar, dass die Struktur der Gespräche die Struktur der Kirche widerspiegeln musste. Entsprechend ging es den Bischöfen und ihren Helfern darum,

> „einen Ort des Gesprächs einzurichten, an dem ihre Rolle als Lehrer und Hirte anerkannt wurde und so ihre Deutungshoheit über zentrale Glaubensthemen gewahrt blieb. Durch ihr rasches Vorgehen boten die Bischöfe der drängenden Öffentlichkeit bald eine Option an, mit deren Hilfe sie die weitere Debatte kanalisieren konnten"[107].

Dialog?

Nicht alle hielten die Gesprächsbereitschaft von Bischöfen für echten Reformwillen. Grundsätzliche Erwägungen und erste „Gesprächs"-Erfahrungen ließen manche Katholiken Reformattrappen befürchten. Nachkonziliare Solidaritätsgruppen von Priestern[108] erfassten selbstkritisch das ständische System als ekklesiologisches Grundproblem, insofern sie ihre Funktion „dann und nur dann erfüllt" sahen, „wenn sie die festen Grenzen zwischen den ,Ständen' in der Kirche theologisch und organisatorisch abbauen und sich dadurch als Klerusgruppen überflüssig machen würden"[109]. Die eigene Rolle wurde als im Zerfall befindlich, das Amtsverständnis als nicht mehr tragfähig und Dialog auf dieser Grundlage klarsichtig als Leerformel entlarvt:

> „Manche Vertreter des Kirchensystems sprechen viel vom Dialog. Sie führen ihn nicht und scheinen auch nicht zu bemerken, daß sie ihn gar nicht führen können, solange sie an ihrer bisherigen Rolle

festhalten. Bezeichnet das Wort ‚Dialog' unter diesen Umständen mehr als die Tatsache dieses falschen Bewußtseins?"[110]

Bestätigt wurden solche Zweifel durch Reaktionen von Bischofsseite. Für den Vorsitzenden der Bischofskonferenz verletzten die Priester-Solidaritätsgruppen die priesterliche Brüderlichkeit, gefährdeten die Einheit, verhinderten den Dialog und verunsicherten die Gemeinden.[111] „Gesprächs"- Erfahrungen mit begegnungsbereiten, aber inhaltlich reservierten Bischöfen verliefen ernüchternd. Es komme zu einer Technik, in Diskussionen

„durch die Nennung der Probleme und durch Aussprechen reformerischer Haltung … darüber hinwegzutäuschen, daß damit nur etwas benannt ist, aber kaum etwas verwirklicht, geschweige [denn] geändert ist. … Dadurch, daß Diskussionen erlaubt werden – gleichsam diskussionsoffene Räume gewährt werden [so ja auch die Strategie auf dem Essener Katholikentag; N. L.] – wird nur ein Alibi für den tatsächlichen hierarchischen Immobilismus gegeben. Diskussionen sind dann folgenlos, beliebig und für die Entscheidungen belanglos. Sie haben am Ende eine Entlastungsfunktion"[112].

Auch darüber, warum Dialogattrappen weithin nicht als solche erkannt wurden, machte man sich Gedanken und verwies auf die effektive biografische Bindewirkung einer katholischen Erziehung:

„Vertreter kirchlicher Einrichtungen erziehen Kirchenglieder vom Kindergarten bis zum Frauenbund oder Männerwerk, vom Religionsunterricht bis zum Priesterseminar dazu, menschliche – oft frühkindliche – Erwartungen auf die Organisation und deren Amtsträger zu übertragen. Diese Erziehung kann zu einer Ichschwäche führen, die ihrerseits wieder von vielen Katholiken dadurch ausgeglichen wird, daß sie sich der Institution seelisch und geistig überantworten. Diesen Katholiken fällt es schwer, die anerzogenen Erwartungen und die verinnerlichten Verhaltensweisen später wieder abzubauen. Sie wollen weiter bei der Mutter Kirche geborgen sein, erwarten die Führung durch den Vater Bischof und die Wegweisung durch den Heiligen Vater. Sie bleiben autoritätsgläubig und mißtrauisch allem Fremden gegenüber. Das erschwert es diesen Katholiken, für die verantwortliche Mitarbeit in der Gemeinde und in den Einrichtungen der Kirche frei zu werden"[113].

Auch das ZdK, näherhin seine Vollversammlung, musste die Erfahrung machen, dass seine Vorstellungen von Dialog sich nicht zwingend mit denen der Bischöfe deckten. Die Bischofskonferenz ließ ab März 1969 unter Ausschluss der Öffentlichkeit einen Entwurf des Synodenstatuts erarbeiten und blieb auch von gegenläufigen breiten Forderungen nach einer öffentlichen Diskussion unbeeindruckt. Von seiner öffentlichen Vorstellung am 3. September[114] bis zur endgültigen Verabschiedung durch die Bischofskonferenz am 11. November blieben gerade einmal neun Wochen. Nicht nur das ZdK sah damit die Dialogreden konterkariert, weil eine Diskussion an der Basis bei einem solchen Durchmarsch nicht möglich war. Auf der Vollversammlung des ZdK kam es zu heftigen Diskussionen, die aber zugleich wieder als Ventil dienten, so dass die Gemüter sich beruhigten. Probate Beschwichtigungsmittel kamen zum Einsatz: Mit dem pragmatisch klingenden Appell, nach vorne zu schauen und sich den Sachthemen zu widmen, wurden Struktur- und Verfahrensfragen und Inhalte gegeneinander ausgespielt. Gegen eine beabsichtigte bedauernde Stellungnahme des ZdK gab der Bischöfliche Assistent, Prälat Hanssler, Benimmhinweise: Die Bischöfe hätten das Recht auf ihrer Seite, weshalb es keine Anlässe gebe, sich öffentlich empfindlich zu zeigen oder die Bischöfe zu rügen. Das ZdK parierte. Statt wie geplant in einer Erklärung das Vorgehen der Bischöfe ausdrücklich zu bedauern, münzte man positiv um: Eine spätere Verabschiedung des Statuts hätte man zwar lieber gesehen, aber jetzt gehe es um einen neuen Abschnitt der gemeinsamen Verantwortung aller Gläubigen.[115] Erneut kollaborierten die ZdK-Funktionäre, durchaus selbstständig gegenüber der Vollver sammlung, mit den Bischöfen. Entscheidungen der Versammlung wurden durch die Spitzenfunktionäre in Präsidium, Geschäftsführendem Ausschuss und Generalsekretariat vielfach vorgeprägt und vorformuliert. Eine Regie der Routiniers gegenüber den nur punktuell zusammentretenden übrigen ZdK-Mitgliedern spielte sich ein.

Das Synodenstatut

Es ist ein gängiger Reflex, sich von unangenehmen Wahrheiten des katholischen Kirchenverständnisses zu entlasten, indem das Kirchenrecht und die mit ihm befassten Wissenschaftler zu Sündenböcken erkoren werden. Gerne geschieht dies, indem in variierten Formen „die" Theologie gegen das Kirchenrecht angerufen wird, als könne erstere einen Geltungsvorrang beanspruchen. Dabei wird übersehen oder zur Linderung einer narzisstischen Kränkung[116] instrumentell überspielt, dass alle theologischen Disziplinen, einschließlich der Kanonistik, geltungstheoretisch auf derselben Ebene angeordnet sind: dem kirchlichen Lehramt untergeordnet. Entsprechend ist das Kirchenrecht nicht eine Erfindung von Kanonisten, sondern die vom jeweiligen kirchlichen Gesetzgeber vorgenommene Umsetzung einer Theologie in rechtliche Bestimmungen, und zwar der kraft formaler Autorität geltungsvorrangigen Theologie – und nicht einer Theologie, die von einer Mehrheit von Theologen entsprechend ihrem Status als Option vertreten wird. Wer auf das Kirchenrecht schimpft, traut sich systemgerecht nur nicht, den Papst in Haftung zu nehmen.[117]

Das Kirchenrecht ist nichts anderes als geronnene lehramtliche Theologie. Das zeigt sich exemplarisch an der rechtlichen Grundlage der Würzburger Synode, ihrem Statut. Dessen Bedeutung erschöpft sich nicht in seiner situationsbedingten Funktion und den darin getroffenen organisatorischen Klärungen. Vielmehr gilt: „Das Statut ist Ausdruck einer bestimmten Lehre von der Kirche, gleichsam ein ekklesiologisches Konzentrat, und gewinnt von daher theologische Relevanz"[118]. Es gibt damit zugleich Aufschluss über das Kirchenverständnis des Konzils, das ja mit dem

Statut rezipiert werden sollte. Gegen die verbreitete Verschleierungstaktik, Struktur- gegenüber Sachfragen abzuwerten, gilt es bewusst zu halten: Strukturfragen sind Sachfragen![119]

Kein Parlament

Die zentrale Grundanforderung an das Statut der Würzburger Synode war, den konziliar bewirkten Drang der Laien nach Mitgestaltung in einer Weise zu befriedigen, die zugleich jede demokratische Gefährdung der bleibend hierarchischen Struktur der Kirche bannte.[120] Die besondere Verantwortung und Entscheidungskompetenz des Episkopats, und zwar des einzelnen Diözesanbischofs wie der Bischofskonferenz, zu jedem Zeitpunkt des synodalen Vorgangs war zu sichern. Dies ist auf eine bislang einmalige Weise gelungen.

Existenz und Eigenart der Synode verdankten sich – auf der Grundlage der Genehmigung durch den Apostolischen Stuhl[121] – der Bischofskonferenz. Nur sie beschloss das Statut, nur sie konnte es ändern (Art. 16 SynSt). Die Zuständigkeit der *Gemeinsamen* Synode war beschränkt auf Angelegenheiten „in ihrem Bereich" (Art. 1 SynSt), d. h. auf die Diözesen der Bundesrepublik und unter der vorausgesetzten Kompetenzverteilung zwischen Bischofskonferenz und einzelnem Diözesanbischof. Mit der einstimmigen Verabschiedung des Statuts hatten die deutschen Bischöfe sich als einzelne wie als Zusammenschluss in einem Akt der Selbstbindung bereit erklärt, nicht im Alleingang über Beratungsgegenstände endgültig zu entscheiden und sich an den statuierten Verfahrensablauf zu halten. Mit dieser Selbstbindung gaben sie ihre vielfach abgesicherte Souveränität allerdings nicht auf, sondern drückten sie aus.[122] Die Entscheidung des Episkopats, eine gemeinsame Synode abzuhalten, begründete zwar durchaus moralisch berechtigte Erwartungen bei den übrigen Gläubigen. Rechtlich anspruchsgedeckt waren diese jedoch nicht und konnten es nicht sein: Aufgrund der Kirchenverfassung konnten die klerikalen Entscheider ihre Letztverantwortung nicht abgeben. Wo sie nach ihrem Urteil das Wohl der Gläubigen gefährdet gesehen hätten, wären sie berechtigt und im Gewissen verpflichtet gewesen, ihre Selbstbindung auch wieder zurückzunehmen.[123] Bei aller – noch genau zu klärenden – Besonderheit der Würzburger Synode blieb auch sie also Ausdruck episkopalen Goodwills. Entsprechend bestimmte auch nur die Bischofskonferenz über Beginn und Ende der Synode (Art. 10 SynSt).[124]

Die Synode besaß weder ein Selbstversammlungsrecht noch das Recht, Beratungsgegenstände zu bestimmen. Diese konnten nur im Einvernehmen, d. h. mit Zustimmung der Bischofskonferenz festgesetzt oder ergänzt werden (Art. 11 Abs. 1f. SynSt).[125] Dieses Einvernehmen zu erklären, bedeutete bei Themen innerhalb des Kompetenzbereichs der Bischofskonferenz mindestens eine Zweidrittelmehrheit ihrer Mitglieder mit eingeschlossener Zweidrittelmehrheit der Diözesanbischöfe, bei Gegenständen mit diözesaner Zuständigkeit bedeutete es die Zustimmung aller Diözesanbischöfe, da es ja um die Bearbeitung „gemeinsamer" Angelegenheiten gehen sollte.[126] Im ersten Fall lag die Sperrminorität bei damals acht von 22 Diözesanbischöfen, im zweiten Fall reichte der Widerspruch eines einzigen Diözesanbischofs[127] aus, um einen Gegenstand von der Beratung auszuschließen.

Die Bischofskonferenz blieb auch Herrin des näheren Beratungsverfahrens. Denn anders als in der öffentlichen Diskussion gefordert, war ihr Einvernehmen auch für den Beschluss der Geschäftsordnung nötig (Art. 15 SynSt).[128] Zudem stellte und benannte die Bischofskonferenz wichtige Funktionsträger bzw. Organe der Synode. Deren Präsident war der Vorsitzende der Bischofskonferenz (Art. 15 Abs. 1 SynSt). Die Bischofskonferenz bestellte den Sekretär der Synode und konnte, trotz der überwiegenden Ablehnung einer solchen Personalunion, den Sekretär der Bischofskonferenz (Josef Homeyer) als Synodensekretär installieren. Die Bischofskonferenz bestimmte auch dessen Stellvertreter (den Laien Friedrich Kronenberg, Generalsekretär des ZdK) und die leitenden Mitarbeiter des Sekretariats (Art. 7 Abs. 1f. SynSt). Sekretär und Stellvertreter unterstanden der Weisungsbefugnis des Vorsitzenden der Bischofskonferenz als Synodenpräsident (Art. 7 Abs. 1 SynSt).[129] Da dieser auch die dauerhaften Berater der Synode mit Stimmrecht in die Sachkommissionen berief, konnte er zudem das einfließende Fachwissen kanalisieren (Art. 3 Abs. 1f. SynSt).[130]

Verbindlichkeit?

Die Kernfrage war die nach der Kompetenz der Synode. Vielfach wurde und wird als Merkmal ihre Verbindlichkeit herausgehoben. Allerdings ist diese Aussage mehrdeutig. Bezieht Verbindlichkeit sich auf den Synodenvorgang, das Ereignis, meint sie die erwähnte souveräne Selbstbindung des Episkopats an das Statut und damit an ein bestimmtes Gesprächsarrangement.

Bezieht sich der Begriff auf die Ergebnisse der Synode, ihre Schlussabstimmungen, wird es komplizierter. Das universalkirchliche Recht kannte damals (wie heute) gesetzgebende Gremien nur oberhalb der Bistümer, nämlich Konzilien als Versammlungen von Bischöfen (gesamtkirchliche = ökumenische bzw. teilkirchliche = Plenar- und Provinzialkonzilien) sowie nachkonziliar begrenzt die Bischofskonferenz. Im Bistum war (und ist) der Diözesanbischof einziger Gesetzgeber. Diözesansynoden konnten nur beraten, altkodikarisch ausschließlich mit Klerikerstimmen, seit dem Konzil auch unter Einbeziehung von Laien, wobei hierfür „sehr bald in fast ängstlicher Reaktion auf gewisse Forderungen nach Mitbestimmung der Laien"[131] eine Klerikermehrheit sichergestellt sein musste.

Die 18 Dokumente der Würzburger Synode mit der formalen Bezeichnung „Beschluss" stellen ein ebenso umfangreiches wie nach Inhalten, Sprechweise und formaler Eigenart divergentes Textkonvolut dar. Der „Beschluss" über die ausländischen Arbeitnehmer etwa besteht aus (kursiv gesetzten) Beschlusstexten und hinzugefügten Begründungen, über die nicht abgestimmt wurde.[132] Weit überwiegend bieten die Texte jeweils eine Situationsanalyse, theologische Grundüberlegungen und praktische Folgerungen für das konkrete kirchliche Leben in Gestalt von allgemeinen pastoralen Richtlinien.[133] Bei Letzteren handelt es sich allerdings nicht im Sinne des allgemeinen Sprachgebrauchs um praktische Anweisungen einer höheren Instanz, sondern um durch intensive Beratung und Beschließung als theologisch und argumentativ überzeugend ausgewiesene Anregungen, Impulse und Appelle, „auf die praktische Durchführung drängende [...] Kernaussagen"[134], von denen (nur) moralisch erwartet werden konnte, dass sie sich in den Bistümern auswirkten bis durchsetzten.[135] Steile und missverständliche Formulierungen, etwa zum Synodenbeschluss zum Religionsunterricht, wie: „Sehr deutlich ist auch zu sagen, daß dieser Beschluß *verbindlich* ist und daß es nicht im Belieben des Lehrers liegt, welches Konzept von Religionsunterricht er seinen Stunden zugrunde legt"[136], oder: „Es sollte selbstverständlich sein, daß der Synodenbeschluß in allen Schulbuch- und Lehrplankommissionen zum Maßstab und zur Richtlinie gemacht werden *muß*"[137], sollen die Bedeutung des Textes gegen befürchtete Widerstände appellativ unterstreichen, treffen seinen formalen Rang aber sicher nicht.

Etwa 250 nach Umfang, Konkretion, Nachdrücklichkeit und Adressaten unterschiedliche Auffassungsoptionen oder Handlungsvorschläge sind unter der Bezeichnung „Empfehlung" als besonders vorteilhaft und nützlich herausgehoben.[138] Solche beschlossenen Ratschläge oder Bitten waren schon dem Namen nach ebenfalls nicht verbindlich.[139] Auch hier wurde bisweilen versucht, die rechtliche Unverbindlichkeit dieser Texte und damit ihre Durchsetzungsschwäche durch missverständliche Formulierungen und moralische Appelle zu überbrücken, wenn etwa unter der Überschrift „Gesetzgeberische Akte und Rechtskraft" erläutert wird, warum gerade auf Anordnungen verzichtet wurde und es dann heißt:

> „Zwar haben die Empfehlungen keine Gesetzeskraft im strengen Sinn [gibt es eine andere?; N. L.], doch entspringen sie samt und sonders der Bereitschaft zur Hilfe aus christlicher Mitverantwortung. Gegenseitige Hochachtung und ein tatkräftiges Wohlwollen lassen auf eine reiche Frucht der Empfehlungen *hoffen*"[140].

Reine Hoffnungstexte waren die sogenannten „Voten", d. h. Wünsche an den Apostolischen Stuhl. Nur in dieser Form durften Gegenstände beraten werden, die gesamtkirchlicher Regelung unterlagen (Art. 11 Abs. 3 SynSt).[141]

Verbindlich waren allein jene Beschlüsse, die „Anordnungen" enthielten. Sie sollten als Gesetze der Bischofskonferenz oder als Diözesangesetz mit der Veröffentlichung in den diözesanen Amtsblättern in Kraft treten (Art. 14 Abs. 2 SynSt). Hier lag der Knackpunkt der Würzburger „Spezialanfertigung im kirchlichen Synodalwesen"[142]. Anders als auf bisherigen Synoden sollte es nicht um eine reine Beratungsversammlung gehen, mit deren Ergebnissen die Bischöfe sich anschließend befassten, um zu entscheiden, ob sie sie akzeptieren und gegebenenfalls umsetzen wollten. Stattdessen wurde das Gremium Bischofskonferenz in das größere Gremium Synode integriert und in ein Zusammenwirken eingebunden und gleichzeitig durch eine Reihe von statuarischen Sicherungen garantiert, dass weder die Konferenz noch die einzelnen Diözesanbischöfe in ihrer hierarchischen Leitungskompetenz, insbesondere zur Gesetzgebung, beeinträchtigt wurden. So konnte die Bischofskonferenz nicht nur ganze Themenbereiche vollständig aus der Synodenbefassung ausklammern, indem sie ihr Einvernehmen verweigerte (Art. 11 SynSt). Sie konnte auch bei bereits zugelassenen Themen jedwede Beschlussfassung verhindern, indem sie erklärte, einer Vorlage aus Gründen der verbindlichen Glaubens- und Sittenlehre der Kirche nicht zustimmen zu können (Art. 13 Abs. 3 SynSt), wobei dann eine Überarbeitung und Neuvorlage möglich blieb. Eine Beschlussfassung mit Anordnungen konnte sie verhindern, indem sie erklärte, die Gesetzgebung versagen zu müssen (Art. 13 Abs. 4 SynSt).[143] Die Formulierungen „nicht zu können" bzw. „zu müssen" sind eine kirchlich übliche Weise, Machtworte im verbalen Ohnmachtsgestus zu sprechen. Kardinal Höffner hatte bereits im Vorfeld der Synode das Vetorecht der Bischöfe so begründet:

> „Auf der gemeinsamen Synode der deutschen Bistümer muss die von Christus selber der Kirche gegebene *hierarchische Grundordnung* in Erscheinung treten. Ohne Anerkennung der Stellung der Bischöfe und des ihnen von Christus übertragenen Dienstes kann die Synode nicht wirksam werden. … Aus der hierarchischen Grundordnung der Kirche ergibt sich, dass die Synode …

nicht schlechthin und in jeder Hinsicht nach den Regeln einer politischen Demokratie verfahren kann"[144].

Das Konzil hatte die Gläubigen ermahnt, Entscheidungen gegenüber, welche die

> „geweihten Hirten in Stellvertretung Christi als Lehrer und Leiter der Kirche festsetzen, in christlichem Gehorsam bereitwillig auf[zu]nehmen nach dem Beispiel Christi, der durch seinen Gehorsam bis zum Tode den seligen Weg der Freiheit der Kinder Gottes für alle Menschen eröffnet hat" (LG 37,2).

Zwar sollten „die geweihten Hirten … die Würde und Verantwortung der Laien in der Kirche anerkennen und fördern" und „mit väterlicher Liebe … Vorhaben, Eingaben und Wünsche, die die Laien ihnen vorlegen, aufmerksam in Christus in Erwägung ziehen" (LG 37,3). Aber für den traurigen Fall, dass sie hinter diesen moralischen Anforderungen zurückblieben, etwa ihre Autorität überzogen, gab und gibt es keine irdischen Rechtsmittel, sondern nur das vorbeugende Gebet.[145] Die Laien „sollen auch nicht unterlassen, ihre Vorgesetzten Gott zu empfehlen, die ja wachen, um Rechenschaft für unsere Seelen zu geben, damit sie das mit Freude tun können und nicht mit Seufzen" (LG 37,2). Im Zweifel half und hilft auch konziliar gegen Machtmissbrauch nur: Beten.

Um das genaue Zusammenspiel von Bischöfen und Synode und insbesondere die Mitwirkung der Laien zu verstehen, kann es helfen, sich die einzelnen Entstehungsphasen bewusst zu machen, die ein kirchliches Gesetz in der Regel[146] durchläuft. Am Anfang steht die *Gesetzesinitiative*. Sie kann von jedem Gläubigen ausgehen. Das Konzil hatte ja auch den Laien die Möglichkeit zugesprochen, je nach Wissen, Zuständigkeit und Stellung selbst oder in von der Kirche festgesetzten Einrichtungen den Hirten ihre Meinung in kirchlichen Gemeinwohlbelangen mitzuteilen, allerdings „immer in Wahrhaftigkeit, Mut und Klugheit, mit Ehrfurcht und Liebe gegenüber denen, die aufgrund ihres geweihten Amtes die Stelle Christi ver-

treten" (LG 37,1). Nur solche – im Urteil der Hirten – qualifizierte Meinungsäußerungen sind relevant, was den Hirten ermöglicht, von Sachdiskussionen
gerne in Stil- und Formfragen auszuweichen und Meinungsäußerungen als
im Stil verfehlt und daher irrelevant zu disqualifizieren.

Die weiteren Etappen, zunächst die *Festlegung des Gesetzesinhalts* und die
Gesetzesausfertigung, d. h. die Erklärung der Verbindlichkeit des fixierten
Gesetzeswortlauts, sind im Rahmen des überlieferten Glaubens Sache des
Gesetzgebers. Beide Phasen folgten in Würzburg nicht wie üblich erst im
Anschluss an die Synodenberatung, sondern wurden in sie integriert. Die
Hauptlast der Vorbereitung der Vorlagen trugen die Sachkommissionen.
Hier stellten auch Laien ihre Glaubenserfahrung, Sachkenntnis und Sicht-
weise den Hirten unterstützend und beratend zur Verfügung und konnten
so unmittelbar auf die Führungstätigkeit der Bischöfe Einfluss nehmen. Die
Bischofskonferenz wirkte an der Erarbeitung und an der in der Regel zwei-
fachen Lesung der Beschlussvorlagen positiv mit. Sie konnte vor jeder Lesung und unabhängig von vorliegenden Wortmeldungen dazu Stellung nehmen und hat durch zahlreiche Anträge die Vorlagengestalt gesteuert. Mit
besonderem Nachdruck geschah dies, wenn sie ihrer Pflicht nachkam, et-
waige Bedenken gegen eine Vorlage aus Gründen ihrer Lehrautorität oder
ihres Gesetzgebungsrechts spätestens vor der zweiten Lesung zu äußern
(Art. 12 Abs. 5 SynSt). Damit wurde nicht nur ihre Leitungsverantwortung
betont, sondern auch die Debatte frühzeitig fokussiert und das Gespräch
zwischen Synode und Bischofskonferenz rechtzeitig eingeleitet, um Differenzen zu beseitigen und den Gesetzesinhalt in einer Weise zu modellieren,
die den Bedenken der Hierarchen Rechnung trug und den Einsatz ihres
Vetorechts überflüssig machte.[147]

Die Gesetzgebungskompetenz blieb je nach materieller Zuständigkeit
bei der Bischofskonferenz bzw. dem einzelnen Diözesanbischof. Verzichte-
te die Bischofskonferenz auf ein Veto, kam damit der entscheidende gesetzgebende Wille zum Ausdruck, die Anordnung im erarbeiteten Wortlaut verbindlich werden zu lassen, falls sie die erforderliche Mehrheit in der
Synodenschlussabstimmung erreichte. Würde die Mehrheit verfehlt, blieb es
der Bischofskonferenz oder dem Diözesanbischof gleichwohl rechtlich un-

benommen, die Vorlage dennoch als Gesetz zu erlassen.[148] Die Synode beschloss somit über eine Vorlage, die in Entstehung und Endgestalt auf der vorgängigen Entscheidung durch die zuständigen Bischöfe beruhte.

Die *Gesetzesverpflichtung* oder *-geltung* schließlich entstand erst durch die autoritative Verkündung oder Promulgation des Gesetzes in den Amtsblättern der Bistümer als Gesetze der Bischofskonferenz[149] oder des jeweiligen Diözesanbischofs. Eine Pflicht der Bischöfe, die Beschlüsse zu promulgieren, enthielt das Statut nicht[150], wenngleich es sicher kein synodenfreundlicher Akt gewesen wäre, die Promulgation zu unterlassen.

Gleiches Stimmrecht?

Vor diesem Hintergrund wird ein zentraler Satz des Statuts über die Vollversammlung fragwürdig: „Alle Mitglieder haben gleiches beschließendes Stimmrecht" (Art. 5 Abs. 2 SynSt). Hatte das Stimmrecht der Laien-Synodalen tatsächlich „die gleiche Qualität wie das der anderen Synodalen"[151]? Eine Gleichheitsaussage über die allgemeine Rechtsstellung der Synodalen konnte es nicht sein. Stattdessen ging es nur um den Moment der Schlussabstimmung.[152] Zu diesem Zeitpunkt war der Beschlussgegenstand allerdings wesentlich reduziert. Bei der Erstellung der Vorlagen konnten die Bischöfe mit Attributen wie „unerlässlich" einen Nachdruck signalisieren, der ihr Vetorecht fürchten ließ, ohne dass es zur Anwendung kommen musste. Es reichte, die Instrumente zu zeigen[153], um die Kommission kompromissbereit bis nachgiebig zu machen.[154] In diesen Schlussabstimmungen bestätigten die Bischöfe ihre Grundentscheidungen, die übrigen Synodalen traten ihnen bei oder nicht. Dass aus der Vorlage ein Gesetz werden konnte, war systemgerecht hierarchisch vorentschieden. Erreichte die Gesetzesvorlage die erforderliche gesamtsynodale Zweidrittelmehrheit nicht, war dadurch eine gleiche oder ähnliche Gesetzgebung der Bischöfe rechtlich nicht verhindert. Die unterschiedlichen Dezisionsanteile der gleichzeitig Abstimmenden, der bloße Dezisionsrest für die einfachen Synodenmitglieder wahrte vollständig das traditionelle Prinzip „nichts ohne und nichts gegen die Hierarchie". Es ging um

Mit-Verantwortung, aber das Präfix weist immer schon auf die immanenten Grenzen der Beeinflussbarkeit der katholischen Hierarchen durch Laien hin.

Und selbst in der auf den Schlussabstimmungsaugenblick reduzierten Form bleibt die Gleichheitsaussage missverständlich. Einen zutreffenden Sinn erfährt sie erst, wenn man den katholischen Gleichheitsbegriff (LG 32) einträgt, für den unterschiedliche Berechtigungen gleichwürdig sind. Für im katholischen Glaubensdialekt Ungeübte dürfte der Passus allerdings eine Gleichberechtigung vorgetäuscht haben, die in der von Papst Paul VI. noch während des Konzils in Erinnerung gerufenen „societas inaequalis" gar nicht gegeben sein kann.[155] Der Statutensatz baute erneut eine Partizipationsattrappe zur Verschleierung der real existierenden Verhältnisse auf.

Ein-Bindung der Hierarchen

Eine wirkliche und ungewöhnliche Ein-Bindung der Hierarchen betraf lediglich zwei Aspekte der Kommunikationsregeln. Zum einen hatten sich – bei aller Privilegierung in der Debatte – auch die Bischöfe an das Grundreglement des synodalen Gesprächssettings zu halten. Auch an lange Reden gewöhnte Bischöfe mussten es hinnehmen, wenn ihnen der Moderator nach Überschreitung der fünf Minuten Redezeit das Wort entzog.[156] Weitaus wichtiger war zum anderen, dass die Bischöfe begründungspflichtig waren. Sie hatten wie alle anderen für ihre Änderungsanträge zu argumentieren, ihre Vor- und gegebenenfalls Vetorechte innerhalb des Beratungsprozesses und als kollegiales Organ auszuüben. Dadurch ergab sich eine „doppelte Diskursivierung"[157]: Der synodalen Beratung hatte eine episkopale vorauszugehen. Der einzelne Bischof konnte seine Rechte nur über die Bischofskonferenz zur Geltung bringen, die zu einer gemeinsamen Position finden musste. Da der Meinungs- und Entscheidungsfindungsprozess in der Bischofskonferenz der Öffentlichkeit vorenthalten wurde[158], kann nur vermutet werden, dass es dabei zu Kontroversen gekommen ist und einzelne Bischöfe zurückstecken mussten. Bedenken und Einsprüche erforderten dann einen zweiten Diskurs, da sie in Stellungnahmen und auf der Vollversammlung zu vertreten waren.[159] Der Vorsprung formaler Autorität blieb erhalten, auch wenn eine inhaltlich-argumentative Grundierung gefordert war, die auf überzeugende Vermittlung und Einsicht zielte. Die formale Geltung der autoritativen Entscheidung blieb aber davon unabhängig.

Dass jedwede Rechenschaftspflicht nach unten im katholischen hierarchischen System nicht nur als ungewöhnlich, sondern als potenziell gefährlich gilt, dafür bewies bereits der damalige Regensburger Dogmatiker Joseph Ratzinger ein sensibles Gespür. Als 1970 den Reformkatholiken in einer „Arbeitsgemeinschaft Synode" die Synodenpläne zu basisfern und partizipationsarm erschienen und sie in einer Resolution „Zur Durchführung der Synode 72" öffentlich eine weitergehende Demokratisierung forderten, bewertete Ratzinger dies hinter den Kulissen als außerhalb des katholischen Kirchenbegriffs stehend. Nach dem Glauben der Kirche gebe es in ihr kein Volk, von dem alle Gewalt ausgehe. „Kirche wird vielmehr allein dadurch, dass sie von oben, vom Herrn her berufen wird, und er ist es auch, der als bleibender Herr der Kirche die Aufträge der Leitung zuteilt, die nicht auf Delegation von unten, sondern auf der sakramentalen Zuweisung von ihm her beruhen"[160]. Müssten Bischöfe ihre Entscheidungen begründen und zur Diskussion stellen, seien sie der Synode untergeordnet.[161] Dafür, dass aus der ungewöhnlichen Integration der Bischöfe nicht tatsächlich der ungebührliche Eindruck einer Egalisierung entstand, sondern die hierarchischen Verhältnisse durchgehend erlebbar und sichtbar blieben, war zudem durch zwei flankierende Arrangements im Synodensetting Vorsorge getroffen worden.

„Im letzten wird die Synode ihre Fruchtbarkeit darin erweisen, ob sie ein geistliches Ereignis wird."[162]

Bei der Überlegung, ob die ständeübergreifende Synodenversammlung an einem profanen Ort oder in einem Sakralraum stattfinden sollte, setzte sich mit großer Zustimmung der Bischöfe der Würzburger Dom durch. Bedenken, ein Kirchenraum könne die Synodalen psychologisch hemmen und eine freimütige Aussprache zu pastoralen Themen eher hindern, wurden zurückgestellt. Kardinal Döpfner erinnerte in seinem Schlussbericht am Ende der Synode daran:

> „Als zum ersten Mal vorgeschlagen wurde, mit der Synode in einen Dom zu gehen, da gab es mehr Widerspruch als Zustimmung. Es meldete sich der Verdacht, es stecke eine bestimmte Absicht dahinter. Durch das sakrale Milieu sollte von vornherein den Sprechern die Forschheit gedämpft und zum Grundtenor der Debatten der ‚tonus rectus' anempfohlen werden. Andere befürchteten, unsere Beratungen könnten angesichts zu erwartender Konfrontationen so entgleisen, daß dabei die Würde einer geweihten Kirche Schaden leiden könnte. … Es hat sich erwiesen, daß beide Befürchtungen grundlos waren. … Vor allem … haben seine [des Domes; N. L.] Pfeiler und Denkmäler uns stumm, aber nicht ohne Wirkung daran erinnert, daß mit uns die Geschichte der Kirche weder begonnen hat, noch enden wird"[163].

Tatsächlich markierte jedenfalls nichts augenfälliger den Unterschied zwischen einer Synode und einem Parlament als ein sakraler Versammlungsort.[164] Am geistlichen Ort sollte die Synode ein geistliches Ereignis sein, gerahmt und begleitet von „den großen, feierlichen und … den werktäglichen Eucharistiefeiern, ihren Predigten und Meditationen, in Bußgottesdienst und Marienfeier, in Bildbetrachtungen und Orgelspiel"[165].

Die Liturgie eignet sich wesentlich zur Bewusstmachung der kircheneigenen Spielräume.

> „Hier war der Ort, wo sichtbar wurde, daß die Grundgesetze einer Synode bei aller Anleihe demokratischer Verfahrensweisen ihren Ursprung nicht zuerst dem Parlamentarismus und einem allgemeinen Demokratisierungspostulat, sondern ungeachtet sons-

tiger Differenzen dem gemeinsamen Auftrag zum Dienst am Glauben verdanken"[166].

Denn wie jede Liturgie ist insbesondere die Eucharistiefeier sorgfältige kultische Inszenierung der Kirche in ihrer sakrosankten Hierarchiegestalt. Nirgends anders als in der hierarchischen Aufstellung nach hierarchischer Regie kann der Katholik dichter erfahren, wie sich die aktive Partizipation aller Gläubigen kirchenspezifisch ausdifferenziert in die allein initiierende und Christus repräsentierende *participatio clericalis* und in die nur reaktive *participatio laicalis* der Laienmänner und die beschränkte, aber gleichwertige der Laienfrauen.[167] Mochten die Debatten noch so scharf, die Reformforderungen noch so hehr und brisant sein, spätestens in der gemeinsamen Abendmesse konnte jeder Synodale wieder wissen und erleben, wo sein Platz war, und diesen bereitwillig einnehmen. Die regelmäßige und bewusste Mit-Feier der Eucharistie kann Gläubigen bis heute immer wieder helfen, den weltlichen Demokraten in sich gutkatholisch durch den kirchlichen Monarchisten existenziell zu überformen. Tagungsort und Synodenbeginn symbolisierten mit der geistlichen Dimension zugleich ekklesiologisch die göttliche Stiftung der Kirchengestalt.[168] Von der Eröffnungsansprache Kardinal Döpfners an und immer, wenn die Versammlung drohte, zu einem Parlament zu werden, wurde die Synode als geistliches Geschehen markiert.[169] Damit wurde nicht nur ein unbestimmter Transzendenzbezug insinuiert, das Etikett „geistlich" ist vielmehr Chiffre für die hierarchische Durchprägung aller katholischen Gemeinsamkeit. Wo sie zudem anzeigen soll, die Synode sei nur aus dem Glauben zu verstehen[170], fungiert sie zugleich als Immunisierung gegen (ungläubige) Kritik von außen.

Der schwarze Block

Aber auch außerhalb der Liturgie achteten die Bischöfe darauf, dass ihre Einordnung in die Synode nicht zur Einebnung führte, sondern sie in ihrer Stellung kenntlich blieben. Die Synodentopografie sah vor, dass die Synodalen vor dem Präsidium in einem gestreckten Hufeisen angeordnet waren, was an eine parlamentarische Sitzordnung erinnern konnte. Allerdings wehrten die Bischöfe mehrere Anregungen und Anträge ab, sich wie die übrigen Synodalen alphabetisch einzureihen. Sie bestanden darauf, in der Mitte der Aula in hoher und symbolischer Sichtbarkeit und Geschlossenheit zu sitzen, unter sich wie gewohnt nach Rang und Dienstalter gegliedert.[171] Der „Spiegel" erfasste Bild und Grund treffend: „Die Macht saß in der Mitte und trug Schwarz"[172]. Der als gesprächsbereit geltende Bischof Tenhumberg erklärte seinem Seelsorgerat, darauf könne erst verzichtet werden, wenn niemand mehr die Ansicht vertrete, die Bischöfe und die übrigen Synodalen seien gleichberechtigt.[173]

Beschwichtigung und Reintegration

Die Politik der Bischöfe, durch organisierte Gespräche zu einer Beruhigung und Reintegration des deutschen Katholizismus zu gelangen und dabei die eigene Autorität im Modus des Gesprächs zu wahren und zu regenerieren, ging auf.[174] Indem sie die Regie zu einer Kirchenversammlung übernahmen, für die sie Art und Umfang der Laienbeteiligung bestimmten, gelang es ihnen, auf die Kirche übergreifende Forderungen nach Demokratisierung abzuwehren und zugleich den (falschen) Eindruck zu erwecken, die Synode könne eine Möglichkeit sein, solche Forderungen wirksam werden zu lassen, könne selbst ein Schritt in diesem Prozess sein. So blieben selbst kritische Kräfte auf ihn bezogen.

Wo Reformkatholiken „Synodalität" als katholischen Ausdruck für „Demokratie" akzeptierten[175], übersahen sie (und übersehen sie bis heute) dessen katho-semantische Entkernung: Demokratie in Anwendung auf die Kirche bedeutet nicht mehr die aus der gleichen Personwürde zwingend folgende gleichberechtigte Beteiligung am politischen Willensbildungsprozess. Vielmehr ist sie auf eine allenfalls verfahrensgestützte Umgangsform unter fundamental Ungleichen herunterkatholisiert.[176] So gelang es den Bischöfen, Ungleichheit zu überspielen, Gleichheit durch Gemeinsamkeit zu kompensieren und Fragen nach Wirksamkeit und Auswirkung der Synode in eine unbestimmte Zukunft zu verweisen.

Für die Verschleierung von Ungleichheit wurde (und wird) etwa die Metapher der „Spannung" oder des „Spannungsverhältnisses" genutzt. So zählte Kardinal Döpfner in seinem Schlussbericht zur Synode zu den theologischen Leitlinien an erster Stelle „Spannung und Ausgleich zwischen kirchlicher Tradition und gegenwärtiger Situation"[177]. Die Spannungsmetapher erweckt den Eindruck zweier Pole, die sich im Gleichgewicht halten. Sie überspielt den unterschiedlichen Geltungsrang von Heiliger Schrift und Tradition in der Auslegung der mit einem besonderen Geistbeistand ausgestatteten Bischöfe einerseits und der jeweiligen Zeitdiagnose andererseits. Personalisiert wiederholt sich das, wenn es bei Döpfner heißt:

> „Die Spannung zwischen bischöflichem Leitungsamt und Dienst der Laien und Priester – in je eigenem Auftrag – darf nicht aufgelöst werden, da sie für das Leben in der Kirche entscheidend ist. Hier haben wir einen ‚Lernprozeß' durchgemacht, von dem das Gelingen der Synode abhing. Ich glaube, sagen zu können, daß die nicht-bischöflichen Synodalen ‚lernten', wie die Mitsynodalen-Bischöfe in ihrem Amt einen entscheidenden Dienst der Einheit [als Chiffre für formalen Geltungsvorrang; N. L.] in unserer Ortskirche und der Weltkirche haben. Die Bischöfe lernten immer mehr, wie auch kritisches Engagement ein Beispiel kirchlichen Sinnes sein kann"[178].

Für den Synodenprozess wurden die Gemeinsamkeit und der Umgangsstil herausgehoben, ohne den Hinweis auf die bleibende Unterschiedenheit zu unterlassen:

> „Es ist allen herzlich zu danken, die dafür Opfer gebracht haben, daß unsere Arbeit auch unter schweren Belastungsproben ein synhodos, ein Aufeinanderzugehen wurde, nicht allein durch Schaffung eines guten Klimas, sondern durch die Begegnung im ge-

meinsamen Suchen nach dem Willen des Herrn in der konkreten
Stunde. Wir haben manchen Erwartungen zum Trotz zusammen-
gehalten. Wohl aber wurden wir zu einem Prozeß gezwungen,
dem wir einen neuen Stil des Miteinanderredens und Miteinander-
umgehens zwischen Bischöfen, Priestern und Laien verdanken.
Den möchten wir nicht mehr missen. Was wäre es für ein Erfolg
der Synode, wenn es gelänge, diese gute Erfahrung in jede Gemeinde, Gemeinschaft, Dienststelle und alle Räume der Kirche
hinein zu vermitteln! Die Erfahrung nämlich, daß ehrliche Bereitschaft zur redlichen Kommunikation Verkrampfungen lockern
und Konflikte lösen kann und eine unverzichtbare Voraussetzung
ist für Brüderlichkeit, Vertrauen, Frieden und Einheit. Es gilt
darum, eine der entscheidenden Aussagen des II. Vatikanischen
Konzils zu verwirklichen: Kirche als das eine Volk Gottes, in dem
jeder seine unaufgebbare und unverwechselbare Sendung hat zum
Wohle des Ganzen und für den Dienst an der Welt. ... Die Aufgabe
bleibt, diese Gemeinsamkeit weiterhin zu praktizieren"[179].

Die Ergebnisse werden zugunsten des Ereignisses als zweitrangig abgewertet.
Wichtig sei, dass eine solche nie dagewesene Synode geschehe und wie sie
geschehe, das allein könne für die Weltkirche exemplarisch sein.[180]

In der katholischen Kirche die Frage „Quis iudicabit?" („Wer entscheidet?") zu stellen, heißt, sie zu beantworten. Während sich die nichtbischöflichen Gläubigen auf die Moral des Episkopats verlassen müssen, kommt
diesem die rechtliche Kompetenz zu, über die Einhaltung der Spielregeln zu
entscheiden, also – im amtlichen Sprachgebrauch – besagten „Dienst der
Einheit" zu leisten. Um diesen uneinholbaren strukturellen Vorteil zu ka-
schieren, durfte außerdem das probate, abstrakte Makro der Relativierung
von Strukturen auch hier nicht fehlen:

„Wir sind dankbar, daß wir hier und dort dienlichere Strukturen
für unseren pastoralen Dienst aufzeigen und beschließen konnten.
Die Synode hat aber auch gelernt, daß Strukturen allein leere und

starre Hohlformen bleiben, ja zu Hindernissen werden, wenn sie nicht mit Geist und Herz gefüllt werden. Gut funktionierende organisatorische und strukturelle Elemente in der Kirche sind unverzichtbar. Aber Strukturen für sich allein sind ohnmächtig und anfällig für manche Gefahren"[181].

Die Verharmlosung von Struktur- und Rechtsfragen wirkt systemstabilisierend. Wer Strukturfragen bagatellisiert, ist möglicherweise Profiteur des Status quo.[182]

Bilanzierungen wurden ohne Vorkehrungen für eine Überprüfung der Wirksamkeit oder Kontrolle der Umsetzung in eine unbestimmte Zukunft geschoben, dem Herrn der Welt anvertraut. Zugleich wurde mit Pathos der Eindruck erweckt, die strukturell beendete Synode könne mental auf Dauer gestellt werden:

> „Es wäre mehr als vermessen, in dieser Stunde, da wir es noch kaum glauben können, daß die Synode endet, Bilanz zu ziehen. Ob die Frucht unserer Arbeit brauchbar ist, das wird erst in Jahren und Jahrzehnten zu beurteilen sein"[183].
> „Was also bleibt am Ende dieser Synode? Eine Kirche, die Christus hier und heute in seinen Brüdern dient. Wir verkünden das nicht als große Proklamation, sondern bringen es als inständige Bitte mit verhaltener Stimme und sehnsüchtigem Herzen vor unseren Herrn. … Die Synode endet – die Synode beginnt. Amen"[184].

Zu wenige erkannten diesen Trick sofort, noch weniger spiegelten ihn zur Entlarvung. So erklärt eine Synodalin im Rückblick zum Abschiedsmotto Döpfners: „Trost und Hoffnung sollte den an der Effizienz der Arbeit zweifelnden Synodalen mit auf den Weg gegeben werden. Die meisten wußten, die anderen ahnten, daß diese Devise keiner realistischen Einschätzung der Situation entsprach"[185].

An den synodalen Diskussionen beteiligten die Bischöfe sich eher zurückhaltend[186], und manche entzogen sich unter Berufung auf Zeitmangel auch den mühsamen Auseinandersetzungen in den Sachkommissionen.[187] Auf diese Weise vermieden sie, sich allzu gemein mit den übrigen Diskutanten zu machen. Schon damals funktionierte als Kompensation, wenn Bischöfe außerhalb des offiziellen Geschehens etwa in Pausengesprächen als jovial empfunden wurden oder vereinzelt sogar das Begegnungs- und Informationszentrum der kritischen Arbeitsgemeinschaft Synode betraten, was bereitwillig als bewusste Geste von hoher Symbolkraft aufgefasst wurde.[188] In dieser schlichten Freude über die Zuwendung von Hierarchen im persönlichen Umgang zeigte sich die grundlegend unveränderte Anerkennung der Hierarchie, der tiefe Respekt vor der Oberkirche und ihrem Vorrang.

An diesem Vorrang ließen die Bischöfe auch keinen Zweifel zu. Schon in seiner Eröffnungsrede als Synodenpräsident hatte Kardinal Döpfner die keineswegs eingeebnete Leitungsgewalt des Episkopats signalisiert.[189] Ihre gewollte Anordnung als „Schwarzer Block" ließ die Bischöfe optisch aus der Synodengemeinschaft herausragen. Und der Blockoptik entsprach ihr Verhalten. Die Bischofskonferenz tagte vor jeder Vollversammlung und ließ in ihr eine gemeinsame Stellungnahme vortragen. Obschon man durchaus kontroverse Meinungen im Episkopat vermutete, wich selten ein Bischof in seinem Beitrag von der offiziellen gemeinsamen Position ab, ein Agieren, das eher als defensiv denn als kooperativ empfunden wurde.[190] Dennoch empörte Kardinal Döpfner sich, als ein Pfarrer während der dritten Synodenvollversammlung die Bischöfe als „Fraktion" und „organisierte Minderheit" bezeichnete und die übrigen Synodalen aufforderte, ebenfalls Fraktionen zu bilden. Döpfner betonte, die Bischöfe hätten eine besondere Aufgabe, seien aber keine Fraktion. „Um Gestalt und Geist der Synode klar zu erhalten, dürfe es zu keiner Fraktionsbildung kommen"[191]. Da war es wieder, das *Humpty-Dumpty*-Syndrom: Wir mögen aussehen wie eine Fraktion, wir mögen sprechen wie eine organisierte Meinungsgruppe und uns verhalten wie eine Fraktion, wir sind dennoch keine, weil – ja, weil wir das eben sagen. Und deshalb sollen sich auch die anderen Synodalen nicht zu Meinungsgruppen zusammenschließen dürfen – was gleichwohl faktisch geschah.[192]

Von ihrer Leitungsgewalt machten die Bischöfe nach ihrem Ermessen Gebrauch. So ließen sie etwa das Thema der Zulassung verheirateter Männer zur Priesterweihe (*viri probati*) ebenso wenig als Beratungsgegenstand zu[193], wie Fragen zu Sinn und Gestaltung der menschlichen Sexualität nur in Gestalt eines Arbeitspapiers als Hintergrundinformationen zum Synodenbeschluss „Ehe und Familie" veröffentlicht werden durften.[194] Auf diesen Beschluss hatten die Bischöfe besonders intensiv Einfluss genommen, indem sie Änderungen bei den Aussagen zur Empfängnisverhütung, zu vorehelichem Geschlechtsverkehr und zu pastoralen Hilfen für wiederverheiratete Geschiedene als unerlässlich verlangten. Geplante Voten über die kirchliche Anerkennung eines faktischen Eheendes bei permanenter Untreue und einer reinen Zivilehe als gültige, wenngleich nicht sakramentale Ehe, verhinderten sie mit ihrem Veto.[195] Zwar kam es auch bei diesen Themenkomplexen zu heftigen Auseinandersetzungen in der Synode. Insgesamt war aber wohl die Kompromissbereitschaft des sozial wie theologisch und politisch doch eher homogenen Plenums, das mehrheitlich aus Synodalen im unmittelbaren kirchlichen Dienst (Verwaltung, Diözesangremien, kirchliche Organisationen und Verbände) bestand, stärker ausgeprägt als das Bedürfnis nach Autonomie und Selbstbestimmung. Die Bischöfe stellten sich dem Gespräch und erlaubten emotionale Entladung, blieben aber bei ihrer inhaltlichen Position. Zwar konnte zäh um jeden Textbestandteil gekämpft werden, strukturell blieben die nichtbischöflichen Synodalen aber in einer Letztohnmacht. Sie mussten sich der Erfahrung beugen, dass „die Forderungen der Bischöfe schon in den Kommissionsberatungen berücksichtigt werden mußten, sollte die Gesamtvorlage schließlich nicht an ihrem Einspruch scheitern"[196].

Die zeitgenössische Berichterstattung verzeichnete bisweilen eine gedrückte Stimmung der Synodalen, anfängliche Euphorie sei bald Ernüchterung gewichen. Um das Gesamtprojekt Synode nicht zu gefährden, begnügten sich die Synodalen mit einer Art routinierter Pragmatik.[197] Entsprechend wurde bei allem in dieser Intensität erstmaligen katholischen Austausch mit kontroversen Diskussionen, ja Streit und mühsam errungenen Kompromissformeln und auch Erfahrungen von Solidarität und Wertschätzung über unterschiedliche theologische und politische Überzeugungen hinweg doch gefragt, wie viel das zählt,

„wenn sich das alles letztlich als Scheingefecht auf einer mit teurem Aufwand bereitgestellten Spielwiese herausstellt? Im nachhinein muß festgestellt werden, daß selbst ein noch so konsequentes Auftreten der Synodalen an der selbstherrlichen kurialen und episkopalen Amtsautorität gescheitert wäre"[198].

Stabilisierung und Regenerierung

Schon der Katholikentag 1974 in Mönchengladbach verlief wieder in ruhigen Bahnen[199] und brachte – so erinnert sich jedenfalls Hans Maier – „das erste große Aufatmen, das Gefühl ‚Wir sind über den Berg' (so Julius Kardinal Döpfner), das vorläufige Ende der Turbulenzen der vorangegangenen Zeit"[200].

Am 23. November 1975 endete die Würzburger Synode. Ihre Wirkungsgeschichte ist noch nicht systematisch untersucht.[201] Eine gewisse Skepsis und Unsicherheit, was aus ihr werden sollte, schien schon zeitgenössisch auf, wenn ein nur ein Jahr später erschienener, über 500 Seiten starker Sammelband mit dem Titel „Synode – Ende oder Anfang" ein „weiterführender Impuls für den Prozeß der kirchlichen Reform" insbesondere in die Gemeinden hinein sein wollte.[202] Weitere Indizien weisen auf eine verstärkte Skepsis hin: Das anfängliche Interesse in der Bevölkerung an der Synodenidee flaute bald ab, ihr Ablauf wie ihre Ergebnisse fanden zumindest keine breite Resonanz mehr. Als möglicher Grund dafür wird die mangelhafte Legitimation des ZdK durch das Kirchenvolk gesehen, wodurch die Synode vielleicht doch zu sehr als institutionelle Aktion von oben empfunden wurde[203], als Unternehmen einer Elite.[204]

Dass das Vertrauen in die Selbstbindung der Bischöfe schon bei den Synodalen begrenzt war, zeigte sich in dem Votum an den Papst, in jedem Jahrzehnt eine Synode nach Würzburger Modell zuzulassen.[205] Voraussetzung dafür war die entsprechende Initiative der Bischofskonferenz, und um deren mangelndem Elan vorzubeugen, wollte man einen Anker für die

Wiederholung des Unternehmens setzen. Indem man den Papst um ein Indult, eine Erlaubnis für etwas von der Bischofskonferenz zu Initiierendes
bat, sollte dieser verwehrt werden, sich hinter vorgeblichen römischen Blo-
ckaden zu verschanzen.[206] Der Apostolische Stuhl kam der Bitte nicht nach.
Die Bischöfe wurden auf die laufende Überarbeitung des kirchlichen Gesetzbuches verwiesen, in der eine Synode nach Würzburger Art keine Rolle
spielte. Solche Experimente würden als abgeschlossen betrachtet. Zudem
dürften nur die im Codex Iuris Canonici so genannten Konzilien und Synoden diese Namen tragen, aber keinerlei andere Zusammenkünfte. Die
deutschen Bischöfe münzten diesen negativen Bescheid positiv um. Das
Votum, in jedem Jahrzehnt eine gemeinsame Synode abhalten zu können,
sei mit dem Hinweis auf das künftige allgemeine Recht positiv entschieden
worden. Sie verfälschten so mit der Antwort auch das Votum, das nicht auf
irgendeine Synode, sondern auf eine nach Würzburger Vorbild zielte und
genau in dieser Zielsetzung abgewiesen worden war.[207] Diese Art irre-
führender Information, um sich der Auseinandersetzung nicht stellen zu
müssen, macht deutlich, was von dem angeblich „neuen Stil des Mit-
einander-Redens und Miteinander-Umgehens"[208] zu halten war.

Obwohl die Öffentlichkeit von einem positiven Bescheid aus Rom ausgehen konnte, kam es in der Folgezeit zu keiner breiteren Initiative für eine
neue gemeinsame Synode mehr.[209] Möglicherweise sah man den Zweck der
Eindeutschung des Konzils als erfüllt an. Sicher war auch die nachkonziliare
Aufbruchsstimmung nicht auf Dauer zu erhalten. Gaben sich die einen
offenbar mit symbolischer Partizipation[210] zufrieden und akzeptierten die
innerkirchliche Konsensbildung durch hierarchisch gesteuerte Mehrheits-
findung als Demokratieersatz (*voice fiction*), waren andere frustriert oder
durch Ermüdung ungefährlich gemacht.

Schließlich gilt „Würzburg" auch als an der „Diskontinuität der Protagonisten" gescheitert, weil eine neue Bischofsgeneration andere Akzente setzte.[211] Wieder zeigt sich, wie prekär eine Selbstbindung von Hierarchen ist: Sie
bleibt personengebunden, ist nicht strukturell gesichert und endet spätestens mit ihrer Ablösung und Ersetzung durch Amtsnachfolger. Exemplarisch erwies sich dies bei dem zentralen Thema Rechtsschutz in der Kirche.

Das Votum an den Papst, die von der Synode beschlossene Kirchliche Verwaltungsgerichtsordnung[212] durch eine universalkirchliche Rahmenordnung zu ermöglichen, versandete. Es heißt, spätestens seitdem der Papst im CIC von 1983 auf eine Rahmenordnung gänzlich verzichtet hatte, sei das Votum beim Apostolischen Stuhl nicht mehr in Erinnerung gebracht worden, obwohl kanonistisch klargestellt wurde, dass ein Diözesanbischof ein Verwaltungsgericht auch in eigener Verantwortung hätte einrichten können.[213] Der Kanonist und Bischof von Lugano, Eugenio Corecco, der zu der kleinen Beratergruppe gehörte, die mit dem Papst in Castel Gandolfo den letzten Codexentwurf von 1982, der Verwaltungsgerichte noch vorsah[214], durchging, dürfte das Selbstverständnis der Bischöfe korrekt getroffen haben, wenn er warnte:

> „Ein Verwaltungsverfahren wie jenes, das im SCH[EMA] von 1982 vorgesehen war, hätte nicht nur den Bischof im Bewußtsein seiner eigenen Identität getroffen, sondern hätte auch beim Gläubigen selbst das Bild des Bischofs als Haupt der Teilkirche in Mitleidenschaft gezogen, dem auch bei einem allfälligen Irrtum Gehorsam geschuldet sein könnte"[215].

Für den Apostolischen Stuhl jedenfalls war die Würzburger Synode nur eine Episode. 2006 machte die Kongregation für den Klerus in Beantwortung eines Verwaltungsrekurses aus Regensburg ihre Sicht deutlich: „Da die Beschlüsse der *Gemeinsamen Synode* der Promulgation des Codex des kanonischen Rechts von 1983 zeitlich vorausgehen, sind diese aufgehoben"[216].

2011–2015

Abb. 4: Diskussionen in Stuhlkreisen mit Bischöfen am 12. September 2014 in Magdeburg beim Gesprächsprozess der DBK. (© KNA/Harald Oppitz)

Schön, darüber gesprochen zu haben: der Gesprächsprozess der deutschen Bischöfe

Sicherlich sind manche der Synodentexte, wie „Unsere Hoffnung" oder die Beschlüsse zum Religionsunterricht und zur Jugendpastoral, in der Folgezeit zu viel zitierten theologischen Leittexten geworden, von denen vermutet wird, sie hätten „die kollektive Erinnerungskultur für die folgenden Jahrzehnte entscheidend geprägt"[1] – eine Qualität, die allerdings vor allem durch ihre Unbestimmtheit besticht. Als „Initiatorin eines organisierten Erneuerungsprozesses"[2] gilt die Synode gleichwohl nicht. Die große Wende, der langfristige Reformprozess nach Würzburg blieb aus. Stattdessen erwies sich die mühsam erreichte Befriedung zwischen Mehrheitskatholizismus und „anderem Katholizismus" als brüchig. Würzburg hatte den Problemdruck absenken, nicht aber die Ursachen beseitigen können.

Das II. Vatikanische Konzil hatte als Katalysator für Veränderungserwartungen gewirkt, deren exemplarische Enttäuschung durch die Enzyklika „Humanae Vitae" von 1968 zu einem ebenso schnellen wie bedrohlichen Druckanstieg geführt hatte. Die auf Genügsamkeit oder Resignation beruhende Befriedung nach Würzburg blieb trotz bald sich wieder zeigender Risse ungleich länger wirksam. Pluralisierung an der Basis und restaurative Re-Formierung von oben führten zwar zu einem erneuten Druckanstieg. Dieser konnte allerdings durch regionale „dialogische" Ventilöffnungen und das zeitweilig breitere (Auf-)Begehren des Kirchenvolks, dessen Druck von unten zugleich neue Hoffnungen weckte, zeitlich gedehnt werden. Sich zeitlich z. T. überschneidend, ließen Impulse aus unterschiedlichen Richtungen den Druck zunächst allmählich, seit den 1990er-Jahren aber deutlicher ansteigen, bis im sogenannten Skandaljahr 2010 wieder ein die Hierarchen alarmierender Level erreicht wurde und sie ein erneutes Ventilevent inszenieren ließ.

Wir müssen draußen bleiben

Der kritische Katholizismus wurde sich nach Würzburg recht schnell seines Irrtums bewusst, die Synode für einen Demokratisierungsschritt gehalten zu haben, und erkannte die neuen Rätestrukturen als „scheindemokratische Institutionen"[3] ohne nachhaltigen Einfluss auf innerkirchliche Entscheidungsprozesse sowie das ZdK als eine nicht zuletzt durch finanzielle Abhängigkeit und statuarische Kautelen episkopal kontrollierte Laienvertretung. Auf dem Katholikentag in Freiburg 1978 versuchten daher kritische Gruppen, mit Aktionen gegen Zölibat und für Frauenordination auf sich aufmerksam zu machen. Einzelvertreter aus Priestersolidaritätsgruppen wurden zwar auf Podien eingeladen, fühlten sich aber durch die aus ihrer Sicht geschickte Besetzung seitens des ZdK und mangelnde Worterteilung marginalisiert. Zudem empfanden sie sich von dem für alle überraschenden Zulauf der Jugend überrollt, die – es war die Hoch-Zeit von Taizé – überall mit Singen und Tanzen „aus der angestaubten Veranstaltung ein Festival"[4] machte. Bei den unter dem Katholikentagsmotto „Ich will euch Zukunft und Hoffnung geben" idealistisch Beseelten fand gesellschaftspolitisch durchwirkte Kirchenkritik wenig Gehör. Unter dem Eindruck dieser Unzufriedenheit entstand die Initiative für einen künftigen parallelen „Katholikentag von unten (Kvu)", aus der schon beim ersten Mal 1980 in Berlin die „Initiative Kirche von unten (IKvu)" hervorging. Sie wollte die auf den offiziellen Katholikentagen fehlenden Themen zur Geltung bringen. Als organisatorisch bewusst lose Verbindung mit phasenweisem Engagement von an die 100 Gruppen entstand ein komplexes Netzwerk, das gesellschaftspolitisches (Frieden und Abrüstung, Kirche der Armen, Befreiungstheologie, internationale Solidarität) und kirchenreformerisches (Demokratisierung, Feminismus, Ökumene, Sexualität) Engagement miteinander verbunden sah und von 1980 bis 2000 mit neun „Katholikentagen von unten" die kirchenoffiziellen Veranstaltungen sichtbar ergänzte. Ohne antikirchlich zu sein, wollte man auf Distanz zu den Strukturen der real-existierenden Kirche bleiben, zu bewusst war der Preis des Gesinnungsopfers für katholische Integration, den zu zahlen man nicht bereit war.[5]

Was katholisch ist, bestimmen wir

Umgekehrt koalierte das ZdK zunächst vorbehaltlos weiter mit dem Episkopat, von dem es finanziert wurde, und fungierte als dessen treue Vorhoforganisation und aktiver Gesellschaftsarm mit politisch weithin homogener Option für die CDU und CSU, denen auch zentrale Führungspersönlichkeiten angehörten. Hans Maier war fast während seiner gesamten ZdK-Präsidentschaft (1976–1988) bayerischer Kultusminister. Er erinnert sich, vor seiner Wahl mit großer Mehrheit seine kirchenpolitische Haltung in einer „kleinen Wahlrede" mit den Worten umschrieben zu haben: „Ich habe vorkonziliar nie einem Bischof den Ring geküßt. Ich weigere mich aber auch, die Bischöfe nachkonziliar ins Bein zu beißen"[6]. Auch der über drei Jahrzehnte (1966–1999) als Generalsekretär fungierende Friedrich Kronenberg war seit 1955 CDU-Mitglied und mehrere Jahre Bundestagsabgeordneter. Beide pflegten miteinander und mit Klaus Hemmerle, zunächst Geistlicher Rektor, dann Geistlicher Assistent und Bischof von Aachen, Maiers „alte[m] Freiburger Schulfreund"[7], ein „sehr enges, von gegenseitigem Respekt und Freundschaft geprägtes Verhältnis"[8]. Gern erinnert man sich, „im kleinen Kreis" auch mit Franz Hengsbach und gegebenenfalls anderen Mitgliedern des Präsidiums in kritischen Situationen in der sogenannten „Skihütte", einem abseits zum Wald gelegenen Gelände des ZdK in Bonn-Bad Godesberg, „in offener und freundschaftlicher Atmosphäre die heiklen Themen" inoffiziell besprochen und so „viele Probleme" geklärt zu haben.[9]

Den kritischen Katholizismus hielt man weiter auf Abstand. Das zeigte sich etwa, als sich die IKvu 1981 auf die Einladung des ZdK an alle Gruppen und Verbände, Programmvorschläge für den nächsten Katholikentag in Düsseldorf zu machen, mit einer detaillierten Ausarbeitung als Mitveranstalter anbot. Der damalige ZdK-Generalsekretär antwortete, es könnten nur Mitglieder als Referenten oder Podiumsteilnehmer etc. teilnehmen, denn:

> „Es wird … davon abgesehen, Sie als Mitveranstalter des Katholikentages zu beteiligen, so wie das bei anderen katholischen Organisationen und bei den Diözesanräten des Laienapostolats geschieht. … Für die Absicht, Sie nicht als Mitveranstalter des Katholikentages zu beteiligen, war folgender Grund ausschlaggebend: Seit dem Berliner Katholikentag haben Sie eine Entwicklung Ihres Selbstverständnisses zurückgelegt, die es uns zunehmend weniger möglich macht, Sie einfach als einen von den vielen katholischen Zusammenschlüssen anzusehen, die im Laufe der Zeit auf der Basis des innerkirchlichen Koalitionsrechtes entstanden sind. Ihre Benennung in Berlin als ‚Katholikentag von unten' war lediglich ein Affront gegenüber dem Katholikentag; Ihre Benennung heute als ‚Kirche von unten' ist eine Anmaßung gegenüber allen, die in Gruppen, Zusammenschlüssen und Gemeinden die Kirche bilden und als solche nicht nur am Katholikentag teilnehmen und an diesem mitwirken, sondern sich darüber hinaus bemühen, die Sendung der Kirche weiterzutragen"[10].

Das hätte in Stil und Inhalt auch der Sekretär der Bischofskonferenz schreiben können. Das ZdK gab sich Kritik gegenüber beleidigt und maßte sich (möglicherweise mit amtlicher Rückendeckung) an, was unmittelbar Sache der Autorität gewesen wäre, nämlich Gruppen die Kirchlichkeit abzusprechen. Grundsätzlicher erklärte sich der Generalsekretär in einem Vortrag auf der ZdK-Vollversammlung 1982. Demnach sind Träger eines Katholikentags das ZdK und das Gastgeberbistum. Als Mitträger eines Katholikentages kommen nur in Frage:

„alle Mitglieder des Zentralkomitees und das, was sie vertreten:
also die Verbände, die Räte und die Gemeinschaften, die sie repräsentieren. … Im Grunde geht es darum, daß diejenigen zu den
Mitträgern zählen können und auch sollen, die Mitträger des verfassten Laienapostolats in der Kirche sind, die bereit sind, sich zu
integrieren und auch wirklich mitmachen. … Sollte eine Mit-
trägerschaft im Katholikentag gewünscht werden, so müssten wir
allerdings auf die dafür erforderliche Integration in die verfassten
Strukturen des Laienapostolats verweisen. Ohne eine Integration
in das Laienapostolat der Kirche auf den von Konzil und Synode
gewiesenen Wegen ist eine Integration in die Trägerschaft von
Katholikentagen nicht möglich"[11].

Die Rede vom „verfassten Laienapostolat" oder dessen „verfassten Strukturen" ist ambivalente Anmaßungsrhetorik und bloße Chiffre für die hierarchische Steuerung des Apostolats. Vereine und Verbände sind keine Strukturen *der* Kirche (= Verfassung), sondern kontingente Strukturen *in der*
Kirche (= Vereinigungen).

Für bestimmte Gruppen wurde eine Integration als nicht möglich erachtet, etwa für die „Ökumenische Arbeitsgruppe Homosexuelle und Kirche
(HuK) e. V." Dieser Gruppe gehe es

„primär … darum, den ‚kirchlichen Segen' zu bekommen für eine
Verhaltensweise, die nach kirchlichem Verständnis nicht in Ordnung ist, zugestanden zu bekommen, dass die Homosexualität eine
Lebensform ist, gleichberechtigt neben anderen. Auch hier sehe ich
keine Möglichkeit, das auf einem Katholikentag zu vertreten"[12].

Da die IKvu nicht bereit war, sich von den monierten Gruppen zu trennen,
war für Kronenberg folgerichtig:

„Es geht also um objektive Fragen und Schwierigkeiten, und wenn
das Gegenüber zu uns sagt, nur wir alle gemeinsam oder keiner,

dann müssen wir feststellen, dass eine Integrationsbereitschaft der Gruppen, die aus unserer Sicht integrationsfähig sind, nicht besteht. … Katholikentage sind Veranstaltungen, die nicht in der Lage sind, mit solchen Problemen zu leben, und die nicht in der Lage sind, solche Probleme zu lösen"[13].

Deshalb waren auch Sozialisten, radikale Pazifisten, Zölibatsgegner und in Ungnade gefallene Theologen unerwünscht. Selbst im Rückblick bleibt bei Hans Maier das Ressentiment spürbar, wenn er in seinen Erinnerungen die „Kirche von unten" als „Splittergruppe" abtut, „die regelmäßig bei Katholikentagen auftrat, um sich bei dieser Gelegenheit die Publizität zu verschaffen, die ihr sonst abging"[14]. Das ZdK führte seine Politik der Abgrenzung gegen Reformgruppen fort und hielt die daraus hervorgehende „Konsensfassade" aufrecht.[15]

Dass diese auf Dauer allerdings in einem sich politisch wie kirchenpolitisch weiter pluralisierenden Laienkatholizismus nicht zu halten war, zeigten zwei weitere Konflikte. Das ZdK hatte im Vorfeld des Düsseldorfer Katholikentages 1982 seine institutionelle Vormachtstellung als Veranstalter auch auf einem damals zentralen Themenfeld und in den eigenen Reihen zur Geltung gebracht. Das ZdK positionierte sich unter den westdeutschen Katholiken an vorderster Front für den NATO-Doppelbeschluss mit der atomaren Nachrüstung. Die entsprechende Stellungnahme „Zur aktuellen Friedensdiskussion" vom 14. November 1981[16] musste gegen die Stimmen des BDKJ verabschiedet werden, nachdem die Vertreter von Pax Christi aus Protest sogar abgereist waren.[17] Das ZdK verließ sich nicht auf Argumente allein, sondern versuchte, seine Position auch strukturell im katholischen Raum durchzusetzen. Entsprechend wurde die Absicht des BDKJ, das Friedensthema mit einem Friedenscamp und -marsch in Düsseldorf zu akzentuieren, von den ZdK-Verantwortlichen abgelehnt. Das sei zum einen nicht mit dem „Rechtsträger der Veranstaltung" abgesprochen, also unbotmäßig eigenmächtig, und böte zum anderen eine „eingeschränkte" und „falsche" Sicht auf die aktuelle Friedensbedrohung[18] – die richtige vertrat selbstverständlich das ZdK. Die Aktionen tauchten im offiziellen Programm nicht auf, sondern wurden vom BDKJ in Eigenregie durchgeführt.[19] Ein solches obrigkeitliches Vorsortieren wiederholte das ZdK, als es 1986 Vertreter der Partei „Die Grünen" beim Aachener Katholikentag nicht auf den Podien zuließ.[20] Die katholische Kirche verurteilt jede Indikationenregelung, die Grünen dagegen hatten auf ihrer Bundesversammlung die Abschaffung des § 218 beschlossen. Der Kölner Kardinal Joseph Höffner erklärte die Partei daraufhin für nicht wählbar, und ZdK-Präsident Maier sekundierte mit dem Verdikt, das Tischtuch mit den Grünen sei zerschnitten.[21]

Diese Konflikte können als paradigmatisch für den Veränderungsdruck gelten, dem sich das ZdK in den 1980er-Jahren ausgesetzt sah. Seine parteipolitische Verankerung wie die Ausgrenzung binnenkatholischer „heißer Eisen" (Zölibat, Frauenrechte, Wiederheirat nach Scheidung, Ökumene einschließlich der Sakramentengemeinschaft, amtskirchlicher Umgang mit Kritikern etc.) deckten sich immer weniger mit jenem Katholizismus, den es eigentlich repräsentieren wollte. Um die daraus drohende ernstliche Gefährdung seiner Glaubwürdigkeit abzuwenden, vollzog das ZdK eine zögerliche, aber doch konsequente Öffnung: Politiker der Grünen fanden sich schon bald im ZdK, die Themen der Jugend und der IKvu wurden zunehmend integriert und eine Zusammenarbeit mit deren Mitgliedergruppen begonnen. Damit verringerte sich allerdings auch die Pufferwirkung des ZdK zwischen den Veränderungsanliegen von Laien und der Hierarchie. Zur Bischofskonferenz gehörten inzwischen neue Protagonisten wie Erzbischof Johannes Dyba (Fulda) und Kardinal Joachim Meisner (Köln). Sie spiegelten die neue gesamtkirchliche Großwetterlage, wie sie sich nachkonziliar konsequent entwickelt hatte.

Restaurierung statt Reform

Bereits Papst Paul VI. hatte erste Maßnahmen ergriffen, um der Gehorsamskrise nach „Humanae Vitae", die ihn tief erschüttert hatte, langfristig gegenzusteuern. Er ließ an der Geltung seiner Lehre nicht rütteln[22] und setzte erste disziplinäre Stabilisatoren. Entgegen einer verbreiteten Einschätzung war schon die Umgestaltung des *Sanctum Officium* zur Kongregation für die Glaubenslehre nicht deren Entmachtung, sondern eine subtile Stärkung. Seit 1965 soll sie die Theologie nicht mehr nur überwachen, sondern auch fördern. Im Rahmen dieser Aufgabe setzt sie seither orientierende und stimulierende Akzente für den theologischen Diskurs durch zusammenfassende und anwendungsorientierende Verlautbarungen zu aktuellen doktrinellen Fragen. Mit ihnen hatte sie zuvor die unter dem Vorsitz ihres Präfekten tagenden Beratungsgremien der Internationalen Theologen- und Bibelkommission (bestehend aus nicht zuletzt wegen ihrer vorbildlichen Konformität und Vertrauenswürdigkeit vom Papst berufenen Wissenschaftlern) oder von ihr organisierte Kongresse zu diesen Themen beschäftigt.[23] Die oberste Lehrpolizei war damit nicht mehr beschränkt auf Intervention und disziplinären Zugriff, sondern wurde zum Mitspieler im wissenschaftlichen Diskurs.

1973 ließ derselbe Papst die Kongregation grundsätzlich klarstellen, kraft göttlicher Einsetzung könnten allein die Bischöfe die Gläubigen in der Autorität Christi belehren. Die Gläubigen hörten in ihnen nicht bloß theologische Experten, sondern hätten ihrer Autorität zu folgen. Welchen Nutzen immer das Lehramt aus der Besinnung, dem Leben und Forschen der Gläubigen ziehe, es könne deren Konsens nicht nur bestätigen, sondern ihm auch zuvorkommen und ihn für seine Auslegung und Erklärung des geschriebenen oder überlieferten Gotteswortes fordern.[24] Zugleich rief die Erklärung als verbindliche Lehre in Erinnerung, die Unfehlbarkeit der Kirche erstrecke sich auch auf nicht als solche geoffenbarte Lehren, die aber zum Schutz der Offenbarung notwendig sind.[25] 1975 betonte sie unter Hinweis auf „Humanae Vitae" die Zuständigkeit des Lehramts für das natürliche Sittengesetz.[26] Die Bischöfe ermahnte sie, die kirchliche Lehre zur Sexualmoral treu zu beachten, für die angemessene Gewissensbildung zu verkünden und die gesunde Lehre in den Theologischen Fakultäten und Seminaren zu überwachen.[27]

Zur besseren Auswahl und Kontrolle der Bischöfe wurde die Stellung der Nuntien gestärkt. Ihnen kommt seit 1969 die Schlüsselrolle bei der Auswahl von Kandidaten für Bischofsstand und Diözesanbischofsamt zu.[28] Seit 1972 hatten die Diözesanbischöfe in einer neuen Formel des Treueids gegenüber dem Papst zu schwören, ihren Dienst des Lehrens in hierarchischer Gemeinschaft mit dem Stellvertreter Christi zu erfüllen und mit großem Eifer den „Schatz des Glaubens rein und unverfälscht zu bewahren und im authentischen Sinne weiterzugeben"[29].

Mit dem Konklave des Jahres 1978 kam dann ein Mann an die oberste (Voll-)Macht, der von Beginn seines Papstamtes an keinen Zweifel daran ließ, wer der Herr im katholischen Haus zu sein hat. Der inzwischen heilige Papst Johannes Paul II. re-etablierte, konsolidierte und erweiterte die kirchliche Autorität und setzte sie konsequent ein.[30] Dieses Programm betrieb er zusammen mit seinem obersten Hüter der Lehre, Kardinal Ratzinger, in den beiden Säulen der Disziplin und der Doktrin und in den beiden Phasen der kodikarischen Grundierung und der anschließenden intervenierenden Ein- und Verschärfung.

Ausbau der autoritativen Infrastruktur

Grundlegend war das Projekt „neuer Codex Iuris Canonici". Von Papst Johannes XXIII. angestoßen und seinem Nachfolger Papst Paul VI. begonnen, war die Überarbeitung des alten Codex bis 1980 zu einem ersten Gesamtentwurf gediehen. Die Erwartung des Episkopats, wie zu den vorherigen Teilentwürfen auch dazu konsultiert zu werden, enttäuschte der Papst. Er wollte eine zügige Fertigstellung, forcierte das Projekt und transformierte mit dem 1983 in Kraft getretenen überarbeiteten weltweiten Gesetzbuch das Konzil primatial auf eine Weise ins Recht, die in der Diktion des II. Vatikanums die Ekklesiologie des I. Vatikanums sicherte und konsequenter umsetzte. So erneuerte und verbesserte er die disziplinäre Infrastruktur.

Er wertete das kanonische Lehrrecht durch seine Bündelung zu einem eigenen Buch III des Gesetzbuches auf, kodifizierte sorgfältig Inhalt und Umfang des Lehramts, einschließlich seiner Unfehlbarkeit auch über den unmittelbaren Offenbarungsbereich hinaus, dehnte u. a. erstmals den rechtlichen Gehorsam des Willens und des Verstandes ohne Unterschied auf sämtliche nicht-definitive universalkirchliche Lehren (wie etwa die von

„Humanae Vitae") aus und stellte jeden öffentlichen Widerspruch unter Strafe (c. 752 i. V. m. c. 1371 n. 1).[31] Dass die lehramtliche Autorität nicht nur symbolisch betont, sondern gegebenenfalls auch durchgesetzt werden sollte, zeigte sich nicht erst mit der ausdrücklichen Anwendung dieser Bestimmungen gegen den amerikanischen Moraltheologen Charles Curran. Dieser stand schon seit seinem Dissens zu „Humanae Vitae" unter geheimer Beobachtung, wurde aber erst unter dem neuen Papst formell beanstandet und verlor schließlich 1986 seine Lehrbefugnis wegen öffentlichen Widerspruchs zu nicht-unfehlbaren Lehren.[32] Hinweise Currans bei einem Termin in der Kongregation, er vertrete doch keine exotischen Positionen, sondern eigentlich eine Hauptströmung unter Theologen, nutzten nichts. Als Curran der Aufforderung, Namen als Beleg zu nennen, mit denen von deutschen Theologen nachkam, meinte Ratzinger, die Kongregation sei gerne bereit, auch gegen diese eine Untersuchung zu eröffnen, falls Curran das wünsche.[33] Noch vor dem berühmt-berüchtigten Fall Küng[34] hatte mit dem Lehrverbot für den französischen Dominikaner Jacques Pohier im September 1979[35] eine Serie von Lehrbeanstandungen begonnen, die allein bis 2011 ohne Anspruch auf Vollständigkeit an die 100 Theologen betraf.[36]

Die lehrrechtliche Akzentuierung des CIC mit seiner Unterstreichung der formalen Autorität des Lehramts und der rechtlichen Einforderung des Gehorsams auch bei nicht-unfehlbaren Lehren blieb in seiner Wirkung allerdings hinter den amtlichen Erwartungen zurück. Der auch öffentliche Widerspruch gegen lehramtliche Äußerungen und Entscheidungen hatte sich nicht gelegt, sondern eher verstärkt. Theologen versuchten, die Gehorsamsforderung interpretatorisch zu relativieren, die Diskussion um die Zulässigkeit auch öffentlichen Dissenses zu kirchlichen Lehren wurde ungemindert fortgesetzt[37], offener Widerspruch war durchaus an der Tagesordnung, eine konsequente Anwendung der vom kirchlichen Gesetzbuch eröffneten strafrechtlichen Möglichkeiten durch Bischöfe war nicht erkennbar – Symptome einer zunehmenden Divergenz zwischen normativem Geltungsanspruch und faktischer Geltung.[38]

In Deutschland erreichte der Widerspruch gegen das Lehramt mit der auch international stark wahrgenommenen „Kölner Erklärung: Wider die

Entmündigung – für eine offene Katholizität" vom 6. Januar 1989[39] einen gewissen Höhepunkt. In ihr kritisierten 220 Theologieprofessoren die Praxis der Bischofsernennungen[40] und der Verweigerung der Lehrerlaubnis für Theologen[41] sowie die wahrgenommene Verschärfung des Verbindlichkeitsanspruchs von „Humanae Vitae"[42]. Viele Theologen sahen sich im Dienst der Kirche stehend auch in der „Pflicht, öffentlich Kritik zu üben, wenn das kirchliche Amt seine Macht falsch gebraucht"[43]. Andere, wie der bekannte Tübinger Dogmatiker Walter Kasper, unterzeichneten nicht. Stattdessen veröffentlichte er am 24. Februar 1989 in der „Frankfurter Allgemeinen Zeitung" – wie es heißt auf Anregung der Nuntiatur[44] – einen längeren Beitrag über Stärken und Schwächen des deutschen Katholizismus, in dem er sich von der Kölner Erklärung distanzierte.[45] Wenige Wochen später bestätigte Papst Johannes Paul II. seine Wahl zum Bischof von Rottenburg-Stuttgart.

Zeit für Daumenschrauben

Der Apostolische Stuhl sah nun den Zeitpunkt gekommen, deutlich zu werden: Zunächst verlangte die Glaubenskongregation von künftigen Theologieprofessoren, vor Beginn ihrer Lehrtätigkeit in einem speziellen Doppelakt ihre Totalidentifikation mit sämtlichen amtlichen Lehren zu bekennen (neue Fassung der sogenannten *Professio fidei*) und in einem eigenen Treueid die Einhaltung aller, auch der künftigen kirchlichen Gesetze zu schwören.[46] Danach steckte sie die Grenzen des Theologenauftrags ab, nämlich die kirchlichen Lehren zu systematisieren und zu vermitteln und sich bei darüber hinausgehenden eigenen Überlegungen widerrufsbereit zu halten. Öffentlicher Dissens sei ausgeschlossen.[47] Dass den Maßgaben auch ein entsprechender Durchsetzungs- und Durchgriffswille entsprach, ist einem bekannt gewordenen Protokollauszug der Sitzung der Österreichischen Bischofskonferenz vom April 1990 zu entnehmen. Aus ihm geht die vom damaligen Nuntius Donato Squicciarini übermittelte römische Direktive hervor:

„Jene Unterzeichner, die schon als Professoren im Amt sind, werden nicht berührt. Jene aber, die sich um ein Amt bewerben, werden laut römischer Entscheidung nicht zugelassen. Dies ist nicht einfach eine Disziplinierung, sondern entspringt der Sicht der Kirche als ‚communio‘. Die Einzelnen müssen die ‚communio‘ fördern, sei es gegenüber dem Papst wie gegenüber den Bischöfen. Journalisten etc. mögen in dieser Hinsicht richtig instruiert werden"[48].

Man weiß, wo ein Zugriff wehtut, weniger bei alimentierten Theologen im Staatsdienst, mehr dagegen dort, wo man ganze akademische Biografien durchkreuzen kann.

Verschärfung und Einschärfung

Papst Johannes Paul II. markierte in der Folgezeit zudem verschiedene katholische Lehren als unfehlbar, d. h. als niemals mehr änderbar. Dazu nutzte er eine bis dahin noch nicht eingesetzte Lehrtechnik. Das II. Vatikanum hatte bereits gelehrt, dass nicht nur Papst und Konzil unfehlbar lehren können, sondern auch die über die Welt verstreuten Bischöfe, wenn sie faktisch im Konsens darüber sind, dass eine Lehre nicht mehr änderbar ist (LG 25, c. 749 § 2). Durch diese synchrone Übereinstimmung der Bischöfe und des Papstes wird eine Lehre unfehlbar. Damit das im Einzelfall den Gläubigen bewusst ist und die Leugnung einer solchen unfehlbaren Lehre auch bestraft werden kann, muss ihr Verbindlichkeitsgrad eindeutig erkennbar sein (c. 749 § 3). Um entsprechende Klarheit zu schaffen, kann der Papst einen solchen Konsens der Bischöfe untereinander und mit ihm in einer eigenen Erklärung feststellen.[49] Mit bis heute größtem Aufsehen geschah dies, als der Papst 1994 auf diese Weise die Lehre über die Unmöglichkeit der Priesterweihe von Frauen als unfehlbar qualifizierte.[50] Die Glaubenskongregation erläuterte den Vorgang 1995 eigens[51] und schob 2004 als anthropologische Stütze die kirchlichen Lehren über die besondere soziale Natur der Frau, ihre Seinsrolle als Mutter nach.[52] Auch die Lehre von „Humanae Vitae" bekräftigte Papst Johannes Paul II. nicht nur, sondern stufte sie – wie von Kritikern befürchtet – als unfehlbar ein.[53]

Praktisch auf jedem der nachkonziliar diskutierten Problem- oder Reformfelder zielten römische Verlautbarungen auf Einschärfung der traditionellen lehramtlichen Position und konfessionelle Reprofilierung. Die Erklärung, dass nur in der römisch-katholischen Kirche die von Christus gewollte Kirche fortbestehe, sorgte für ökumenische Verstimmung.[54] Dass gegen einzelne Bischöfe, die wiederverheirateten Geschiedenen den Kommunionzugang auch ohne die Bedingung sexueller Enthaltsamkeit ermöglichen wollten, deren Ausschluss von der Kommunion bekräftigt wurde[55], stieß ebenfalls auf breites Unverständnis und Ablehnung. Staaten wurde das Recht abgesprochen, homosexuelle Lebensgemeinschaften zu legalisieren[56], und katholische Politiker wurden an ihre Pflicht erinnert, ihre demokratischen Rechte für die wahre, d. h. nach Gottes Geboten gestaltete Demokratie einzusetzen.[57] Nach innen akzentuierte das Lehramt verstärkt die ständehierarchische Verfasstheit der katholischen Kirche: Die Kirche könne nur im Rahmen der organologischen Leib-Christi-Ekklesiologie richtig als Communio verstanden werden, nämlich als hierarchische Gemeinschaft.[58] Die Einzigartigkeit und Unersetzbarkeit des Weihepriestertums wurde lehrmäßig im Hinblick auf die Eucharistie als Lebensprinzip der Kirche betont[59] und disziplinär durch die deutliche Markierung und Sicherung der unterschiedlichen Kompetenzen von Klerikern und Laien sowie verschiedentliche Ablehnung aller Partizipations- und Koordinationsformen, bei denen die Gefahr der Aufweichung der unterschiedlichen Rollen befürchtet wurde, sowohl in der Liturgie[60] als auch in Gemeinde und Pastoral.[61]

Diesen ideologischen Druck von oben begleitend betrieb der Apostolische Stuhl eine gezielte Personalpflege. Eine im primatialen System ebenso einfache wie effektive Strategie ist die der korrigierenden Bischofsernennungen. Jeder Konsens einer einigermaßen homogenen und solidarischen Bischofskonferenz ist durch gezielte Neubesetzungen zu durchbrechen. Das funktionierte in Südamerika, in den USA, Australien, den

Niederlanden[62] und so auch in Österreich und in Deutschland. 1986 wurde Kardinal Groer Erzbischof von Wien. Er wurde angewiesen, Kurt Krenn als Weihbischof vorzuschlagen, in dessen Ernennungsdekret der Apostolische Stuhl auch gleich sein Einsatzgebiet für Kunst, Kultur und Wissenschaft, einschließlich der Hochschulseelsorge, festgelegt hatte.[63] In Deutschland denke man nur an die auffälligsten Würdenträger, wie seit 1983 Johannes Dyba in Fulda, seit 1988 Kardinal Meisner in Köln und Walter Mixa seit 1996 als Bischof von Eichstätt und seit 2005 von Augsburg.[64] Wo umgekehrt ein Bischof die – durch spezifisch klerikale Sozialisation, durch rechtliche und eidliche Gehorsamspflichten und durch gründliches Screening in einer der Bischofsbestellung vorausgehenden Eignungsprüfung (Informativprozess) produzierte und in der Regel sehr verlässliche – Loyalitätserwartung nachhaltig enttäuschte, wurde er aus dem Diözesanbischofsamt entfernt, wie 1995 der Bischof von Evreux, Jacques Gaillot, und 2011 der Bischof von Toowoomba im Südosten Australiens, William Morris.[65]

Erneuter Druckanstieg

Diese konsequent restaurative Ständepolitik von oben stieß in Deutschland einerseits auf einen zunehmend pluralisierten Laienkatholizismus[66], der sich nach Würzburg in seinen Partizipationserwartungen weithin enttäuscht sah. Andererseits hatte das ZdK sich verstärkt auch binnenkirchlicher Laienanliegen angenommen. Dass mit Rita Waschbüsch erstmals eine Frau dem ZdK vorstand, konnte ebenfalls auf eine geänderte Lage hindeuten. Konflikte zwischen Amtskirche und Laienverbänden waren zunehmend schwieriger zu vermeiden oder beizulegen. Eingespielte Kommunikationsstrukturen funktionierten nicht mehr. Die von der Würzburger Synode beschlossene und seit 1977 in der Regel zweimal jährlich tagende „Gemeinsame Konferenz" aus je 10–15 Beteiligten der Bischofskonferenz und des ZdK war kein angemessener Ersatz für die Wünsche der Würzburger Synodalen, die Synode in einem nachsynodalen Gremium fortzusetzen.[67] Die „Gemeinsame Konferenz" wurde nie ein „wirksamer Akteur" des deutschen Katholizismus.[68] In ihr konnten die Mitglieder sich zwar unter Ausschluss der Öffentlichkeit gegenseitig informieren, absprechen und gegebenenfalls gemeinsame Aktionen koordinieren. Aber natürlich – bzw. richtiger: katholisch – blieb es dabei: Hier konferieren gemeinsam ständisch Ungleiche. Zudem und als Ausdruck dessen sitzt die Laienseite ihren Financiers gegenüber – eine einigermaßen paradoxe Konstellation, insofern jene via Kirchensteuer die Finanzen zur Verfügung stellen, mit deren potenziellem Entzug sie im Zaum gehalten werden. Und eine Konstellation, die wirkt, auch ohne permanent angezeigt oder eingesetzt zu werden, wie 2006, als der Bischof von Regensburg die Zahlungen für das ZdK einstellte, weil dessen Präsident sich kritisch zur Umstrukturierung der Laienräte in Regensburg positioniert hatte.[69] Beratend gehört zur Gemeinsamen Konferenz des Weiteren qua Amt auch der Geistliche Assistent des ZdK. Über diesen Agenten sind die Bischöfe potenziell über alles, was sie bezüglich des ZdK interessieren könnte, informiert. Gegebenenfalls kann er die Beratungen auch korrigierend oder ergänzend mit seinem Sonderwissen bereichern. Ein vergleichbares Informationsorgan über Interna der Bischofskonferenz haben die Laienvertreter nicht.

Und schließlich ließen die Bischöfe bisweilen ihr spezielles Verständnis von Gemeinsamkeit erkennen: Als das ZdK 1984 auf seiner Herbstvollversammlung eine Erklärung zur „Ausländerfrage" verabschieden wollte, deren Tenor den Bischöfen nicht passte, suchten diese nicht eine Verständigung in der Gemeinsamen Konferenz, sondern kamen dem ZdK kurzerhand mit einer eigenen Erklärung in der Öffentlichkeit zuvor. Statt der geplanten ZdK-Erklärung erschien dann eine des Geschäftsführenden Ausschusses, die sich stark an die bischöfliche anlehnte.[70] Walter Bayerlein hielt mit Blick auf dieses Timing die Zusammenarbeit in der Gemeinsamen Konferenz für „dringend verbesserungsbedürftig"[71]. Eine nach der Würzburger Synode von der Gemeinsamen Konferenz eingesetzte Arbeitsgruppe zu einer kirchlichen Verwaltungsgerichtsbarkeit hatte bis 1985 kein einziges Mal getagt.[72]

1994 veröffentlichte das ZdK zur Unterstützung entsprechender diözesaner Voten eine Erklärung zum Pflichtzölibat mit der Bitte (!) an die deutschen Bischöfe, dem Heiligen Vater seine Aufhebung eindringlich zu empfehlen (!) und außerdem Laien Leitungsaufgaben in Gemeinden zu übertragen.[73] Postwendend rügte der Ständige Rat dies als mangelnde Dialogbereitschaft, denn die Bischöfe hätten in der Gemeinsamen Konferenz und durch einen eigenen Brief des Vorsitzenden der Bischofskonferenz doch ihre Bedenken vorgetragen.[74] Wenn Bischöfe also Bedenken gegen ein Vorhaben äußern, ist es aufzugeben – auch eine Art, die Würzburger Synode fortzusetzen. Jedenfalls wurde erneut deutlich, was Dialog in episkopaler Sicht bedeutet.

Ansonsten bleiben die Bewertungen der Gemeinsamen Konferenz unkonkret und verhalten. Wer – wie Werner Böckenförde – jahrelang Gelegenheit hatte, deren Protokolle zu lesen, den konnte die Überschätzung des Gremiums nur verwundern.[75] Beteiligte fanden, man habe dort zwar allmählich zu gegenseitigem Vertrauen und zu wichtigen Übereinstimmungen finden können, aber nie zur vollen Entfaltung der Möglichkeiten eines solchen Gremiums[76], u. a. deshalb nicht, „weil einige Bischöfe dieser neuen und ungewohnten Einrichtung von Anfang an mit Misstrauen begegneten und sich einer konstruktiven Mitarbeit entzogen"[77].

Regionale Ventilöffnungen

Damit blieben trotz aller Einschärfungen von oben die schon in Würzburg nicht gelösten Probleme wie Laien- und Frauenrechte, Sexualmoral, Kommunion für wiederverheiratete Geschiedene, Weihe von Verheirateten und Frauen sowie zunehmend Fragen der Seelsorgeorganisation angesichts immer weiter fallender Priesterzahlen virulent. Das führte zu zahlreichen Versuchen, einen weiteren Druckanstieg durch lokale Ventilöffnungen zu verhindern, nachdem die Bischofskonferenz und das ZdK 1985 beschlossen hatten, keine neue Gemeinsame Synode zu veranstalten.[78] Von 1986–2006 initiierten 19 von 27 Diözesanbischöfen (70 %) jeweils gremiale Austausch-, Diskussions- und Beratungsereignisse, um ihre Gläubigen (nur) so an der innerkirchlichen Willensbildung, genauer an ihrer eigenen Willensbildung als Diözesanbischöfe zu beteiligen.[79] Formal geschah dies nur drei Mal unter

Rückgriff auf die kodikarisch dafür vorgesehene Diözesansynode. Das ihr zugrundeliegende hierarchische Konzept der nur beratenden und damit rechtlich unverbindlichen Einflussversuche auf den souverän bleibenden bischöflichen Gesetzgeberwillen wurde zu schnell offenkundig. So konnte diese Rechtsform leicht mit weitergehenden Partizipationserwartungen von unten in Spannung geraten oder aber als Wiederherstellung der hierarchischen Ordnung nach der Würzburger Rechtsanomalie erkannt werden.[80]

Deshalb griffen die Bischöfe schnell und mehrheitlich zu anderen, sehr unterschiedlichen Versammlungsgestalten und -abläufen, in denen sie ihre Souveränität nicht einbüßten, sie aber verfahrenspraktisch überspielen und verbergen konnten. Inhaltlich gemeinsam ist all diesen alternativen Formaten ein jeweils sehr umfassend und dadurch unspezifisch gehaltenes und im Gesamtblick wenig kreatives Motto, das gesprächsweise nach guten Wegen in eine bessere Zukunft der Kirche führen sollte.[81]

Offen hierarchisch

Auf der ersten Diözesansynode nach neuem Recht im Bistum Rottenburg-Stuttgart blieb deren klares rechtliches Profil – der Bischof bestimmt, ob wann, warum und zu welchen Fragen er beraten werden will – durch eine sehr zurückhaltende präsidiale Moderation des Diözesanbischofs und den Verzicht auf autoritative Eingriffe in Beschlussfassung und -texte abgedimmt und konnte noch in einen Gesamtkonsens münden. Das änderte sich aber schon in der nächsten Diözesansynode in Hildesheim. Hier zeigte der Diözesanbischof die universalkirchlichen Vorgaben als Grenzen auf und redigierte die Beschlüsse bis ins Detail, bevor sie veröffentlicht werden durften. Der Unmut der Synodalen erreichte lediglich, dass die von der Synode beschlossenen Texte wenigstens als Fußnoten mit abgedruckt und so die Eingriffe sichtbar wurden. Als „Debakel"[82] gilt die dritte und für fast ein Vierteljahrhundert letzte deutsche Diözesansynode in Augsburg.[83] Auf ihr sahen sich nicht nur Frauen als Synodalinnen „immer wieder ohnmächtig und sprachlos", „nicht ernst genommen und entmündigt" und sich in ihrer „großen Hoffnung", die Synode würde „ein wirkliches ‚Miteinander auf dem Weg' ... enttäuscht"[84]. Der Bischof machte zudem durch Vorgabe der lehramtlichen Grundlagen unmissverständlich klar, worüber allenfalls gesprochen, aber keinesfalls beschlossen werden konnte, etwa über den Diakonat der Frau. Als er die Beschlüsse der Synode nur in der von ihm inhaltlich überarbeiteten Version in einem Festgottesdienst an die Synodalen überreichen wollte, war nicht nur ein Drittel von ihnen gar nicht erschienen, sondern legten 19 ihr Synodenbuch auf die Chorstufen vor den Bischofsstuhl und stellten Wachslichter als Protestzeichen dazu.[85]

Rom lässt nicht locker

Vor solchen Schwierigkeiten wichen die Diözesanbischöfe in alternative Versammlungsformen aus, die rechtlich undeutlicher konturiert und in Bezug auf Mitgliedschaft und Themen offener waren. Dies sollte den Eindruck größerer Freiheit und Beteiligung erwecken. Dabei waren die Grenzen in Gestalt autoritativer universalkirchlicher Vorgaben natürlich dieselben, wie der Apostolische Stuhl bald klarstellen sollte. In der konkreten Durchführung lassen sich allerdings nur tendenziell vorbereitete, auch beschließende Versammlungen als strukturierte Dialogprozesse von gestreckten Konsultationen und Leitbildprozessen unter Nutzung oder Einbindung von Erfahrungen in entsprechenden Prozessen in Wirtschaftsunternehmen unterscheiden. Insgesamt versagte die Strategie der Ventilöffnung durch Kaschierung der Partizipationsgrenzen. Denn spätestens bei Themen, die über die Regelungskompetenz eines Diözesanbischofs hinausgehen („heiße Eisen"), wurden sie wieder sicht- und spürbar.

Auf dem von vornherein als konsequenzenlosen Austausch konzipierten „Pastoralgespräch"[86] im Erzbistum Köln erklärte Kardinal Meisner zu der von Amts wegen irreversibel negativ entschiedenen Frage des Priestertums der Frau, hier sei schlechthin die innere Zustimmung gefordert. Überzeugende Gründe zu finden, sei nicht Aufgabe des Lehramts, sondern der

Theologie. Zulassen werde er zur Abstimmung seine Frage: „Empfinden Sie sich durch die Entscheidung des kirchlichen Lehramtes, keine Vollmacht für die Zulassung der Frauen zum Priesterdienst zu haben, sehr betroffen?"[87] Dass diese trotz heftiger und langer Debatte schließlich tatsächlich so gestellt und abgestimmt wurde, wird auf den bewegenden Appell einer Frau (!), der Diözesanvorsitzenden der Katholischen Frauengemeinschaft Deutschlands (kfd), zurückgeführt. Sie bat, „dafür zu sorgen, dass das Miteinander und die Einheit mit dem Bischof, die bisher so fruchtbar und tragend war, nicht an dieser Frage zerbricht"[88], und sich damit der Sache nach so zu verhalten, wie es der Kardinal für sich selbst bekannt hatte: „Ich bin mit meinen Vorgesetzten immer nach der Devise umgegangen: wenn ich alles sagen darf, was ich denke, dann tue ich auch alles, was sie sagen"[89].

In Regensburg traf während einer Vollversammlung ein Brief Kardinal Ratzingers mit der Maßgabe ein, über die Weihe von Frauen dürfe nicht beraten werden. Aufgrund des Protests der Teilnehmer ließ der Bischof die Diskussion gleichwohl fortführen.[90] In Passau äußerten sieben römische Kurienbehörden in einem Schreiben an den Bischof Kritik an den Beschlüssen des dortigen pastoralen Leitbild- und Entwicklungsprozesses. Der genaue Inhalt wurde geheim gehalten. Umstrittene Themen waren dort und in Magdeburg ohnehin schon in einen „Themenspeicher" oder ein „Depot" ausgelagert worden.

1997 sah der Apostolische Stuhl sich über Einzelinterventionen hinaus veranlasst, dem Trend, die Beratungsform der Diözesansynode durch parakanonische Veranstaltungen zu umgehen, grundsätzlicher entgegenzutreten. Die Kongregationen für die Bischöfe und für die Evangelisierung der Völker riefen in einer Instruktion über die Diözesansynoden den Bischöfen die diesbezüglichen Normen in Erinnerung, gaben ihnen Nachhilfe für deren Anwendung und empfahlen nachdrücklich, sich bei alternativen diözesanen Versammlungen oder Zusammenkünften an ihnen zu orientieren, um sie zu einer wirksamen Hilfe für die Leitung der Diözese werden zu lassen.[91] Die Instruktion betont die besondere Rolle der Priester und die Stellung und exklusiven Kompetenzen des Bischofs als Ausdruck der hierarchischen Gemeinschaft in der Kirche. Nur der Bischof repräsentiere das Volk

Gottes, nicht die Synode. Nur solche Laien dürften zu ihr berufen werden, die sich durch festen Glauben, gute Sitten und Klugheit sowie durch eine reguläre Lebenssituation auszeichnen; wiederverheiratete Geschiedene oder Katholiken in homosexuellen Beziehungen waren damit als unfähig zur Beratung markiert. Da Papst und Bischofskollegium innerlich zum Wesen der Diözese gehören, sei in die Dokumente der Synode die kirchliche Doktrin einzubinden und das allgemeine Recht anzuwenden – Handlungsrahmen sind und bleiben also Doktrin und Recht der Kirche. Mindestens die wichtigeren Sitzungen der Synode sollten in der Kathedrale abgehalten werden, denn „sie ist der Ort, an dem sich die Kathedra des Bischofs befindet und ein sichtbares Bild der Kirche Christi"[92]. Vor den Beratungen hätten zudem alle Synodalen die vorgeschriebene Form der sogenannten Professio fidei abzulegen. Sie besteht aus dem großen Glaubensbekenntnis und drei Zusätzen, mit denen die Zustimmung nicht nur zu allen unfehlbaren Lehren (wie die Papst- und Mariendogmen und die Unmöglichkeit der Priesterweihe für Frauen), sondern darüber hinaus auch zu allen übrigen verbindlichen Lehren (etwa in der Sexualmoral), d. h. die Totalidentifikation mit sämtlichen kirchlichen Lehren zu bekennen ist. Der Bischof solle die Bedeutung dieses Aktes eigens vor Augen führen, „um so den ‚sensus fidei' der Synodalen anzuregen und in ihnen die Liebe zum lehrmäßigen und geistlichen Erbe der Kirche zu entfachen"[93]. Abweichende Thesen, Positionen oder gar Voten an den Apostolischen Stuhl habe der Bischof zu unterbinden.

Insgesamt kamen die vielfachen Beratungsformate nicht über momentane Gemeinschaftserlebnisse und kurzfristige Mobilisierungen hinaus. Die Beteiligten zeigten sich einerseits zu Beginn und während des Prozesses in einer Aufbruchsstimmung, ermutigt und beruhigt durch das gemeinsame Nachdenken über Zukunftsfragen des Bistums und harmoniefreudig, z. T. beklatschten sie gar ihre eigene Ohnmacht, wenn sie sich wie in Freiburg oder in München beim Bischof mit *Standing Ovations* für die Freiheit der Rede bedankten.[94] Auf der anderen Seite folgten häufig, spätestens in der Phase der erwarteten, aber ausbleibenden Umsetzungen, Ernüchterung und Enttäuschung. Nachdem die Frauen sich während der Augsburger Diözesansynode nicht erst genommen und entmündigt gefühlt hätten, habe ein

Großteil sich anschließend vom kirchlichen Engagement zurückgezogen.[95] Und als man in Freiburg fünf Jahre nach dem Diözesanforum an dessen Empfehlung erinnerte, nach zwei Jahren die Umsetzung zu überprüfen, stellte der zuvor gefeierte Erzbischof Saier klar,

> „es habe sich bei diesen Voten lediglich um Empfehlungen, nicht um ‚Befehle an den Erzbischof‘ gehandelt. Er lehne es ab, eine förmliche Bilanz der Umsetzung zu ziehen, da er sich nicht auf die Anklagebank setzen lasse. Wenn es Tadel an seiner Handlungsweise gebe, könne sich jeder ‚beschwerdeführend nach Rom wenden‘"[96].

Aus dem Bistum Dresden-Meißen verlautete, mit Blick auf andere Diözesen habe man bewusst auf eine Diözesansynode oder Ähnliches verzichtet: „Viele Beschlüsse konnten nicht umgesetzt werden. Sehr vieles ist Papier geblieben. Was mit großem Schwung begonnen hat, ist oftmals in Enttäuschung geendet"[97]. Die Sichtweise Roms schließlich dürfte bei Kardinal Ratzinger ihren zuverlässigen Ausdruck gefunden haben:

> „Bei Synoden und Diözesanforen ist die Versuchung groß, der Schlagwortpastoral zu erliegen und ihre Standardforderungen nachzureden: Zölibat, Frauenordination, Kommunion für geschiedene Wiederverheiratete usw. Auch besteht die Gefahr, daß geübte Gremienspezialisten die Herrschaft an sich reißen und die weniger Redekundigen zum Verstummen bringen. Es ist Sache des Bischofs, hier die richtigen Gegengewichte zu setzen, die spezifischen pastoralen Probleme der Diözese in den Mittelpunkt zu rücken und rhetorische Monopole zugunsten einer gleichmäßigen Beteiligung aller in die Schranken zu weisen. Vieles, was diese Gremien erörtert und produziert haben, ist Papier geblieben, wie denn überhaupt die auf allen Ebenen immer weiter ausufernde Produktion von Papieren zu den problematischen Aspekten der nachkonziliaren Entwicklung zählt"[98].

Selbstermutigung im Dialoglied

Begleitlied all dieser Vorgänge war einmal mehr das vertraute Motivations- und Legitimationskonzept vom „Dialog". Exemplarisch arrangiert fand es sich in einem Diskussionsbeitrag der Kommission 8 „Pastorale Grundfragen" des ZdK von 1991 „Dialog statt Dialogverweigerung. Wie in der Kirche miteinander umgehen?"[99], dessen Tenor sich das ZdK durch Beschluss vom 7. Mai 1993 zu eigen machte und mit einer Reihe von „Erwartungen" verband. Vier Jahre hatte die Kommission daran gearbeitet, bevor das Präsidium des ZdK seiner Veröffentlichung zustimmte. Zunächst den Seelsorgeämtern, katholischen Presseorganen, den Geschäftsstellen der 27 Diözesanräte und den 105 Verbänden der Arbeitsgemeinschaft der katholischen Verbände Deutschlands zugestellt, fand es eine zigtausendfache Verbreitung auch über den deutschsprachigen Raum hinaus und löste eine durchaus breite Diskussion und Auseinandersetzung aus.[100] Sie war aber weder von langer Dauer, noch zeigten sich nachhaltige Konsequenzen. Die Gründe dafür scheinen in der Anlage des Papiers auf. Es ist ambivalent, und seine Autoren waren zu einer Selbstaufklärung über das Grundproblem offenbar nicht in der Lage, was zur Folge hatte, dass sie auch keine Lösung finden konnten.

Die Erklärung situiert sich selbst im Kontext einer Lagebeschreibung zu Glaube und Glaubensvermittlung in drei exemplarischen Feldern: dem Verhältnis von Klerikern und Laien, der Stellung der Frauen und dem Verhältnis von Bistum und Gemeinde. Überall sei der Dialog nötig, die Erfahrung seiner Verweigerung hinderlich. Dabei sollte Dialog weniger als personenbezogene Kommunikation denn als sachorientierte Verständigung zwischen Repräsentanten oder Organen einer Personenmehrheit oder Organisation wie u. a. zwischen Klerikern und Laien verstanden werden.

> „Dialog besagt in diesem Fall ein Sich-Einlassen auf das Anliegen des anderen als Repräsentanten, weniger auf die Beziehung zu ihm als Person. Dies verlangt die Bereitschaft, in bestimmten Fragen

von anderen zu lernen, d. h. die Prämissen des eigenen Handelns zu verändern. Von einem dialogischen Verhältnis kann aber nur gesprochen werden, wenn beide Seiten die Offenheit aufbringen, sich aufeinander zu zubewegen. Wenn nur eine Seite lernbereit ist, kann Dialog nicht gelingen"[101].

Was aber, wenn aufgrund des gemeinsamen Bezugsrahmens „katholischer Glaube" bestimmte Prämissen als gar nicht veränderbar gelten und zu ihnen eine ständische Über- und Unterordnung gehört, die das hier angezielte „Prinzip der Als-Ob-Egalität bzw. der Ausklammerung von Machtdifferenz und struktureller Asymmetrie"[102] von vornherein unterlaufen? Man scheint das darin steckende Problem erahnt zu haben und sich bewusst gewesen zu sein, dass dann doch wieder nur die Beziehungsebene bleibt, wenn es – äußerst abstrakt – heißt:

„Wo Systemgrenzen und Interessengegensätze ein antagonistisches, mißtrauisches Verhalten nahelegen, kann dieses durch die von Sympathie abhängige und personal orientierte Verläßlichkeit von Personen überbrückt werden, kann durch vertrauensvolle Zusammenarbeit eine produktive Problemlösung gefunden werden"[103].

Der Verdacht bestätigt sich, wenn man darauf blickt, was die Autoren kritisieren und was sie als Lösungsweg offerieren. Kritisiert wird laut Titel eine Dialogverweigerung. Seltsamerweise wird diese im gesamten Dokument aber nicht mehr als solche thematisiert, geschweige denn erklärt, wer denn wodurch den Dialog verweigert: Ross und Reiter bleiben ungenannt.[104] Kritisiert wird etwa ein „hierarchischer Führungsstil". Gemeint ist natürlich der Führungsstil von Hierarchen. Aber diese werden gleichfalls in der Anonymität belassen, wenn man ihren Stil personifiziert und dann ihm zuschreibt, „daß Kompetenzen, Verantwortung und Geistbegabung bei der kirchlichen Hierarchie in größerem Umfang vorhanden und daß deshalb alle wesentlichen Entscheidungen dort zu treffen seien"[105].

Konkreter benannt werden die Handlungssubjekte, wenn bei Gesprächen mit Amtsträgern moniert wird,

> „daß sich hinter einer zur Schau getragenen Freundlichkeit letztlich Gleichgültigkeit gegenüber den Argumenten verbirgt. In solch scheinbar freundlicher Atmosphäre erscheint Kritik als unangemessene Aggression. Kritisierende geraten in das Licht unchristlichen Handelns. So erstirbt nach und nach jede ernsthafte Beratung. Die Versammlung beschränkt sich darauf, Dinge so zu beraten und zu beschließen, daß von vorneherein die volle Zustimmung des Amtsträgers sicher ist. Kritische Mitglieder ziehen sich zurück, während diejenigen bleiben, denen die Behandlung einer Tagesordnung mit voraussehbaren Ergebnissen genügt"[106].

Priester empfänden hauptamtliche Mitarbeiter in der Seelsorge als Konkurrenz, lehnten deren Dienst daher innerlich ab, hielten sie aus Dienstgesprächen heraus, behielten wichtige Informationen für sich, unterbänden Initiativen.[107] Kritisiert werden erneut die Unterdrückung der Frauen in der Kirche, ihre Benachteiligung etwa durch Ausschluss selbst von Positionen, die nicht die Weihe voraussetzen, und die Tabuisierung der Frage der Frauenordination.[108] In der Organisation der Seelsorge würde die den Gemeinden zukommende Eigenständigkeit vom Bistum zentralistisch übergangen.[109] Auch wenn das Papier keinen Adressaten nennt, ist der Eindruck berechtigt, es sei „eindeutig auf die Autoritäts-, Herrschafts- und Machtproblematik der Kirche fokussiert"[110] und wolle, dass die Hierarchen lernen.

Was sollen sie lernen? Bereits der Untertitel des Papiers „Wie in der Kirche miteinander umgehen?" signalisiert, worum es (bloß!) gehen soll: um die persönliche Art, miteinander zu verkehren, einander zu behandeln, also um Verhaltensstile, nicht um die kirchlichen Strukturen. Die seien gar nicht verantwortlich für die binnenkirchlichen Kommunikationsprobleme.[111] Zwar heißt es wenig später auch: „Resignation und schleichende Distanzierung von der Kirche haben … Ursachen … auch in den Strukturen, welche die innerkirchliche Kommunikation bestimmen"[112]. Was aber dann unter dem Label „Strukturen" als Mittel gegen „die Kommunikationsschranken, die aus den strukturellen Gegebenheiten resultieren", angeboten wird, sind meist doch wieder Tugenden, Haltungen, Verhaltensstile wie „Lernbereitschaft", „Vertrauensvorschuß", „Ernstnehmen" des anderen, „Aufeinanderhören", „Wertschätzung"[113], nicht aber rechtliche Absicherungen von Ansprüchen. Es bleibt bei Appellen an die Moral der Hierarchen.

Dass sich in dieser Bescheidenheit gerade ein strukturelles Grundproblem spiegelt, wird noch deutlicher in der Art, wie die eigenen Wünsche argumentativ legitimiert werden. Bezeichnenderweise greift man zur schwächsten Form der Argumentation, nämlich zum Autoritätsbeweis. Zu ihm muss Zuflucht genommen werden in einer Kommunikationsgemeinschaft, in der nicht die Kraft der Argumente zählt, sondern es vielmehr darauf ankommt, wer ein Argument vorträgt bzw. auf wen man sich berufen kann. Die Autoritäten sind das II. Vatikanische Konzil, eine Bischofssynode und Papst Paul VI. Mit ihnen sei „das Sozialmodell der Kirche als monarchische Einheit", ihr „Selbstbild als pyramidal strukturiertes Sozialgebilde"[114] korrigiert. Allerdings muss ein Beweis mit diesen Autoritäten formal wie inhaltlich fehlschlagen. Formal kann keine von ihnen gegen einen amtierenden Papst in Anschlag gebracht werden. Ein Papst ist nur an unfehlbare Vorentscheidungen gebunden. Ansonsten ist er sowohl Herr der Konzilsversammlungen wie der Deutung und Umsetzung ihrer Ergebnisse, ist er souverän gegenüber seinen Vorgängern und erst recht gegenüber einer Bischofssynode. Aber auch inhaltlich bieten die herangezogenen Autoritäten gar nicht, was sie sollen – eine Korrektur des Sozialmodells einer klerikalen Wahlmonarchie.

Alle Konzilsbelege übersehen oder überblenden die subtilen Sicherungen der Hierarchie, die überall dort in die Konzilslehre eingebracht wurden, wo von der Kirche insgesamt oder allgemein von allen Gläubigen die Rede ist. Sich auf die Voranstellung des Volk-Gottes-Kapitels in der Kirchenkonstitution vor das Kapitel über die Hierarchie zu berufen, übersieht, dass im ersten Kapitel bereits die göttliche Stiftung der Kirche als hierarchische Gesellschaft gelehrt wurde. Die systematische Rahmung weist das Volk Gottes als ständehierarchisch strukturiert aus. Die Berufung auf die Anteilhabe aller Gläubigen an den Würden Christi als Priester, Prophet und König oder an der Sendung der Kirche lässt die in den Bezugstexten immer signalisierte ständisch unterschiedene Teilhabe aus oder erkennt sie etwa in der *Suomodo*-Klausel oder im Hinweis auf die „rechtmäßige Verschiedenheit" der Gläubigen nicht als solche.

Die gleiche Unachtsamkeit oder Selbsttäuschung unterläuft, wenn man meint, sich für eine Gleichberechtigung der Frau auf das Schreiben der deutschen Bischöfe „Zu Fragen der Stellung der Frau in Kirche und Gesellschaft" von 1981 berufen zu können, und nicht bemerkt, dass mit der dortigen Rede von der Gleich*wertigkeit* von Mann und Frau auch die amtliche Geschlechteranthropologie mit ihrer Rollenzuweisung aus dem Sein übernommen wird[115], die eine Gleichberechtigungsoption auf den Laienstand beschränkt, wenngleich nicht einmal diese in der kirchlichen Rechtsordnung umgesetzt ist.[116]

Geradezu kontraproduktiv ist die Berufung auf die außerordentliche Bischofssynode 1985. Ein komplett zur Disposition des Papstes stehendes primatiales Beratungsorgan nimmt sich im vom Papst zugestandenen Schlussdokument heraus, das II. Vatikanum zu „prüfen" und zu „bestätigen" und zu seinem rechten Verständnis die nachkonziliaren Mahnschreiben der Päpste zu empfehlen.[117] Es benennt die „zentrale und grundlegende Idee der Konzilsdokumente" mit „communio" und füllt sie mit den katholischen Wesenskonstitutiva Glaube, Sakramente und Hierarchie zur „communio hierarchica"[118]. Und es regt Studien zur Eignung des Subsidiaritätsprinzips für die Kirche unter Berufung auf jenen Papst Pius XII. an, der eine innerkirchliche Anwendung des Prinzips unter den Vorbehalt ihrer hierarchischen Struktur stellte.[119] Darin spiegelte sich nicht nur der diesbezügliche Dissens unter den beteiligten Bischöfen. Vielmehr hatte schon Papst Paul VI. bei der Synode von 1969 auch klargestellt, dieses Prinzip sei nur in kluger Abmilderung auf die Kirche anwendbar und dürfe nicht etwa mit einem „Pluralismus" verwechselt werden, der den Glauben, das Sittengesetz und die für die Einheit der Kirche nötige kanonische Ordnung verletze.[120] Der erste Präsident der Päpstlichen Kommission zur verbindlichen Auslegung des kirchlichen Gesetzbuches, Kardinal Castillo Lara, sah nicht nur nirgends ein unbeschränktes lehramtliches Ja zur innerkirchlichen Anwendung des Subsidiaritätsprinzips, sondern hat es auch für unnötig und unvereinbar mit der göttlich gestifteten Struktur der Kirche erklärt. In deren organischen Aufbau könne man niemals eine subsidiäre Rolle der „Autorità Centrale" institutionell einbauen.[121] Die außerordentliche Bischofssynode von 1985 hat das II. Vatikanische Konzil nicht bekräftigt, sondern sich seiner unter primatialer Kuratel bemächtigt. Erneut sowohl das Konzil als auch Papst Paul VI. für den angezielten innerkirchlichen Dialog in Anspruch zu nehmen[122], verlängert nur ein Klischee, das an den Texten keinen Anhalt hat.[123] Die eigene diskursive Ohnmacht, die sich in der Zuflucht beim Autoritätsbeweis spiegelt, wird an einer Stelle sogar ausdrücklich, wenn es über die „gegebene institutionelle Ordnung" der Kirche heißt: „Hier ... gibt es keine Struktur, die es den Gläubigen, selbst den Priestern und Bischöfen, gestatten würde, nachdrücklich auf eine Änderung dieser Ordnung hinzuwirken"[124].

Dieser Realität entspricht dann auch der Beschluss des ZdK von 1993. Er benennt einerseits klar den

> „Identitätskonflikt ..., in dem sich immer mehr katholische Christinnen und Christen befinden: zwischen Mündigkeit und Bevormundung. In der Gesellschaft wie im Privatleben stehen Menschen heute unter dem Anspruch der Mündigkeit und einem hohen Maß an Selbstverantwortung und Selbstverpflichtung. In der Kirche erfahren sie sich immer noch häufig als Objekt von Leitung und Belehrung, auf die sie keinen Einfluß haben"[125],

um dann andererseits sofort anzufügen, man wolle nicht einer Demokratisierung der Kirche im staatsrechtlichen Sinne das Wort reden und das Amt nicht ersetzen. Der „Nachdruck", mit dem man für „dialogische innerkirchliche Strukturen" plädiert, die „Verbindlichkeit und Verlässlichkeit" schaffen sollen, kann dann auch nicht als politisches Durchsetzungssignal gemeint sein, sondern nur die Intensität des eigenen Engagements betonen. Und sich hinter „Forderungen" zu stellen, „denen durch Entscheidungen und Maßnahmen verschiedener Organe in der Kirche in Deutschland Rechnung getragen werden muß"[126], zeigt Bescheidenheit – Rechnung tragen: also gebührende (von wem zu beurteilende?) Berücksichtigung – und Selbstüberschätzung in einem, denn für keines der in Frage kommenden Organe resultiert aus einem ZdK-Plädoyer irgendein „Muss". Folgerichtig wurden zur „Erfolgsbilanz" dieser und ähnlicher öffentlicher Erklärungen schon gerechnet: Aussprachen zwischen Theologen und Hierarchen, eine Vermehrung von Dialogen und Gesprächen und der Beginn einer „neuen Nachdenklichkeit" bei Bischöfen und ZdK.[127] Und für weitere Erfolge sei „genügend Geduld mit[zu]bringen, reformbedürftige Schwachstellen immer wieder zu benennen und entsprechende Veränderungen einzufordern"[128], also in der Wiederholungsschleife zu bleiben. Laien, die so denken, können klagen, kritisieren und appellieren, aber da sie das System als solches bejahen, haben sie keinen Plan B, falls sie auf taube Ohren stoßen.

Über das Ob und die Dauer eines Dialogs entscheidet entsprechend die Hierarchie – so etwa geschehen, als der BDKJ im April 1994 einen Demokratieförderplan, einschließlich einer Unterschriftenaktion für die volle Gleichberechtigung der Frau in allen Ämtern und Funktionen in der Kirche, beschlossen hatte. Die Bischofskonferenz sprach auf ihrer Herbstvollversammlung gegenüber dem Bundesvorstand eine „förmliche Missbilligung" aus, entband den damaligen Bundespräses Rolf-Peter Cremer von seinen Aufgaben als Leiter der Arbeitsstelle für Jugendseelsorge der DBK und entpflichtete ihn und die BDKJ-Bundesvorsitzende Karin Kortmann als Berater der „Kommission Jugend" der DBK.[129] Das habe sie damals „sehr gekränkt und verletzt" und „viel Trauer ausgelöst", erinnert sich Karin Kortmann im Vorfeld des aktuellen Synodalen Weges.[130]

Gebremstes Aufbegehren

Zunächst aber entstand ein weiterer Druckimpuls, als im Herbst 1995 die Forderungen des nach den Missbrauchsvorwürfen gegen den Wiener Kardinal Groer in Österreich initiierten Kirchenvolksbegehren auch in Deutschland durch die Unterschriftenaktion der IKvu und der Zeitschrift „Publik-

Forum" übernommen wurden.[131] Anderthalb Millionen Katholiken unterschrieben u. a. für eine Reform der Sexualmoral, die Abschaffung des Pflichtzölibats und für die volle Gleichberechtigung der Frau auch in Sachen Weihe. Letzteres hatte durch die lehramtliche Qualifizierung der Unmöglichkeit der Priesterweihe für Frauen als unfehlbare Lehre eine besondere Brisanz gewonnen. Die Beschränkung der Forderung nach Gleich-Berechtigung auf Frauen, während zur Schließung der Kluft zwischen Klerus und Laien die Gleich-Wertigkeit aller Gläubigen ausreichen sollte, zeigt, dass es auch hier nicht um einen Systemwechsel ging, sondern lediglich um den Einbau der weiblichen Katholikenhälfte in die klerikale Wahlmonarchie. In der mobilisierenden Koppelung von Protest, Plebiszit und medialer Massenvernetzung in der Bewegung „Wir sind Kirche" war jedoch eine neue, von den Hierarchen kaum überhörbare Megaphonwirkung erzeugt worden. Der potenzielle politische Druck wurde allerdings dadurch gemindert, dass führende Repräsentanten des deutschen Laienkatholizismus – etwa die Präsidentin des ZdK, Rita Waschbüsch[132], die Vizepräsidentin Annette Schavan[133], Hanna-Renate Laurien aus dem Geschäftsführenden Ausschuss[134], ZdK-Mitglied Hans Maier[135] oder die Präsidentin des Katholischen Deutschen Frauenbundes, Ursula Hansen[136] – auf Distanz gingen. Da ihr Dialogansatz innerhalb der kirchenrechtlichen Ordnung verbleiben sollte, wollten sie sich Forderungen und einer Vorgehensweise nicht anschließen, die mindestens auf die Änderung einer als unfehlbar qualifizierten Lehre zielten.

Die Dialog- geschweige denn Reformhoffnungen der Laien blieben ein weiteres Mal unerfüllt. Die Konsequenzen römischer Personalpolitik zeigten sich u. a. auf dem ersten Katholikentag nach der deutschen Wiedervereinigung in Dresden 1994. Erzbischof Dyba zog in verletzender Weise über die zum Teil anwesenden Verfasser des ZdK-Dialogpapiers her und empfahl jenen, die alles Katholische an der katholischen Kirche so entsetzlich fänden, doch die Konsequenzen zu ziehen, im Genfer Weltkirchenrat gebe es über 300 andere Kirchen[137] – die episkopale Version der vor der Wende im deutschen Westen verbreiteten Killerphrase gegen vermeintlich linke Kritik: „Geh' doch nach drüben!"

Laien erlebten zwar andere Bischöfe als „ungemein liebenswürdig und freundlich"[138] im persönlichen Umgang, die Gespräche über die bekannten Anliegen aber als „aus strukturellen Gründen grundsätzlich garantiert folgenlos" und „verkümmert zum ‚billigen Alibi' nach dem Motto ‚Hauptsache, wir bleiben im Gespräch'"[139]. Man musste erkennen, dass das seiner Wortherkunft nach verstandene Attribut „pastoral" (von Pastor = Hirte) als Zuständigkeits-Passepartout eingesetzt werden kann, um jede freie Initiative zu verhindern oder zu vereinnahmen.[140]

Nachdem der damalige Vorsitzende der DBK, Bischof Lehmann, am 2. Dezember 1995 an seinem Dienstsitz in der Bonner Kaiserstraße die Unterschriften des Kirchenvolksbegehrens entgegengenommen und ein gut zweistündiges, von den Beteiligten als offen und freundlich empfundenes Gespräch geführt hatte, schrieb er einen als „persönlich und vertraulich" gekennzeichneten Brief an die „Hochw. Herren Mitglieder der DBK". Darin bezeichnete er es als „aufschlussreich, dass der weitaus überwiegende Teil der friedlichen Demonstrantengruppe … aus älteren Leuten" bestand. Über das Gespräch schrieb er weiter:

> „Die drei Initiatoren machten einen sehr unterschiedlichen Eindruck, sind aber vor allem durch die *Initiative Kirche von unten* und *Publik-Forum* verbunden. Diese institutionelle Verklammerung, die man wohl auch in Zukunft verstärken wird, war recht auffällig.
>
> – Die ungefähr 40- bis 45-jährigen Partner sind ausgesprochene Laien. Sie selbst berufen sich auf gute Erfahrungen mit der Kirche, besonders in der Konzilszeit. Das *Zweite Vatikanische Konzil* ist für sie jedoch eine sehr allgemeine, wenig bestimmte Größe, die jedoch einen kirchlichen ‚Fortschritt' anzeigt, der von den allgemeinen gesellschaftlichen Entwicklungen der letzten Jahrzehnte nicht getrennt werden kann. Die theologische Einsicht in die Zusammenhänge ist relativ gering. … Ich machte sie darauf aufmerksam, dass sie im Blick auf die Äußerungen von Prof. Dr. Hans Küng und vor allem von Prof. Dr. Peter Eicher, nicht zuletzt bei der

Pressekonferenz in Hannover am 19. November 1995, verhängnisvolle Identifizierungen mit bestimmten theologischen Strömungen eingegangen seien, die ihre Behauptung, sie wollten ein echtes Gespräch mit den Bischöfen in der Kirche, außerordentlich erschweren, ja geradezu unmöglich machen würden. Es ist nicht ganz klar geworden, wie weit die Initiatoren die Tragweite dieser Bindungen eingesehen haben und auch bewusst wollten. …

– Gegen Ende wollte vor allem Herr Weisner, der sich am stärksten als Organisationskraft und ‚Chefideologe' zu erkennen gab, die Zusicherung erwirken, die Bischofskonferenz würde sich bei der Frühjahrs-Vollversammlung ausdrücklich mit den einzelnen Punkten des KirchenVolksbegehrens befassen und dazu auch gezielte Beschlüsse fassen. Ich habe erklärt, wir hätten uns mit den in Frage stehenden Problemen schon oft und längst vor dem KirchenVolksbegehren immer wieder befasst. Wir würden zwar gewiss über die Initiative nochmals sprechen, aber auf keinen Fall Beschlüsse der erwarteten Art fassen. …

Die drei Initiatoren sind Kinder unserer Zeit. In vielem kommen sie einem wie ‚verführte Verführer' vor, die zum Teil idealistischen Vorstellungen anhängen. Es wird sogar eine gewisse Sehnsucht nach Glaube und Kirche geben. Die allgemeine Prägung durch die gesellschaftliche Situation dürfte jedoch größer sein als die Wirkung seitens der Kirche. Dies wirft schon auch schwere Fragen hinsichtlich Glaubensunterweisung, Predigt und Religionsunterricht auf. In diesem Sinne sind die drei Initiatoren Spiegelbilder ihrer Generation. Dies gibt zu denken. Wir müssen ausführlicher über diese Substrukturen und Entwicklungen im Katholizismus sprechen … In diesem Sinne [ist] Wachsamkeit geboten"[141].

Bitten um Stellungnahmen zu diesem später bekannt gewordenen Schreiben ließ Lehmann unbeantwortet.[142]

Der Limburger Bischof Kamphaus griff in der ARD-Sendung „Report" (vom 28. August 1995) zur probaten Ablenkungsstrategie und disqualifizierte das Anliegen der Reformwilligen angesichts der Armut in der Welt als Nabelschau auf hausgemachte Probleme.[143] Derselbe Bischof wies ein paar Jahre später Forderungen des Präsidenten der dortigen Diözesanversammlung nach mehr Mitsprache und -entscheidung der Laien in ebenso vehementer wie durchaus vertrauter Manier zurück:

> „Wenn es um Gottes Wort geht, geht es um Zustimmung – nicht um Abstimmung oder Mitbestimmung. Die Autorität des offenbarenden Gottes und der letztverbindliche Auftrag der Bischöfe, das Offenbarungsgut zu wahren und dem Menschen zugänglich zu machen, sind demokratisch weder legitimiert noch legitimierbar. Amt und Mandat bringen nicht ihre unterschiedlichen Interessen zum Ausgleich, sondern nehmen in gestufter Verantwortung gemeinsam das werbende und erlösende Interesse Gottes an der Welt wahr. … Unser Dialog hat eine Basis, die wir uns nicht selber zurechtlegen. … Die Sorge für die Einheit im Glauben gehört unaufgebbar zu meinem Dienst als Bischof. … Der Genius der Paulskirche ist nicht identisch mit dem Heiligen Geist, der die Kirche führt, und die Freiheit der Kinder Gottes, die für ihren Teil auch die Limburger Synodalordnung gewährleistet, ist nicht deckungsgleich mit bürgerlichen Freiheitsrechten. … Dort, wo im Interesse der Gläubigen entschieden werden muss, dürften Beratungsprozesse nicht endlos weiterlaufen. … Es gibt eine ‚letzte Entscheidungskompetenz' in der Kirche, die nicht ‚anmaßend' ist, sondern rechtens"[144].

Und für Kardinal Meisner war schon lange klar, was unter einem legitimen Dialog in der Kirche zu verstehen ist:

> „Was mit Dialog, einem der vielbeschworenen Worte der Gegenwart gemeint ist, kann man ebenfalls im Hause Mariens lernen. … Unsere Kirche ist kein Debattierklub, sie ist auch kein theologischer Arbeitskreis, sie ist noch nicht einmal der Raum des Dia-

logs von Mensch zu Mensch. Kirche ist zuerst der Raum des Dialogs zwischen Gott und Mensch, wie bei Maria in der Kammer von Nazareth. Maria hinterfragt nicht, und sie stellt nicht in Frage. Ihre Frage zielt nur schlicht und einfach auf die Praxis: Wie kann diese Botschaft realisiert werden? Dazu gibt sie dann ihr Jawort. Das Wort Gottes hat keinen informatorischen Charakter, um unseren Wissensdurst zu stillen. Das Wort Gottes hat zuerst berufenden Charakter, um uns in die Nähe Gottes zu ziehen"[145].

Für ihn galt es daher, zuallererst zu klären,

„welches überhaupt die Rolle des Zentralkomitees ist. Ich kenne aus der Ekklesiologie, der Lehre über die Kirche, kein Zentralkomitee. Ich kenne darin aber den Bischof, der laut göttlichen Rechts verantwortlich ist für seine Diözese und der auch für seine Diözese spricht. Ich habe eigentlich die Rolle des ZdK auch immer so gesehen, dass das ZdK gleichsam ein Gremium von Laienchristen darstellt, die in den Bereichen der Welt, wo die Laien Fachleute sind, das Evangelium vertreten. Darin sind sie unverzichtbar. Das hätten wir auch wieder bitter nötig. Aber das ZdK als ein Prüfungsorgan, das alle Äußerungen des Lehramtes absegnen zu müssen glaubt, kann nicht akzeptiert werden"[146].

Er konnte sich darin einig sehen mit Kardinal Ratzinger, der dem ZdK vorwarf, seine frühere Aktionsrichtung, „kritisch und auch kämpferisch in den Raum von Politik und Gesellschaft" hineinzusprechen, zugunsten von Stellungnahmen zu innerkirchlichen Streitigkeiten vernachlässigt zu haben mit der „nahezu unvermeidlichen … Folge, daß sich das ZdK immer mehr als eine Art Gegenlehramt, weniger gegen die Bischöfe als gegen das Lehramt des Papstes darstellt. Es gibt wohl in den letzten zwanzig Jahren wenig römische Lehrentscheide, denen nicht prompt eine schroffe Gegenerklärung des ZdK folgte"[147].

Eskalation

Inzwischen hatte sich an einem im Wortsinne lebenswichtigen Problem erneut die Grenze eines innerkirchlichen Dialogkonzeptes gezeigt.[148] Mit dem seit dem 1. Oktober 1995 geltenden Schwangeren- und Familienhilfeänderungsgesetz hatte ein jahrelanger Konflikt zwischen dem Apostolischen Stuhl und den deutschen Bischöfen begonnen. Das Gesetz sieht außer der rechtmäßigen medizinischen oder kriminologischen Indikation vor, dass ein Schwangerschaftsabbruch rechtswidrig, aber straffrei ist, wenn er nach einer Pflichtberatung zum Lebensschutz bis zur 12. Schwangerschaftswoche auf Wunsch der Mutter durch den Arzt erfolgt. Für Papst Johannes Paul II. war eine Beteiligung kirchlicher Stellen an einer Schwangerenkonfliktberatung ausgeschlossen. Denn die Kirche dürfe durch Ausstellung eines Beratungsscheins keinesfalls den Eindruck erwecken, sie legitimiere eine straffreie Abtreibung. Er sah nicht auf die Situation und auf mögliche Alternativlösungen in Deutschland, nicht auf reine Fristenlösungen in anderen Ländern. Wenngleich die Beratung auf den Lebensschutz auszurichten war, stieß sich der Papst daran, dass eine Beratung ihrer Natur nach nicht selbst ein verbindliches Ergebnis herbeiführt und insofern ergebnisoffen ist. Sie überlässt der Frau die Entscheidung, ob sie ihr Kind austragen will oder nicht.

Die deutschen Bischöfe hatten immer erklärt, sie stünden vollständig hinter der ausnahmslosen Verurteilung der Abtreibung. Aber mit Ausnahme von Erzbischof Dyba sahen sie sich in der pastoralen Praxis zu einem Handeln verpflichtet, das zugegebenermaßen in Spannung zu eben dieser Lehre stand, und beteiligten sich an der vom Staat vorgeschriebenen Beratung. Als Grund gaben sie immer wieder die in ihrem pastoralen Gewissen gewonnene Überzeugung an, dies sei unter den gegebenen Umständen ein wirksamer und vertretbarer Weg, den betroffenen Frauen zu helfen und vor allem das Leben von vier- bis fünftausend ungeborenen Kindern zu schützen.[149] Viele Frauen würden nicht zur Konfliktberatung kommen, wenn die Bestätigung der Beratung von vornherein ausgeschlossen würde. Allerdings konnte so der kirchliche Beratungsschein zu einer Voraussetzung für eine zwar rechtswidrige, aber straffreie Abtreibung werden.

Alle Versuche deutscher Bischöfe, dem Papst zu vermitteln, ein effektiver Schutz ungeborenen Lebens sei ohne Kontakt mit den schwangeren Frauen oder gegen sie nicht möglich, scheiterten. Der Papst verlangte 1999 von ihnen, aus dem staatlichen Beratungssystem auszusteigen. Eine Gruppe gehorchte sofort, eine andere – die (Erz-)Bischöfe von Freiburg, Hamburg, Münster, Limburg, Trier, Regensburg, Passau, Hildesheim, Essen, Magdeburg, Erfurt und Aachen – trug (Anfang Oktober 1999) schriftlich und (Mitte November 1999) bei dem alle fünf Jahre fälligen Ad-Limina-Besuch der Diözesanbischöfe in Rom auch mündlich dem Papst ihre Bedenken noch einmal vor und bat um eine weitere Klärung. Die Bischöfe wollten sich vergewissern, ob der Papst in dieser Angelegenheit von seinem Jurisdiktionsprimat, also von seiner höchsten Gewalt in der Kirche Gebrauch gemacht habe. Für diesen Fall kündigten einige Bischöfe, wie Erzbischof Saier (Freiburg) und die Bischöfe Lettmann (Münster) und Mussinghoff (Aachen), schon vor dem Besuch in Rom ihren Gehorsam an. Der Papst blieb bei seiner Entscheidung und bekräftigte sie. Er forderte die Diözesanbischöfe auf, einen Ausstieg auch gegen Widerstände durchzusetzen. Am 23. November 1999 beschloss der Ständige Rat – mit Ausnahme des Bischofs von Limburg Franz Kamphaus – den Ausstieg aus der staatlichen Schwangerenkonfliktberatung für das Jahr 2001. Da Bischof Kamphaus anders als die übrigen Bischöfe einen Ausstieg mit seinem Gewissen nicht vereinbaren konnte, veranlasste der Papst den Ausstieg im März 2002 kraft seines Jurisdiktionsprimats: Er entzog dem Bischof die entsprechende Zuständigkeit (c. 381 § 1) und übertrug dem Limburger Hilfsbischof die Vollmacht, die Beratungsstellen zu schließen. Auf diese Weise hatte der Papst mit einer im Vergleich zur jederzeit möglichen Amtsenthebung vergleichsweise kleinen Intervention den angezielten Zweck erreicht und behielt einen Bischof, statt einen Märtyrer zu produzieren. Und er spielte ebenso subtil wie brutal den Ball zurück in Kamphaus' Feld. Denn der musste nun entscheiden, ob er Bischof bleiben wollte, tief verwundet, wie er sagte – oder ob er doch lieber gehen sollte.[150]

Im Zweifel Gehorsam

Der Papst hatte in dieser Angelegenheit die rechtliche und mehrfach eidlich bekräftigte Gehorsamspflicht der Bischöfe eingefordert. Ein Bischof, der im staatlichen Konfliktberatungssystem verblieb, weil er in seinem Gewissen überzeugt war, dies sei der wirksamste Schutz ungeborenen Lebens, verweigerte diesen Gehorsam. Legal ist für den Diözesanbischof nach Kirchenrecht einzig und allein die folgsame Umsetzung des päpstlichen Befehls. Auch jede ideelle oder materielle Unterstützung anderer Initiativen zur Fortführung der bisherigen Beratung – etwa durch finanzielle Zuwendungen oder durch die Überlassung kirchlicher Räume – war den Bischöfen kirchenrechtlich verboten. Jeder Diözesanbischof ist rechtlich verpflichtet, Aktivitäten gegen eine klare päpstliche Anordnung zu unterbinden (cc. 392, 1254, 1371 n. 2).

Bis zum Jahresende 2000 hatten – außer Bischof Kamphaus – alle Diözesanbischöfe die staatliche Konfliktberatung verlassen. Entweder hatten sie (außer Erzbischof Dyba) ihre Überzeugung aufgrund der Gespräche in Rom oder der päpstlichen Anordnung geändert, oder sie stellten ihre Überzeugung pflichtgemäß hinter den geforderten Gehorsam zurück und glaubten sich so einer persönlichen Verantwortung enthoben. So erklärte Bischof Spital (Trier):

> „Ich war mit vielen meiner Mitbischöfe der Auffassung, dass die Entscheidung in dieser Frage bei den Bischöfen liegt, die ja für die Regelung der Pastoral in ihren Bistümern zuständig sind. Nun hat der Papst jedoch die Entscheidung und damit auch die Verantwortung in dieser Frage an sich gezogen. Das ist ein äußerst außergewöhnliches Vorgehen, aber nach dem Can. 333 des Kirchenrechts steht ihm diese Möglichkeit zweifelsfrei zu. Damit geht es nicht mehr um meine persönliche Gewissensentscheidung, weil mir die Zuständigkeit entzogen ist. Für mich ist selbstver-

ständlich, dass es meine zentrale Aufgabe als Bischof der katholischen Kirche ist, in meinem Bistum die Einheit mit dem Papst und damit der Gesamtkirche zu wahren. Ich sehe es zwar als mein Recht und meine Pflicht an, dem Papst gegebenenfalls zu widersprechen. Das habe ich auf jede mir mögliche Weise getan. Der Widerstand gegen die päpstliche Entscheidung würde jedoch die Katholiken in meinem Bistum zwingen, sich zwischen dem Papst und dem Bischof zu entscheiden und damit das hohe Gut der kirchlichen Einheit zerstören. Deshalb werde ich dem Papst den schuldigen Gehorsam leisten, wie ich bereits am 24. November festgestellt habe"[151].

Und auch für Bischof Lehmann (Mainz), der schon 1994 der kurialen Zurückweisung seines Vorstoßes für einen anderen Umgang mit wiederverheirateten Geschiedenen gehorcht hatte, war am Ende klar, er müsse entweder seinen Amtsverzicht anbieten oder erneut gehorchen. Widerstand gegen den Papst sei für ihn undenkbar gewesen, Bischofsamt und Gehorsam seien untrennbar verbunden, deshalb habe er auch den Weg von Bischof Kamphaus nicht billigen können.[152] Lehmanns Gehorsam sollte sich auszahlen. Seit Januar 2002 hatte er Anspruch auf die Anrede „Eure Eminenz", nachdem Papst Johannes Paul II. ihn zum Kardinal der Heiligen Römischen Kirche gemacht hatte.

Der Gesamtvorgang macht deutlich, wie aus einer Gewissensüberzeugung, sobald ihr Standvermögen abverlangt wird, eine Güterabwägung werden kann. Vor ihrer Reise nach Rom war für die im Beratungssystem verbliebenen Bischöfe der Schutz von 5000 Kinderleben eine Gewissensfrage. Wieder daheim wogen sie ab: Die Wahrung der Einheit der Kirche via Gehorsam und die Sorge um das eigene Amt hatten während der Rückreise offenbar an Gewicht zugenommen. Der Schutz ungeborenen Lebens hatte dahinter zurückzutreten, es war nicht mehr das höchste Gut. Noch vor der endgültigen Entscheidung des Papstes hatte der DBK-Vorsitzende versucht, verantwortungsabschottend vorzubauen:

„Wer kann den Bischöfen die ethische Ermächtigung geben, jährlich auf die Rettung von tausenden von Kindern zu verzichten? Will sich der Heilige Vater mittels seines Jurisdiktionsprimates wirklich an die Stelle des einzelnen Diözesanbischofs und seiner Verantwortung setzen und eine solche Entscheidung befehlen?"[153]

Der Gehorsam wurde vorsorglich als Gewissensersatz präsentiert. Die Frage, ob nicht auch Gehorsam zu verantworten ist, wird nicht gestellt. Die Offenheit, mit der diese Güterabwägungen vorgenommen werden, verblüfft und erschreckt – sie sind aber systemgerecht und entsprechen dem katholischen Verständnis vom Amt der Diözesanbischöfe. Dass allerdings der Eindruck erweckt wurde, sie hätten sich als solche in einer ausweglosen Situation befunden, angesichts derer sie nur noch gegen ihre erklärte Überzeugung einem päpstlichen Befehl hätten folgen können[154], ist falsch. Bisweilen wurde das auch damals schon bemerkt. Nachvollziehbar erbost wie zutreffend wurde in einem Leserbrief formuliert: Es dürfe nicht sein, dass sich die „nun gehorchenden ehemaligen Bedenkenträger" „zu Opfern des Systems stilisieren" oder dazu stilisiert werden.

„Sie sind Repräsentanten dieser Kirche und ihres Rechtssystems. Wer das so nicht will, hat die Pflicht zum persönlichen Widerstand – unter Inkaufnahme persönlicher Konsequenzen. Wer es aber aus Überzeugung und Gehorsam will, der sollte auch den Mut aufbringen, den Gläubigen dies ins Gesicht zu sagen"[155].

Selten starke Gewissen

Das ZdK hatte die Bischöfe in Sachen Lebensschutz immer aus voller Überzeugung unterstützt. Als auch nur zusätzlichen Dialogpartner ließ der Apostolische Stuhl seine Vertreter allerdings nicht zu. Alle Versuche des ZdK-Präsidiums[156] und auch führender Politiker wie der Ministerpräsidenten

Edmund Stoiber und Bernhard Vogel, bei den Kardinälen Ratzinger, Sodano oder beim Papst einen Termin zur persönlichen Darlegung ihrer Position zu erhalten, scheiterten. Sie wurden nicht vorgelassen, sondern auf den Schriftweg verwiesen. Auch Ministerpräsidenten sind eben als Katholiken (nur) Laien. Solch brüske Abweisung mancher Kontakt- und Gesprächswünsche war in der zweiten Pontifikatshälfte Johannes Pauls II. kein Einzelfall.[157] Brieflich hatte Hans Maier Kardinal Ratzinger beschworen, die katholische Schwangerenkonfliktberatung im staatlichen System nicht zu unterbinden. Bei einer Begegnung an der Pariser Sorbonne habe er seine Überzeugungsversuche mündlich fortgesetzt:

„Ich hatte … Kardinal Ratzinger die Frage gestellt, warum sich die ganze Kritik Roms ausgerechnet gegen Deutschland richtet, das der Fristenlösung doch als einziges Land noch einen Riegel vorgeschoben hatte? Es kann doch nicht sein, warf ich ihm vor, dass er sich bei der bedingungslosen Fristenlösung in katholischen Kernländern still verhält und hier den Versuch, Leben zu erhalten, torpediert. Und wissen Sie, was seine Antwort war? ‚In diese Länder sind wir nicht involviert.‘ Gemeint war, da gibt es keine katholischen Beratungsstellen. Darüber war ich empört und sagte zu ihm: ‚Das ist die Antwort des Pontius Pilatus.‘ … Das traf ihn empfindlich, er war darüber sehr aufgebracht. Seither ist unser Verhältnis gestört“[158].

Als das Ergebnis der Güterabwägung der Bischöfe absehbar wurde, blieben die Laien, die bisher hinter dem Beratungssystem standen, ihrem Gewissen treu und unterstützten in der Vollversammlung des ZdK den Aufruf an die Katholiken Deutschlands, einen eingetragenen Verein „Donum Vitae" zu gründen, um ein katholisch geprägtes Beratungskonzept in kirchenunabhängiger Regie im deutschen pluralen Beratungssystem fortzuführen. Auf eine organisatorische Verknüpfung hatte das ZdK um des innerkirchlichen Friedens willen verzichtet.[159] Eine Zeit lang versuchten die Laien, ihren Gewissenskonflikt für sich noch möglichst klein zu halten, indem sie jenen

Auffassungen – z. T. auch von Kirchenrechtlern – folgten, die ihnen nahelegten, der Papst habe nur die Bischöfe gemeint, und selbst wenn nicht, seien Laien nur nach Maßgabe ihres Gewissens gehorsamspflichtig. Es schlüge geradezu die Stunde der Laien. Sie könnten doch einen ausschließlich nach staatlichem Recht organisierten Verein als Träger ihres Vorhabens gründen. Was sie als Repräsentanten der Kirche nicht dürften, dazu seien Laien doch befugt, und zwar kraft ihrer Sendung durch Taufe und Firmung im eigenen Namen. Sie befänden sich damit im Grundsatz des Lebensschutzes auch gar nicht im Dissens zum Papst. Man wähle „nur" einen anderen praktischen Weg, um das mit dem Papst geteilte Ziel zu erreichen.[160] Es wurde ernsthaft vorgeschlagen, das kirchliche Vereinigungsrecht dafür in Anspruch zu nehmen.

Die Realität holte die Laien allerdings ein und erwies die Analyse der Rechtslage durch jene Kanonisten als verlässlicher, die erklärt hatten, der Befehl des Papstes gelte auch für sie.[161] Denn: Die Höchstgewalt des Papstes bindet jeden einzelnen Gläubigen unmittelbar. Gläubige haben nach dem Kirchenrecht auch in ihrem Verhalten die Gemeinschaft mit der Kirche zu wahren und sorgfältig ihre Pflichten gegenüber der Gesamtkirche zu erfüllen (c. 209). Dazu gehört auch, Anordnungen des Papstes oder der Diözesanbischöfe im Bewusstsein ihrer eigenen Verantwortung mit christlichem Gehorsam zu befolgen (c. 212 § 1). Die eigene Verantwortung ist in dieser Norm auf die Erfüllung der Gehorsamspflicht bezogen. Mit ihr lässt sich Ungehorsam innerkirchlich nicht rechtfertigen. Es heißt nicht: Gehorchen nach Maßgabe der eigenen Verantwortung, sondern: Die eigene Verantwortung erfüllt sich im Gehorsam.[162]

Auch der Versuch, Botschaft und Handlungsweise zu trennen, ist kirchenrechtlich nicht gedeckt. Für den Papst war eine Trennung zwischen unbedingter Zustimmung zur unfehlbaren Lehre über die Verwerflichkeit jeder Tötung unschuldigen Lebens und verschiedenen Wegen, sie im praktischen Verhalten zum Ausdruck zu bringen, nicht zulässig. Seinen Ausstiegsbefehl hatte er gerade um der Lehre willen erteilt. Sein Anliegen lautete nicht: Keine Beratungsscheine mehr im Namen der Kirche. Sondern: Ausstieg, damit jeder Eindruck eines Unterschieds zwischen Lehre und Praxis vermieden wird, um die Eindeutigkeit und absolute Verbindlichkeit einer unfehlbaren Lehre zu schützen.

Und schließlich mochte auch die These sympathisch und gewissenserleichternd erscheinen, Laien dürften kraft Taufe und Firmung im eigenen Namen, was die Bischöfe als „Amtskirche" nicht dürften, und außerdem gebe es das kirchliche Recht zur Gründung von caritativen Vereinigungen und apostolischen Initiativen (cc. 215 und 216). Aber: Die im CIC statuierten Gläubigenrechte sind nicht Grundrechte, wie die staatliche Rechtsordnung sie kennt. Sie gründen nicht im Menschsein, sondern in der Taufe. Sie sind Gliedschaftsrechte unter doppeltem Vorbehalt: dem der Erfüllung der umfassenden Grundpflicht, die Gemeinschaft mit der Kirche zu wahren und alle Pflichten ihr gegenüber zu erfüllen (c. 209), und dem kirchenrechtlich nicht beschränkten Vorbehalt der Regelung ihrer Ausübung durch die kirchliche Autorität (c. 223 § 2).

Die Rechte der Gläubigen sind auch nicht Freiheitsrechte. Sie gewähren nicht individuelle Räume freier Entfaltung. Es sind Mitwirkungs- und Beteiligungsrechte, um die kirchliche Zielsetzung zu verwirklichen. Es geht nicht um subjektive Freiheit, nicht um Freiheit *von* der kirchlichen Gemeinschaft, darum, nach eigenem Entschluss etwas zu tun oder zu lassen. Es geht um die objektive, die „geistliche" Freiheit *zur* kirchlichen Gemeinschaft, d. h. zur Verwirklichung der Persönlichkeit im Leben für die Gemeinschaft. Das Wozu dieser Freiheit ist nichts anderes als die lehramtlich mit Anspruch auf Gehorsam verkündete Wahrheit.

Wer also entscheidet nach welchen Kriterien darüber, ob die Fortführung der Beratung mit Ausstellung einer Bestätigung darüber Ausübung der Caritas im Sinne von c. 215 ist? Wer entscheidet in der katholischen Kirche nach welchen Kriterien, ob Gläubige einzeln oder in Vereinigungen das Gemeinwohl der Kirche berücksichtigen? Wer bestimmt, worin dieses Gemeinwohl besteht? Wer regelt entsprechend die Ausübung dieses Rechts wie die Ausübung aller Rechte der Gläubigen? Die Antwort lautet mit c. 223: Die kirchliche Autorität und im konkreten Fall der Papst durch seinen Ausstiegsbefehl. Laien handeln hier auf eigenes Risiko. Das gilt auch, wo sie sich in einem Verein nur nach staatlichem Recht ohne jeden Bezug auf das Kirchenrecht organisieren. Sie operierten dadurch nicht in einem kirchenrechts-freien Raum. Nach c. 227 haben sich die Gläubigen auch beim Gebrauch ihrer bürgerlichen Freiheiten nach der vom Lehramt der Kirche vorgelegten Lehre zu richten. Freiheit im Sinne von Unabhängigkeit von der kirchlichen Hierarchie, Freiheit gegen das Lehramt kann es nach amtlichem Selbstver-ständnis auch im Bereich des politischen Handelns legitim nicht geben.[163] Nach amtlicher Lehre ist

> „das Gewissen ... keine autonome und ausschließliche Instanz, um zu entscheiden, was gut und böse ist; ihm ist vielmehr ein Prinzip des Gehorsams gegenüber der objektiven Norm tief ein-geprägt, welche die Übereinstimmung seiner Entscheidungen mit den Geboten und Verboten begründet und bedingt, die dem menschlichen Verhalten zugrundeliegen"[164].

Und: „Eine große Hilfe für die Gewissensbildung haben die Christen in der Kirche und ihrem Lehramt"[165].

Mit unschwer erkennbarem Bezug erklärte die Kongregation für die Glaubenslehre, es sei gelegentlich vorgekommen,

> „dass – auch innerhalb einiger Vereinigungen und Organisationen katholischer Prägung – Positionen zu Gunsten politischer Kräfte und Bewegungen vertreten werden, die in grundlegenden ethi-schen Fragen von der Moral- und Soziallehre der Kirche ab-weichen. Solche Einstellungen und Verhaltensweisen wider-sprechen grundlegenden Prinzipien des christlichen Gewissens und sind nicht mit der Zugehörigkeit zu Vereinigungen und Or-ganisationen vereinbar, die sich katholisch nennen"[166].

Entsprechend hatte dieselbe Kongregation den Apostolischen Nuntius zu der Stellungnahme autorisiert, der Verein „Donum Vitae" stehe „in offenem Widerspruch zu den Anweisungen des Heiligen Vaters und den Ent-scheidungen der Bischöfe"[167]. Er verdunkle das Zeugnis der Kirche, „für die alle ihre Glieder – Geistliche, Ordensleute und Laien – Verantwortung tragen"[168]. Er begünstige Tendenzen in der Kirche Deutschlands, „die der ‚hierarchischen Kirche‘ eine ‚Laienkirche‘ gegenüberstellen, die autonom und unabhängig von Papst und Bischöfen handelt"[169]. Eine kirchliche Unterstützung dieses Vereins sei nicht zulässig. Die katholischen Gläubigen „müssen … darauf verzichten, solche Beratungsstellen zu unterstützen"[170].

So mussten die katholischen Laien (erneut) lernen, dass es für sie keine hierarchiefreien Zonen gibt, dass sie immer und überall katholische Christen sind und „es keine Privat-Refugien [gibt], wo die Kirche nicht reinzureden hat"[171]. Sie erlebten den seltenen Fall, dass ein Papst seinen Jurisdiktionsprimat konkret einsetzt. Und sie mussten (ebenfalls erneut) lernen, dass Bischöfe, auch wenn sie vielleicht im persönlichen Gespräch Sympathien für ein Laienhandeln äußern, bei entsprechendem Nachdruck von oben verlässlich romtreu handeln. So untersagten die deutschen Bischöfe im Juni 2006 kirchlichen Angestellten die Mitarbeit bei „Donum Vitae"[172]. Im März 2007 forderte sie der Apostolische Stuhl auf, entschieden darauf hinzuwirken, dass darüber hinaus alle Gläubigen jede Form der Unterstützung von „Donum Vitae" unterlassen sollten.[173] Der damalige Domkapitular und heutige Diözesanbischof in Augsburg, Bertram Meier, schloss daraus sogleich, Donum-Vitae-Unterstützung und ZdK-Mitgliedschaft seien unvereinbar. Als dann auf der Vollversammlung des ZdK am 8. Mai 2009 Heinz-Wilhelm Brockmann, hessischer Bildungsstaatssekretär (CDU) und Donum-Vitae-Mitglied, für das Amt des ZdK-Präsidenten kandidieren wollte, kündigten die deutschen Bischöfe kurz vorher, ohne eine Begründung und ohne darüber auf der zuvor tagenden Gemeinsamen Konferenz eine Silbe verloren zu haben, an, sie würden im Falle einer Wahl die satzungsmäßig geforderte Bestätigung nicht erteilen. Der damalige Präsident Hans Joachim Meyer empfindet dies als „die größte Demütigung, die das ZdK bis dato erfahren hatte"[174]. ZdK-Mitglied Karin Kortmann ärgerte sich damals im Deutschlandfunk. Sie meinte zum wissenden Schweigen der Bischöfe in der Gemeinsamen Konferenz:

„Wenn man hier miteinander redet, Bischöfe und Laien, dann ist es ein Selbstbewusstsein und, ich sage mal, eine Auseinandersetzung auf Augenhöhe, und da müssen Argumente, warum ein Kandidat nicht vermittelbar ist in der Bischofskonferenz, müssen diese Fragen offen miteinander beredet werden. Und was ich einfach einfordere – und da bin ich wirklich mehr als ärgerlich – ist: Es darf doch nicht sein, dass es mit einer geheimen Abstimmung getan wird, so nach dem Motto, wir äußern uns nicht öffentlich, aber wir machen unser Kreuzzeichen ganz geheim und an der Stelle, ich sage auch, ein bisschen eine Heckenschützenmentalität. … Es ist doch nicht die Frage, ob wir hier in einem Eltern-Kind-Verhältnis sind und die Bischöfe uns sagen, wie wir uns zu verhalten haben. Ich bin es nach 20 Jahren ZdK-Arbeit in der Tat leid, immer wieder begründen zu müssen, warum ich katholisch bin und wie ich katholisch bin und ob diese Form des Katholizismus – eines selbstbewussten Laienkatholizismus mit den Richtlinien der Deutschen Bischofskonferenz übereinstimmt"[175].

Solche Äußerungen einer Katholikin mit damals schon langjähriger Erfahrung im Laienengagement waren insbesondere nach den Ereignissen der vorausgegangenen Jahre mehr als erstaunlich. Wie konnte sie angesichts des Vorgehens der Bischöfe, aber auch unabhängig davon, meinen, in der Gemeinsamen Konferenz begegneten sich Bischöfe und Laien auf Augenhöhe oder könnten dies auch nur tun? Wie kam sie darauf, oder wer hatte ihr unter Berufung worauf gesagt, Bischöfe seien Laien gegenüber begründungspflichtig? Wodurch konnte sie sich als Laiin in einer Position wähnen, von Bischöfen etwas einfordern zu können? Akzeptierte sie das katholische Kirchen- und Amtsverständnis nicht mehr? Hatte sie vergessen, dass sie in ihrer Kirche nicht nur einer Lehrerin, sondern auch einer Mutter begegnet?[176] War für sie der Papst nicht mehr der Heilige „Vater"? War ihr nicht präsent, dass zu den Kriterien für die Kirchlichkeit von Laienvereinigungen das *„Zeugnis einer tiefen und überzeugten communio*, in kindlicher Abhängigkeit vom Papst … und vom Bischof"[177] gehört?

Doch, all das war ihr bewusst, denn im Weiteren wird deutlich, dass hier nur jemand ein wenig mit dem Fuß aufgestampft hatte, weil sie sich nicht gut behandelt fühlte. Auf die Frage, warum das ZdK seinen Wunschkandidaten nicht einfach trotzdem wählte und wartete, ob die Bischöfe ihre Drohung auch wahrmachen würden, antwortete Kortmann nämlich:

> „Ach, das ist kirchenpolitisch unklug. Wenn man weiß, es gibt Vorbehalte gegen einen Kandidaten – erstens lässt man den Kandidaten nicht noch mal in ein weiteres offenes Messer laufen ... Und es geht auch darum, dass man nicht als motzige Reaktion darauf sagt: Und jetzt wählen wir ihn trotzdem. Da sind, glaube ich, die Mehrheitsverhältnisse und auch die Entscheidungsgrundlagen bekannt."

Stattdessen hätte sie sich gewünscht, dass die Bischöfe

> „das in einem vertraulichen Gespräch mit Herrn Brockmann beredet hätten, wo sie die Schwierigkeiten in seiner Person sehen und wo sie mit dem jetzigen, amtierenden Präsidium des ZdK darüber gesprochen hätten, was ist eigentlich an der Person Brockmann auszusetzen und am ZdK, dass diese Kooperation jetzt in einer Art und Weise in Frage gestellt worden ist, wie wir sie noch nie erkannt haben"[178].

Es ist also kirchenpolitisch unklug, die Verantwortung sichtbar dort zu belassen, wo sie hingehört, und schon auf das Zeigen der Werkzeuge zu reagieren, statt auf ihren Einsatz zu warten? Woran litt Frau Kortmann wirklich? Doch nicht daran, dass ein von den Repräsentanten des deutschen Laienkatholizismus als ihr Präsident gewünschter Kandidat nicht die bischöfliche Bestätigung erhielt! Nein, sondern bei näherem Hinsehen daran, dass dies öffentlich geschah, dass das Ganze nicht diskret hinter verschlossenen Türen (im Dialog?) vorab bereinigt und so dem ZdK die öffentliche Blamage erspart worden war, zumal man dort bereits seit Jahren nicht, wie satzungsmäßig vorgesehen, die Bischöfe nachträglich um Bestätigung bat, sondern im vorauseilenden Gehorsam schon im Vorhinein um die Zustimmung zu den Kandidaten.[179] Zum eigenen Kandidaten zu stehen, auf den man sich ja wohl überlegt geeinigt hatte, das wäre eine „motzige Reaktion" gewesen? Wenn das „Augenhöhe" ist, können Bischöfe gut mit ihr leben. Tatsächlich hatte auch ZdK-Präsident Hans-Joachim Meyer auf einer weiteren Sitzung der Gemeinsamen Konferenz alle Kritikpunkte gegen Brockmann zurückgewiesen und unterstrichen, wie „betroffen und verletzt" sich das gesamte ZdK durch diesen Vorgang fühle. Bei einer Auslotung, welchen für beide Seiten akzeptablen Weg es nun geben könne, wurde allerdings von den „bischöflichen Gesprächspartnern ... der eindringliche Rat gegeben, nicht auf eine Änderung dieser Entscheidung der Bischofskonferenz zu setzen"[180]. Das ZdK spurte artig, verschob die Wahl und wählte später mit Alois Glück (CSU) für sechs Jahre einen bischofsgenehmen Alternativkandidaten.

In dem von ihnen so gesehenen dialogischen Lernverhältnis zwischen Klerus und Laien hatten Letztere ihre Lektion lernen müssen: Vor dem Befehl zum Ausstieg aus der Schwangerenkonfliktberatung waren sie den Bischöfen als moralische Unterstützung willkommen. Eine eigenständige Aktion der Laien aber wollten die Bischöfe nicht. So gehorsam diese nach oben sind, so sensibel sind sie für Gefährdungen ihres Einflusses von unten. Und doch war nach der breiten Gefolgschaftsverweigerung der Laien gegenüber „Humanae Vitae" erneut etwas Bemerkenswertes geschehen: Mit der erfolgreichen Initiierung und Fortsetzung der Konfliktberatung durch Laien im staatlichen System hatten (und haben) „die Bischöfe [...] einen [weiteren; N. L.] Teil ihrer symbolischen und realen Macht über das ‚Katholische'" verloren.[181] Aber damit war der innerkirchliche Gesamtdruck keineswegs gesunken, sondern in aller Deutlichkeit und bleibend fühlbar geworden. Selbstständigkeit für Laien konnte es nur als kirchlichen Ungehorsam geben, und damit nur für Gläubige, die nicht in einem materiellen oder ideellen Abhängigkeitsverhältnis zur Kirche stehen. Wo Dauerdruck besteht, kann jeder zusätzliche Unfall bedrohlich werden.

Wenn's knallt, schnell ein Dialog

Im weltweiten Vergleich sehr spät, aber nicht weniger heftig schlug am 28. Januar 2010 die Bombe auch in Deutschland ein: Die „Berliner Morgenpost" machte mit einer Geschichte auf, über die schon länger Gerüchte kursierten, für die sich die Redaktion jetzt aber auf Belege stützen konnte.[182] Pater Klaus Mertes, Rektor des Berliner Canisius-Kollegs, eines Privatgymnasiums der Jesuiten, hatte der Redaktion bestätigt, einen ihr zugespielten Brief verfasst zu haben. Darin hatte er gegenüber ehemaligen Schülern anerkannt, womit ihn zuvor einige konfrontiert hatten, dass nämlich insbesondere in den 1970er- und 1980er-Jahrgängen vielfache Missbrauchstaten vorgekommen waren. In einem immensen Dominoeffekt brachen innerhalb kurzer Zeit immer mehr Betroffene, vor allem Männer, ihr Schweigen. Kaum ein Orden, kein Bistum war täterfrei, wie sich spätestens mit der Freischaltung und mehrtausendfachen Inanspruchnahme der „Hotline der Deutschen Bischofskonferenz für Opfer sexuellen Missbrauchs" und nochmals der telefonischen Anlaufstelle der unabhängigen Beauftragten der Bundesregierung zur Aufarbeitung des sexuellen Missbrauchs herausstellte. Jede Einzelfall-Ideologie zu sexuellem Missbrauch war damit zerstört, die Kirche als selbst ernannte „Expertin der Menschlichkeit"[183] und „Mutter und Lehrmeisterin aller Völker"[184] in ihrem „advokatorische[n] Auftrag für die Schwachen in der Gesellschaft"[185] konterkariert und aus moralisierenden Himmelshöhen in eine historische Glaubwürdigkeitskrise gestürzt.

Jetzt zeigten sich die Bischöfe alarmiert. Nach außen schalteten sie auf Abschottung, nach innen in bewährter Manier auf Ablenkung durch Dialogmobilisierung. Nach außen gelang es ihnen damals rasch, einen zunächst nach dem Vorbild anderer Länder angeregten speziellen Runden Tisch zur Aufarbeitung des Missbrauchs durch Kleriker und damit eine längerfristige Fokussierung auf den sexuellen Missbrauch in den eigenen Reihen zu verhindern. Der damalige Vorsitzende der Bischofskonferenz, Erzbischof Zollitsch, wusste von Anfang an: „Sexueller Missbrauch von Kindern ist kein spezifisches Problem der katholischen Kirche. Es hat weder etwas mit dem Zölibat zu tun, noch mit Homosexualität, noch mit der katholischen Sexuallehre. Daher brauchen wir auch keinen Runden Tisch speziell für die katholische Kirche"[186]. Wo ansonsten – etwa in der Beanspruchung eines eigenen Arbeitsrechts – die eigene Besonderheit betont wurde, sah (und sieht) man sich in diesem Fall gerne als Teil einer gesamtgesellschaftlichen Problematik. Die Frage nach etwaigen Kirchenspezifika wurde weggeblendet.

Was man nach innen brauchte, war erneut ein Ventil, um den enormen Druck auf die eigene Autorität und nicht zuletzt auf die Finanzen durch eine Kirchenaustrittswelle zu mindern und die empörten Laien wieder in die missionarische Spur zu bringen. Was bisher funktioniert hatte, konnte wieder klappen, zumal man auf ein in engagierten Laienkreisen geschätztes Zaubermittel zurückgreifen konnte – den „Dialog", und dies sogar in einer im Nachbarland Österreich in den 1990er-Jahren erprobten Aktionsform. Deren Inszenierung und Ausgang war in Deutschland offenbar ausgeblendet oder durch den deutschen „Donum-Vitae"-Streit überblendet worden und blieb so für die Bischöfe als Blaupause oder systemisch naheliegende Parallele nutzbar.

Kopiervorlage: Dialog für Österreich

In Österreich war die Bilanz der Affäre um den pädophilen Bischof Hans Hermann Groer zunächst mager: „Ein achtzigjähriger Kardinal wurde aus dem Verkehr gezogen, das war alles. Keine Aufklärung, keine Sanktionen, keine Reform, keine persönlichen Entschuldigungen, keine Entschädigungen"[187]. Allerdings wurde die Erfahrung, dass die christliche Botschaft auch von ihren höchsten Repräsentanten missbraucht werden konnte, zum Anlass für die Protestaktion des Kirchenvolks-Begehrens, in dem sich Ärger und Reformwillen massiv sichtbar machten.[188]

Diese Anliegen verbal abzuwerten und abzuwiegeln – so richtig und wichtig manches ja sei, die eigentlichen Probleme lägen doch viel tiefer; zuerst gelte es, Christus zu suchen und dann nach gemeinsamen Wegen für eine effektive Verkündigung; gegenüber dem ethisch-politischen Aspekt des Christentums dürfe der mystisch-spirituelle nicht vernachlässigt werden, Kirchenerneuerung habe immer tiefer anzusetzen als bei den heißen Eisen[189] – verfing nicht mehr. Daher versuchten die österreichischen Bischöfe, die entstandene Dynamik in eigene Bahnen zu lenken. Auf ihrer Herbstvollversammlung 1996 luden sie zu einem „Dialog für Österreich" ein.[190] Thematisch sollte es dabei aber gerade nicht um die nach wie vor heißen Eisen gehen, sondern um die Fundamente des Glaubens. Dazu sollte ab Frühjahr 1997 bis Sommer 1998 ein Grundtext auf breitester Basis in Fachtagungen und in den Gemeinden beraten werden, um dann auf einem Delegiertentag ausgewählte Themen zu besprechen mit Ergebnissen als „Orientierung im Hinblick auf die Erneuerung der Kirche und die Festigung ihrer Identität"[191]. Als an die 1000 Eingaben zum Grundtext zeigten, dass die heißen Eisen nicht zu umgehen waren, die Bischöfe sich diese aber auch nicht „aufzwingen" lassen wollten, verwob eine kleine Arbeitsgruppe sie in zwölf Themenkörbe eines Arbeitsdokuments, mit dem sich die 280 direkt oder indirekt von Bischöfen oder der Bischofskonferenz Delegierten in Salzburg vom 23.–26. Oktober 1998 befassen sollten, über die sie aber als Versammlung nicht abstimmen durften. Abstimmungen sollte es nur in den zwölf Dialoggruppen geben, in der Plenarversammlung unter der Gesamtleitung des Vorsitzenden der Bischofskonferenz dagegen nur ein Meinungsbild, indem ein Zählautomat die Pro-Stimmen erfasste – eine „Problemlösung, die einem Schwejk alle Ehre" gemacht hätte und als Indiz dafür gewertet wurde, dass es „keineswegs immer um großartige theologische Probleme oder gar um die Wahrheit" ging, „sondern daß oft genug formalistische Finten und Fallen eingesetzt werden, um Entscheidungen zu blockieren bzw. hinauszuzögern"[192].

Meinungsbilder für die Hirten

Im Vorfeld der Versammlung hatten die Bischöfe bereits klargestellt, es gehe nicht um eine Synode und nicht um eine gesetzgebende Aufgabe, sondern darum, Positionen zu erarbeiten, die helfen sollten, den Weg der Kirche zu gestalten. Diese Positionen würden die Bischöfe dann entsprechend ihrer Verantwortung als Hirten prüfen.[193] Herauskommen konnte also erklärtermaßen nur Unverbindliches zur hirtlichen (pastoralen) Disposition. Gleichwohl nutzte Papst Johannes Paul II. seinen Österreich-Besuch im Juni 1998, um mit Psalm 23 an Grundsätzliches zu erinnern, an die Obhut des Guten Hirten, dessen Stock und Stab Zuversicht geben:

> „Spielen diese Worte aus der Heiligen Schrift nicht auf die Aufgabe des Lehramtes an, das Christus den Hirten der Kirche anvertraut hat? Dieses Amt ist nicht menschliche Erfindung, um in der Seelsorge Herrschaft auszuüben. Christus selbst hat uns zu diesem Dienst bestellt, damit Sein göttliches Wort aus menschlichem Mund weitergetragen werde und den Menschen ‚Stock und Stab‘, Halt und Orientierung sei“[194].

In der Verschiedenheit der Aufgaben sei das rechte Mit- und Zueinander mitunter schwierig. Aber: „Gleichheit in der Würde bedeutet in der Herde des Guten Hirten nicht Gleichheit in den Ämtern und Tätigkeiten. … Nur wenn jeder den Platz einnimmt, der ihm gebührt, wird der gemeinsame Weg von Hirte und Herde gelingen“[195]. Der „Dialog für Österreich“ müsse ein „Dialog des Heiles“ sein, d. h. keine bloße Öffnung für die Welt oder oberflächliche Anpassung. Seine Basis müsse der lebendige, von der Universalkirche vermittelte Glaube sein, Ziel die Erkenntnis der Wahrheit. Ein Evangelisierungswerkzeug sei der Dialog. Die Bischöfe versuchten ja oft und seien gerade wieder dabei, die ihrer Sorge anvertrauten Laien durch einen geduldigen und liebenden Dialog zur Wahrheit zu führen. Immer sei darauf zu achten, ob aus speziellen Differenzen fundamentale werden können. Solche Differenzen müssten die Bischöfe als Mitarbeiter der Wahrheit mit Klarheit lösen, zweifelhafte Kompromisse vermeiden.[196] In der Tradition der Enzyklika „Ecclesiam suam“ seines Vorvorgängers verstand der Papst Dialog nach Art eines gelenkten Unterrichtsgesprächs als Lernhilfe für die Gläubigen.

In der Organisation der Delegiertenversammlung des „Dialogs für Österreich“ wurde dies dann inszenatorisch umgesetzt. Auf der einen Seite minderte man durch eine alphabetische Sitzordnung die Sichtbarkeit der Ständeunterschiede zwischen Laien, Priestern und Bischöfen – textile Markierungen blieben davon natürlich unberührt –, hielt aber anderseits durch die intensive liturgische Durchprägung der Veranstaltung das Bewusstsein für den jedem gebührenden Platz in der Kirche lebendig. Für die als „grundlegend" verstandenen liturgischen Feiern wurden eigene Gottesdienstordnungen erstellt. Als Vorsteher der Liturgie begrüßte Bischof Weber die Delegierten zur feierlichen Eröffnungsvesper. In einer Lichtfeier wurde zunächst das Dialoglicht entzündet und an die Delegierten verteilt, bevor alle in einer Prozession in den Dom einzogen. In der Vorhalle wurde eine große Kerze angezündet, die als Dialoglicht alle Orte der Delegiertenversammlung begleitete.[197] Die Gottesdienste beanspruchten viel Raum. Wer betet und singt, diskutiert nicht. Die Sachdebatten gerieten unter enormen Zeitdruck. Umso euphorischer wurde der große Konsens von Zweidrittel- bis Dreiviertel-Mehrheiten in den „Meinungsbildern" quer zu allen Einzelthemen aufgenommen: Weihe von *viri probati*, ständiger Diakonat für Frauen, Kommunionzugang für wiederverheiratete Geschiedene, Anhörungsrechte von Laien bei Pfarrerernennungen, freie Methodenwahl zur Empfängnisverhütung, keine Ausgrenzung von Homosexuellen. Das „überwältigende Gefühl eines Gleichklanges mit vielen" hatte sich eingestellt:

„Gemeinsames Gebet, gemeinsames Ringen um theologische Klarheit, gemeinsames Essen und Plaudern, Erfahrung von communio – von Kirche … Diese Erfahrung ist anderen nur schwer zu vermitteln und klingt etwas ‚kitschig'. Und doch ist sie vielleicht das, was für die Zukunft die größte Dynamik entfalten wird – denn diese Erfahrung stärkt und ist durch nichts mehr auszulöschen"[198].

Flüchtiger Gleichklang

Wem bereits die schöne Erinnerung reichte, den dürfte auch das Danach des „Dialogs" nicht sonderlich irritiert haben: Bei den Bischöfen verflüchtigte sich der Gleichklang nämlich recht schnell. Schon in ihrer Anschluss-Erklärung bekannten sie, zu den Voten herrsche unter ihnen nicht in jedem Fall Einmütigkeit. Man wolle die „Wünsche" aber mit Fachleuten „prüfen" und sich um „verantwortbare Umsetzungen bemühen", weiterhin „nach den Vorgaben des Lehramtes" in der ganzen Kirche Österreichs miteinander sprechen und überlegen und sich durch einen solchen „ständigen Dialog" in der eigenen Verantwortung für die Lehre der Kirche unterstützen lassen.[199] Motto: Nach dem Dialog ist vor dem Dialog! Kurz darauf erinnerte der Papst die österreichischen Bischöfe anlässlich ihres turnusmäßigen Rechenschaftsbesuchs in Rom an seine Hinweise zum „wahren" Dialog in der Kirche und daran, dass Strukturprobleme hinter der alles entscheidenden Frage nach Gott zurückzustehen hätten. Zudem wies er bedauernd auf „Missverständnisse" und „Fehlentwicklungen" hin, die sich in ein Verständnis der Kirche als Volk Gottes eingeschlichen hätten, als sei die Kirche ein politischer Volksverband:

> „Da die Regierungsform, die mit dem heutigen Empfindungsvermögen am meisten im Einklang steht, die Demokratie ist, wurden unter manchen Gläubigen Rufe nach einer Demokratisierung der Kirche laut, die sich gerade in Eurem Land und über dessen Grenzen hinaus mächtig Gehör verschafft haben. Gleichzeitig hat die authentische Auslegung des Wortes Gottes und der Verkündigung der Lehre der Kirche mitunter einem falsch verstandenen Pluralismus Platz gemacht. Daraufhin dachte man, die geoffenbarte Wahrheit ließe sich demoskopisch erheben und demokratisch bestimmen. Muß man nicht tief betrübt sein, wenn man feststellt, welche irrigen Auffassungen in Fragen des Glaubens und der Sitten, aber

auch in bestimmten Angelegenheiten der kirchlichen Disziplin in das Denken vieler Laien eingedrungen sind? Über die geoffenbarte Wahrheit kann keine ,Basis' befinden. Die Wahrheit ist kein Produkt einer ,Kirche von unten', sondern kommt ,von oben', von Gott. Die Wahrheit ist nicht Geschöpf des Menschen, sondern Geschenk des Himmels. Der Herr selbst hat sie uns als Nachfolgern der Apostel anvertraut, damit wir sie – ausgestattet mit dem ,sicheren Charisma der Wahrheit' – unversehrt weitergeben, rein bewahren und treu auslegen"[200].

Hinsichtlich der diskutierten Themen betonte der Papst die Unauflöslichkeit der Ehe, den Lebensschutz von Anfang an und „schließlich: Obwohl von neuem darüber diskutiert wird, als handele es sich dabei um eine disziplinare Frage, die Kirche hat vom Herrn keinerlei Vollmacht erhalten, Frauen die Priesterweihe zu spenden"[201].

Es wäre schön, „weniger über Kirche zu diskutieren, als vielmehr die Kirche zu meditieren". Denn als Communio sei die Kirche eine Ikone der Gemeinschaft des dreifaltigen Gottes. Und vor einer Ikone versage die kritische Rezension; vor einer Ikone müsse man „sich dem Blick liebender Kontemplation überlassen, um immer mehr in das göttliche Geheimnis einzudringen, auf dessen Hintergrund die Kirche erst richtig verstanden werden kann"[202].

Erledigung von oben

Eine Befragung unter Katholiken ergab, dass mehr als 50 % gar keinen bis kaum einen Fortgang der Kirchendiskussion wahrnahmen.[203] Zudem wurden die mahnenden Hinweise aus der Bischofsreihe, die Voten stünden in Spannung zu Lehramt und Disziplin, deutlicher. Möglicherweise ahnten oder wussten die Bischöfe bereits, was ihnen die Kongregation für die Glaubenslehre unter dem Datum des 19. Dezember 1998 brieflich ins Stammbuch schreiben würde: In „Bemerkungen zu einigen ,Vorschlägen' der Delegiertenversammlung des ,Dialogs für Österreich'" legte die Kongregation das Ergebnis ihrer sorgfältigen Prüfung vor und listete jene Vorschläge, die lehrmäßige Probleme aufwerfen oder nicht mit der gesamtkirchlichen Disziplin übereinstimmen.[204] Als von der kirchlichen Lehre abweichend oder aufgrund mangelnder Eindeutigkeit als im Widerspruch zu ihr interpretierbar galten:

- partnerschaftliche Alternativen zur Lebensform Ehe, weil jeder außereheliche Sex schwere Sünde ist;
- die nach einem individuellen Gewissensentscheid freie Wahl der Methoden zur Empfängnisverhütung, weil dies gegen die Lehre von „Humanae Vitae" verstößt;
- dass homosexuelle Menschen unter der gleichen sittlichen Verpflichtung stehen wie heterosexuelle, nämlich ihre geschlechtliche Eigenart in ihr Gesamtverhalten zu integrieren, spiegele nicht eindeutig die kirchliche Lehre, dass homosexuelle Handlungen ausnahmslos sittlich schlecht seien und Homosexualität als Neigung zwar nicht in sich sündhaft sei, aber doch eine „mehr oder weniger starke Tendenz" begründe, „die auf ein sittlich betrachtet schlechtes Verhalten ausgerichtet ist", weshalb „die Neigung selbst als objektiv ungeordnet angesehen werden" muss;
- eine Kommunionzulassung wiederverheirateter Geschiedener, weil diese nicht bloß gegen die Disziplin verstoße, sondern sich direkt aus der Unauflöslichkeit der Ehe ergebe;
- die Forderung eines ständigen Diakonats für Frauen, weil die kirchliche Regelung, dass nur ein gültig getaufter Mann die Weihe empfangen kann, lehrmäßige Implikationen habe;
- die Vorschläge, wiederverheiratete Geschiedene zu kirchlichen Ehrenämtern zuzulassen und laisierten Priestern alle Laiendienste zugänglich zu machen, gingen über die Disziplin hinaus und seien Sache des Apostolischen Stuhls;
- die Empfehlung, die Bischöfe mögen sich für die Weihe von *viri probati* einsetzen, sei unzulässig, denn diese Frage sei durch den Papst bereits negativ entschieden.

Damit waren die zentralen Reformanliegen des österreichischen Dialogvorgangs erledigt. Sicherlich schon im Wissen darum hatte Kardinal Schönborn im Februar 1999 die Frage gestellt, ob dieser Dialog nicht „eine gut geplante Frustration" gewesen sei. Dass er nur fragte und nicht behauptete, wurde immer noch als Hoffnungsstrohhalm ergriffen, vor dem Hintergrund der römischen Beanstandungen aber auch gesehen, wie sich die „Semantik des Wortes ‚Weiterführung des Dialogs' umzudrehen scheint: Es kann auch bedeuten, den derzeitigen lehramtlichen und disziplinären Status quo in Österreich gegen ‚Dissidenten' durchzusetzen"[205].

Kirchenskandal in Deutschland? Lasst uns reden!

All das war in seinen Details bis 2010 in Deutschland übersehen, vergessen oder erfolgreich verdrängt worden, nicht aber der Grundzündstoff „Kindesmissbrauch". Etwa einen Monat nach dem Canisius-Knall trafen sich die Bischöfe zur Frühjahrsvollversammlung in Freiburg. Beim ungeplanten Thema der Aufdeckung des breiten Kindesmissbrauchs durch Priester erweiterten sie die Tätergruppe sprachlich ebenso schnell und konsequent wie versagenssozialisierend um „andere kirchliche Mitarbeiter"[206] und wiesen Vorwürfe aus der Politik aggressiv zurück. Gleichzeitig beschlossen sie ein schon vor der Canisius-Affäre angedachtes mehrjähriges Schwerpunktthema „Der Dienst der Kirche im öffentlichen Leben Deutschlands"[207], um in Vorbereitung der Jubiläen zum II. Vatikanum (2012: 50 Jahre Eröffnung; 2015: 50 Jahre Abschluss) und angesichts der akuten „Vertrauens- und Ansehensschwäche" eine Bestandsaufnahme ihrer geistlichen, geistigen und materiellen Ressourcen vorzunehmen. Eine eigene Steuerungsgruppe sollte den DBK-Vorsitzenden dabei unterstützen.[208] Das heißt: Die Bekundungen der Erschütterung wurden unmittelbar kombiniert mit dem konsequenten Blick nach vorn und mit der Selbststilisierung als Kirche, die der Gesellschaft Wesentliches zu geben hat. Als Trigger für die akut empörten Gläubigen stellten die Bischöfe zudem die Verbindung zum katholischen Hoffnungs-

mythos schlechthin her, zum II. Vatikanischen Konzil, das man erinnerungs-
feiernd als emotionalen Motivator nutzen wollte.

Auf ihrer Herbstvollversammlung setzten die Bischöfe dies fort. Ihr Vorsitzender Robert Zollitsch festigte die Blickrichtung auf „Die Zukunft der
Kirche – Kirche der Zukunft"[209]. Wieder rief er das Konzil ins Gedächtnis,
beschwor mit dem Wärmungswort der „Communio" die Gemeinsamkeit
(nicht Gleichheit oder gar Gleichberechtigung) der Gläubigen und zielte auf
den Zusammenhalt in den kirchlichen Reihen. Die „Vielfalt der Charismen,
Ämter und Dienste" bilde die „eine Kirche", in der es zu einem „Zusammenwirken der verschiedenen Gaben und Begabungen" komme. Unter der sprachlichen Decke der allgemeinen Zusammenwirkungs-, Gemeinschafts- und
Gemeinsamkeitsvokabeln blieben (und bleiben) die nach Stand und Geschlecht Verschiedenen rechtlich ungleich. Hatte man mit der Gemeinsam-
keitsattitüde die Aufmerksamkeit erlangt und die Blickrichtung nach innen
arretiert, konnte man übergehen zu Konkretion und Mobilisierung. Die Missbrauchstaten wurden zum Anlass und bloßen Fingerzeig reduziert, um sich
dem eigentlich Wichtigen zu widmen: „Gewiss erschüttert uns eine Krise.
Aber diese kann auch eine Zeit der Klärung sein, die viel zukunftsweisendes
Potenzial hat. Sie ist Impuls des Heiligen Geistes zur Unterscheidung der
Geister." Nötig und möglich sei „ein neuer Aufbruch der Kirche".

Man schwankt im Rückblick zwischen ungläubigem Staunen und
Empörung darüber, mit welcher Unbekümmertheit (oder Frechheit?) die
Bischöfe mitten in den Missbrauchsturbulenzen den eingestandenen Ab-
schwung durch Vertrauens- und Glaubwürdigkeitsverlust schon wieder
als Aufschwung zu neuen Ufern nutzen wollten. Sollte Gottes Geist sich ernsthaft der Missbrauchstaten bzw. ihrer Aufdeckung bedient haben, damit in
der Folge der Erschütterung „noch tiefere Verwerfungen zutage treten, die
schon längere Zeit bestanden", damit man sich mit dem priesterlichen Leben
oder der Spannung zwischen „Macht" und „Bescheidenheit" oder „Demut"
auch im „geistlichen Dienst" befassen könne? Man achte auf die typisch katholische Scheinpolung von Struktur (Macht) und moralischer Tugend (Bescheidenheit), deren Spannung im Machtträger zu balancieren ist, nicht aber
durch eine Macht- und Kontrollstruktur mit wirklichen Gegengewichten.

Um sicherzugehen, erinnerte Zollitsch sogleich: „Persönliche Bescheidenheit und Demut sind geboten, ohne dass auf das erforderliche Selbstbewusstsein hinsichtlich der Position verzichtet werden kann." Bescheidenheit ist eine Zier, doch weiter kommt man ohne ihr – offenbar auch in der Kirche!

Und dann folgte die eigentliche Mobilisierungsofferte. Im Protokoll der Vollversammlung heißt es: „Der Vorsitzende (sc. der DBK) regt einen neuen, gemeinsamen und zielgerichteten Gesprächsprozess an mit Priestern, Diakonen, Ordensleuten und Laien"[210]. Die Bischofskonferenz griff dies dann als „Dialoginitiative" auf. Untereinander, aber auch auf Bistums- und Gemeindeebene wollten die Bischöfe einen Dialog führen. Psychologisch geschickt dockten sie damit an die schon ebenso lange vorgetragenen wie episkopal übergangenen Bitten der Laien an und holten das ZdK als auf einmal wieder geschätzten Kooperationspartner ins Boot. Als thematische Lockangebote wurden die ansonsten gern abgewerteten heißen Eisen (Sexualität, Zölibat, Kommunion für wiederverheiratete Geschiedene) erwähnt. Für den „strukturellen Dialog" stellten die Bischöfe allerdings nur den thematischen Großcontainer „Bezeugen, Weitergeben und praktisches Bekräftigen des Glaubens" auf.

Was hier geschah, war ein klassischer Abspaltungsvorgang. Der vielfache Kindesmissbrauch durch Priester wurde als Problem für sich unter „Aktuelles" verhandelt, ansonsten aber zum bloßen Anlass für eine Selbstvergewisserung über Probleme genommen, die durch den Missbrauchsskandal ans Tageslicht gekommen waren, ohne dass auch nur die Möglichkeit einer kausalen Verbindung in Erwägung gezogen wurde. Dialog nach innen und Missbrauchsproblematik wurden so in getrennte Kanäle geführt und zugleich energetisch entkoppelt. Die Bischöfe initiierten den Dialog und übernahmen ihrem Selbstverständnis entsprechend auch die Steuerung.

Bereitwillige Laienhilfe

Und das ZdK? Es spielte mit. Die Bischöfe kannten ihre Laienfunktionäre und hatten die richtigen Knöpfe zu drücken gewusst. Auf verschiedenen

Treffen zwischen DBK- und ZdK-Vertretern hatte schon zuvor eine Art Gesprächstherapie begonnen, um die Spannungen mit dem zuletzt durch den Brockmann-Vorgang vergrätzten ZdK abzubauen.[211] Im Juni 2010 hatte man sich getroffen und eine Arbeitstagung verabredet. Was dort angebahnt wurde, konnte die Bischofskonferenz dann für ihre Ablenkungs- und Mobilisierungsinitiative nutzen.

Auf der Arbeitstagung am 4./5. November 2010 in Bensberg setzten die beteiligten Bischöfe zunächst die Charmeoffensive gegenüber dem ZdK fort. Bischof Wanke betonte, wie konstruktiv vorherige Treffen trotz des Schattens der Brockmann-Turbulenzen gewesen seien[212], und als Erzbischof Zollitsch dazu ermunterte, nicht nur die Defizite zu sehen, sondern auch das großartige kirchliche Zeugnis der Nächstenliebe und der Hilfe für Notleidende, bezog er in seinen Stolz „auf Vieles und auf viele in der Kirche" ausdrücklich das ZdK mit ein.[213] Wohl um laikalem Übermut sofort vorzubeugen, ergänzte er diese *Captatio benevolentiae* durch die Hinweise, es gehe erstens um eine Dialoginitiative der DBK, die auch den förmlichen Startschuss geben werde, und zweitens könne die Gemeinsame Konferenz (natürlich) keine Entscheidungen für die Bischöfe treffen.[214] Das gelte auch für die Inhalte des geplanten Prozesses.

Den Bischöfen seien bei ihrem Austausch fünf Themen wichtig gewesen: das Verhältnis zu ihren Priestern, Versagen und Schuld, Kirche und Sexualität, Versuchungen der Macht und das Verhältnis zwischen Bischöfen und Laien. Aber: Damit seien diese Themen noch nicht zwingend Gegenstand des Dialogs, denn nicht alle eigneten sich dafür.[215] Bischof Wanke konkretisierte dann unter dem Titel: „Miteinander sprechen – aber worüber?"[216]: Zunächst sei die seit dem Konzil veränderte Situation der Kirche wahrzunehmen. Dazu rief er Stichworte auf, die von Europa, der Säkularisierung, Klimabedrohung, Terrorismus, Islam über die Forderung nach Frauenordination und die Zunahmen von Kirchenaustritten bis hin zur Sexualethik und dem kirchlichen Arbeitsrecht sowie der Frage der Macht als Ursache der kirchlichen Reformschwäche reichten. Als sei das alles neu und als müsse das Rad einer solchen Bestandsaufnahme neu erfunden werden, sollte all das „besprochen, nüchtern analysiert bzw. in seiner theologischen und kirchlichen Bedeutsamkeit gewichtet und bedacht werden".

Und dann wurden die ersten Verkehrsschilder für den Dialog aufgestellt. Mit dem Hinweis, es könne dabei deutlich werden, dass es sich um Fragen handle, auf die man in Deutschland allein keine Antwort geben könne, wurden universalkirchliche Vorbehalte an die Wand gemalt. Außerdem: Wenn sich das „Gespräch" über die strittigen Fragestellungen wie Zölibat, Frauenordination, Umgang mit wiederverheirateten Geschiedenen, „die heute meist oberflächlich" geführt würden, nicht verlieren solle, dann bedürfe es „eines neuen Blicks auf die Mitte unseres Glaubens: die Verheißungen Gottes und die sich daraus ergebende Antwort der persönlichen und kirchlichen Umkehr und Erneuerungsbereitschaft". Nachdem Bischof Wanke die Reformthemen so marginalisiert und ihre bisherige Behandlung abqualifiziert hatte, moralisierte er mahnend den weiteren Umgang: Zielführend könne das Gespräch nur sein in der Haltung eines gemeinsamen Fragens nach dem Willen Gottes. Wer diesen nach katholischer Glaubensüberzeugung im Zweifel aufgrund eines besonderen Geistbeistandes erkennt, war und ist strukturell klar, aber den Laien nicht immer lebendig bewusst. Wanke meinte gleichwohl: Das gemeinsame Fragen müsse in einer Gesinnung erfolgen, „die Einmütigkeit anstrebt und von der Liebe zur Kirche geprägt ist". Mit diesem Motto kann die Sachebene jederzeit durch den Wechsel auf die Ebene der – hierarchieseitig zu benotenden – gebührlichen Form und Einstellung unterlaufen werden. Auch um eine, wenngleich sehr spezielle, Förderung und Profilierung des Laienhandelns in der Kirche sollte es gehen. Es brauche mehr „Beauftragungen", denn darin wachse den Laien eine „neue, eigenständige, aber nicht unbegleitete Verantwortung" in Verkündigung, Liturgie und Leitung zu. Neu war an der Möglichkeit, dass Kleriker bei Bedarf Laien beauftragen, gar nichts, außer der ebenso interessanten wie treffenden Wortschöpfung von deren „begleiteter Verantwortung"[217]. Sie gab nach geltendem Recht die mit Taufe und Firmung gegebene Fähigkeit (nicht Berechtigung!) wieder, von den Hirten der Kirche nach deren Ermessen für Aufgaben, Ämter und Beratung herangezogen zu werden (c. 228 § 2), eine Verfügbarkeitsbefähigung. Zu der, so Wanke weiter, ihm bewussten „Unersetzbarkeit des Weiheamtes" passte, was er – wiederum in kreativ-paradoxer Diktion – bei Laien gern gestärkt sehen würde – nämlich ein „demütiges Selbstbewusstsein".

Dass die Bischöfe mit solch demütigem Selbstbewusstsein rechnen konnten, bewies auf derselben Tagung die Vizepräsidentin des ZdK, Claudia Lücking-Michel, als sie gegenüber „dem Herrn Erzbischof Zollitsch" die besondere Dankbarkeit des ZdK für die Einladung zu einem neuen Gesprächsprozess zum Ausdruck brachte.[218] Warum war sie dankbar, wenn Bischöfe jahrelange Dialogbitten unbeachtet gelassen hatten und jetzt stattdessen selbst die Initiative und – wie sich zeigen sollte – auch die Steuerung übernahmen? Tatsächlich bewegte sie sich damit genau innerhalb des Schemas, das sie ähnlich wie bereits das seinerzeitige Dialogpapier und nicht zum letzten Mal treffend als eine Position „zwischen mündigem Staatsbürger und folgsamen Schaf" zum Ausdruck brachte:

> „Der Chefarzt im Krankenhaus, die Bundespolitikerin, der mittelständische Unternehmer, die Eltern pubertierender Jugendlicher, der mündige Wähler vor einer schwierigen Wahlentscheidung – von ihnen allen wird erwartet, dass sie nach bestem Wissen und Gewissen nach ihren Möglichkeiten eigenverantwortlich handeln. …
> Dabei finden sie sich schnell in einem tiefgreifenden Identitätskonflikt wieder. In beruflichen, gesellschaftlichen und privaten Zusammenhängen wird von ihnen Mündigkeit, Eigenständigkeit und Selbstverantwortung erwartet. Im Raum der Kirche erfahren sie sich gleichzeitig als Objekt einer Leitung und Belehrung, auf die sie keinerlei Einfluss habe (sic!) und die nicht zu Gesprächen bereit ist"[219].

Zwar versuchten die Laien, ihre Vorstellung vom Dialog und seinen Inhalten einzubringen. Aber sie taten dies ungenau und in einem vorsichtigen und beschwichtigenden Anregungs- und Überzeugungsmodus, der bisweilen wie ein geradezu therapeutischer Umgang mit den Bischöfen anmutet und in der Sache erneut mit systemisch letztlich nicht tragfähigen Argumenten operiert. So wurde vor allem vorgetragen[220], was ein „Dialog" nicht sein sollte: nicht „noch-mehr-reden", keine weitere „Talkrunde" im „Dauer-geschwätz unserer Zeit", nicht bloß Stil, Managementtechnik oder Strategie, „um die nörgelnden Funktionäre des Zentralkomitees zufrieden zu stellen", womit dem offenbar erwarteten Nörglervorwurf vorgebaut wurde. Aber statt diesen Formen nun andere konkrete Gesprächsformate oder -struktu-ren positiv entgegenzusetzen, wurde der Dialog nur verstanden als

> „Grundhaltung nicht der fertigen Antworten, des alles Erklären-Könnens und der vermeintlichen Patentrezepte für die Lösung unserer Probleme, sondern eine Grundhaltung der Neugier, des Verstehen-Wollens und des neuen Aufbruchs. Und damit auch einer Grundhaltung, die ihre Ratlosigkeit und ihre Suche nach Antworten zugibt. Wir wissen nicht, wie es weitergehen soll. Wir stehen da mit großer Sorge. Doch hoffend lassen wir uns ein auf ein Gespräch als ein gemeinsames Ringen um neue Lösungen"[221].

Diese „Wir-meinen-es-doch-wirklich-nur-gut"-Appelle und Bitten, auch die anderen mögen sich auf Dialog-Tugenden einlassen, wurden fortgesetzt. Man glaubte – nach den Vorerfahrungen mit der mangelnden Dialogbereit-schaft der Bischöfe zu Recht, ohne das allerdings zu benennen –, darauf hin-weisen zu müssen, dass Dialog den Vertrauensvorschuss bedeute, „die an-deren haben etwas zu sagen", dass er bedeute, einander ernst zu nehmen, bereit zu sein, sich gegenseitig etwas sagen zu lassen – „Bischöfe von den Laien und Laien von den Bischöfen". Dialog verlange zudem Realismus und Wahrhaftigkeit:

> „Wir haben weitgehende Hoffnungen und Erwartungen, die zum Teil durchaus von der kirchlichen Lehrmeinung abweichen, doch wir trauen uns nicht, diese auszusprechen, beschränken uns aus strategischen Gründen gleich von vornherein auf taktische Ziele. Ehrlich reden und sagen, was ist und wie ich darüber denke – so

könnte man diese Haltung zusammenfassen. Eigentlich eine Selbstverständlichkeit!"[222]

Dass solche Basics an Gesprächskultur eigens betont werden mussten, markiert die sehr besondere katholische, nämlich ständehierarchische Kommunikationssituation. Dass dies durchaus bewusst war, spiegelt sich in der Vorsicht, mit der man versuchte, die Form des Dialogs zu konkretisieren. „Verbindliche Rede, die der gemeinsamen Suche nach der Wahrheit dient", sollte es sein und einschließen, sich auch auf moderne Freiheitserfahrungen und Demokratisierungsprozesse einzulassen, zumal das Konzil doch dazu geführt habe, „dass die Kirche ihr Selbstbild als pyramidal strukturiertes Sozialgebilde zu korrigieren hatte". Sollte „verbindlich" mehr meinen als die freundlich-höfliche Umgangsform? Und was sollte verbindlich sein, das Dialogsetting oder die Dialogergebnisse? Sollte „gemeinsame" Wahrheitssuche eine Gleichrangigkeit der beteiligten Wahrheitsansprüche bedeuten? Offenbar doch nicht, denn natürlich sei die Kirche keine Demokratie, „aber auch kein absolutistischer Staat. Souverän ist nicht das Volk, aber auch nicht die Hierarchie, sondern Christus. Es geht darum, das Amt nicht durch synodale Strukturen zu ersetzen, wohl aber zu ergänzen"[223].

Kirchensouverän ist in der Tat nicht das Volk und auch nicht *die* Hierarchie, im staatsanalogen Selbstverständnis der katholischen Kirche aber sehr wohl der Papst als irdischer Stellvertreter Christi und in seiner Person Handelnder. Der Hinweis auf die „gemeinsame" Wahrheitssuche erbringt daher keine konziliare Alternative zur Pyramidalgestalt, nicht Gleichberechtigung, sondern bloß die Gemeinsamkeit, dass die Kirche sich wieder „als Volk Gottes auf dem Weg" sehe. „,Gemeinsam auf dem Weg', daher kommt der griechische Begriff ,syno-odos'. Und wenn wir in diesem sehr grundsätzlichen Sinne reden, kann es gar nicht anders sein, als dass unser Gesprächsprozess ,synodal' geführt wird"[224] – wüsste man es nicht besser, könnte man sich auf dem ein Jahrzehnt später stattfindenden Synodalen Weg wähnen.

Wer synodal sagt, muss sich bewusst sein, dass Synode der gesetzliche Fachausdruck für in der Regel ausschließlich beratende Gremien (Bischofssynode, Diözesansynode) ist. Entscheidungsgremien heißen auf katholisch regelmäßig Konzil, und die Entscheider sind Bischöfe. Immerhin wagte die ZdK-Vizepräsidentin die Forderung, nicht unterhalb des Modells der Würzburger Synode zu bleiben. Tatsächlich gab das ZdK sich aber mit dem zufrieden, was Alois Glück ihm als Ergebnis der Arbeitstagung berichtete, dass es nämlich einen „längeren Gesprächsprozess" geben solle, „dessen Elemente noch nicht ganz klar sind", halt ein „offener Vorgang", der als solcher als Chance zu sehen sei.[225]

Dialog nach Hirtenart

Welche Vorstellung von Dialog die Bischöfe hatten, sollte sich bald mehrfach zeigen: Zunächst fühlten sich Mitte Januar 2011 führende Unionspolitiker und ZdK-Mitglieder[226] durch den angekündigten Dialog motiviert, öffentlich für die Weihe verheirateter Männer einzutreten. Das Sekretariat der DBK reagierte schmallippig, diese Anregung sei von weltkirchlicher Tragweite und verlange daher eine Meinungsbildung und Entscheidung auf gesamtkirchlicher Ebene.[227] Im Vergleich dazu steil ging Kardinal Brandmüller in einem öffentlichen Ordnungsruf mit der aus amtlicher Sicht naheliegenden Frage an die „Weltlaien": „Was legitimiert Sie als Politiker, zu einem innerkirchlichen Thema Stellung zu beziehen, das Sie weder von Amts wegen noch persönlich betrifft?"[228] Nach geltendem Kirchenrecht (c. 212) steht jede Meinungsäußerung von Katholiken unter dem Vorbehalt des Gehorsams gegenüber den Hirten als Lehrer des Glaubens wie als Leiter der Kirche. Unmittelbar an die Hirten dürfen sie Bitten richten und ihnen, sofern sie – im Urteil der Hierarchen – zuständig, kenntnisreich und in herausragender Stellung sind, auch ihre Meinungen in kirchenwohlrelevanten Fragen kundtun. Erst anschließende öffentliche Äußerungen müssen u. a. die Ehrfurcht gegenüber den Hirten erkennen lassen und zudem nützlich sein. Ob sie dies sind und damit zulässig, untersteht dem Hirtenurteil. Das gilt auch für Politiker. Bischof Lehmann (Mainz) schien in seiner Kirchenzeitung scheinbar für die Politiker in die Bresche zu springen. Bei genauer Betrachtung stieß er sich aber nur am

Stil Brandmüllers, ohne die Unzuständigkeitserklärung der Sache nach zurückzuweisen.[229]

Auf den medial so bereiteten Boden fiel des Weiteren das am 3. Februar 2011 im Internet und am Folgetag in der „Süddeutschen Zeitung" veröffentlichte „Memorandum" von Theologieprofessoren: „Kirche 2011: Ein notwendiger Aufbruch"[230]. Damit versuchten die unterzeichnenden Theologen, die alten, weil ungelösten Probleme wie Beteiligungsstrukturen, Mega-Gemeinden, Zölibat und Frauen im kirchlichen Amt, Rechtskultur und Verwaltungsgerichtsbarkeit, Gewissensfreiheit, Versöhnung und dezentrale Liturgie in sehr allgemeiner Form in den Fokus zu rücken. Dass dies lediglich unter anderem aus Anlass des Missbrauchsskandals und in nur loser Verknüpfung der Kirchenkrise mit ihm geschah, wurde auch von Unterzeichnern bemängelt. Verschiedene katholische Verbände, darunter das ZdK[231], stellten sich hinter das Memorandum. Die Medien stiegen kurzfristig stark darauf ein, wenngleich mit der Schlagzeilenverkürzung auf die Reizthemen Zölibat und Frauenpriestertum. Mit den Ereignissen im japanischen Fukushima am 3. März 2011 waren die Medien allerdings bald anderweitig gebunden.

Die Bischöfe waren uneins. Sie ließen ihren Sekretär Langendörfer das Signal begrüßen, dass sich die Unterzeichner am Dialog zu beteiligen wünschten, aber auch darauf hinweisen, dass das Memorandum „in einer Reihe von Fragen … in Spannung zu theologischen Überzeugungen und kirchlichen Festlegungen von hoher Verbindlichkeit"[232] stand. Deutlich wurde wie immer Kardinal Meisner. „Erschrocken und betrübt" sah er sich im Sinne des Herrenwortes „Wer euch hört, der hört mich (Lk 10,16)" in fast jedem Punkt zum Widerspruch verpflichtet und verschwieg auch nicht „seine größte Sorge", wie er nämlich „künftige Priester, Diakone, Religionslehrer und seelsorglich Tätige Lehrern anvertrauen [kann], deren Leben in und mit der Kirche defizitär ist!"[233] Erneut schaltete sich – diesmal nicht wie bei der „Kölner Erklärung" als Kollege von der Seite[234], sondern als Kardinal von oben – auch Walter Kasper ein, kanzelte das Memorandum als theologisch enttäuschend substanzarm, verfangen in Selbstbeschäftigung, provinziell und fantasiearm ab und entdeckte als eigentliche Ursache von allem

wieder einmal die bekannte „Gotteskrise"[235], mit der jedwede Problem-
ursache beim einzelnen Kirchenglied lokalisiert und so von den Strukturen
abgelenkt wird. Ihm zustimmend wurde auch der Vorsitzende der DBK de-
zidierter[236]: Er betonte erneut, der Dialog sei von den Bischöfen angestoßen.
Gelingen könne er aber nur, „wenn er zu einem fundamental geistlichen
Geschehen wird, in dem die Kirche sich neu ihrer Mitte vergewissert. Es geht
um Gott und seine Offenbarung in dieser Welt". In dieser Anfangsphase sei
es „gewiss … nicht hilfreich, dass derzeit in rascher Folge Forderungen und
Postulate auf den Markt geworfen werden – formuliert nach der Art von
Mängellisten, die möglichst rasch abgearbeitet werden müssten". Er warnte
vor „kurzschlüssigem Denken und vermeintlich einfachen Lösungen". Bischof Müller (Regensburg) untersagte im Mai dem ehemaligen ZdK-Präsidenten Hans Maier, seine Autobiografie im Diözesanzentrum oder anderen
kirchlichen Räumen vorzustellen, weil dieser Kirchenkritik geäußert habe
und sich bei „Donum Vitae" engagiere.[237]

Und als schließlich das ZdK schon nach Beginn des Dialogs auf seiner
Vollversammlung am 18./19. November 2011 u.a. die Diakoninnenweihe
forderte[238], folgte die Zurechtweisung durch die kirchliche Obrigkeit auf
dem Fuße. Der Sekretär der Bischofskonferenz hatte die Forderung zu bedauern. Sie stelle

> „eine erhebliche Belastung für das Gespräch … dar. … Durch die
> Beschlussfassung des ZdK … wird Druck aufgebaut, der dem Ge-
> sprächsprozess abträglich ist. Die Forderung nach dem Diakonat
> der Frau ist mit den weltkirchlich verbindlichen theologischen
> Überzeugungen und Festlegungen nicht vereinbar"[239].

Ohne sich auf sie zu berufen, brachte Langendörfer die Rechtslage in Erinnerung, wonach Katholiken auch nicht unfehlbaren Lehren, wie der über
die Unmöglichkeit der Diakonenweihe für Frauen, nicht öffentlich widersprechen dürfen (c. 752). Wo Laien dies zudem nicht nur einzeln tun, sondern
in einer gemeinsamen Position abstimmen, war dies für ihn schon Druck-
aufbau, eine Zusammenrottung unzuverlässiger und zwielichtiger Elemente.

Steuernde Bischöfe

Die Regie hatten aber ohnehin längst die Bischöfe übernommen in ihrem Hirtenwort vom 17. März 2011.[240] Darin luden sie ein zu einem sich über mehrere Jahre erstreckenden „Gesprächs"-Prozess. Den bislang zwischen Dialog und Gespräch wechselnden Sprachgebrauch[241] regelten die Bischöfe mit sensiblem Standesbewusstsein zugunsten des letztgenannten Begriffs. Zu leicht konnte Dialog als Gesprächsform unter Gleichen bzw. Gleichberechtigten missverstanden werden und soll daher „auf der Verbotsliste bestimmter Bischöfe"[242] gestanden haben. Da war es besser, die generische Bezeichnung „Gespräch" zu installieren, die auch die Kommunikation unter ständisch und rechtlich Ungleichen abdeckt.

Die Fälle von Kindesmissbrauch durch „Mitarbeiter der Kirche" waren für die Bischöfe nur möglicher Anlass für einen erhöhten Gesprächsbedarf und bloße Oberfläche, denn die eigentlichen Fragen lagen für sie ja tiefer. Nicht die Missbrauchsfälle und ihre Ursachen galten ihnen als zentral, sondern die Frage, was es heißt, im Heute zu glauben. Ja, die Missbrauchsfälle erschienen ihnen gleichsam auch als eine glückliche Fügung:

> „In mancherlei Hinsicht sind Krisenzeiten besondere Gnadenzeiten. Sie lenken den Blick auf das Wesentliche. Sie rufen zur Besinnung und neuer Entschiedenheit, gerade auch angesichts von Mutlosigkeit und Resignation. In Krisenzeiten wächst oftmals Neues, das vorher nicht im Blick war"[243].

Hatten die Bischöfe so die Grundrelevanzen vorgegeben, wandten sie sich danach der akuten Diskussionslage zu. Statt nach den üblichen Regeln einer Konfliktmoderation Positionen und Argumente zu benennen, ohne sie zu bewerten, gingen sie schon bei der Gesprächseinladung in die Schiedsrichterpose, nahmen thematische Ausgrenzungen vor und luden die Kommunikation moralisch durch Verhaltensmahnungen auf. Die Debatte sei erregt, bestimmte Aussagen seien zugespitzt. Manche „Kirchenvisionen" seien „abzurüsten". Den Geist Gottes erkenne man an den Früchten, nicht an Emotionen. Erneut spurten sie so das Ausweichmanöver in die Form vor, so dass Engagement jederzeit als emotional und folglich geistvergessen disqualifiziert werden konnte. Und inhaltlich wie formal war

> „selbstverständlich, dass wir Antworten auf gegenwärtige Fragen auf der Grundlage der Offenbarung und der Lehre der Kirche suchen, weil wir nur so in der Wahrheit unseres Glaubens und in der Gemeinschaft der Weltkirche bleiben. Dies hindert uns nicht an der verantwortlichen theologischen und spirituellen Rede über ernste Probleme, setzt uns aber im Blick auf verbindliche Beschlüsse Grenzen"[244].

Und geredet werden sollte fünf Jahre lang auf verschiedenen Ebenen. Mit jeweils von der Bischofskonferenz veranstalteten jährlichen Großtreffen wollten die Bischöfe die Gläubigen motivieren, sich mit Jahresthemen zu beschäftigen. Als solche gaben sie vor:

- 2011: Auftakt „Im Heute glauben: Wo stehen wir?"
- 2012: Diakonia der Kirche: „Unsere Verantwortung in der freien Gesellschaft"
- 2013: Liturgia der Kirche: „Die Verehrung Gottes heute"
- 2014: Martyria der Kirche: „Den Glauben bezeugen in der Welt von heute"
- 2015: Abschluss und Feier des Konzilsjubiläums.

Die Gemeinsame Konferenz sollte sich in zwei Projekten dem Zusammenwirken von Priestern und Laien und der Präsenz der Kirche in Gesellschaft und Staat widmen. Und schließlich wurden ohnehin geplante kirchliche Großereignisse wie Papstbesuch, Katholikentage, Eucharistischer Kongress sowie die Feier des 50-jährigen Konzilsjubiläums einbezogen – alles wurde nun zum Gespräch erklärt. Für diesen diffusen, unterschiedliche Aktions-

formen lose zusammenbindenden Vorgang wählten die Bischöfe als Gesamt-
bild die „Exerzitien", geistliche Übungen, in denen klassisch unter Anleitung
eines Priesters die Grundlagen des christlichen Lebens bedacht werden sollen, ein Bild, mit dem das Konzept der begleiteten oder betreuten Verantwortung der Laien schön illustriert wurde.

Die Bischöfe blieben nach Form, Inhalt und Durchführung Herren des
Verfahrens.[245] Die Einladung zur überdiözesanen Auftaktveranstaltung im
Juli 2011 durch Erzbischof Zollitsch verwies auf ein „beiliegendes Programm". Dies enthielt aber nur die „geistlichen Elemente" wie „Auftaktgebet
zum Heiligen Geist, Lichtfeier und Abendgebet, Morgenlob und feierlicher
Abschlussgottesdienst", nicht jedoch thematische Inhaltsanzeigen. Die
300 Teilnehmer konnten sich so nicht gezielt vorbereiten. Wie und nach
welchen Kriterien sie ausgewählt worden waren, war im Übrigen nicht
genau durchschaubar. Eine Wahl und Mandatierung wie sonst üblich bei
synodalen Vorgängen hatte es jedenfalls nicht gegeben. Von den Bischöfen
kam nicht einmal die Hälfte der Bischofskonferenz. Die vorgegebenen
Themenstellungen ergaben keine logische Folge, sondern setzten jeweils
neu an. Das schloss Ergebnissicherung und Anknüpfung an einen erreichten
Gesprächsstand von vornherein aus. Eine solche verordnete Diskontinuität
sichert Herrschaft.

Der Steuerung dienten auch Tagungsdesign und Arbeitsweise. In der
Form der Großgruppenmoderation saßen alle Teilnehmer in einem Saal in
Achter-Stuhl-Kreisen mit je einem festen Bischof, dem für jede Arbeitsein-
heit andere zugesellt wurden. Erst zum jeweiligen Beginn wurden die Themen bekanntgegeben, wobei es sich eher um Besinnungsfragen handelte
(Woraus leben wir? Unsere Stärken – unsere Schwächen, Unsere Zukunfts-
bilder von unserer Kirche), die nur mit persönlichen Zeugnissen beantwortet
werden konnten. Anders als bei der festen Steuerungsgruppe aus Bischöfen
verhinderten das Speed-Dating an den Tischen und die kurze Gesamtzeit
von nur zwei Halbtagen Gesprächskontinuen und erst recht gemeinsame
Strategien für den weiteren inhaltlichen Verlauf. Jeweils mit einer Art „geist-
lichem Gespräch" zu beginnen, nahm der sachlichen Auseinandersetzung
zusätzlich Zeit und führte gerade nicht zur Öffnung, sondern dazu, Fragen,

die „unter dem Tisch" waren, auch dort zu halten. Zu mehr als einem ersten Austausch und einem gewissen persönlichen Kennenlernen konnte es – so ein Teilnehmer im analytischen Rückblick – kaum kommen: „Hinter dem Etikett der professionellen Moderation / Supervision kam es … lediglich zu einer durchaus als angenehm empfundenen Dynamik der Bekenntnisse und Emotionen"[246].

Wenig überraschend deckten sich viele der Hoffnungen und Wünsche, die hier und auf den weiteren Jahresforen an die Hirten herangetragen und ausgesprochen werden *durften*, mit denen, die etwa auch im „Memorandum" artikuliert worden waren. Schienen die Teilnehmer zunächst schon darüber glücklich, stieg im weiteren Verlauf gleichwohl die Ahnung auf, nur mit guten Gesprächen könne es nicht getan sein.[247] Und es wuchs die Unzufriedenheit mit einem bloßem Austausch „individueller Ansichten, unverbindlichen Gedankenspielen in Kleingruppen und persönlichen Selbstverpflichtungen"[248].

Aber erst 2014 in Magdeburg machte sich die Kritik am bloßen Sammeln von Inhalten und Meinungen massiv Luft, als eine „Individualisierung" und „Entpolitisierung" der Themen beklagt wurde. Daraufhin änderten die Bischöfe für die Abschlussveranstaltung in Würzburg 2015 die Arbeitsweise. Eine aus ihnen und weiteren Teilnehmern besetzte Vorbereitungskommission erstellte einen 26-seitigen Entwurf für einen Abschlussbericht, in dem der Gesprächsprozess beschrieben (Entscheidungen waren ja nicht vorgesehen) werden sollte. Die Teilnehmer ließen sich darauf ein, unter der Moderation des Sekretärs der Bischofskonferenz statt über inhaltliche Positionen nur zu einem Bericht „über" den Prozess zu diskutieren. Das taten sie intensiv, wenn auch mangels einer klaren Geschäftsordnung nicht immer übersichtlich, über eine Vielzahl von Änderungsvorschlägen, aber doch in einer Weise, die erkennen ließ, „wie sehr sich viele nach wie vor scheuen, im Dialog mit den Bischöfen wirklich ihre Überzeugung zu vertreten"[249].

So wurde beim Bericht über die Forderung der Priesterweihe für Frauen der Antrag abgelehnt, auch die Begründung dafür aufzunehmen, aus der gleichen Würde von Mann und Frau müssten auch gleiche Rechte folgen, und zwar auch, um die Bischöfe dadurch nicht zu sehr zu bedrängen. Viel hatte sich offenbar seit dem Regensburger Katholikentag vor 166 Jahren nicht geändert, als der Antrag, der katholische Verein Deutschlands solle sich „mit allen ihm zu Gebote stehenden Kräften und Mitteln für die Wiederbelebung des fast gleichzeitig mit dem Christentum entstandenen und eingeführten, jetzt aber kaum mehr dem Namen nach bekannten, Instituts der Diakonen und Diakonissen (Apost. Gesch. 6, 1–7)"[250] einsetzen, mit Rücksicht auf die alleinige Zuständigkeit der Bischöfe vom zuständigen Ausschuss gar nicht erst beschlossen, sondern nur besprochen wurde.

In Würzburg wurde der Bericht am Ende mit nur neun Gegenstimmen angenommen.[251] Und wo fand der bischöflich initiierte, geplante und gesteuerte Prozess stimmig seinen Abschluss? Im Würzburger Dom mit einem feierlichen Pontifikalamt. Denn in der Tat wird in der Eucharistie „am deutlichsten, was Kirche ist, in welcher Gestalt und Ordnung sie lebt"[252], indem sie zusammen mit dem Lob Gottes sich selbst liturgisch nach hierarchischer universalkirchlicher Regie für alle sichtbar und identitätsstärkend in hierarchischer Aufstellung in Szene setzt. Alles Gute kommt halt von oben.

Erlebnisse statt Ergebnisse

Wenn es nach fünf Jahren Gespräch noch heißen konnte, als nächstes müsse „die Angst vor argumentativen Auseinandersetzungen überwunden werden"[253], dann spricht das für sich. Entgegen den vollmundigen Beteuerungen des Abschlussberichts hatte der Gesprächsprozess weder in der Vorbereitung noch in der Durchführung ein breites Echo im Kirchenvolk ausgelöst, und auch die Gemeinden fühlten sich nicht beteiligt. Nur wenige Bistümer hatten eigene Gesprächsprozesse initiiert[254] oder bereits laufende Aktivitäten zu solchen umdeklariert.[255] Manches deutet auch auf standesinterne Ausbremsungen hin. So war etwa die Berichterstattung des Kölner Weihbischofs Koch im dortigen Priesterrat von einer gehörigen Portion skeptischer Bewertungen durchzogen. Nach der Eröffnungsveranstaltung in Mannheim lobte er zwar die sehr sorgsam und klug vorbereiteten, guten nicht öffentlichen Gruppengespräche und die Tatsache,

dass in den beiden Tagen genug Zeit für Gebet, Gottesdienst und geistlichen Austausch gegeben war, bedauerte aber, die medienöffentliche
Plenumsrunde habe den Eindruck erweckt, die Reizthemen hätten im
Vordergrund gestanden.[256] Ein Jahr später nach dem Hannover-Treffen
wiederholte er, anders als in den Kleingruppen sei es im Plenum vor allem
um pointierte und medienwirksame Selbstdarstellung gegangen, um die
eigene Person und Position auch öffentlich zu platzieren. Wieder hätten
die sogenannten heißen Themen die wirklich wichtigen an den Rand ge-
drängt, z. B. wie die Verbände als „kirchliche Speerspitze" in die Gesellschaft vitalisiert werden könnten.[257]

Schon zuvor hatte Koch grundsätzlicher öffentlich klargestellt, jedes Gespräch in der Kirche geschehe im Rahmen ihres Selbstverständnisses. Und
dazu gehöre nun einmal das authentische Lehramt des Heiligen Vaters und
der Bischöfe mit seiner nicht delegierbaren Verantwortung. Deren klaren
Entscheidungen zu den Dauerthemen gebühre – wie er undifferenziert und
damit den Anspruch des Lehramts überziehend meinte – „Glaubensgehorsam"[258]. Koch brachte es – durchaus systemstimmig – fertig, die Mahnung, ein ehrliches Gespräch sei nur in der bescheidenen Grundhaltung
möglich, auch die Vertreter anderer Meinungen könnten recht haben und
Wertvolles beitragen, einzurahmen in die Betonung der autoritativen Lehr-
vorgabe und den Hinweis, ein kreativer Gesprächsprozess sei nur möglich
auf der Grundlage des gemeinsamen Glaubens einschließlich des gemeinsamen Kirche-Seins.[259]

Und doch galt für manche als positives Fazit „das Erlebnis des gemeinsamen geschwisterlichen Gesprächs mit gleichwertigen (!) Beiträgen",
die eine neue Gesprächskultur hätten aufscheinen lassen.[260]

Wieder ein „Dialog-Coup"

Erneut war den Hierarchen ein Dialog-Coup zur zumindest vorder-
gründigen Beruhigung gelungen. Sie hatten die vor dem Hintergrund des
Missbrauchsgeschehens aufkochende Reformenergie von diesem ab-

gekoppelt und den Reformdampf in einen langwierigen und offenen Prozess umgeleitet, wo er allmählich abgelassen werden konnte. Für den Moment ging die Rechnung auf, mit einem „Dialogaufruf ins Leere"[261] zunächst Erwartungen zu wecken, um dann im Vollzug vor überzogenen Erwartungen zu warnen und darauf zu setzen, das Wechselbad von Erwartung und Bescheidung werde seine ermüdende Wirkung nicht verfehlen. Die zu Beginn des Prozesses hier und da besorgt bis misstrauisch gestellten Fragen, ob das Ganze nicht doch „nur ein erneuter Beschwichtigungsversuch der Bischöfe" sei, „die durch die vielen Missbrauchsfälle in der Kirche zusätzlich aufgeladene Stimmung bei den Kirchenmitgliedern erst einmal beruhigen und dann wieder zur Tagesordnung zurückkehren zu wollen"[262], können im Ergebnis bejaht werden. Nach Zielsetzung und Design handelte es sich um eine „Mogelpackung"[263]. Wie in Österreich hatte man zunächst einen wild rauschenden Fluss kanalisiert und dann in die breite Ebene geleitet, wo er seine Kraft verlieren und versanden konnte.[264]

Die Bischöfe zeigten sich zumindest in der Außendarstellung mit ihrem Coup zufrieden. Was die Missbrauchsproblematik anging, hatte der neue Vorsitzende der DBK, Kardinal Reinhard Marx, bereits ein Jahr zuvor zur Einführung des Jahresgesprächs in Magdeburg erklärt: „Ich glaube, wir können heute ehrlichen Herzens sagen, dass diese Thematik im Großen und Ganzen sorgfältig aufgearbeitet worden ist – sowohl was die Aufklärung, als auch was die Prävention betrifft. Das zeigen auch Vergleiche zu anderen Institutionen"[265]. In seinem Geleitwort zum Abschlussbericht warf er sich in die Brust, es sei den Bischöfen mit ihrem Gesprächsprozess in den vergangenen Jahren gelungen, „die Glieder der Kirche wieder stärker zusammenzuführen"[266]. Wie sicher er sich dabei fühlte, zeigt sich darin, dass er sich nicht scheute, aus Kardinalshöhe herab und für jene Standesgenossen, die den gesamten Prozess steuerten, zu erklären, man habe gelernt, mit den Prozessteilnehmern „auf Augenhöhe"[267] zu sprechen – eine Anerkennungsvokabel, deren latenter Zynismus unbemerkt blieb und bleibt und sich sogar zu einem geflügelten Wort entwickeln sollte.

Das Ergebnis, das die Bischöfe aus dem Erfahrungsaustausch mit den Gläubigen gewonnen hatten, präsentierten sie statusgerecht in ihrem Hirten-Wort „Gemeinsam Kirche sein"[268]. Mit zwei Strategien vermittelten sie darin den Gläubigen in hierarchieverschleiernder und gleichheitssuggerierender Sprache die unaufgebbar vorgegebene hierarchische Struktur der Kirche. Auf semantischer Ebene nutzten sie dazu erneut die schon konziliar vertraute Gemeinsamkeits- und Gemeinschaftsrhetorik, in der generische Aussagen über alle Gläubigen (Berufung aller zur Heiligkeit, Anteilhabe aller am prophetischen, priesterlichen und königlichen Amt Christi, Grundberufung aller Getauften, Charisma eines jeden Gläubigen) die je verschiedene ständische Spezifizierung in Anwendung auf Kleriker und Laien überblenden, aber nicht aufheben – paradigmatisch:

> „Die Sakramente des Christwerdens und Eingliederung in die Kirche als Leib Christi begründen ja in allen die gleiche Anteilhabe an Christus und damit die gleiche Würde, den Namen Christi wahrhaftig tragen zu dürfen, und seine zwar je verschiedene, doch nur gemeinsam zu entfaltende Verantwortung für die Sendung der Kirche"[269].

Neu war die Ausdehnung dieser Strategie auf die Leitungs-Vokabel. Scheinbar auf einmal auch Nichtklerikern zugänglich gemacht, wiederholt sich die ständische Verdoppelungssemantik auch hier. So ist eben die (weihe-)sakramental fundierte Leitung von der der übrigen Gläubigen zu unterscheiden. Jene „ermöglicht und verdeutlicht, dass es Christus ist, der in der Kirche führt und leitet", sie ist „unersetzbar", ihren Trägern sind „die Heilszeichen zum Heil der Menschen und der Welt anvertraut", sie (nicht die anderen) tragen in der Verkündigung die „besondere Verantwortung für die Zuverlässigkeit der Überlieferung in Schrift und Tradition", sie leisten die Treue zur Überlieferung[270], sie tragen verantwortlich Sorge dafür, dass der Maßstab des Evangeliums und der Glaube der Kirche – „gegebenenfalls auch korrigierend" – eingebracht und gewahrt werden und das Priestertum aller Gläubigen sich immer mehr entfaltet, ihnen kommt die „pastorale Leitung"[271] zu. Im Unterschied dazu meint der laikale Leitungsdienst die in Taufe und Firmung gründende Fähigkeit nicht zur beschriebenen „besonderen", sondern zu einer anderen Art von Verantwortung in „Gruppen, in Diözesan- und Pfarrgemeinderäten, in bundesweit agierenden Verbänden und in kirchlichen Bewegungen, in Ordensgemeinschaften oder in Einrichtungen der Caritas"[272]. Man belegt Laienaktivitäten mit einer Wortkörper-Dublette, die inhaltlich aber anders gefüllt wird: nicht mit dem kirchenrechtlichen Leitungsbegriff in seinen drei Funktionen der Rechtsprechung, Verwaltung und vor allem Gesetzgebung, sondern mit dem, wozu Laien kraft Taufe und Firmung befähigt sind, dessen Bestätigung aber eines klerikalen Zurufs bedarf. Denn nach der Grundnorm der Laienpartizipation (c. 228) gilt, dass Laien fähig sind, von Klerikern, die sie für geeignet halten und einen Bedarf sehen, zu Ämtern, Aufgaben, Beratung und anderen Hilfsleistungen herangezogen zu werden. Oder im für mit theologischer Blumigkeit Unvertrauten schwerer zu durchschauenden Hirtensprech:

> „Es ist auch klar, dass diese vielfältigen Formen der Leitung, die allen Gläubigen aufgrund ihrer Zugehörigkeit zum Leib Christi grundsätzlich möglich sind, die Verbindung mit dem priesterlichen Dienst brauchen, durch den die Einheit der Kirche in Christus repräsentiert wird"[273].

Um auch dort kein Missverständnis aufkommen zu lassen, wo die Verschleierung durchschaut wird, durchmischen die Bischöfe ihre verdeckte Sprachsteuerung durch offene normative Elemente in Gestalt von Perspektiv- und Relevanzgeboten. So führe in einer Kirche, die vom Vertrauen in die Charismen aller Gläubigen lebt, eine „Fixierung auf die Frage nach dem, was ein Priester ‚darf' oder ein Laie ‚nicht darf', nicht weiter"[274]. Wer sie trotzdem stellt, dem ist mangelndes Vertrauen in die Charismen der Gläubigen zu unterstellen. Es könne in der Kirche „nicht um Konkurrenz und Kompetenz von Klerikern einerseits und Laien andererseits gehen"[275]. Es gelte primär, „dass die Beziehungen zwischen allen Gliedern des Gottesvolkes jenseits aller Machtlogik von Oben und Unten zu fassen sind"[276].

„Ohne in eine Über- und Unterordnung zu geraten, soll die ganze Kirche allen vorleben, dass die verschiedenen Geschlechter, Ämter, Dienste und auch Altersgruppen sich nicht gegenseitig abwerten und demütigen, um sie ganz selbst zu sein"[277].

Und schließlich dürfe auch Leitung nicht als Über- und Unterordnung verstanden werden, als Entscheidungskompetenz über Ressourcen, das wäre ein „rein am säkularen Management orientiertes Verständnis". Leitung könne „nicht von oben oder von außen wahrgenommen werden"[278]. Die Verantwortung und Kompetenz von Priestern und Gläubigen (sic!) müsse Hand in Hand gehen und dürfe sich nicht als Konkurrenz gegeneinander profilieren. Dass ausgerechnet hier, wo es um die Suggestion von Partnerschaft geht, der Lapsus unterläuft, den Gemeinbegriff der Gläubigen (*christifideles*) gerade nicht inklusiv zu verwenden, sondern in der negativ den Laien abgrenzenden Bedeutung, zeigt, wie dünn der Firnis der Gemeinsamkeitsrhetorik ist.

Diesmal sollte die erreichte Ruhe allerdings nicht lange währen.

Seit 2020

Abb. 5: ZdK-Vizepräsidentin Karin Kortmann darf während des feierlichen Pontikalgottesdienstes zur Eröffnung des Synodalen Weges die Synodalkerze anzünden. (© KNA/Robert Kiderle)

Lasst sie doch (wieder) reden ...: der Synodale Weg

Rapider Pegelanstieg

Während sich die Laien mit dem Gesprächsprozess beschäftigten, hatten die Bischöfe seit Mitte 2011 zunächst versucht, eine wissenschaftliche Studie zum Ausmaß der Missbrauchsfälle unter ihrer Kuratel zu lancieren. Sie betrauten den bekannten Kriminologen Christian Pfeiffer mit einem Projekt unter weitgehenden Kontrollbindungen und Schweigepflichten. Die Bischöfe sagten ihm alle verfügbaren Akten zu, was er naheliegend im Sinne von „alle physisch erreichbaren" verstand.[1] Allerdings war er ungeübt im Umgang mit katholischen Kirchenmännern. Zwar ist nach amtlicher Lehre jede Lüge unter allen Umständen immer eine Sünde. Es gibt aber ausgeklügelte Methoden, eigene Zwecke auch ohne formale Lüge zu erreichen, etwa mehrdeutig zu sprechen oder nicht alles, nicht die ganze Wahrheit zu sagen (*reservatio mentalis*).[2] Stillschweigend meinten die Bischöfe lediglich „rechtlich" verfügbar und unterschlugen das Geheimarchiv des Bischofs (c. 489). Als das Projekt gleichwohl einen nicht gewünschten Verlauf nahm, wollten sie den Vertrag um eine Kontrolle der Veröffentlichungen ergänzen. Pfeiffer lehnte ab und berichtete später, wie man ihm eine Beendigung des Projekts schmackhaft machen und ihn so korrumpieren wollte. Die Bischöfe boten ihm Geld, schwiege er über die Gründe der Beendigung, insbesondere über die kirchlichen Zensur- und Kontrollwünsche. Als Pfeiffer meinte, er lasse sich nicht kaufen, habe Bischof Ackermann erwidert, dann sei er ein Feind der Kirche und das wünsche er niemandem. Man werde Pfeiffers guten Ruf öffentlich massiv attackieren. Nicht zu unterschreiben, sei ein schwerer Fehler, den er bereuen würde. Pfeiffer beugte sich den Drohungen nicht. Die Bischöfe kündigten das Projekt Anfang 2013 auf.[3]

Nach weiteren eineinhalb Jahren konnte dann die MHG-Studie[4] beginnen, deren Ergebnisse im Herbst 2018 vorgestellt wurden. Bistumsscharfe Angaben durften nicht gemacht werden, und die vertuschenden Täter hinter oder besser über den Tätern sollten weiterhin anonym bleiben. Als im März 2010 Erzbischof Marx von einer Journalistin des Fernsehmagazins „Panorama" gefragt wurde, welche Folgen die Vertuschung von Missbrauchsfällen denn für einen Bischof hätte, zeigte er sich perplex und meinte nach einem Zögern schließlich: „Es gibt keine … Ich versteh' die Frage nicht … Um was geht es denn?"[5] Knapp zehn Jahre später verstand er am Ende der Vorstellung der MHG-Studie zwar die inzwischen berühmte Frage der Journalistin Christiane Florin, ob unter den Diözesanbischöfen bei der Vollversammlung ein oder zwei gewesen seien, die aufgrund eigener Schuld meinten, die Verantwortung für ihr Bistum nicht länger tragen zu können. Seine Antwort bestand in einem kurz verzögerten, leicht trotzig anmutenden Nein.[6] Aber die Ergebnisse der Studie waren ungeachtet ihres auftragsseitig begrenzten Designs so schlagend, und die Frage nach der Verantwortung der Hierarchen war seither so drängend wie nachhaltig präsent, dass die Bischöfe enormen Handlungsdruck verspürten.

Allein – einen Plan schien es offenbar nicht zu geben. Angesichts der Vorhersehbarkeit der Studienergebnisse ist dies nur mit der anscheinend damals weiterhin lebendigen Überzeugung der Bischöfe zu erklären, weder persönliche Schuld noch Anlass zu haben, mit konkreten Konsequenzen politische Verantwortung übernehmen zu sollen. Und doch standen sie nun unabweisbar als Protagonisten eben jenes Systems im Fokus, das auf seine spezifischen Risikofaktoren (Macht, Priesterbild, Zölibat und Sexualmoral) befragt werden sollte. Und wie überall zeigte sich auch in Deutschland, dass über die konkreten Missbrauchstaten hinaus das immer deutlicher werdende Versagen der Hierarchen den Ruf der Kirche zu ruinieren drohte. Die Austrittszahlen sprachen für sich und bewirkten zusätzlichen materiellen Druck.

Was können Bischöfe tun, die keine Schuld empfinden, keine Verantwortung übernehmen wollen und außer dem Papst niemanden befugt sehen, von ihnen Rechenschaft zu fordern? Sie können versuchen, den Fokus zu verändern und abzulenken. Und das taten die deutschen Bischöfe, wenngleich etwas holprig, nach einem bewährten Rezept.

Wie wäre denn ... ein Gesprächsprozess?

Am 20. November 2018, sechs Wochen nach der Vorstellung der Missbrauchsstudie trafen sich die 27 Diözesanbischöfe zum Ständigen Rat in Würzburg und begannen, die Krise ihrer Glaubwürdigkeit zu einer Krise der Kirche insgesamt zu sozialisieren. Sie kündigten an, „spezifische Herausforderungen" der katholischen Kirche unter Beteiligung von Fachleuten in einem „transparenten Gesprächsprozess" erörtern zu wollen.[7] Zur Vorbereitung benannten sie fünf Diözesanbischöfe, von denen vier am 20. Dezember 2018 mit dem Sekretär der DBK und einigen leitenden Sekretariatsmitarbeitern einen „Vorschlag eines synodalen Prozesses" zur Vorlage beim Ständigen Rat im Januar 2019 vorbereiteten.[8]

Inzwischen war selbst das ZdK deutlich geworden. Auf seiner Vollversammlung am 23. / 24. November 2018 vermisste es ein „entschlossenes und einheitliches Handeln der deutschen Bischöfe" und forderte, sie „müssen Verantwortung übernehmen und jetzt handeln!" Unter spürbarem Eindruck der MHG-Ergebnisse richteten die ZdK'ler ungewohnten Klartext an die Bischöfe:

> „Innerkirchliche, klerikalistische Machtstrukturen müssen zeitnah aufgebrochen werden, denn das Problem liegt im System! Das belegt die Missbrauchs-Studie eindeutig. Keine Begründung im Kirchenrecht oder des kirchlichen Lehramtes ist haltbar, wenn klar wird, dass dadurch sexualisierte Gewalt begünstigt wird. Es braucht endlich Veränderungen. Deshalb fordern wir:

- Trennung von Exekutive und Judikative im Kirchenrecht. Wir fordern eine unabhängige kirchliche Verwaltungsgerichtsbarkeit für den Bereich der Deutschen Bischofskonferenz.

- Um eine umfassende Transparenz zu schaffen und der von Papst Franziskus beschriebenen Klerikalisierung entgegenzuwirken ist eine gleichberechtigte Teilhabe von Laien und Geweihten an Leitung von Kirche zu schaffen.

- Frauen und Männer in Kirche gleich zu stellen und daher Frauen Zugang zu allen kirchlichen Ämtern zu gewähren.

- Sich aktiv dafür einzusetzen, den Pflichtzölibat abzuschaffen.

- In der kirchlichen Sexualmoral die vielfältigen Lebensformen und Lebenswirklichkeiten positiv anzuerkennen.

- Entwicklung einheitlicher Standards bei der Ausbildung für den priesterlichen Dienst auf der Ebene der Deutschen Bischofskonferenz.

- Die Verantwortung und Entscheidungskompetenz aller Getauften und Geweihten auf allen Ebenen für die Kirche zu verwirklichen.

Wir fordern die deutschen Bischöfe auf, offensiv – gemeinsam mit engagierten Laien (Frauen und Männern) – u. a. in den Gremien der Mitverantwortung die anstehenden Fragen zu beraten und Konsequenzen zu ziehen"[9].

Sicher nicht ohne Kenntnis dieser massiven ZdK-Forderungen wollte die DBK-Arbeitsgruppe mit ihrem Prozess-Vorschlag die „Isolation der Bischöfe" aufheben und zugleich deren Führung sicherstellen.[10] Zunächst galt es, die Deutungshoheit über die Ausgangssituation und das Problemsetting zu beanspruchen: Nicht von einer Autoritäts- oder Hierarchenkrise ist die Rede, vielmehr sei „die" Kirche in einer „existentiellen Krise", und zwar in einer, „die nicht vom Missbrauchsskandal ausgelöst ist, hierin wohl aber einen Brennpunkt findet" – nicht „den" Brennpunkt wohlgemerkt, sondern (nur) einen unter ungenannten anderen. Die Krise sei eine umfassende, eine „Glaubenskrise, eine Strukturkrise, eine Leitungskrise", eine Glaubwürdigkeitskrise „der" Kirche. „Missbrauchsbezogene Fragen lenken den Blick auf die Betroffenen und lassen sich nie von Aspekten nach der Anerkennung,

Glaubwürdigkeit etc. der Kirche leiten." Daher müssen „übergreifende Fragestellungen" auf eben diese Glaubwürdigkeit ausgerichtet sein. Also wieder einmal: Abspaltung der Missbrauchsproblematik als Problem von Einzelnen und Umlenkung auf das große Ganze. Neu zu beantworten seien gegenwärtig „vor allem anthropologische Fragen", das II. Vatikanische Konzil müsse unter einer „anthropologischen Perspektive" tiefer angewendet werden[11] – eine thematische Allgemeinheit, die nicht zu toppen ist und je nach Bedarf gefüllt werden kann.

Um die Kirchenkrise zu bewältigen, brauche es „einen echten kirchlichen Wandel, der mit dem Mentalitätswandel (Demut) der Verantwortlichen beginnen muss". Damit verschwinden zum einen die ohne Gewaltenteilung regierenden Bischöfe noch mehr im fiktiven und anonymen Verantwortlichen-Kollektiv. Zum anderen werden mit der Rede vom „Wandel" und sogar von „Reformen" vertraute Hoffnungs- und Mobilisierungsköder ausgeworfen, wobei systemgerecht auf Strukturelles erneut nur mit Moral („Mentalitätswandel" der Vollmächtigen) geantwortet werden kann. Die Suche nach Lösungen soll „offen, transparent und partizipativ gestaltet werden". Eine „Kultur des Miteinander-Sprechens" sei erforderlich, um – so das systemisch alternativlos bescheidene Doppelziel – regional Klärungsprozesse in Gang zu bringen, um „die Ergebnisse in Rom in die Waagschale zu werfen ... und – wo immer machbar – regionale Lösungen voranzutreiben". Als Arbeitsformat sah das Papier „einen synodalen Prozess" oder eine „synodale Veranstaltung" vor bzw. eine in Anführungszeichen gesetzte „Synode". Damit sollte eine „möglichst breite innerkirchliche Bewegung" initiiert werden, um einen „missionarischen Impuls für einen Aufbruch der Kirche in Deutschland setzen zu können". Wie gehabt sollte der Schnee von gestern liegen bleiben, der Blick nach vorne fixiert. Keine Aufarbeitung, sondern Mobilisierung und Ruf in einen abstrakten Aufbruch zu einem völlig unbestimmten Wandel in Abhängigkeit von der Moral der Hierarchen, und das als Initiative der Bischöfe, die „sicher ein breit wahrnehmbares und starkes Signal" wäre. Auf einem Studientag der Frühjahrsvollversammlung – so die Überlegung weiter – könnten die Bischöfe zunächst unter sich die übergreifenden Themen ventilieren und einen „solchen synodalen Weg" nach Vorberatung im Ständigen Rat in der Herbstvollversammlung beschließen.

Die Idee scheiterte zunächst an der Uneinigkeit der Bischöfe. Lautstark gestritten haben sollen sie darüber, ob die Lage wirklich so dramatisch sei, Veränderungen notwendig seien und nicht vielleicht falsche Erwartungen geweckt würden. Offenbar kam es nicht einmal zu einer Abstimmung. Die Bedenkenträger konnten sich durch Medienberichte bestätigt fühlen, die wenig erleuchtet „synodal" mit demokratisch verwechselten und gleich „ein bisschen Revolution" zu sehen meinten.[12] Prompt distanzierte sich Bischof Oster. Obwohl er im Papier als Mitverantwortlicher firmierte, relativierte er es als bloße Tischvorlage des Sekretariats der Bischofskonferenz, wie es sie für fast jeden Tagesordnungspunkt gebe.[13]

Doch das war eine Momentaufnahme im Kreis der Diözesanbischöfe. Im größeren Rahmen der Frühjahrsvollversammlung der Bischofskonferenz im März 2019 in Lingen und wohl in dem Bewusstsein, entgegen allen Beteuerungen in Sachen Missbrauchsaufklärung und erst recht -aufarbeitung nichts Vorzeigbares zu haben, setzte sich die Idee nach ebenfalls kontroverser und heftiger Debatte in letzter Minute mit einer „Einstimmigkeit" durch, die vier Enthaltungen, wie die des anschließend protestierenden Bischofs Zdarsa (Augsburg), unbeachtet ließ.[14] Zuvor hatte man sich auf einem Studientag zunächst untereinander mit nur wenigen geladenen Gästen, darunter der ZdK-Präsident Thomas Sternberg, den „übergreifenden bzw. systemischen Fragen" gewidmet, d. h. dem Umgang mit Macht in der Kirche, der Zukunft der priesterlichen Lebensform und der Weiterentwicklung der kirchlichen Sexualmoral.[15] Auf der Abschlusspressekonferenz teilte Kardinal Marx den Beschluss der Bischöfe für „einen [noch nicht den; N. L.] verbindlichen synodalen Weg" mit. Er sprach sehr allgemein von einem „synodalen Prozess" als einer „strukturierten Debatte", einer Diskussion nach Regeln also. Näheres sollte erst erarbeitet werden, und zwar, wie der Kardinal hier bereits erklärte, „gemeinsam" mit dem ZdK. Zuvor hatte er direkt nach der Sitzung der Bischöfe den kurzen Weg zum anwesenden ZdK-Präsidenten gesucht[16] und ihn gefragt, ob das ZdK sich vorstellen könne, bei so etwas mitzumachen. Seine Antwort hat er offenbar als Zusage verstanden.[17]

In einer eigenen Presseerklärung begrüßte Sternberg den Beschluss, stellte eine Beteiligung aber unter die Bedingung, es müsse ein wirklicher Veränderungswille erkennbar sein.[18] Die Willensbildung im ZdK folgte erst noch. Wie 1968 Döpfner und Vogel die Würzburger Synode ersannen, so fand man auch in der aktuellen Krisenzeit schnell zum präsidialen Schulterschluss. Die Bischöfe wollten „Formate für offene Debatten schaffen und … [sich] an Verfahren binden, die eine verantwortliche Teilhabe von Frauen und Männern aus unseren Bistümern ermöglichen. Wir wollen eine hörende Kirche sein". Einen synodalen Weg zu gehen, bedeute „das Volk Gottes zu hören"[19]. Es sollte mithin um Debatten nach vereinbarten Regeln gehen, aus denen die Bischöfe hörend Gewinn ziehen könnten. Gleichwohl gaben die Bischöfe inhaltlich bereits drei thematische Foren vor unter der jeweiligen Verantwortung eines Diözesanbischofs: für das Forum „Macht, Partizipation, Gewaltenteilung" Karl-Heinz Wiesemann (Speyer), für das Forum „Priesterliche Lebensform" Felix Genn (Münster) und für das Forum „Sexualmoral" Hermann-Josef Bode (Osnabrück).

Die Laien stellen Bedingungen …

Das schon bald nach Lingen von *einem* zu *dem* „Synodalen Weg" gewordene Vorhaben sorgte schnell für Kontroversen und löste auch bei Laien keineswegs spontane Zustimmung aus. Sie sahen anders als Marx weder „Würzburg" noch erst recht den Gesprächsprozess als hilfreiche Anknüpfungspunkte. Zu gravierend anders sei die derzeitige Situation, meinte etwa Sternberg. Der „Dialogoptimismus" sei vorbei:

> „Wir stehen heute nach einer Fülle von Gesprächs- und Pastoralprozessen in der Phase einer gewissen Ermüdung, Übersättigung und Skepsis reinen Dialogverfahren gegenüber. Für die Akzeptanz eines neuerlichen synodalen Prozesses ist daher die Orientierung an konkreten, verbindlichen Entscheidungen von höchster Bedeutung"[20].

Damit legte er im Unterschied zur Initiative der Bischöfe den Akzent nicht auf die Verbindlichkeit des Verfahrens, sondern auf die Verbindlichkeit der Ergebnisse. Kirchenrechtlich vorgegebene Formate wie „Synode" oder „Plenarkonzil" seien keine „wirkliche" Laienpartizipation. Statt der dort nur möglichen Beratung durch Laien sollte es auf dem „Synodalen Weg" um Entscheidungen gehen. Gerade sie sollten den Unterschied zum bloßen Gesprächsprozess machen.[21] Nötig seien sichtbare Veränderungen, „und dass wir nicht nur darüber reden, sondern wirklich weiterkommen"[22].

> „… ich bin sicher, die vielen Gläubigen, die sich zum Teil in diesen Gesprächsprozessen der Bistümer sehr engagiert haben, sind frustriert darüber, dass nicht viel passiert ist. Nur über die Dinge zu reden, das wird künftig ganz sicher nicht mehr ausreichen. Da müssen Ergebnisse her"[23].
>
> „Wenn der ‚synodale Weg' auf Partizipation und Beteiligung, konkrete Entscheidungen und Ergebnisse ausgerichtet ist, machen wir da gerne mit. Wie er genau aussehen wird, das gilt es in den nächsten Monaten zu klären. Wir würden uns nicht beteiligen, wenn es sich lediglich um einen Gesprächs- und Beratungsprozess handelte"[24].

Zu hören war, viele sähen den letzten Gesprächsprozess als „eine Witzveranstaltung"[25], und um nicht wie dieser in einer „Sackgasse" zu enden, müssten nun „mehrheitliche Beschlüsse verbindlich sein und von jedem Bischof umgesetzt werden"[26]. „Unverbindliche Laberrunden" seien „Zeit- und Energieverschwendung"[27]. Im Leitantrag des ZdK-Präsidiums auf der Vollversammlung am 10./11. Mai 2019 in Mainz zur Mitarbeit an der Vorbereitung und Durchführung des Synodalen Wegs hieß es einerseits vorsichtiger, es solle um ein „verbindliches Format der entscheidungsbezogenen Zusammenarbeit gehen" (auch bloße Beratung wäre entscheidungs*bezogen*). Andererseits forderte man eine *gleichberechtigte* Beteiligung *auf Augenhöhe* und erklärte die klaren und weitgehenden Forderungen aus dem vergangenen Herbst zur „Grundlage einer Beteiligung des ZdK"[28]. Entsprechend beschloss die Vollversammlung, das ZdK werde „sich aktiv und konstruktiv einbringen, *sofern und solange die Offenheit der Beratungen und die Verbindlichkeit der Beschlüsse durch die am ‚Synodalen Weg' beteiligten Partner gewährleistet sind*"[29].

Der frühere ZdK-Präsident Hans Joachim Meyer erklärte noch im September 2019, er hoffe, es gehe nicht um die „Inszenierung einer Gesprächstherapie"[30]. Wieder andere kleideten ihre Forderungen in Zuversichts- und Zusicherungsformeln. So sprach die Vizepräsidentin des ZdK und Leiterin des Bundes Neudeutschland, Claudia Lücking-Michel, bereits von einem „Reformprozess"[31] und gab sich gewiss: „Gewaltenteilung ist zwingend und wird kommen"[32]. Noch während einer Veranstaltung zur Zwischenbilanz des Synodalen Weges am 9. Dezember 2020 erinnerte Sternberg daran, die Bereitschaft des ZdK zur Mitarbeit sei an die vier Bedingungen geknüpft gewesen: 1. Augenhöhe, 2. gleiche Beteiligung von Laien, 3. Beschlussorientierung, 4. Frau in der Kirche als eigenständiges Forum und nicht nur Querschnittsthema. Mit Letzterem gab er die Maßgabe der Vollversammlung des ZdK an dessen Präsidium und Hauptausschuss verharmlosend wieder, denn darin war ausdrücklich ein „Frauenordinationsforum" gefordert: „Die ZdK-Vollversammlung beauftragt das Präsidium und den Hauptausschuss, ein Forum parallel zu den bereits von der DBK vorgeschlagenen Foren zum Thema ‚Zugang von Frauen zu Weiheämtern' einzurichten"[33].

... und machen auch ohne sie mit

Alle Bedingungen blieben unerfüllt, aber die Laien, außer Maria 2.0[34], machten und machen dennoch mit. Sternberg hatte die Bischöfe zwar zu einem Frauenforum überreden können[35], von der zentralen Forderung nach Frauenordination blieb allerdings nur der deskriptive Allgemeinplatz „Frauen in Diensten und Ämtern" übrig, wie das Forum aufgrund der Zustimmung des Ständigen Rates zur „Anregung" des ZdK schließlich hieß.[36]

Die Regularien des Synodalen Weges und die inhaltliche Ausrichtung wurden von der erweiterten Gemeinsamen Konferenz aus DBK und ZdK konzipiert. Parallel dazu begannen die in ihrer personalen Besetzung undurchsichtig gebliebenen Vorbereitenden Foren mit inhaltlichen Vorüberlegungen und legten ihre Arbeitspapiere der Gemeinsamen Konferenz bis zum 13. September 2019 vor. In der so durchgesehenen Form sollten sie als unverbindliche Ausgangspunkte für die Synodalforen fungieren. Diese eilig-zweigleisige Vorbereitung (noch kein beschlossenes Format, aber schon inhaltliche Arbeit in Vorbereitenden Foren) mündete in die zweiseitige Zustimmung zur sogenannten „Satzung" – systemstimmig zuerst in der DBK-Herbstvollversammlung (23.–26. September 2019), dem Vernehmen nach mit 51:12 Stimmen bei einer Enthaltung.[37] Der ZdK-Hauptausschuss gab drei Wochen später sein Okay, in der Außendarstellung vorbehaltlich der Zustimmung der Vollversammlung.

Welche faktische Bedeutung die Funktionäre diesem formal entscheidenden Votum aber wirklich beimaßen, zeigt sich daran, dass schon vorher das offizielle Logo des Synodalen Weges vorgestellt und Gebetszettel in höherer sechsstelliger Zahl für dessen Anliegen in Richtung Kirchenvolk gestreut wurden. Was hätte die ZdK-Vollversammlung am 22. November 2019 anderes tun sollen als zustimmen?[38]

Ein Blick auf das „Satzung" genannte Reglement des Synodalen Weges und seinen ersten Vollzug in der Plenarversammlung in Frankfurt kann vor Augen führen, worauf sich das ZdK mit großer Mehrheit eingelassen hat.

Gemeinsamer Weg-Weg[39]

Schon der klingende Name „Synodaler Weg" ist vor allem eines: nichtssagend. Angeblich eine Erfindung von Bischof Genn (Münster) in Lingen[40] führt er in der Kombination aus dem griechischen *synodos*, das „zusammen auf dem Weg sein" oder „einen gemeinsamen Weg gehend" bedeutet, mit dem deutschen „Weg" zu einem weißen Schimmel, zum „Weg des Zusammen-auf-dem-Weg-Seins" oder kurz „Gemeinsamer Weg-Weg". Die „Satzung"[41] spricht von einem „Synodalen Weg eigener Art", als gebe es noch andere solche Wege, definiert ihn aber nicht. Klar ist: Ein kirchenrechtlich vorgegebenes Modell sollte umgangen werden. Eine solche Umgehung führt aber nicht aus dem Kirchenrecht hinaus in einen kirchenrechtsfreien Raum.

Die deutschen Bischöfe haben sich damit zu der Initiative entschieden, in einer gravierenden Krisensituation der Kirche gemäß c. 228 die Hilfe von vornehmlich verbandlich organisierten Laien in Anspruch zu nehmen. Das in Taufe und Firmung verliehene gemeinsame Priestertum befähigt Laien, die von den geistlichen Hirten als hinreichend sachkundig, klug und angesehen beurteilt werden, von diesen Hirten zur Hilfeleistung herangezogen zu werden (c. 228 § 2). Dass die Bischöfe dafür auf das ZdK als den von ihnen führungspersonell und finanziell kontrollierten Zusammenschluss zurückgriffen, zu dessen satzungsmäßigen Aufgaben es gehört, „Anregungen" für das apostolische Wirken der Kirche zu geben und die Bischofskonferenz zu „beraten", lag nahe.[42] Die Bischöfe konnten zudem von einer Krisenlage ausgehen, in der die Gläubigen nicht nur das Recht, sondern sogar die Pflicht haben, den Hirten ihre Meinung zum Kirchenwohl mitzuteilen (c. 212 § 3); ihnen „Anliegen" und „Wünsche", also Bitten, vorzutragen, ist den Gläubigen ohnehin unbenommen (c. 212 § 2). Das ist ebenso wenig spektakulär, wie sich zu diesem Zweck in einem Gremium zusammenzufinden, um nach den Erfahrungen mit dem letzten Gesprächsprozess den Austausch diesmal strukturierter anzugehen.

Verbindliches Vorgehen?

Immer wieder wurde im Vorfeld betont, der Synodale Weg solle im Unterschied zum vorangehenden Gesprächsprozess „verbindlich" sein – in bischöflichen Äußerungen hinsichtlich der Verfahrensweise, von Laienseite dezidiert auch im Blick auf die Ergebnisse. Was unter Verbindlichkeit zu verstehen ist, wurde also nicht einvernehmlich definiert. Auf jeden Fall aber sollte es um mehr gehen, als um einen freundlich-verbindlichen Umgang miteinander, um ein Geschehen mit Verpflichtungscharakter, ohne dass dieser jedoch näher konturiert wurde. Erreicht wurde in jeder Hinsicht nur eine *moralische* Verbindlichkeit.

Der Eindruck einer *rechtlichen* Verbindlichkeit, den der Aufbau und die Bezeichnung der Regularien als „Satzung" erwecken, täuscht. Es ist nicht drin, was draufsteht. Es geht nicht um eine Satzung (*statutum*) oder eine Ordnung im kirchenrechtlichen Sinn. Denn es gibt keine Personengesamtheit, der ein autonomes Satzungsrecht zukäme oder für die einseitig eine hoheitliche Satzung erlassen worden wäre, noch geht es um eine bloße Versammlungsordnung. Vielmehr haben Bischofskonferenz und Vollversammlung des ZdK – ständisch getrennt und in systemkonformer Reihenfolge – eine in Zusammenarbeit entworfene Vereinbarung geschlossen, sich zur Erfüllung bestimmter Aufgaben für eine bestimmte Zeit zu einem Vorgang, einem „Prozess" in einem Gremium zusammenzufinden und auf mehreren Treffen bestimmte Themenfelder gegebenenfalls anhand von Vorlagen zu diskutieren und sich auf Ergebnisse zu einigen. Diese Absprache ist kein Rechtstext. Er ist eine lediglich moralisch verbindliche Konventionalordnung. Eine solche einzuhalten, kann man gegenseitig erwarten, rechtlich durchsetzbar ist dies nicht. Entsprechend haben sich einzelne Bischöfe ausdrücklich vorbehalten, gegebenenfalls den vereinbarten Weg auch wieder zu verlassen.[43] Deshalb beansprucht der „Satzung" genannte Regeltext auch gar nicht, den Synodalen Weg zu normieren, sondern nur, ihn zu „beschreiben" (Präambel SSynW). Und schließlich hat weder der Synodale Weg noch irgendeines seiner Organe die Satzung beschlossen oder die Kompetenz, sie zu ändern. Das können allein DBK und ZdK (Art. 15 SSynW).

Verbindliche Ergebnisse?

Anders als im Vorfeld vielfach gefordert und erwartet, basiert nicht nur die Vorgehensweise allein auf dem guten Willen der Beteiligten. Auch die Ergebnisse entbehren jeder rechtlichen Verbindlichkeit. Die später oft betonte Beschlussorientierung des Synodalen Weges soll vielleicht Verbindlichkeit suggerieren, erzeugt aber keine Ergebnisse, die einen Bischof in seinem künftigen Handeln binden. Um den genauen Charakter des Synodalen Weges zu verstehen, kommt es nicht darauf an, *dass* etwas, sondern *was* beschlossen wird: Beschlossen werden von der Synodalversammlung als dem obersten Organ des Synodalen Weges keine Handlungsanweisungen, zu verwirklichende Projekte oder Reformen. Seine Beschlüsse stellen lediglich abschließend „Beratungsergebnisse" fest, sie fixieren mithin Meinungsanteile, halten ein Meinungsbild fest (Art. 11 Abs. 1 SSynW). Trotzdem wird eigens die kirchenrechtliche Selbstverständlichkeit betont, die Beschlüsse seien aus sich ohne Rechtswirkung und ließen die Vollmacht der Bischofskonferenz wie der einzelnen Diözesanbischöfe unberührt, im Rahmen ihrer jeweiligen Zuständigkeit Rechtsnormen zu erlassen und ihr Lehramt auszuüben (Art. 11 Abs. 5 SSynW). Die Bischöfe sind auch während und nach dem Synodalen Weg unter der Autorität des Apostolischen Stuhls für ihren Bereich die einzigen Produzenten und obersten Anwender des Rechts durch Verwaltung und Rechtsprechung. Jedes Missverständnis hinsichtlich der Position der Bischöfe als Leiter und Lehrer und hinsichtlich der hierarchischen Eigenart der kirchlichen *communio* soll damit ausgeschlossen werden. Die Bischöfe haben mit diesen Regeln ihrer Pflicht entsprochen, an den Grundsatz zu erinnern, dass sich kirchliche „Organe der Mitwirkung nicht an den Maßstäben einer parlamentarischen Demokratie orientieren, weil sie beratende und nicht entscheidende Natur besitzen"[44].

Die zur Behandlung im Synodalen Weg vorgesehenen Themenfelder liegen weit überwiegend nicht im Kompetenzbereich der deutschen Bischöfe, sondern des Apostolischen Stuhls. Fragen der Gewaltenteilung, der Kontrolle und Rechenschaftspflicht bischöflicher Amtsführung, die Ordination von Frauen, Zölibat und Priesterbild und nicht zuletzt die Fragen der Sexualmoral betreffen universalkirchliche Lehren oder disziplinäre Angelegenheiten, denen gegenüber Gefolgschaft gefordert ist. Auf einer Diözesansynode, deren Reglement im Kern „auch bei einem ‚Forum' oder einer anderen Versammlung mit synodalem Charakter"[45] empfohlen ist, hätten sie erst gar nicht als Themen zugelassen werden dürfen, denn:

„Die zwischen der Teilkirche und ihrem Oberhirten und der Gesamtkirche und dem Papst herrschende tiefe Verbundenheit fordert, dass der Bischof von der Synodendiskussion Thesen oder

Positionen ausschließt, die von der fortwährenden Lehre der Kirche oder dem Päpstlichen Lehramt abweichen bzw. disziplinäre Fragen betreffen, die der höchsten oder einer anderen kirchlichen Autorität vorbehalten sind und die unter Umständen mit dem Anspruch eingebracht wurden, dem Heiligen Stuhl entsprechende ,Voten' zu übersenden"[46].

Ob und wie die darüber hinausgehende Absicht umgesetzt werden wird, Beschlüsse zu Themen aus der gesamtkirchlichen Regelungskompetenz als Voten des Synodalen Forums an den Apostolischen Stuhl zu übermitteln (Art. 11 Abs. 5 SSynW), bleibt abzuwarten. Alle hier infrage kommenden Wünsche und sämtliche theologischen Argumente für diese liegen seit Jahren und Jahrzehnten auf dem Tisch. Warum für ihren erneuten Vortrag der Synodale Weg erforderlich und vor allem erfolgversprechender als bisherige Debatten sein soll, bleibt unerfindlich.

Selbst in Belangen, die in die Zuständigkeit der Bischöfe oder der DBK fallen, bleiben alle Beschlüsse ohne jede rechtliche Bindungswirkung. Das Stimmrecht der Mitglieder der Synodalversammlung ist formal ein bloß beratendes Stimmrecht (*suffragium consultivum tantum* im Unterschied zum entscheidenden *suffragium deliberativum*). Es berechtigt zu Wortmeldung und Redebeitrag sowie zur Stimmabgabe bei einer Abstimmung, die den Grad der Übereinstimmung in Bezug auf formulierte Vorschläge ermittelt und damit den Entscheidungsträgern eine entsprechende Orientierung gibt.[47] Alle Beschlüsse der Synodalversammlung bringen einen mehrheitlichen Wunsch zum Ausdruck – mehr nicht. Wenn Co-Präsident Sternberg noch in seinem Eröffnungsreferat zur Ersten Synodalversammlung in Frankfurt meinte, es müsse „zu verbindlichen Beschlüssen und klaren Voten"[48] kommen, so als gehe es um zwei Gattungen von Abstimmungsergebnissen, dann weiß man nicht, worüber man mehr erstaunt sein soll, über die Unverfrorenheit des Co-Präsidenten oder über die Schlichtheit der Laien, die nicht bemerken, dass die mantraartig behauptete Verbindlichkeit wie im Hütchenspiel nirgends zu fassen ist.

Augenhöhe? Gleichberechtigung?

Das ZdK wollte sich am Synodalen Weg eigentlich nur unter der Voraussetzung gleicher Partizipation der Laien beteiligen: auf Augenhöhe und gleichberechtigt. Es ist nicht überraschend, dass auch diese Bedingung nicht erfüllt wurde, eher, dass ihre Erfüllung überhaupt für möglich gehalten wurde. Schon die Tatsache, dass sich der Präsident des ZdK, der nur dank bischöflicher Bestätigung seiner Wahl im Amt ist, auf Augenhöhe mit den Bischöfen wähnt und auf gemeinsamen Pressekonferenzen mit Kardinal Marx auch „bischofsgleich" wirkt, wenn er sich um Vertrauen, Glaubwürdigkeit und Zeugenschaft der Kirche sorgt, zeigt: „Gleichheit nach Augenmaß kann eine optische Täuschung sein"[49]. Wie kommen katholische Laien und erst recht die Frauen unter ihnen auf den Gedanken, sie könnten sich auf Augenhöhe mit solchen Männern befinden, die nach amtlicher Lehre kraft ihrer Weihe mit Christus derart gleichgestaltet sind, dass sie sich von Nichtgeweihten dem Wesen nach unterscheiden (LG 10) und dem Konzil als Stellvertreter Christi (LG 27, vgl. auch CD 8) gelten, die ihre Diözesen zwar in völliger Abhängigkeit nach oben, nach unten aber wie ein kleiner Papst in dreigewaltiger Voll-Macht leiten? Wo Laien an runden Tischen oder als Präsident des Synodalen Weges bzw. als Vorsitzende eines Synodalforums neben Bischöfen sitzen, trägt der Augenschein: Die Bischöfe bleiben auf ihrem Wesenspodest, kein noch so freundlich-umgänglicher Hirte mutiert zum Schaf.

Möglicherweise wird diese nur als kompensatorische Fehlleistung zu erklärende selbstaufwertende Idee einer in der katholischen Ständekirche glaubensmäßig ausgeschlossenen „Augenhöhe" befördert von einer weiteren Attrappe, die die Erfinder des Synodalen Weges aufgestellt haben: Art. 3 Abs. 2 SSynW erklärt, alle Mitglieder hätten „gleiches Stimmrecht". Zugleich gilt aber, dass für die abschließende Feststellung des Meinungsbildes eine ⅔-Mehrheit der anwesenden Mitglieder der Synodalversammlung einschließlich der ⅔-Mehrheit der anwesenden Mitglieder der Bischofskonferenz erforderlich ist (Art. 11 Abs. 1f. SSynW). D. h.: 24 Bischöfe reichen bei Anwesenheit aller 69 Mitglieder der Bischofskonferenz als Sperrminorität aus, um den Beschluss eines Ratschlags zu verhindern. Gleiches Stimmrecht? Gleiches Recht zur Stimm*abgabe*, ja. Aber damit hört die Gleichheit auf, die Auswirkung der abgegebenen Stimme ist ungleich. Denn die Stimme der Bischöfe zählt in zwei Stimmgruppen, von denen die der Mitglieder der Bischofskonferenz ein stärkeres Gewicht hat. Die Stimmen von 24 Bischöfen reichen aus, um zu verhindern, dass die Versammlung als solche überhaupt eine Meinung äußern kann. Das vermeintlich gleiche Stimmrecht ist tatsächlich ein Zensusstimmrecht für Bischöfe mit der Kombinationswährung aus Geschlecht und Weihe. Da die Bezugsgröße der geforderten Mehrheiten die anwesenden Mitglieder bilden, verringert sich das Sperrquorum noch um jeweils eine weitere Stimme pro abwesende drei Mitglieder der Bischofskonferenz. Allerdings haben es Diözesanbischöfe nicht nötig, auf An- oder Abwesenheitsstrategien zurückzugreifen, weil der Umgang mit den Beschlüssen ohnehin in ihrem freien Ermessen steht. Nichts anderes als diese unersetzliche, unabtretbare Letztverantwortung von (bestimmten) Personen macht den „monarchischen Episkopat" aus. Als Nachfolger der Apostel muss der Bischof „nicht nur die Räte von hier und dort holen …, sondern … die Bischöfe aller Orte und aller Zeiten [sind] sein ‚Rat'"[50]. Zu Recht sieht der DBK-Vorsitzende im Pflichtquorum der Bischöfe das „Abbild der Verfasstheit unserer Kirche", aber die Bischöfe hätten sich „vorgenommen, jede Synodalversammlung gut nachzubereiten und die Fragestellungen ehrlich miteinander zu diskutieren"[51] – mehr kann ein guter Katholik auch wirklich nicht wollen.

Diesem in der Satzung verankerten Ungleichgewicht der Stimmen kann die einfache Mehrheit der Synodalversammlung eine weitere allein geschlechtsbedingte hinzufügen. Wenn rechtzeitig – darauf sollten Interessierte sorgsam achten –, nämlich vor Schluss der Beratung einer Vorlage, der entsprechende Antrag zur Geschäftsordnung angenommen wird, muss in der Schlussabstimmung getrennt nach Geschlechtern abgestimmt werden und in der erforderlichen ⅔-Mehrheit eine ebensolche der Frauen enthalten sein. So können gegebenenfalls 23 Frauen das abschließende Meinungsbild verhindern. Intendiert und kommentiert wurde dies als Stärkung der Frauen, die in der Versammlung neben der einzigen diversen Person nur eine Minderheit von 30 % ausmachen. Ihre Sperrminorität entspricht allerdings nur quantitativ der der Bischöfe. Deren Vetorecht ist gesetzt, das der Frauen bleibt, selbst wenn alle Frauen den Geschäftsordnungsantrag unterstützen, abhängig von 45 Männerstimmen, d. h. fast einem Drittel (28 %) der Männer in der Synodalversammlung (einschließlich der Bischöfe). Die Sperrminorität der Bischöfe ist der Versammlung vorgegeben, die der Frauen ist ihr anheimgegeben. Die Frage ist, was die Frauen damit gewinnen. Was nach Gegengewicht zum Bischofsvorrecht klingt, ist tatsächlich ein Placebo. Frauen können in Abhängigkeit von Männern Optionen verhindern, die eine Verschlechterung der Stellung der Frau bedeuteten. Aber sind die wirklich zu befürchten? Sie können auch frauenfördernde Ratschläge verhindern, die ihnen nicht weit genug gehen. Sie setzen sich damit allerdings der Ambivalenz aus, mit dieser Fundamentalopposition für die einen vielleicht ein politisches Signal zu setzen, für andere aber den Status quo zu bestätigen.

Im Ergebnis bleibt es dabei: Die kontrafaktische Rede vom „gleichen Stimmrecht" dient als demokratiekompensierende Gleichheitsattrappe, als *voice fiction*, mit der die katholischen Standes- und Geschlechterungleichheiten nicht aufgehoben, sondern nur überspielt werden. Formulierungen wie: „Der Synodale Weg soll also auf Augenhöhe stattfinden und zu gemeinsamen Beschlüssen führen; die Satzung des Reformweges ist dafür die formale Grundlage"[52], zeugen entweder von einer komplett mangelhaften Vertrautheit mit katholischer Realität oder wollen ekklesio-populistischen Sand in die Augen noch hoffender Katholiken streuen.

You always get what the Pope wants

Erneut erweist sich die Satzung als ekklesiologisches Konzentrat, als Manifestation des handlungssteuernden Kirchenverständnisses. Sie trägt in allen wesentlichen Punkten den zuvor vonseiten des Apostolischen Stuhls geäußerten Bedenken Rechnung. Die Nuntiatur-Berichte über die Kirche in Deutschland waren in Rom schon länger Anlass zur Sorge. Diese steigerte sich nach der Ankündigung des Synodalen Weges im Anschluss an die Vollversammlung der deutschen Bischöfe in Lingen bei führenden Prälaten zu dem Eindruck, die Zentrale müsse nun eingreifen. In einem Geheimtreffen der Spitzen von Glaubens-, Bischofs- und Kleruskongregation sowie des Staatssekretariats entstand im Mai 2019 der Plan, der Papst möge sich brieflich mahnend an die Bischöfe und eher allgemein an die Katholiken wenden. Beraten von Kardinal Kasper ging Papst Franziskus ans Werk und schrieb am 29. Juni 2019 seinen „Brief an das pilgernde Volk Gottes in Deutschland"[53].

Bemerkenswert ist zunächst zweierlei: Zum einen wird mit keiner Silbe die Missbrauchsproblematik und die dadurch verursachte Glaubwürdigkeitskrise erwähnt. Vielmehr gelten dem Papst – möglicherweise wird hier das bekannte Kasper-Muster erkennbar – stattdessen „Erosion und Verfall des Glaubens"[54] als Ausgangsproblem, auf das der Synodale Weg eine Antwort sein will. Für dessen konkretere Fassung und Entwicklung verweist der Papst zum anderen auf sein Verständnis von Synodalität als gemeinsamem Weg unter der Führung des Heiligen Geistes mit der *ganzen* Kirche.[55] Nicht mit Strukturfragen erreiche man die „vitalen" Punkte, sondern nur mit dem Primat der Evangelisierung und mithilfe einer Rückbindung an die Gesamtkirche mittels des *Sensus Ecclesiae*, d. h. in jener rechten kirchlichen Gesinnung, die in jeder Entscheidung leben soll und „ein Empfinden mit der Kirche und in der Kirche [ist], das uns in nicht wenigen Situationen auch Leiden in der Kirche und an der Kirche verursachen wird"[56]. Denn im Konfliktfall fordert dieses *Sentire cum Ecclesia* den Gehorsam gegenüber der kirchlichen Autorität.[57] In der eingangs in Erinnerung gerufenen Ad-limina-Ansprache an die deutschen Bischöfe von 2015 hatte der Papst bereits darauf hingewiesen, wie unerlässlich es für die Evangelisierung ist, „dass der Bischof seine Aufgabe als Lehrer des Glaubens, des in der lebendigen Gemeinschaft der universalen Kirche überlieferten und gelebten Glaubens, in den vielfältigen Bereichen seines Hirtendienstes gewissenhaft wahrnimmt"[58]. An anderer Stelle hatte er neben Demut und Gebet als Grundpfeilern des

Kirchensinns die im Zusammenhang mit dem Gehorsam stehende „Treue zur Kirche, Treue zu ihrem Lehramt, Treue zum Glaubensbekenntnis, Treue zur Lehre und die Bewahrung dieser Lehre"[59] hervorgehoben.

In seinem Brief an die deutschen Katholiken sprach der Papst allgemein und eher durch die Blume, indem er es in gesichtswahrender Manier den Adressaten überließ, Bedenken und Anregungen auf konkrete Situationen und Vorgänge vor Ort und auf sich zu beziehen. In ihrer gemeinsamen Presseerklärung vom selben Tag bedienten sich Kardinal Marx und Sternberg allerdings der probaten Methode, sich von Mahnungen nicht angesprochen zu fühlen und sich stattdessen „orientiert" und auch „ermutigt" zu sehen, „den angestoßenen Prozess in diesem Sinne weiterzugehen"[60]. Der echten Auseinandersetzung zogen sie interpretative Verdrängung vor. Ungeachtet der unterschiedlichen Einschätzungen unter den Bischöfen dimmte ihre tonangebende Presseerklärung die aufgrund der recherchierten Entstehungsgeschichte des Schreibens feststehende Einhegungsabsicht des Papstes[61] bis zur Unkenntlichkeit herunter.[62] Die Zentrale musste daher deutlicher nachlegen.

Zunächst verdeutlichte Papst Franziskus am 2. September 2019 in einer Ansprache sein Verständnis eines synodalen Weges, wenn er vor der „Gefahr" warnte,

> „zu meinen, dass einen synodalen Weg zu gehen oder eine Haltung der Synodalität zu haben bedeutet, eine Meinungsumfrage zu machen, was dieser und jener denkt… und dann ein Treffen abzuhalten und sich zu einigen… Nein, eine Synode ist kein Parlament! Man muss die Dinge beim Namen nennen, diskutieren, wie man das normalerweise macht, aber es ist kein Parlament. Synode bedeutet nicht, sich zu einigen wie in der Politik: Ich gebe dir das, du gibst mir jenes. Nein. Synode bedeutet nicht, soziologische Befragungen durchzuführen, wie das mancher glaubt (sic!) mag: ‚Schauen wir mal, bitten wir eine Gruppe von Laien, dass sie eine Befragung durchführt, ob wir dies und jenes ändern sollen…' Si-

cher müsst ihr wissen, was eure Laien denken, aber es ist keine Befragung, es ist etwas Anderes"[63].

Um sicherzugehen, dass darin auch der Synodale Weg in Deutschland erkannt würde, zitierte der Apostolische Nuntius just diese Passage in seinem Grußwort an die Herbstvollversammlung der DBK, weil der Papst damit „noch klarer sein Denken über die Bedeutung der Synodalität zum Ausdruck gebracht"[64] habe.

Zu diesem Zeitpunkt lagen den deutschen Bischöfen bereits weitere Schreiben aus Rom vor.[65] Am 4. September hatte die Bischofskongregation die Bischöfe daran erinnert, dass der Synodale Weg „im Einklang mit der Weltkirche" zu beschreiten ist. Auf der Grundlage der von der Nuntiatur übersandten Sitzungsprotokolle des Ständigen Rates habe sie sich ein Bild von der Arbeit am Reglement des Weges gemacht und den Päpstlichen Rat für die Interpretation der Gesetzestexte um seine Bewertung des entsprechenden Entwurfs gebeten. Sie sei als Anlage angefügt zur Orientierung für die Endfassung. Der Rat stellte klar, die vier Foren behandelten bis auf wenige Ausnahmen offenkundig Themen von universalkirchlicher Relevanz, die daher nicht Gegenstand von Entscheidungen einer Teilkirche sein könnten. Entsprechend fragwürdig sei schon die Bedingung des ZdK, nur bei „Verbindlichkeit der Beschlüsse" teilnehmen zu wollen. Wenn die Instruktion über die Diözesansynoden auch für andere synodale Vorgänge in einer Teilkirche angewendet werden solle, dann umso mehr auf nationaler Ebene. Der Eindruck einer Parität zwischen Bischöfen und Laien (Anzahl, Vorsitz, beschließendes Stimmrecht) sei ekklesiologisch nicht zu stützen. Die gemeinsame Verantwortung aller Gläubigen für die Sendung der Kirche werde je nach ihrer eigenen Stellung ausgeübt. Die Verantwortung der Bischöfe sei eine andere als die der Priester oder der Laien. Die Kirche sei nicht demokratisch strukturiert, und Entscheidungen hingen nicht von der Mehrheit der Gläubigen ab. Und Synodalität im Sinne des Papstes meine eben nicht Demokratie oder Mehrheitsentscheidungen. Es gehe um eine „andere Art der Teilnahme an den Entscheidungsprozessen"[66]. Wie die aussieht, entnimmt der Päpstliche Rat der Studie eines Hilfsorgans des Lehramts, der dreißigköpfigen Internationalen Theologenkommission aus dem Jahr 2018 über Synodalität[67], die wie vorgeschrieben vom Präfekten der Glaubenskongregation genehmigt und mit Zustimmung des Papstes veröffentlicht wurde. Nach dieser Studie hat der synodale Vorgang „sich im Leib einer hierarchisch strukturierten Gemeinschaft zu vollziehen", d. h., es

> „muss zwischen dem Prozess der Erarbeitung einer Entscheidung (*decision-making*) durch gemeinsame Unterscheidung, Beratung und Zusammenarbeit und dem pastoralen Treffen einer Entscheidung (*decision-taking*) unterschieden werden, das der bischöflichen Autorität zusteht, dem Garanten der Apostolizität und der Katholizität. **Die Erarbeitung ist eine synodale Aufgabe, die Entscheidung ist eine Verantwortung des Amtes**"[68].

Die Mängel, die der Päpstliche Rat beanstandete, waren in der Fortschreibung des ihm offenbar vorliegenden Juni-Entwurfs durch den Ständigen Rat der DBK bereits aus eigener Einsicht behoben worden.[69] Weder gibt es eine Parität zwischen Bischöfen und Laien noch gibt es ein *votum deliberativum* der Synodalversammlung, denn was Beschluss genannt wird, ist inhaltlich immer nur eine Bitte oder Empfehlung.[70] Die Bischöfe haben ihre Stellung als einzige Entscheider satzungsmäßig gewahrt und können daher selbst der absoluten Mehrheit der Laien gegenüber gelassen bleiben. In dem vereinbarten Reglement wird die „amtlich angemahnte Differenz zwischen *decision-making* und *decision-taking* beim Synodalen Weg also gewahrt"[71].

Worum es daher beim Synodalen Weg sachlich (nur) gehen kann, hatte im Vorfeld schon der Geistliche Rektor des ZdK, Christoph Stender, anschaulich gemacht:

> „Einem wachsenden Wir auf dem Synodalen Weg auch zukünftig zu trauen, kann bedeuten, gemeinsam einem neuen ‚Findungsformat' (nicht Entscheidungsformat) Gestaltungsraum zu geben, das ein neues Verb in den Sprachschatz der Katholischen Kirche entlassen kann. Und das da heißt: bescheiden. Dieses neue Verb

‚bescheiden' setzt sich zusammen aus dem ‚be' derer, die bisher beraten haben (Laien) und dem ‚scheiden' derer, die bisher entschieden haben (Bischöfe). In diesem neu gedeuteten Verb ‚bescheiden' klingen an: Sich bescheiden gebärden, gemeinsam einen
Bescheid geben, sich füreinander beschieden haben. So könnte auf
dem Synodalen Weg immer wieder neu ein alle Beteiligten ver-
bindender Satz in den Mund genommen werden: Wir haben beschieden, nicht die einen berieten und die anderen entschieden.
Nein, wir haben gemeinsam beschieden"[72].

Und entsprechend:

„Entscheidend für den Synodalen Weg wird es auch sein, Räume
zu schaffen, um den anderen ‚riechen' zu können, auch wenn man
ihn nicht unbedingt ‚riechen' kann. Also Raum zu ermöglichen, in
dem die Engagierten auf dem Synodalen Weg, besonders aber jene
in der Synodalen Versammlung und den Foren, sich einander
angstfrei zumuten können. Das wird mitentscheidend dafür sein,
diesen Weg zu mehr zu machen als zu einem Weg, auf dem Parlamentarier sich tummeln. Solche Räume können abendliche Begegnungen anlässlich gemeinsamer Treffen sein, Vieraugen-
gespräche am Rande von Versammlungen, extra organisierte
Begegnungen in den Diözesen, oder z. B. auch ein unangemeldetes
Telefonat, um zu hören, wie der Weggefährte oder die Weg-
gefährtin gerade unterwegs ist. Das mag banal klingen, ist aber
wichtig, um sich näher kommen zu können, damit ein einander
sich ‚riechen' können wirklich möglich wird"[73].

Dem ist nichts hinzuzufügen. Auch beim Synodalen Weg gilt das katholische *You always get what the Pope wants.*

Dezentralisierung?

Insoweit war die Intervention des Apostolischen Stuhls letztlich überflüssig. Sie wirft aber ein klärendes Licht darauf, wie Papst Franziskus sein Amt und die Kirche versteht. Viel gelobt wurde seine Ansicht, eine „übertriebene Zentralisierung"[74] sei in der Kirche nicht hilfreich, und seine Absicht, in einer „heilsamen Dezentralisierung"[75] voranzuschreiten. Konkreter ist er allerdings bislang nicht geworden. Was übertrieben und wann die Grenze des „Heilsamen", des Nütz- und Förderlichen also überschritten ist, beurteilt er allein.[76] Bei teilkirchlichen Beschlüssen zu universalkirchlichen Angelegenheiten und einer Egalisierung von Bischöfen und Laien sah er die Grenze jedenfalls verletzt. Denn wie für die Bischofssynode gilt auch hier, dass

> „der synodale Weg im Hören auf den Bischof von Rom [gipfelt], der berufen ist, als ‚Hirte und Lehrer aller Christen' zu sprechen: nicht von seinen persönlichen Überzeugungen ausgehend, sondern als oberster Zeuge der *fides totius Ecclesiae* [des Glaubens der gesamten Kirche], als ‚Garant des Gehorsams und der Übereinstimmung der Kirche mit dem Willen Gottes, mit dem Evangelium Christi und mit der Überlieferung der Kirche'. … Damit verbindet sich das Konzept der ‚*hierarchischen Gemeinschaft*', das vom Zweiten Vatikanischen Konzil angewandt wurde: Die Bischöfe sind mit dem Bischof von Rom durch das Band der bischöflichen Gemeinschaft verbunden (*cum Petro*) und sind ihm als dem Haupt des Kollegiums zugleich hierarchisch unterstellt (*sub Petro*)"[77].

Und wie um es nach einem Jahr Synodalen Weges zu bestätigen, fügte der Papst im Herbst 2020 hinzu:

> „Manchmal bin ich sehr traurig, wenn ich eine Gemeinschaft sehe, die guten Willens ist, aber in die falsche Richtung geht, weil sie

glaubt, der Kirche mit Versammlungen zu helfen, als wäre sie eine politische Partei. ‚Aber, die Mehrheit, die Minderheit, was halten Sie von diesem, jenem, dem anderen … Und das ist wie eine Synode, ein synodaler Weg, den wir einschlagen müssen…' – Ich frage mich: Wo ist der Heilige Geist dort? Wo ist das Gebet? Wo gibt es Gemeinschaftsliebe? Wo ist die Eucharistie? Ohne diese vier Koordinaten wird die Kirche zu einer menschlichen Gesellschaft, zu einer politischen Partei – Veränderungen werden vorgenommen, als wäre sie ein Unternehmen, durch Mehrheit oder Minderheit… aber es gibt keinen Heiligen Geist"[78].

Wo der Geist weht, entscheide ich

Apropos „Heiliger Geist" – auch hier hat Papst Franziskus bereits exemplarisch anschaulich gemacht, was es bedeutet, wenn ein Prozess, ein synodaler Vorgang geistlich, also vom Heiligen Geist getragen ist. Im Herbst 2019 hatte die Amazonas-Synode den Papst in ihrem Abschlussdokument um Kriterien und Ausführungsbestimmungen gebeten, „nach denen geeignete und in der Gemeinde anerkannte Männer zu Priestern geweiht werden können"[79]. Papst Franziskus ist dieser Bitte nicht gefolgt. Warum nicht? Weil es auf der Synode zwar gute Diskussionen gegeben habe, aber keine Unterscheidung der Geister; das sei nämlich etwas anderes, als einen Konsens oder eine Mehrheit zu erreichen. Damit sei die Synode bei den *viri probati*[80] hinter dem Anspruch zurückgeblieben, mehr zu sein als ein Parlament.[81] Geisterfüllte Synodalität bedeutet also: Wenn in der Kirche, auf einer Synode oder einem synodalen Weg etwas weht, entscheiden darüber, ob es der Heilige Geist oder doch nur Durchzug war, jene Männer, denen Gott in der Bischofsweihe besonderen Geistbeistand verliehen hat. Ausschlaggebend sind jene Männer, die Gott in so spezieller Weise Christus gleichförmig gemacht hat, dass sie, wenngleich *cum et sub Petro*, seinen Willen verlässlich erkennen und für die übrigen

Gläubigen verbindlich erklären. Und im Falle der Bischofssynode entscheidet der Papst.[82]

Mit großer Mehrheit hat die Vollversammlung des ZdK einem Reglement zugestimmt, für das gilt: „Schafe sind gleich, Hirten sind gleicher. Eine Unterscheidungsverkleinerungsabsichtsbekundung hat den ZdK-Laien als Wegzehrung genügt"[83]. Sie haben zugestimmt, nachdem auch die Vizepräsidentin Kortmann mit einigem Pathos dafür geworben hatte: „… vertrauen Sie … darauf: Wenn Sie heute Nachmittag diesem gemeinsamen Weg zustimmen, dann werden wir alles tun, um zu verbindlichen Beschlüssen und Voten in der Synodalversammlung zu kommen"[84].

Das war ein Versprechen, von dem sie und alle wissen konnten, dass es auf der Grundlage eben jener beworbenen Satzung nicht zu halten war. Zu erklären ist dieses Verhalten des ZdK mit dem „Prinzip Hoffnung", mit der Zuversicht, der Verlauf der Veranstaltungen werde eine eigene Dynamik freisetzen, der sich auch die Hierarchen nicht würden entziehen können.[85] Ist allein eine solch unbestimmte Hoffnung schon verblüffend, kann ein Blick auf den begonnenen Weg und die, die auf ihm wandern, der rechtlichtheoretischen Einordnung die praktisch-empirische Anschauung folgen lassen.

Auf dem Weg – Geistliche Einstimmung durch Inszenierung von Distinktion

Eröffnet wurde der Synodale Weg in München wie seine erste Plenarversammlung in Frankfurt jeweils an einem sakralen Ort mit einer eucharistischen Großfeier, einem sogenannten Pontifikalamt, dem jeweils der Vorsitzende der DBK, Kardinal Marx, als Hauptzelebrant vorstand. Zu einem geistlichen Prozess gehört katholisch stimmig einleitend und begleitend die Eucharistiefeier, denn vor allem in ihr handelt die Kirche nicht nur als solche, sondern stellt sich auch dar (c. 899 § 1). Gefeiert wird nach universalkirchlich-hierarchischer Regie und in hierarchischer Ordnung. Den Mitwanderern auf dem Synodalen Weg wird so in der gefeierten Liturgie das rechte Kirchenbild, die spezifische Verfasstheit der Kirche als hierarchisch gegliederte Gemeinschaft erinnernd zur Anschauung gebracht, so wie die deutschen Bischöfe es in ihrer Rahmenordnung für die gottesdienstliche Zusammenarbeit von Priestern und Laien konzils- und kuriengetreu vorgegeben haben:

> „Das tritt auch in den gottesdienstlichen Versammlungen klar in Erscheinung, in denen sich die Kirche in besonderer Weise darstellt und verwirklicht. Nicht nur die fundamentale Gleichheit aller in ihrer Christenwürde, sondern auch die Unterschiedenheit der Ämter und Aufgaben, d. h. *die hierarchische Verfaßtheit der Kirche* sowie die Besonderheit der verschiedenen pastoralen Dienste und die Vielfalt der Charismen müssen sich im Gottesdienst widerspiegeln und zur Darstellung kommen"[86].

In mitfeiernder Identifikation können die Gläubigen sich so bewusst an den ihnen jeweils zugewiesenen Platz stellen und sich mental in die Eigenart eines geistlichen Prozesses einstimmen. Gerade vor dem Hintergrund des synodalen Themenquartetts gewinnt die liturgische Feier eine ganz besondere Aussagekraft. Mit dem festlichen Einzug durch die Reihen der wartenden Gläubigen traten die Zelebranten im liturgischen Ornat aus der Gemeinde heraus und konstituierten sie als gegliederte Versammlung.[87]

Liturgietextiles Zwiebelschalenprinzip

Schon das Anlegen seiner liturgischen Gewänder gab Kardinal Marx Gelegenheit, sich seinen eigenen Stand und seine besondere Rolle bewusst zu machen. Zwar benennen die der nachkonziliaren Liturgiereform verpflichteten liturgischen Vorschriften nur noch die zur Unterscheidung der besonderen liturgischen Rollen zu tragenden Gewänder, ohne die lange Tradition ihrer allegorischen Ausdeutung fortzusetzen. Auch die Ankleidegebete, die von dieser Ausdeutung durchtränkt waren, sind nicht mehr vorgeschrieben. Verboten sind sie allerdings auch nicht. Und sie leben in der zwar selteneren, aber durch Papst Benedikt XVI. wieder gleichberechtigten älteren Anwendungsweise des Römischen Ritus wieder auf.[88]

So bereitete auch Kardinal Marx sich einkleidend[89] auf seinen pontifikalen Vorsteherdienst zur Eröffnung des Synodalen Weges vor.[90] Er begann mit dem weißen Untergewand, der Albe, die herkömmlich einerseits moralisch die Reinheit von Sünde, insbesondere die Keuschheit, symbolisiert und andererseits in repräsentatorischer Deutung an Christi Sündenlosigkeit und seine Verklärung erinnert. Der liturgische Gürtel, das Zingulum, unterstreicht dies als Symbol der Selbstbewachung der Begierden und Sinnbild der Enthaltsamkeit. Es folgte die ungekreuzt und gerade hängende Stola als zentrale Insignie für das Priestertum. Ihre Ausdeutung changiert zwischen dem in Glück und Unglück zu tragenden Joch des Amtes, dem Gehorsam Christi und (neuer) der Freude über das Kleid der Gerechtigkeit und Unsterblichkeit (die heiligmachende Gnade). Bei feierlichen Gottesdiensten dürfen Bischöfe darüber die seidene Dalmatik tragen, der das klassische Obergewand für die Messe, die Kasel, als Überwurf folgt. Beide haben ihren Ursprung in der nachkonstantinischen Erhebung der Bischöfe in den Rang der Senatoren (*clarissimi*) bzw. sogar in den darüber und dem Kaiser noch näher stehenden Status der *illustrissimi* und dem damit verbundenen Recht auf zeremonielle Gewandung.[91] Ausgedeutet wurde ihr rundum geschlossener Schnitt dogmatisch als Bild für die Einheit der Kirche Christi und allegorisch als Schild des Priesters gegen die Mächte der Finsternis. In den Falten der Gewänder steckt so auch heute noch die potenziell toxische Kombination aus der Dehnung der priesterlichen Christusrepräsentanz in Richtung einer Identifizierung und sexualitätsabweisender kultischer Reinheit.[92]

Jetzt fehlten nur noch die Amtsinsignien des Diözesan- und Erzbischofs, die Pontifikalien. Nur in München trug Marx als Erzbischof auch das vom Papst verliehene Pallium als Zeichen seiner Metropolitangewalt in Gemeinschaft mit dem Papst. Außerhalb der eigenen Kirchenprovinz ist dies strikt verboten (c. 437).[93] Die Mitra bezeichnet die besondere Würde und wird als Schutzhelm gegen Feinde des Heils gedeutet. Seinen bischöflichen Aufzug vervollständigte Marx durch den an seinem oberen Ende gekrümmten Hirtenstab des Bischofs (Krummstab) als Zeichen seiner *potestas*.

Liturgische Rollenverteilung

Auf diese Weise liturgie- wie bischofsgerecht gekleidet, zog Kardinal Marx feierlich in den Münchener wie später den Frankfurter Dom zur liturgischen Eröffnung des Synodalen Weges bzw. der Ersten Synodalversammlung ein. Mit diesem ornamentalen Einzug begann die ständekirchliche Inszenierung der Distinktion, die sich jeweils konsequent fortsetzte in der liturgischen Rollenverteilung der Eucharistiefeier.[94] Nur mit seinen Mitzelebranten ehrte der Kardinal den Altar als Symbol Christi durch Altarkuss und Inzens und stellte damit die vertikale Ausrichtung der Versammlung her. Als Hauptzelebrant nahm er den ihm vorbehaltenen Sitz ein und demonstrierte so, dass er Christus als den eigentlich Einladenden vertrat. Die nichtgeweihten Mitwirkenden waren vorschriftsmäßig so platziert, dass es nicht zu Verwechslungen kommen konnte. Nur Kleriker sprachen die ihnen vorbehaltenen Grußformeln – etwa „Der Herr sei mit euch", den österlichen Gruß des Auferstandenen. Mit der Antwort „Und mit deinem Geiste" erkannten die übrigen Gläubigen die Vollmacht des in der Person Christi Handelnden an. Wie jeder Zelebrant gab Kardinal Marx regelmäßig die Hinweise und leitete die Gebete der Gläubigen ein und schloss sie ab.[95]

Nur Priester konnten die sogenannten Präsidial- bzw. priesterlichen Amtsgebete (Hochgebet und die Orationen: Tages-, Gaben- und Schlussgebet) vortragen und sich in der sie begleitenden Orantenhaltung mit ausgebreiteten Armen im Namen der ganzen Kirche und der Feiergemeinde an Gott wenden.[96] Beim wichtigsten Präsidialgebet, dem eucharistischen Hochgebet als Höhepunkt der gesamten Feier[97], handeln die Priester „zutiefst" *in persona Christi Capitis*[98] und stellen bei den Einsetzungsworten „Mund und … Stimme jenem zur Verfügung, der diese Worte im Abendmahlssaal gesprochen hat"[99]. Mit der verpflichtenden Nennung des Papstes im Hochgebet band der Kardinal einerseits die Feiernden zurück in die *communio hierarchica* der Gesamtkirche und legitimierte sich andererseits als Zeleb-rant.[100] Er leitete die Verkündigung des Wortes Gottes und hielt die ihm als Kleriker vorbehaltene Homilie, d. h. die Predigt in der Eucharistiefeier (c. 767).[101] Die Berechtigung, diese zu halten, leitet sich aus amtlicher Sicht nicht aus einer besonderen rhetorischen oder theologischen Kompetenz ab, sondern es geht um einen weihesakramental begründeten Vorbehalt[102], um ein Standessignal. Da genügend Kleriker als *ordentliche* Kommunion-spender anwesend waren, teilten in München ordnungsgemäß auch nur sie die Kommunion aus.[103] Den Schlusssegen erteilte der Bischof.[104] Soweit die spezifisch klerikale Liturgieteilnahme, die vorwiegend im Altarraum spielt.

Der liturgische Regelraum der Laien ohne besondere liturgische Aufgabe ist grundsätzlich und war auch hier das Kirchenschiff. Auch ihre Weise, tätig an der Liturgie teilzunehmen, ist eine besondere. Entsprechend stimmten die laikalen Mitwanderer auf dem Synodalen Weg von ihrem Platz aus durch „Amen" oder andere Akklamationen zu und antworteten auf den Gruß und die Gebetseinladungen des Bischofs. Sie feierten aktiv mit im Allgemeinen Schuldbekenntnis, im Glaubensbekenntnis, in den Fürbitten (Allgemeines Gebet) und im Vaterunser. Ihr Anteil an der liturgischen Interaktion ist al-lerdings grundsätzlich und war auch hier reaktiv, nicht initiativ wie der der Kleriker, besonders der Priester. Diese sind Wortgeber und Wortführer in der liturgischen Wechselrede. Laien können in der Messe nicht aus eigenem Antrieb das Wort ergreifen. Es wird ihnen erteilt. Sie hören aufmerksam zu, lassen sich unterweisen, schließen sich im Gebet an, stimmen zu und ant-worten nach Aufforderung.[105]

Dass in München und Frankfurt auch Laienmänner und -frauen im Altarraum und Kleriker im Kirchenschiff waren, widersprach dieser grund-sätzlichen Rollenverteilung nicht. Laien sind kraft Taufe und Firmung be-fähigt, liturgische Dienste und Ämter zu übernehmen. Ob sie dazu heran-gezogen werden, entscheiden allerdings Kleriker (c. 228). Und ob zu den Herangezogenen auch Mädchen oder Frauen gehören, hängt vom Ermessen des jeweiligen Zelebranten ab. Wo die Eucharistie in der älteren An-wendungsweise des Römischen Ritus gefeiert wird, bleibt Frauen der Altar-raum weiter verboten. Denn der katholische Begriff der Gleichheit verknüpft diese anders als der Staat nicht mit der Gleichberechtigung (c. 208). Eine nach Geschlechtern unterschiedliche Anwendung auch geschlechtsneutral formulierter Gesetze bleibt insofern möglich und legal (c. 230). Es mag sein, dass nicht allen Laien der gesamte Haushalt an liturgischen Symbolen und theologischen Sprachspielen der Liturgie immer voll bewusst ist[106], dem Klerus ist er das allerdings sehr wohl.

Kontrollierte Gleichheitsgefühligkeit

In München wie in Frankfurt wurden gezielte szenische Signale der Gemeinsamkeit eingebaut. So durfte in München Karin Kortmann als Vizepräsidentin des ZdK auf Wink des Kardinals die Synodalkerze entzünden[107], was symbolisch einem Einschulungsgottesdienst näher war als echter Laien- und Frauenwertschätzung. In Frankfurt wollte man zumindest optisch etwas weitergehen. Vor dem Gottesdienst trafen sich die Mitglieder der Synodalversammlung im Pfarrsaal der Dompfarrei, um von dort gemeinsam hinüber in die Domkirche zu gehen. Die Bischöfe verzichteten zur Vermeidung eines episkopalen Aufmarsches auf die Konzelebration. Den besonderen Grund, den die liturgische Ordnung fordert, wenn Kleriker nach Laienweise (*modo laicorum*) an der Messe teilnehmen[108], sah man anlässlich der Synodalversammlung offenbar gegeben. Im Dom nahm man ohne besondere Sitzordnung in bunter Reihe nebeneinander Platz. Das Programm und ihm folgend auch die kommentierenden Medien nannten das irreführend einen gemeinsamen Einzug. Tatsächlich folgte der eigentliche feierliche liturgische Einzug aber erst danach. Auch dabei gingen zwar einige Laien voran, aber der Domschweizer ließ einen so respektablen Abstand zur Prozession aus Zelebranten und mit liturgischen Diensten betrauten Personen entstehen, dass die Laien eine Art Vorhut blieben.[109] Unvoreingenommene Studierende assoziierten bei der Videobetrachtung die voranschreitenden Laien aus ihren Erfahrungen spontan mit „Blumenkindern", die bei einer Hochzeit vor dem Brautpaar Blumen streuen. So sehr die Gleichordnung in den Kirchenbänken vor allem die Laien beeindruckte, sie blieb eine optische Täuschung. Die Nebenordnung von Sitzplätzen ändert eine ständische Ordnung nicht. Diese infrage zu stellen, konnte auch gar nicht das Ziel sein, es ging nur um Als-ob-Arrangements.

Dementsprechend scheute sich auch Bischof Georg Bätzing (Limburg), der sehr wohl von dem reinen Beratungscharakter der Veranstaltung und seine völlige Souveränität gegenüber allen ihren „Beschlüssen" wusste, nicht, in seinem Begrüßungswort die Domkirche deshalb als gute Wahl für den Beginn der Synodalversammlung zu loben, weil dort *„sehr gewichtige Entscheidungen* errungen und getroffen worden sind"[110]. Es fällt schwer, hier die Grenze zur Verhöhnung nicht überschritten zu sehen. Den Laien war die illusionäre Verwechslung von unverbindlichen Ratsbeschlüssen mit Entscheidungen aber offenbar schon so in Fleisch und Blut übergegangen, dass ihnen das nicht auffiel und sie auch die Predigt des Kardinals vom Ersten Advent des Vorjahres zum Beginn des Weges[111] vergessen oder erst gar nicht verstanden hatten.

Schon dort hatte Marx in einer Mischung aus Umkehr- und Aufbruchsrhetorik einerseits motiviert und mobilisiert, andererseits aber scheinbar en passant auch die ekklesiologischen Leitplanken für den Synodalen Weg angezeigt. Der Kindesmissbrauch durch Priester war für ihn wieder Ausgangspunkt, nicht wirklicher Inhalt des Synodalen Weges, wobei er sich den ebenso stereotypen wie peinlichen *Tu-quoque*-Hinweis auf die Gesellschaft nicht verkneifen konnte. Die Fragen nach systemischen Problemen führten bei ihm nicht zu Reformen, sondern immer nur zum „Wir-müssen-reden", „Hinschauen" und „Anschauen". Wie beim Zahnarzt kann in der Messe niemand dem Prediger widersprechen, wenn er im Wir-Modus klerikale Taten und hierarchisches Versagen vergemeinschaftet. Und dann die Leitplanken: Synode heiße miteinander gehen. Eine synodale Kirche sei mit Franziskus nicht nur eine formelle Synode, nein, auch der Pfarrgemeinderat, das gemeinsame Gebet, die Wallfahrt (!).

Und es gehe nicht um die politische Entscheidung mit 51 %, vielmehr um die Einmütigkeit in der Weltkirche mit dem Papst als Fundament der Einheit und die Einmütigkeit mit der Geschichte – eine pikante Mahnung. Denn zum einen hat sich die Einmütigkeit konzilshistorisch längst als fromme Mär erwiesen[112], zum anderen hat Papst Pius IX., als er seine geplante Unfehlbarkeit unter dem Einmütigkeitserfordernis durch die vorauszusehenden 20 % Gegenstimmen gefährdet sah, kurzerhand die Geschäftsordnung geändert und eine einfache Mehrheit als ausreichend verfügt.[113] Seither ist die Mehrheit immer dort, wo der Papst ist, und der Begriff Einstimmigkeit entfaltet seinen wörtlichsten Sinn.

Der Kardinal wies zudem darauf hin, dass die Einmütigkeit nicht nur eine synchrone Wirklichkeit ist. Die lehramtlichen Vorgaben beruhten nicht auf Willkür, sondern auf dem Glaubens- und Kirchensinn:

> „Die Verbindung und Kommunikation zwischen Volk Gottes, Theologie und Lehramt gehört zur Verfasstheit der Kirche. Und diese Vergewisserung geschieht in der Beachtung der synchronen (d. h. jetzt weltweit sichtbaren) Communio und der diachronen (d. h. die Kirche aller Zeiten berücksichtigenden) Communio"[114].

Damit wandte Kardinal Marx auch auf den Synodalen Weg ein Konzept von Mehrheit und Glaubenssinn an, das Kardinal Ratzinger schon einmal exemplarisch vorexerziert hatte, als er gegen eine gegenwärtige Mehrheit, „die *wahre* Mehrheit in der Kirche" in Anschlag brachte. Sie reiche diachron durch die Jahrhunderte, und nur im Hören auf diese bevollmächtigte Mehrheit bleibe man innerhalb des apostolischen „Wir"[115]. Das Lehramt spiegle hier ein echtes demokratisches Prinzip wider, indem es das Glaubenszeugnis von Katholiken aus jedem Zeitalter der Kirchengeschichte würdige[116] – ein frappierendes Konzept: „Wenn die Toten mit abstimmen, hat die Tradition immer die Mehrheit. Kopf – ich gewinne, Zahl – du verlierst"[117].

In Frankfurt erinnerte Kardinal Marx predigend an die Unersetzbarkeit (allein) der Priester. Niemand könne sich eine Kirche vorstellen ohne Priester, ohne Eucharistie. Ohne Priester gebe es keine katholische Kirche. Das ist die Quintessenz der eucharistischen Ekklesiologie, nach der die Kirche aus der Eucharistie und damit von den Priestern lebt.[118] Ein in Corona-Zeiten nicht ganz fernliegendes Gedankenexperiment kann diese eucharistische Ekklesio-Logik anschaulich machen: Würde ein tödliches Virus weltweit alle Nichtpriester hinwegraffen und nur gültig geweihte Priester wären immun – gäbe es die Kirche dann noch? Ja, jedenfalls bis die rein maskuline Priesterschaft allmählich ausgestorben wäre, solange also noch ein Priester zelebrierte. Tötete das Virus hingegen ausschließlich alle Priester, stürbe die Kirche sofort. Es gäbe dann zwar noch Diakone und Laiengläubige, aber niemanden mehr, der neue Priester weihen könnte, keine Eucharistiefeier mehr und damit eben auch nicht mehr die Kirche. Liebenswerte Theorien einer „Noteucharistie" oder „Begierdeweihe"[119] helfen hier nicht, denn sie wurden lehramtlich abgewiesen.[120]

Alphabetische Weichzeichnung

Hatte es viele schon beeindruckt, wie Bischöfe sich in den Kirchenbänken unters Volk mischten, so erst recht die alphabetische Sitzordnung in der Plenarversammlung ohne episkopale Blockbildung wie noch in Würzburg. Es gebe keine Rangordnung in der Synodalversammlung, hieß es allenthalben, was dann aber richtig auf das angemessene Schrumpfmaß gleichberechtigter Platzierung konkretisiert wurde. Bescheidener und zutreffender war in diesem Fall die Einschätzung von ZdK-Präsident Thomas Sternberg: „Wir saßen alphabetisch. Es gab erstaunliche Begegnungen." Aber damit musste es auch gut sein. Der Antrag, doch während der Sitzungen auf alle weltlichen und kirchlichen Titel zu verzichten, um angesichts der strukturell nicht zu beseitigenden Unterschiede und über die alpabetische Tünche hinaus wenigstens im Umgang ein Zeichen zu setzen, löste vor allem Heiterkeit aus und wurde abgelehnt. Bei den Titeln hörte die Egalisierung also schon auf.

Kenne die Diskutanten

Wer sich zu einem Gespräch, einer Sitzung, einer Versammlung trifft, in der er andere überzeugen will, der bereitet sich vor. Zu den Basics solcher Vorbereitung gehört, sich mit den Gesprächspartnern zu befassen. Nur wer weiß, mit wem er es zu tun hat, kann sich selbst angemessen verorten und seine Argumentation justieren. Bei einer solchen Vorbereitung hätten die Teilnehmer der Synodalversammlung sich bewusstmachen können, dass sie zwar alphabetisch gereiht sitzen würden, aber dennoch drei ontologisch voneinander verschiedene Gruppen bildeten. 109 Kleriker, die sich aufgrund der sakramentalen Weihe ein nach Taufe und Firmung drittes unauslöschliches Merkmal zugezogen haben und die mit ihrer Weihe in den von Gott eingesetzten Klerikerstand aufgenommen wurden, unterscheiden sich von der zweiten Gruppe der 121 Laien nicht nur dem Rang, sondern dem Wesen nach (LG 10). Die Laien bilden ihrerseits zwei Großgruppen, weil sich Frauen aus kirchenamtlicher Sicht von Männern aufgrund der schöpfungsmäßigen Geschlechterkomplementarität „physisch, psychisch und ontologisch" unterscheiden und daher auch innerhalb des Laienstandes eine besondere Position einnehmen.[121]

Die Kleriker, unter ihnen die Diözesan- und Hilfsbischöfe, bilden die homogenste Gruppe. Mit welchen Persönlichkeiten hatten und haben die Laien hier zu rechnen, auf welche persönlichen Erfahrungen würden diese sich stützen? Woher beziehen sie ihre Informationen? Welche Fragen würden sie stellen? Welche Interessen haben sie? Welches Bild von den laikalen Gesprächspartnern ist bei ihnen zu erwarten? Wie sollen Laien umgehen mit verschleiernden Diskussionsstilen oder allfälligen Provokationen? Je genauer und konzentrierter die Einstellung auf das Profil der Diskussionspartner, desto gezielter kann reagiert werden, desto effektiver das eigene Diskussionsverhalten nach Form und Inhalt gestaltet werden.

Die Kleriker auf dem Synodalen Weg wurden in der Regel nach dem Abitur[122] einem weltkirchlich überall ähnlichen, wenn auch national leicht variierendem Sozialisierungsprozess als Vorbereitung auf ihre Weihe unterzogen.[123] Ihre Kleriker selbst auszubilden, beansprucht die katholische Kirche als von Gott verliehenes exklusives Recht (c. 232). Universalkirchenrechtlich geschieht dies komplett in speziellen Priesterseminaren, sogenannten Vollseminaren. In Deutschland gilt aufgrund einer konkordatären Ausnahme, dass die theologische Ausbildung an zumeist staatlichen theologischen Fakultäten erfolgt, die geistliche Formung und praktische Befähigung zunächst parallel in sogenannten Theologenkonvikten und anschließend in eigenen Pastoralseminaren. Damit wird auch hierzulande trotz vielfältiger Kritik[124] an der verpflichtenden Seminarerziehung mit homosozialer Unterbringung in eigenen diözesanen oder auch überdiözesanen Häusern festgehalten.[125] Das Seminar hat der Diözesanbischof als die wichtigste diözesane Einrichtung zu betrachten.[126]

Set apart: Prägeapparatur „Kommunität"

An dieser Nahtstelle zwischen System und Individuum kommt es darauf an, bei den künftigen Klerikern und insbesondere Bischöfen als den Entscheidern und Rollendefinierern, einen stabilen Konsens sicherzustellen, d. h. ein gleichsinniges Erleben und eine gleichgerichtete Wahrnehmung der Wirklichkeit sowie ein entsprechend zuverlässiges Verhalten. Zu diesem Zweck wird kirchenamtlich das „Kommunität (*vita communis*)" genannte Ausbildungsmodell der Geschlossenheit beibehalten.[127] Es dient der Sozialisierung, der Formung eines Individuums, hier des künftigen Klerikers, und seiner Handlungsmöglichkeiten, dazu, eine bestimmte Form sozialen Handelns durch ein soziales und institutionelles Arrangement herzustellen und zu stabilisieren. Die *vita communis* dient als Umformungs- und Prägeapparat: durch räumliche Anordnung des Lebens, Zeitreglement, Ordnung der Tätigkeiten und sichernde Kontrolltechniken.

Den Kern einer *vita communis* bilden die gemeinsamen Mahlzeiten, die zur Intensivierung sozialer Beziehungen genutzt werden.[128] Diese sozialisierende Kraft wird durch bauliche Maßnahmen auf Dauer gestellt, die einen abgeschlossenen Lebensraum begründen helfen. Nicht selten erwecken die klerikalen Ausbildungshäuser bis heute „den Eindruck einer wehrhaften Trutzburg"[129] und werden unabhängig von der konkreten Bauweise von den Seminaristen vielfach „Kasten" genannt. Die Mauer grenzt zur übrigen Welt ab und schafft eine *räumliche Sonderwelt*. Das Außen wird ferngehalten, das Innen wird kontrollierbar, paradigmatisch durch die Pforte mit dem „zwingenden Blick" auf Zu- und Abgang. Relevant sind vor allem die homosozialen Binnenbeziehungen zu den „Mitbrüdern", die Außenbeziehungen zur Herkunftsfamilie und zur sozialen Umwelt sollen in den Hintergrund treten. Denn „die Welt" hält viele konkurrierende Realitäts- und Sinnentwürfe bereit. Davon wenigstens tendenziell abgeschirmt, ist es leichter, innen eine eigene – die bedeutsame – Realität zu produzieren. In dieser Abschirmung besteht – unabhängig von den historisch immer wieder ausgetauschten Begründungen[130] – auch der politische Zweck des Zölibats. Er soll vor allem stabile Dauerbeziehungen verhindern. Denn durch sie kann es zu unkontrollierten Uminterpretationen der Wirklichkeit nach alternativen Sinnstrukturen kommen.

In der *vita communis* fungieren die gemeinsamen Essens- und Gebetszeiten als Brückenköpfe zum *zeitlichen Reglement*, das den gesamten Tagesablauf abdeckt. Die Zeitplanung gilt als einfachste und verbreitetste Technik einer methodischen Lebensführung. Die Seminaristen haben neben dem universitären auch den hauseigenen Stundenplan einzuhalten, wobei letzterer im Konfliktfall vorgeht. Vielfach besteht die klare Erwartung der Konviktsleitungen, dass die Fakultäten wie eine Art Außenstelle des Theologenkonvikts ihren Stundenplan an den Essens- und Gebetszeiten der „Kommunität" ausrichten.

Das Zeitreglement geht fließend über in die *Tätigkeitsordnung* in Gestalt detaillierter Verhaltensmaßregeln mit Blick auf die künftige Priesterrolle. Solche Regulierungen versetzen die Kandidaten in den Zustand ständiger Kritisierbarkeit, der erst nachträglich religiös fundiert wird. Auf dieser Basis kann dann die Gehorsamsbindung betont und entwickelt werden. Im Gehorsam wird die Tugend der Demut, die Bereitschaft zur Unterordnung eingeübt, in der man in christlicher Sicht dem eigenen Ich absterben soll.[131] In der katholischen Ausrichtung des Gehorsams auf den Oberen wird schließlich das herkömmliche Autoritäts- und Sozialisationsmodell des patriarchalisch strukturierten Familienverbandes variiert. Der Gehorsam wird auf eine Weise legitimiert, die dazu führt, dass ein Befehl nicht nur aufgrund äußerer Sanktionsdrohungen befolgt wird, sondern aus innerer Einstellung. Der Gehorsam soll internalisiert werden. Ein Kriterium, um eine Berufung zum Priestertum zu erkennen, ist daher – so der damalige Mitausbilder im Bonner Theologenkonvikt, Stefan Heße, – auch

> „eine Haltung des Gleichmutes bzw. ein inneres Ausgeglichen-
> sein und damit die Bereitschaft, sich für Gottes Willen zu öffnen.
> Wer stur auf seinem eigenen Willen und seiner Einsicht beharrt,
> erweist sich als unfähig, in eine geistliche Unterscheidung einzu-
> treten. … Dieses schließt ein, sich von ungeordneten Neigungen
> und Abhängigkeiten äußerlich und innerlich freimachen zu kön-
> nen. Es ist die Haltung des Menschen, der entschieden ist, sich be-
> denkenlos von Gott führen zu lassen, auch durch die Hand des
> Vorgesetzten. Indifferenz steht insofern in enger Verbindung mit
> Gehorsam, Demut und Einfachheit. Sie ist … [zu verstehen] als
> innere Freiheit und Disponibilität für alles, was kommt. Mit inne-
> rer Ruhe und Ausgeglichenheit müsste deshalb jemand, der wirk-
> lich indifferent ist, auch eine Entscheidung hinnehmen, die anders
> ausfällt als von ihm erwartet. Er dürfte dadurch nicht frustriert
> oder enttäuscht sein"[132].

Diese Haltung einzuüben, ist auch notwendig, denn Gehorsam ist die oberste Klerikerpflicht. Dem eigenen Ordinarius und dem Heiligen Vater „Ehrfurcht und Gehorsam" zu erweisen, hat Papst Johannes Paul II. persönlich an die Spitze der Rechtspflichten für Kleriker gerückt, als er 1982 den letzten Codex-Entwurf überprüfte. Sicherheitshalber ließ er Ungehorsam auch unter Strafe stellen (cc. 273, 1371 n. 2).[133]

Die *vita communis* ermöglicht sodann die soziale *Kontrolle*. Die wechselseitige Aufsicht durch die Mitbrüder ist nicht nur durch das Wohnarrangement ermöglicht, sondern im Ausbildungssystem fest eingebaut. Der Seminarist soll sich durch tägliche Gewissensprüfung selbst kennen und sich durch „eine aufrichtige und transparente Beziehung zu den Ausbildern erkennen [lassen]"[134]. Vor jedem Ausbildungseinschnitt – rituelle Zulassung des Aspiranten zum offiziellen Priesterkandidaten (*admissio*), dann zu den Dauerdiensten des Lektorats und Akolythats (*institutio*) und schließlich zur jeweiligen Weihestufe – haben Regens und / oder Bischof Eignungsgespräche (*Skrutinien*) mit den Kandidaten zu führen. In den jeweiligen Unterlagen dafür war seit 1997 eigens auch festzuhalten, ob und wie sich die Kurskameraden in zugesicherter Anonymität positiv oder negativ über die Eignung eines Kandidaten geäußert haben.[135] Die neue Ausbildungsordnung von 2016 fordert diese Dokumentation nicht mehr ausdrücklich, lässt die Erkundigung jedoch weiter zu, insofern „alle Informationen" zu beurteilen sind, die für die Kenntnis der Situation und die Bewertung durch die Ausbilder irgendwie bedeutsam erscheinen.[136]

Außerhalb der Beichte ist der Vertrauensschutz für Priesterkandidaten gering.[137] Kirchenkritische Äußerungen, Probleme mit zu übernehmenden Verpflichtungen, vielleicht auch mit der eigenen sexuellen Identität, die sorgfältige Einhaltung von Regeln – all das steht vorschriftsmäßig unter ständiger sozialer Beobachtung und der Gefahr der Weitermeldung und macht das Konvikt / Seminar zu einem Wissensapparat, der eine hohe Verhaltenstransparenz ermöglicht.[138] Damit wird nicht jeder Seminarist zum Denunzianten, aber das ist auch nicht nötig. Für die Kontrolle reicht es aus, dass kein Seminarist sicher sein kann, ob der Mitbruder nicht einer ist. Auf der Grundlage der Annahme, dass eine hohe Verhaltenskonformität gegenüber Vorschriften die innere Haltung ausdrückt, wird diese nach außen sichtbar gemacht.

Die soziale Kontrolle soll auch nach draußen verlängert werden. Dazu diente etwa die Regel „Zu zweit zur richtigen Zeit"[139] und dient z. B. bei den „Redemptoris-Mater"-Seminaren des „Neokatechumenalen Wegs"[140] die Praxis der sogenannten *regula socii*, nach der die Seminaristen immer zu zweit leben, unterwegs sind und wirken.[141] Da läuft die Mauer sozusagen mit. Die Bildungskongregation erwähnte dies lobend in ihrem Abschlussbericht zur Apostolischen Visitation der US-amerikanischen Priesterseminare und erlegte ihnen zu prüfen auf, wie sie ähnlich das korrekte Verhalten der Kandidaten außerhalb des Seminars sicherstellen könnten.[142] Bisweilen wird dies noch dadurch unterstützt, dass – wie beim „Neokatechumenalen Weg" – mit Erlaubnis des Diözesanbischofs schon die Priesterkandidaten die universalkirchenrechtlich für Priester verpflichtend vorgeschriebene Klerikerkleidung tragen – in Deutschland Oratorianerkragen oder römisches Kollar.[143] So sind sie textil markiert und identifizierbar.

Und schließlich zieht die Maßgabe, Interna nicht nach außen dringen zu lassen, eine Mauer des Schweigens. In diesem spezifischen sozialen Arrangement des „Set Apart" entsteht eine neue Kultur mit den wichtigsten Zielen der zölibatären Lebensweise, der Einübung der Mitbrüderlichkeit in der signifikanten ständischen Bezugsgruppe und eines bisweilen wenig subtilen Corpsgeistes:

> „Als eine Gemeinschaft, deren Zusammensetzung sich keiner aussuchen kann, ist das Collegium Albertinum für die Kölner Priesteramtskandidaten der Ort, an dem sich für jeden einzelnen entscheidet, ob ihm Handeln in Einheit wichtiger ist als noch so perfektes Handeln in der Isolation, ob ihm die Erhaltung der Einheit wichtiger ist als jede private Idee, und ob er eher bereit ist, falsche Entscheidungen anderer mitzutragen, als die Solidarität mit einer immer auch von Irrtum und Sünde gezeichneten Kirche aufzugeben"[144].

Manche Priesterausbilder beantworten solche Hinweise gern mit der bloßen Gegenbehauptung, heute sei doch eigentlich alles ganz anders, und verweisen auf modernisierte Ausbildungsinhalte oder die Hinzuziehung auch von (einzelnen) Dozentinnen. Andere weisen dagegen darauf hin, dass auch in den nachkonziliaren Neuansätzen in der Priesterbildung und erst recht in den reklerikalisierenden Pontifikaten Johannes Pauls II. und Benedikts XVI. weiterhin und wieder verstärkt die Bedeutung des Priesters in der Seminarerziehung wie in der theologischen Ausbildung herausgestellt wird und es insgesamt bei dem Dreiklang des klerikalen Framings aus Disziplinierung, Homogenisierung und Isolierung geblieben ist.[145] Das Problem ist: Eine empirische Überprüfung ist nur schwer möglich, Befragungen und Erfahrungserhebungen bei Seminaristen sind nicht gern gesehen, werden amtlich ausgebremst bzw. nicht genehme Ergebnisse unterdrückt. Das gilt keineswegs nur historisch wie in dem jüngst erforschten „Fall Crottogini", dessen empi-

risch fragebogenbasierte Pionieruntersuchung zu Motiven, den Priester-
beruf zu ergreifen, in den 1950er-Jahren aufgrund eines Verbots des *Sanctum Officium* aus Angst um den Ruf des Priestertums nicht veröffentlicht
werden durfte.[146] Solange Inhalte und Praxis der Ausbildung nicht transparent gemacht, sondern weiterhin als Internwissen behandelt werden und
die abhängigen Seminaristen schweigen, was man ihnen nicht zum Vorwurf
machen kann, solange bleiben alle programmatischen Amtstexte bloße
Galeriestücke.[147]

Die ontologische Scheidung

Weiter inhaltlich gefüllt wird die Priesteridentität mit dem amtlichen
Priesterbild.[148] Wollen die Laien auf dem Synodalen Weg ihre klerikalen Ge-
sprächspartner verstehen und sich für eine Debatte auf sie einstellen, sollten
sie sich klar machen, wie diese sich systemgerecht selbst verstehen und wie
von diesem Selbstbild aus ihr Blick auf die Laien ausfällt. Es ist daher auch
hier eine fahrlässige Verdrängung der Realität, die einschlägigen konziliaren
und die verbindlich auslegenden und konkretisierenden lehramtlichen Vorgaben nicht ernst zu nehmen. Sie bilden die Matrix der Priesterbildung und
des durch sie formatierten Selbstverständnisses der Priester wie der Bischöfe. Wie also sieht das identitätsprägende Priesterbild der klerikalen Mitwanderer auf dem Synodalen Weg in seiner Plenarversammlung und den
übrigen Zusammenkünften aus?

Kern dieser Identität ist das Bewusstsein ihrer kompletten wesenhaften,
nämlich ontologischen Verschiedenheit von den Laien („nicht nur dem
Rang, sondern dem Wesen nach", LG10). In dieser nur von Gott her möglichen „Verwandlung des menschlichen Wesens selbst", dieser „ontologischen Veränderung" gründet die „Erhabenheit" (*excellentia*) (PO 1) des
Priesterstandes, und zwar unabhängig von persönlichen Fähigkeiten, Grenzen und Armseligkeiten. Als Geweihte – in der Fülle als Bischof, in unter-
geordnetem Rang als Priester – sind sie von Gott berufen, an seinem Heils-
plan mitzuwirken und die Menschen zum Glaubensgehorsam zu führen,

Gottes Heilssendung fortzusetzen. Die sakramentale Weihe verleiht ihnen eine „ontologische Teilhabe am ‚Haupt-Sein' Christi", eint sie in einem „besonderen ontologischen Band" mit Christus, bewirkt eine Gleichförmigkeit mit Christus, die sie befähigt, *in persona Christi Capitis* zu handeln. Das Heil kommt von Gott, und die Priester setzen es in der Zeit fort. Sie stellen auf geheimnisvolle Weise die Präsenz Christi in der Welt dar. Der Priester ist ein „Mann Gottes", und – weil auf ganz neue Art eingetaucht in das Mysterium Christi – ein „Mann des Heiligen". Untereinander stehen die Priester in einer „Verbundenheit ..., in der die Bande nicht aus Fleisch und Blut, sondern aus der Weihegnade kommen". Die Mitbrüderlichkeit gründet in Gnaden- statt in Blutsbanden.

Diese im Vergleich zu anderen Gläubigen völlig neue Identität muss dem Priester immer bewusst und nach außen für andere jederzeit erkennbar sein. Mentalitäten und Verhaltensweisen, die den Unterschied zwischen Priestern und Laien verwischen, müssen sie daher meiden. Sie haben einerseits selbst demokratischen und egalitären Versuchungen zu widerstehen, dürfen Nächstenliebe nicht mit einer Angleichung an die Laien verwechseln, um so nicht ihre Identität zu verwässern.[149] Und andererseits haben sie als Priester und Bischöfe Laien vor der Versuchung zu bewahren, sich vornehmlich auf innerkirchliche Aufgaben und Dienste zu konzentrieren statt auf ihre spezifische Berufung zum Weltauftrag, indem sie Gesellschaft und Staat mit katholischem Geist durchdringen.[150] Bei allen Formen der Partizipation von Laien hat insbesondere der Bischof vorzusorgen, dass deren Beauftragung keine Verwirrung über die Wesensverschiedenheit und Unersetzbarkeit der Priester bewirkt und sich nicht de facto eine zum Weihesakrament parallele kirchliche Dienststruktur etabliert.[151] In diesem Sinne hatte Erzbischof Dyba anlässlich des 10-jährigen Codex-Jubiläums auf einem Kongress des römischen Interpretationsrates gemahnt:

> „Das Engagement der Laien soll ja wachsen, aber in der richtigen Richtung, in die Welt hinein. Das ist, gestatten Sie mir dieses Bild, wie beim Nagel vom großen Zeh: Wenn der nach außen wächst, schützt er den Zeh und damit den Körper. Wenn er in die ver-

kehrte Richtung, nämlich nach innen wächst, dann entzündet er den Zeh und tut dem ganzen Körper weh"[152].

Und unlängst hat Bischof Meier (Augsburg) vor seinem diözesanen Katholikenrat gewarnt, wo

> „Laien in priesterliche Rollen schlüpfen und umgekehrt Priester den Eindruck erwecken, sich den Laien angleichen zu sollen, besteht die Gefahr, dass die gegliederte Einheit in ein unterschiedsloses Einerlei verflacht. … Die Kanzeln und Altäre sind nicht der erste Ort der Laien. Die Laien sind vor allem dazu gerufen, das Projekt der Evangelisierung unter den Pflug zu nehmen"[153].

Es ist zudem Sorge zu tragen, dass sich Mitwirkungsorgane nicht an Maßstäben einer parlamentarischen Demokratie orientieren, denn sie beraten, sie entscheiden nicht. Als „Mann des Unterscheidungsvermögens" hat der Bischof in „Foren" darüber zu wachen, dass keine Vorschläge angenommen werden, die mit Glaube oder Ordnung der Kirche nicht vereinbar sind. Greift er dazu nötigenfalls auch auf rechtliche Mittel zurück, ist dies „in sich selbst ein pastorales Handeln", weil sich in der kirchenrechtlichen Ordnung „die Liebe, die Gnade und die Charismen harmonisch entfalten können"[154]. Die Geweihten stehen in der Kirche, aber ihr auch gegenüber.[155]

Set above: Hirten und Väter

Dass dieses „Gegenüber" eine Verschleierung und tatsächlich ein „Obendrüber" ist, daran lassen schon die beiden zentralen Leitmetaphern „Hirt" bzw. „Oberhirt" und „Vater" keinen Zweifel. Sie machen den ontologischen Unterschied und die damit verbundene Überordnung des hierarchischen Priestertums eingängig und unterfüttern dies affektiv. Die Bischöfe rücken als Nachfolger der Apostel in deren Position als Hirten der Kirche. Es ist die Gnade der Bischofsweihe, die sie in diese Leitung stellt. Im Bild des Hirten zeigt sich die gesamte Breite des bischöflichen Dienstes, wobei „die Hirten der Herde wissen, dass sie bei der Ausübung ihres Amtes auf eine besondere Gnade zählen können", die Gnade, das Volk zu leiten.[156] Sie leiten an Gottes (LG 20) wie Christi statt die Herde des Herrn und sollen ihre Schafe kennen.[157] Da „pastoral" so immer die Teilhabe am bischöflichen Dienst meint, kommt der Begriff Hirte (Pastor) sonst nur Priestern zu[158], wie auch andere Titel und Bezeichnungen, die einen direkten Bezug zum Priesterprofil haben, anderen Gläubigen vorzuenthalten sind.[159] Der Bischof von Brooklyn, Thomas V. Daily, erklärte, als er in einer Vernehmung gefragt wurde, warum er nichts gegen einen Priester unternommen habe, von dem eine Frau ihm mitgeteilt hatte, er habe ihre Söhne und Neffen missbraucht: „I am not a policeman; I am shepherd"[160].

Schon in der geschichtlich alten und nicht nur innerkirchlich verbreiteten[161] Hirtenmetapher verschränken sich Fürsorge- und Geborgenheitsdimension mit den Aspekten von Führung und Herrschaft[162], so dass „Hirtenamt" für die Befähigung zur ungeteilten Regierungsgewalt des Bischofs steht (*munus pascendi = munus regendi*).[163] Im Bildprogramm von der geistlichen Vaterschaft wird dieselbe Verschränkung noch affektiv abgestützt.[164] Von Gottvater über den Heiligen Vater[165] bis zum Pater und Beichtvater und die im Englischen gängige Priesteranrede Father ist das Bild eingespielt. So hat der Priester seinen Dienst wesentlich auch als „Dienst der Vaterschaft"[166] zu verstehen, als „Mission der Vaterschaft", die sich über das ganze Leben der ihm Anvertrauten erstreckt. So heißt es mit Berufung auf Papst Benedikt XVI.:

„Wer hat Eure Seele beim ersten Eintritt in das Leben aufgenommen? Der Priester. Wer nährt sie, um ihr die Kraft zu geben, ihre Pilgerschaft zu vollenden? Der Priester. Wer wird sie darauf vorbereiten, vor Gott zu erscheinen, indem er sie zum letzten Mal im Blut Jesu Christi wäscht? Der Priester, immer der Priester. Und wenn diese Seele [durch die Sünde] stirbt, wer wird sie auferwecken, wer wird ihr die Ruhe und den Frieden geben? Wieder der Priester [...] Nach Gott ist der Priester alles! [...] Erst im Himmel wird er sich selbst recht verstehen"[167].

Dem Bischof obliegt es, als „wahrer Vater" die Familie Gottes zusammenzurufen. Da er den „Platz des Vaters Christi" einnimmt, ist er von allen Gläubigen zu achten und zu lieben, seiner von Gott verliehenen Autorität haben sich alle zu unterwerfen (CD 16). Insbesondere, wenn der Bischof auf der Cathedra, dem Symbol der Autorität Gottes[168], Platz nimmt, zeigt er sich den Versammelten als Vorsitzender „in loco Dei Patris"[169]. Die Väterlichkeit Gottes, die der Bischof ausdrückt, umfasst nicht nur Güte, Fürsorge, Barmherzigkeit und Sanftmut, sondern auch „den gebieterischen Anspruch Christi"[170].

Hirt und Vater sind Relationsbegriffe. Der Hirt schaut auf die symbolisch für Einfalt, Sanftmut, Duld- und Folgsamkeit stehende Schafsherde, der Vater blickt auf das Kind. Auch hier sind Pfarr- und Beichtkind noch gebräuchliche Ausdrücke. Die Unterscheidung Hirt–Herde für die katholische Ständedifferenz von Klerikern und Laien ist die strukturelle Basis für den paternalistischen Herrschaftstyp der „Pastoralmacht", in der sich Kümmern und Kontrollieren so verbinden,

> „daß jedes Individuum unabhängig von seinem Alter, von seiner Stellung sein ganzes Leben hindurch und bis ins Detail seiner Aktionen hinein regiert werden müsse und sich regieren lassen müsse: daß es sich zum Heil lenken lassen müsse und zwar von jemandem, mit dem es in einem umfassenden Gehorsamsverhältnis verbunden sei"[171].

Kirchenkindschaft

Das gleiche integrale Abhängigkeitsverhältnis bringt die katholische Vater-, Mutter- und Familien-Metaphorik zum Ausdruck, die Laien in einer lebenslangen Kindposition belässt.[172] Der Sinn des gesamten Laienlebens gründet in der Taufe als Berufung „zu einem Leben nach der Lehre des Evangeliums" im Sinne der Gesamtheit christlicher Heilsbotschaft (c. 217). Mit der Taufe in die römisch-katholische Kirche als „Keimzelle des Heils"[173] eingegliedert, haben sie in Gesinnung und Verhalten immer die Communio mit ihr zu wahren und alle Rechtspflichten mit großer Sorgfalt zu erfüllen (c. 209). Die entsprechende Befähigung und Zurüstung dafür übernimmt, wer sie „durch die Taufe ... hervorgebracht hat" (*generaverit*), mit den Gnadenmitteln nährt und daher durch autoritative Verkündigung auch erzieht, mahnt und führt – die Kirche als *Mater et Magistra*[174], wie Papst Johannes Paul II. den deutschen Bischöfen bei ihrem Rechenschaftsbesuch 2000 vor Augen geführt hat:

> „Wie sich die Kirche in ihrer mütterlichen Sorge mit den Söhnen und Töchtern solidarisiert, so steht sie ihnen gleichzeitig gegen-über. Die Mater ist auch Magistra; sie hat die Autorität, ihre Kinder zu erziehen, zu lehren und so zum Heil zu führen. Mutter Kirche gebiert, nährt und formt ihre Söhne und Töchter. Sie sammelt und sendet ihre Kinder, denen sie zugleich die Gewißheit gibt, in ihrem Mutterschoß geborgen zu sein"[175].

Dabei begegnet die maternal personalisierte Kirche den Gläubigen konkret in der paternal verfassten Leitung vor allem durch Papst und Bischöfe[176], die als geistliche, d. h. die väterliche Autorität Gottes repräsentierende Vater-schaft theologisch angereichert ist. Kirche wie Familie gelten als vorgegebene und vorgeordnete gemeinschaftliche und institutionelle Realitäten. Wie El-tern und Kinder voneinander verschieden und doch in organischer Einheit aufeinander hingeordnet sind, so sind es auch die Kleriker und Laien.[177] Oder mit dem berühmten Mainzer Bischof von Ketteler: „So ist die Familie neben dem Staate und der Kirche die dritte Anstalt, in der eine von Gott be-gründete Ordnung, in der eine von Gott begründete Gewalt besteht"[178].

Die Laien bleiben auch als Erwachsene in diesem Kindschafts- und Er-ziehungsverhältnis zur Mutter Kirche und den geistlichen Vätern. Ent-sprechend ist die Gesamtkirche die „oberste Erzieherin" und der Papst erster Erzieher der Laien[179], haben die Bischöfe die Laien durch Anregung und Führung zu erziehen[180], ihre „kindlichen Gefühle" gegenüber dem Papst zu fördern[181], sind die Priester „Erzieher im Glauben"[182], die Seelsorger ver-pflichtet, alles zu tun, damit die Gläubigen eine katholische Erziehung erhalten (c. 794 § 2)[183], und ist deren Recht auf eine katholische Erziehung nicht als Kinderrecht[184], sondern als Gläubigenrecht formuliert, das ihnen auch als Erwachsenen bleibt.

Die Kleriker sind verpflichtet, die den Laien eigene Sendung in Kirche und Welt anzuerkennen und zu fördern (c. 275 § 2). Diese besteht vor allem darin, in all ihren weltlichen Tätigkeiten und Aufgaben ihr christliches Zeugnis so zu leisten, dass die Welt immer mehr vom Geist des Evangeliums durchdrungen wird (c. 225 § 2). In spezifischer Weise und durch ein eigenes Sakrament gestärkt, haben sie dies als Eheleute zu tun, indem sie ein sittlich vorbildliches Leben führen, eine Familie gründen und ihre Kinder nach der kirchlichen Lehre erziehen (c. 226). Denn zur ekklesiologischen Bedeutung der Laien gehört ja nicht nur, die Kleriker materiell auszuhalten (c. 222 § 1), sondern auch die physische und erzieherische Bereitstellung von *Manpower*. So sollen sie und insbesondere die Mütter in ihren Familien ein Glaubensbiotop schaffen, in dem geistliche Berufungen wachsen können, damit sich der klerikale Führungsstand durch Kooptierung ergänzen und erhalten kann. Insbesondere Laientheologen sollten sich dieser Aufgabe bewusst sein. Als der bekannte Moraltheologe Dietmar Mieth auf einem Theologentreffen dem damaligen Präfekten der römischen Bildungskongregation Zenon Grocholewski als Laientheologe vorgestellt wurde, interessierte den Präfekten, ob Mieth Söhne habe. Als dieser bejahte, fragte der Präfekt weiter, ob sein Sohn denn Priester werde. Mieths Nein quittierte er mit dem gesprächsbeendenden Diktum: „Dann haben Sie ihre Berufung als Laientheologe verfehlt"[185]. Mieth erinnert das als „witzige Situation", dürfte das Offenbarungspotenzial dieses Dialogs damit aber weit unterschätzt haben.

Katholische Laien sollen ihre Kinder in ihre von der katholischen Anthropologie[186] vorgegebene jeweilige Geschlechterrolle hineinführen und dabei ihren Töchtern vermitteln, dass ihre rechtliche Minderstellung in der Kirche keine Diskriminierung ist, sondern die Umhegung ihrer fraulichen Würde und Eigenart. Weniger zu können und zu dürfen, heißt ja katholisch nicht, weniger wert zu sein (c. 208). Katholische Eltern werden auch die Frömmigkeit ihrer Töchter fördern und sie davor bewahren, dass ihre Freude am Messedienen zur möglicherweise heilsgefährdenden Illusion mutiert, zum Priestertum berufen zu sein. Ihnen soll immer präsent sein und bleiben, wie höchst bedeutsam Geschlechterarrangement und ehebasierte Familie sozial und kirchlich sind.

Formatierte Loyalität

Alle Kleriker auf dem Synodalen Weg haben den identitären Wandlungsprozess erfolgreich durchlaufen: Ihr Bischof hat ihnen am Ende ihrer Seminarzeit bestätigt, dass ihr Gefühl, Gott habe sie berufen, sich von Laien rang- und wesensmäßig zu unterscheiden, sie nicht getrogen hat, dass ihre subjektive Berufung also eine tatsächlich objektive war. Nach ihrer Zulassung zur Weihe haben sie zur Stabilisierung des eingepflegten Mindsets immer wieder pflichtgemäß Loyalitäts- und Konformitätszusicherungen abgelegt. Vor jeder Weihestufe haben sie in einem dem Antimodernisteneid nachempfundenen[187] Doppelakt präsentisch die Totalidentifikation mit sämtlichen verbindlichen Lehren der Kirche sowie in einem Eid, d. h. in einem Akt der Gottesverehrung (c. 1200), auch die Orthopraxie sowie den künftigen Glaubens-, Lehr- und auf die gesamte Rechtsordnung ausgedehnten Disziplinargehorsam promissorisch zugesagt.[188] Bei jeder Weiheliturgie hat der Kandidat seinem Oberen und dessen Nachfolgern Ehrfurcht und Gehorsam zu versprechen.[189] Daraus wird mit der Aufnahme in den Klerikerstand die rechtliche und strafbewehrte Pflicht des Klerikergehorsams (cc. 273, 1371). Bei der jährlichen Chrisammesse am Gründonnerstag werden die Weiheversprechen rituell in Erinnerung gerufen. „Professio fidei" und „Treueid" sind zudem bei jeder Übernahme eines Amtes mit Verkündigungsanteil erneut abzulegen (c. 833).

Dieser Cours loyal verlängert und verschärft sich noch bei Diözesanbischöfen. Aus fügsamen Seminaristen sind gehorsame Priester geworden, die alle ihnen vom Bischof angetragenen Aufgaben übernommen und treu erfüllt (c. 274 § 2) und auch ansonsten keine nennenswerten Probleme gemacht haben. Solch auffällige Unauffälligkeit hat sie dem Apostolischen Nuntius als Kandidaten für den Bischofsstand und gegebenenfalls ein

Diözesanbischofsamt empfohlen, so dass dieser sie in die Eignungsüberprüfung im Informativprozess[190] miteinbezog. In diesem Screening wurde aufs Neue vor allem der Lehr- und Leitungsgehorsam gecheckt, damit der Papst keine „Luftikusse" ernennen würde.[191] Der Rücklauf des vom Nuntius an ausgewählte Persönlichkeiten zur geheimen Beantwortung verschickten Fragebogens hatte sie offenbar auch in den folgenden zentralen Punkten als vielversprechend bestätigt:

> „Nr. 6: *Rechtgläubigkeit* – Überzeugte und treue Anhänglichkeit an die Lehre und das Lehramt der Kirche. Insbesondere Einstellung des Kandidaten zu den Dokumenten des Heiligen Stuhles über das Priesteramt, die Priesterweihe für Frauen, die Ehe und Familie, die Sexualethik (insbesondere die Weitergabe des Lebens gemäss der Lehre der Enzyklika ‚Humanae Vitae' und des Apostolischen Schreibens ‚Familiaris Consortio') und die soziale Gerechtigkeit. Treue zur wahren kirchlichen Überlieferung und Engagement für die vom II. Vatikanischen Konzil und von den darauffolgenden päpstlichen Unterweisungen eingeleitete echte Erneuerung.

> Nr. 7: *Disziplin* – Treue und Gehorsam gegenüber dem Heiligen Vater, dem Apostolischen Stuhl, der Hierarchie, Achtung und Annahme des priesterlichen Zölibats, wie er vom kirchlichen Lehramt vorgestellt wird; Beachtung und Befolgung der allgemeinen und besonderen Normen betreffend den Vollzug des Gottesdienstes sowie hinsichtlich der geistlichen Kleidung"[192].

Jedenfalls war die Bischofskongregation so überzeugt, dass der Papst diesen Kandidaten mit seinem Auftrag zur Bischofsweihe die *communio hierarchica* gewährte, jenen Zustand der unterordnenden Übereinstimmung mit ihm, ohne den ein Bischof nicht Mitglied des Bischofskollegiums werden bzw. bleiben kann (cc. 1013, 1382).[193] Mehrfach haben sie anschließend ihre primatiale Einbindung bestätigt: Bei ihrer Bischofsweihe haben sie nicht nur versprochen, das Glaubensgut der Kirche immer und überall getreu, rein und integer zu bewahren, sondern auch, in der Einheit des Bischofsstandes unter der Autorität des Nachfolgers des seligen Apostels Petri zu bleiben und diesem treuen Gehorsam zu leisten.[194] Und bevor sie ihr Amt als Diözesanbischof antraten, haben sie nicht nur erneut die *Professio fidei* abgelegt, sondern im speziell für Bischöfe gefassten Treueid unter Anrufung Gottes auch geschworen:

> „(I) Ich, …, ernannt zum Bischof von …, werde der heiligen apostolischen römischen Kirche und dem römischen Pontifex, ihrem obersten Hirten, dem Stellvertreter Christi, Nachfolger des seligen Apostels Petrus im Primat Haupt des Bischofskollegiums, immer treu sein.
>
> (II) Ich werde der freien Ausübung der primatialen Höchstgewalt des Papstes in der ganzen Kirche Folge leisten. Seine Rechte und Autorität werde ich fördern und verteidigen. …
>
> (III) Die mir übertragenen apostolischen Aufgaben, nämlich das Volk Gottes zu belehren, zu heiligen und zu regieren, werde ich in der hierarchischen Gemeinschaft mit dem Haupt und den Gliedern des Bischofskollegiums mit höchster Sorgfalt ausführen.
>
> (IV) Ich werde die Einheit der ganzen Kirche schützen und mich deshalb eifrigst befleißigen, dass das seit den Aposteln tradierte depositum fidei rein und integer bewahrt wird, und die zu haltenden Wahrheiten und anzuwendenden Sittengesetze, so wie sie vom kirchlichen Lehramt vorgelegt werden, allen weitergegeben und erklärt werden. Um Irrende werde ich mich in väterlichem Geist kümmern und alles tun, dass sie zur Fülle der katholischen Wahrheit zurückkehren. …
>
> (VI) Die gemeinsame Disziplin der gesamten Kirche werde ich unterstützen und auf der Befolgung aller kirchlichen Gesetze, insbesondere der des Codex Iuris Canonici, klug bestehen und immer

darüber wachen, dass sich vor allem beim Dienst am Wort und der Feier der Sakramente kein Missbrauch einschleicht. …

(XI) Zu festgesetzten Zeiten oder auf Veranlassung werde ich dem Apostolischen Stuhl Rechenschaft über meine pastorale Amtsführung geben und seine Aufträge und Ratschläge gehorsam annehmen und eifrigst ausführen"[195].

Mit den Bischöfen sitzen den Laien auf dem Synodalen Weg mithin Männer gegenüber, die solche Eide geschworen haben, Treueidgenossen, die diesen Weg aus klerikaler Sozialisation und präventiven Sicherheitsleistungen in Gestalt von Bekenntnis und sakraler Selbstverpflichtung erfolgreich hinter sich gebracht haben. Sie gehören zur kirchlichen Loyalitäts- und Konformitätselite, weil sie dem Papst die hohe Gewähr geboten haben und immer noch bieten, dass sie ihr Amt ordnungs- und weisungsgemäß ausüben. Dass der Bischofsstab gekrümmt sein muss und nur der des Papstes gerade sein darf[196], kann auch als Symbol dieser episkopalen Gehorsamsformatierung gelesen werden. Die Hirten entstammen nicht einer unkalkulierbaren Wahl durch ein Laiengremium, sondern der berechenbaren und berechnenden Ernennung durch den Papst.

Beisammen anders

Von dieser klerikalen Warte des „Set apart and Set above" sind Laien, die sich mit Bischöfen auf Augenhöhe fühlen, diese in Mehrheitsentscheidungen einbinden, Kirchenrecht und amtliche Lehre ändern wollen, schlichtweg eine Zumutung. Gleichwohl gehen die Bischöfe damit unterschiedlich um. Natürlich wissen alle Hierarchen, dass solche Laien weder ihre grundsätzliche Position in der Kirche verstanden haben, noch das, was der Synodale Weg ist und was nicht, dass solche Laien ihr am Lehramt zu bildendes Gewissen von ihrer demokratischen Bürgerseele übermannen ließen. Die Bischöfe wissen auch, dass ihre Dienstrhetorik ihre gottgewollte ständische Positionsmacht nicht aufheben, sondern nur veredeln soll.[197] Da der politische Zweck der Veranstaltung aber eine Befriedung der Kirchenkrise ist, halten die gefestigten Persönlichkeiten unter den Bischöfen es aus, sich vordergründig mit den Laien ein wenig gemein zu machen, im Wissen davon, dass – ähnlich wie nach „Humanae Vitae" – jede autoritäre Attitüde weiteres Öl ins Feuer gösse. Deswegen halten sie sich freundlich-verbindlich zurück und zeigen sich gegenüber Reformanliegen verständnisvoll – in der systemischen Gewissheit, dass der laikale Reform-Elan sich, wenn nicht an ihrem Hierarchenwillen, spätestens an dem des Apostolischen Stuhls brechen wird.[198]

Bisweilen gehen sie dabei allerdings riskant weit. So erklärt der Präsident des ZdK allerorten, die Frage der Priesterweihe für Frauen könne nur ein Konzil klären, und bezweifelt damit nicht nur die Unfehlbarkeit der Lehre über die Unmöglichkeit einer solchen Weihe – wie das jede Forderung nach der Priesterweihe für Frauen tut –, sondern widerspricht auch noch dem Dogma über den Jurisdiktionsprimat des Papstes. Nach dieser Glaubenslehre gibt es keine einzige Frage mehr, die aus der Fülle der päpstlichen Höchstgewalt ausgenommen wäre. Dass Bischöfe hier nicht nur auf eine Zurechtweisung verzichten, sondern der Vorsitzende der DBK und der Erzbischof von Hamburg eine solche Auffassung auch noch übernehmen, erstaunt. Auf der anderen Seite verzichten die Bischöfe in der Regel konsequent darauf, sich dort hinter Reformwünsche wie nach Frauendiakonat oder Laienhomilie zu stellen, wo sie es könnten, indem sie jeweils – wie z. T. seit Langem und öfter angeregt – eine Sondererlaubnis (Indult) beim Apostolischen Stuhl erbäten.[199] Andere Bischöfe reagieren sehr empfindlich auf narzisstische Kränkungen und sehen sich schon durch eine alphabetische Reihung mit den Laien infrage gestellt, obwohl sie doch durch ihre Klerikertracht und ihr Brustkreuz unverwechselbar bleiben.

Aber erleben Laien in der Plenarversammlung und gegebenenfalls in den Foren nicht auch Kleriker, die schon durch den Verzicht auf ihre textile Markierung signalisieren und durch ihren gar nicht standesdünkelhaften Umgang und ihre Äußerungen unterstreichen, dass sie Kirchenreformen gegenüber nicht abgeneigt scheinen? Zunächst ist volkstümlich nicht zwingend volksnah. Abgesehen von einer Leutseligkeit als taktischem Instrument, wo freundliche Zugewandtheit bloße Herablassung überschminkt, ist es von Kleriker- wie von Laienseite eine Illusion zu meinen, freundlich getönte Gemeinsamkeit könne die ständische Kluft überbrücken. Da initiiert z. B. ein Pfarrer eine Selbstverpflichtungserklärung.[200] Sie enthält neben baren zwischenmenschlichen Selbstverständlichkeiten auch die Absicht, das ihm zustehende Veto-Recht nicht einzusetzen. Er muss aber erleben, wie diese Initiative im Ergebnis unter seinen Kollegen verpufft. Damit zeigt sich erneut, dass es im bestehenden System keine rechtliche Einforderung von unten, sondern nur Zugeständnisse von oben geben kann, die immer abhängig von Personen und damit prekär bleiben.

Aber – so wird eingewandt – es gibt doch Priester, die auf die Frage, ob sie eigentlich glauben, was die amtliche Lehre von ihnen sagt, dass sie nämlich einem ontologisch anderen Daseinszustand angehören, antworten:

> „Es würd', glaube ich, jetzt zu weit führen, diese Ideologie der Ontologie, Wesensveränderung, also ich bin ganz normal Mensch … geblieben, auch mit der Weihe, und gehöre natürlich zum Bistum Köln, aber ich fühl' mich jetzt nicht, dass ich was Anderes wär' als jeder Getaufte, jede Frau, jeder Mann, jede Pastoralreferentin"[201].

Der Lehre ausweichen und kontrafaktisch behaupten: Ich bin einer von Euch – so einfach ist es nicht: Nette Kleriker, und davon gibt es sicher viele, ändern die grundsätzliche Position der Laien nicht. Und in gewisser Hinsicht sind sie die Schlimmsten, denn sie spiegeln persönlich vor, was objektiv – doktrinell wie strukturell – nicht ist.

Sollte ein Kleriker sich über die Gemeinsamkeitsdimension hinaus aber wirklich als mit Laien gleich verstehen und für eine Gleichberechtigung von Laien sein, dann trifft sicher zu, was amtlich auch einem nicht vorschriftsmäßig gekleideten Priester unterstellt wird: dass er nicht nur ein Rollen-, sondern ein Identitätsproblem hat. Priestern ist eine Gleichheit mit Laien nicht (mehr) möglich. Sie wollten einst auf Gottes Ruf hin unwiderruflich nicht mehr Laien sein und haben mit dem untilgbaren Merkmal, das sie mit der Weihe bekamen, willentlich die Brücken zu ihrem Herkunftsstand abgebrochen. Es gibt für sie kein Zurück mehr. Selbst wenn sie den Klerikerstand, also jenen Kranz aus besonderen Pflichten und Rechten eines Klerikers verlören, und sei es auf eigenen Wunsch, ihre ontologische Sonderheit bleibt. Dem „lebenslänglich" des *semel catholicus, semper catholicus* entspricht das des *semel sacerdos, semper sacerdos*. „Mitbrüder", die sich mit Laien verschwistern wollen, befinden sich in einem Selbstwiderspruch. Ganz gleich, ob hinter der Freundlichkeit eines Klerikers bloße Jovialität, ehrliche Zuwendung oder auch fundamentaler Sinneswandel steht, nichts davon kann den ständischen Graben überbrücken. Keine Seite sollte sich hier Illusionen machen.

Fakt ist gleichwohl: Viele von Reformhoffnungen beseelte Laien arbeiten derzeit und seit Längerem engagiert auf dem Synodalen Weg mit, diskutieren, feilen an Texten, sind manchmal ungeduldig, aber, wenn man den Kurzstellungnahmen und Erfahrungsbekundungen in Buch, Presse und Internet glaubt, überwiegend positiv beeindruckt von den Begegnungen, von dem zwischenmenschlichen Umgang. Und sie schließen wieder frohen Mutes von Erlebnissen auf Ergebnisse, sprechen bisweilen sogar von Aufbruch und einer Dynamik, hinter die es kein Zurück mehr gibt.

Auf der ersten Synodalversammlung gab es zudem zwei sehr besondere Laienstatements: Das Mitglied der Paderborner BDKJ-Vertretung Janosch Roggel bekannte, der Missbrauch durch einen Priester sei das Schlimmste für ihn gewesen und als Frau-zu-Mann-Transperson erscheine seine ganze Existenz als sündhaft.[202] Aber er sehe es „als seine Verantwortung, die Chance, die wir mit dem Synodalen Weg bekommen, zu nutzen"[203]. Die zweite bemerkenswerte Wortmeldung, die enorme Aufmerksamkeit erntete, stammte von Mara Klein. Mara Klein studiert Theologie und versteht sich als diverse, nicht-binäre Person, als weder dem männlichen noch dem weiblichen Geschlecht zugehörig. Auch Klein versteht den Synodalen Weg erklärtermaßen als Chance, etwas zu ändern[204], will eigene Erwartungen aber instrumentell niedrig halten und spricht am Ende nur noch von der Chance, „echte *Hoffnung* auf Veränderung zu schaffen"[205].

Nicht nur der Fachmann wundert sich

Wer sich angesichts der genannten Tatsachen in dieses potemkin'sche Synodaldorf versetzt, kommt womöglich aus dem Staunen nicht heraus:

- Da wird zum wiederholten Male von den deutschen Bischöfen ein soge-
  nannter Dialog oder Gesprächsprozess aufgelegt, dessen gar nicht alter
  Vorgänger noch als ergebnislos und enttäuschend in schlechter Erinnerung ist;
- da wird, was damals ungeordnet vonstattenging, nun in eine Ordnung gefasst, die in nichts dem entspricht, was Laien vorher als Bedingung für
  ihre Beteiligung gefordert hatten. Was Beschluss genannt wird, kann bes-
  tenfalls zu einer Mindmap führen, zu Bitten an die Bischöfe und dabei –
  weit überwiegend – sogar nur zur Bitte, die Bischöfe mögen doch den
  Papst bitten – und auch das nur, wenn mindestens ⅔ der anwesenden Bischöfe das von den Laien Gewünschte als Bitten gutheißen wollen und
  wenn sie bereit sind, mehrheitlich verabschiedete Meinungsbilder für ihr
  eigenes Handeln zu berücksichtigen;
- da lassen sich engagierte Laien auf ein „betreutes Diskutieren" ein, bei dem
  sie sich in den ohnehin überschaubaren Debattenphasen noch von liturgischen Feiern und sogenannten „EinHalten" unterbrechen lassen. Dabei
  werden sie in liturgischer Inszenierung an ihren ontologischen und rechtlichen Platz gestellt und von geistlichen Begleitern auf einem schwer mess-
  baren Niveau daran erinnert, „dass der Heilige Geist mit auf dem Weg ist
  und bereit ist, uns zu führen, und gerade, wenn es heiß hergeht, dem Geist
  Raum zu eröffnen"[206], ein Geist, der verlässlich nur von Bischofsdetektoren
  erkannt wird. Ansonsten wird permanent Diskussionsmoralin verab-
  reicht[207], als würden die Teilnehmer ohne diese „EinHalte" über Tisch und
  Bänke gehen. Was praktisch anzugehen wäre, wird auf diese Weise spiri-
  tuell abgefedert. Ein Fall von: „Wer Debatte sät, kann Gebet ernten"[208];
- da soll die geistliche Eigenart des Prozesses nach Art von Einkehrtagen

und Exerzitien sichergestellt werden, in denen sich Hierarchie und Gläubige in einvernehmlicher Erwartung glauben.[209] Dabei ist der Prozess ekklesiologisch notwendig und trotz kontrafaktischer Beschwörung auch alternativlos „satzungs"mäßig hierarchisch strukturiert, weil „geistlich" nichts anderes meint als eine Chiffre für den besonderen Geistbeistand bestimmter männlicher Teilnehmer und Augenhöhe sicher da fehlt, wo sie ständig behauptet werden muss[210];

- da beteiligen sich junge BDKJ-Mitglieder, die die Besonderheiten des Kommunikationsraums katholische Kirche am eigenen Leib erfahren haben bei einer Werbeaktion mit Plakaten und Postkarten, auf denen die Worte „Päpstin", „Demokratie" und „Gender" auftauchen, was zur Distanzierung des Kölner Generalvikars führte[211] und den Diözesanjugendseelsorger zu der grundkatholischen Mahnung bewog: „Es wird aber hier so getan, als wäre einfach alles erst mal zur Disposition gestellt. Wir müssten mal über alles abstimmen und dann führen wir eine Debatte und entscheiden dann, was wir glauben. So funktioniert das eben nicht. ... Es gibt kein Thema, über das man nicht sprechen kann. Aber es gibt eben Themen – auch im kirchlichen Leben – über die kann man zwar sprechen, aber sie sind deshalb nicht Verhandlungsmasse"[212];

- da glauben Laienfrauen und wahrscheinlich auch Laienmänner, sie hätten mit dem letztlich männerabhängigen Frauen-Veto-Quorum in der Geschäftsordnung einen Beitrag zur „Aufwertung der Frau" in jener Kirche geleistet, in der die Frauen qua Geschlecht auf den Gefolgschaftsstand fixiert und nicht einmal als Laiinnen gleichberechtigt sind, weil sie sich zum Mann in einem ähnlichen ontologischen Ergänzungsverhältnis befinden wie Laien zu Klerikern, weil Anthropologie und Ekklesiologie eine herrschaftsstabilisierende Symbiose eingehen;

- da erhalten eine transsexuelle und eine nicht-binäre Person für ihre Offenheit zum Teil stehenden Applaus von Laien, die eben jene Kirche im Aufbruch sehen (wollen), die Transsexuelle und Diverse als sündige Menschen ihres Ursprungsgeschlechts behandelt, weil sie die „Pflicht jedes Menschen [!], ob Mann oder Frau [nicht-binäre Personen gibt es katholisch nicht; N. L.], seine Geschlechtlichkeit an[zu]erkennen und an[zu]nehmen"[213], verletzen. Die so beklatschten Menschen finden sich im vorbereitenden Beziehungs-Forum allerdings nicht zufällig in einem „Themenspeicher" wieder, weil ihre Trans-, Inter- oder wie auch immer andere Sexualität nicht integrierbar ist in die von den deutschen Bischöfen als verbindlich zu vertretende heteronormative katholische Anthropologie. Der gezollte Respekt der stehend Applaudierenden kann amtskatholisch nur ein „Obwohl-Respekt" sein: Wir respektieren Sie, obwohl Sie so leben, nicht, weil Sie so leben;

- da wird um die Anerkennung gelingender Beziehungen, einschließlich homosexueller gerungen, während die US-amerikanischen Bischöfe sich mit der katholischen Lehre gegen das Verbot der Diskriminierung von LGBTIQ-Personen in öffentlichen Einrichtungen und am Arbeitsplatz auf die Religionsfreiheit berufen[214] und die Glaubenskongregation jede Segnung homosexueller Paare ablehnt, weil solche Verbindungen in der Schöpfungsordnung nicht vorgesehen seien und es sich um außerehelichen Sex handle.[215] Protesterklärungen und faktische Dennoch-Segnungen von homosexuellen Paaren ändern an der in Anschlag gebrachten Lehre nichts. Es kommt vielmehr zu widersprüchlichen Handlungen. Priester, die solchen Dennoch-Segen spenden, mögen darin ihre persönliche Solidarität zum Ausdruck bringen, einen Segen der Kirche erteilen sie nicht: Es fehlt die dafür erforderliche „Fürbitte der Kirche" (c. 1166), weshalb die mit dem Segen verbundenen geistlichen Wirkungen ausbleiben. Und die Gesegneten nehmen irrtümlich für eine kirchliche Anerkennung, was nur die persönliche des segnenden Priesters ist;

- da ringen die Teilnehmer mit geringer Aussicht auf ein einmütiges Ergebnis um Positionen zur kirchlichen Beziehungsmoral, während der Apostolische Stuhl bei dem Verdikt bleibt, nicht-heterosexuelle Orientierungen und Identitäten seien nicht gleichrangige Varianten, sondern nur Abweichungen der Schöpfung und deren Rechtfertigungen irrige und gefährliche Denkströmungen.[216] Weltweit verbreiteten gesellschaftlichen und staatlichen Bestrebungen, den Schutz sexueller Minderheiten vor Gewalt und Verfolgung menschenrechtlich zu begründen[217] und auch das Recht auf Ehe und Familie als ein Grundrecht für alle Menschen zu reklamieren[218], ist der Apostolische Stuhl entgegengetreten.[219] Er nimmt dafür auch die Gläubigen, insbesondere die katholischen Politiker, in die Gewissens- und Rechtspflicht (c. 227)[220];

- da schaffen die Diözesanbischöfe, noch während auf dem Synodalen Weg auch über den rechten „Weg" zum Priestertum, also die Priesterausbildung gearbeitet wird, vollendete Tatsachen mit dem Ziel einer Konzentration der Priesterausbildung auf drei Standorte, um so trotz inzwischen marginaler Kandidatenzahlen das Modell der Zurichtungsapparatur „Kommunität" aufrechtzuerhalten[221];

- da bleiben die deutschen Bischöfe erkennbar bei der „alten Masche ... die Menschen tatkräftig an Zukunftsvisionen mitarbeiten zu lassen, damit sie das Gefühl bekommen, etwas bewirken zu können". Sie spielen weiter das Spiel von „Ankündigung, Hoffnung, Enttäuschung und neuer Ankündigung"[222] von Gesprächsprozessen, die sie jeweils zeitlich hinreichend strecken, um dem Kirchenvolk schonend beizubringen, „dass es nichts zu verhandeln gibt, jedenfalls nichts, was von Interesse wäre"[223];

- da hat also der Synodale Weg in der Tat ein „großes Selbstoffenbarungspotenzial des Systems und der Handelnden"[224] und ist bei einigermaßen nüchterner Betrachtung leicht durchschaubar als „eine Art gemeinsamen Spaziergangs mit religiösen Gesprächen"[225] durch ein potemkin'sches Synodaldorf, in dem „Beschlüsse" bei aller manchmal koketten Frechheit in der Diktion der Sache nach bei der guten alten katholischen Unterwerfungshaltung der Laien bleiben, die 1884 – nur in der Formulierung älter – so lautete: „Das alles geben wir nun in aller Ehrerbietung dem väterlichen Ermessen der Hochwürdigen Oberhirten anheim, was sie hiervon für geeignet finden und in welcher Weise sie es auszuführen gedenken"[226].

Und doch gehen die Laien auf diesem Weg nicht nur mit, sondern sehen ihn und die erste Synodalversammlung allen Ernstes als „eine *Erfahrung* von Partizipation ..., welche die formale Reduktion kirchlicher Autorität auf Amtsträger und die künstliche Trennung und hierarchische Zuordnung von Beratung und Entscheidung eines Besseren belehrt"[227]. Das löst wohl nicht nur beim staunenden Fachmann die einfache Frage aus: *Warum* nur?

Warum?

Abb. 6: Am 3. September 2020 empfing Bundeskanzlerin Angela Merkel Bischof Bätzing anlässlich seines Antrittsbesuchs als neuer Vorsitzender der Deutschen Bischofskonferenz im Bundeskanzleramt. (© Bundesregierung/Sandra Steins)

Sehschwäche und Regression – Geduld und Komplizenschaft

Warum lässt sich das ZdK – erwachsene Menschen aus verschiedenen Lebensbereichen mit persönlicher, beruflicher, verbandlicher und politischer Erfahrung, vielfach auch in Führungspositionen – auf einen solchen hierarchisch initiierten und gesteuerten synodalen Wanderweg ein? Neben unterschiedlichen individuellen Motiven dürften zwei grundsätzliche Aspekte mitverantwortlich dafür sein: ein verbreiteter, möglicherweise strategisch gestützter Irrtum über Eigenart und Rolle des ZdK und die spezifische ekklesio-psychische Signatur von Katholiken.

ZdK: Abhängiger Mitausrichter

Die Bischöfe wissen, warum sie das ZdK für ihre Initiative als „Partner" eingeworben haben, anstatt sich unmittelbar an ihre Gläubigen zu richten. Sie lassen zu, dass das ZdK in Selbstdarstellung wie Fremdwahrnehmung den irrigen Eindruck einer selbstständig organisierten Laienschaft erweckt, die ihre Interessen auch nach innen wahrnimmt. Dazu verwendet schon das Statut des ZdK die verschleiernde Formulierung von der „Mitwirkung" an kirchlichen Entscheidungen auf überdiözesaner Ebene, ohne die nötige Konkretisierung, dass die einzige Art der Mitwirkung eine unverbindliche ist, eine nicht einmal als Anhörungsrecht abgesicherte Beratung.[1] Und auch der dort erhobene Anspruch, dass die Mitglieder des ZdK ihre Beschlüsse in eigener Verantwortung fassen und dabei von Beschlüssen anderer Gremien unabhängig sind[2], wird in seiner Bedeutung nur verständlich in katholischer Konkretisierung: Die eigene Verantwortung ist immer die *als* Katholik, d.h. in gehorsamer Unterordnung unter die Hirten als Lehrer des Glaubens und Leiter der Kirche und damit in ekklesionomer Gewissensbindung (c. 212 § 1).

Ebenso relativ ist die behauptete Unabhängigkeit: Das ZdK ist finanziell und personell abhängig von den Bischöfen. Führungspositionen können nur Persönlichkeiten einnehmen, die von den Bischöfen als in Lehre und Lebenswandel konform akzeptiert sind. Ebenso haben die Bischöfe immer schon auf das geachtet, was ihnen die Bischofskongregation zur Erinnerung in ihr Amtsstammbuch geschrieben hat: dass den Laienwerken nämlich eine kluge und engagierte geistliche Assistenz gewährt wird.[3] Die damit betrauten, sorgfältig auszuwählenden Kleriker sollen sich an ihre Umgebung gut anpassen und die werkintern leitenden Laien

> „unterweisen und ihnen … helfen [können], dem Evangelium und der Lehre der Kirche als der obersten Norm des eigenen Denkens und des eigenen apostolischen Handelns zu folgen, und … mit Liebenswürdigkeit und Festigkeit … verlangen, dass ihre Unternehmungen dem christlichen Glauben und der christlichen Spiritualität entsprechen. Darüber hinaus müssen sie getreu die Anweisungen und die Gedanken des Bischofs übermitteln, den sie repräsentieren, und die guten gegenseitigen Beziehungen fördern"[4].

Agenten der Hierarchie

Die Satzung des ZdK sieht zwei Klerikerämter vor: den Geistlichen Assistenten und den Geistlichen Rektor. Das harmloser bezeichnete erstere Amt war zuletzt prominenter mit Erzbischof Heße (Hamburg) besetzt. Geistlicher Rektor ist ein Priester des Bistums Aachen. Für die Besetzung beider

Ämter sind systemstimmig die Bischöfe entscheidend. Den Geistlichen Assistenten bestellt die DBK, wenn auch mit Zustimmung des ZdK-Hauptausschusses.[5] Der Geistliche Rektor wird u. a. auf Vorschlag des Geistlichen Assistenten vom Hauptausschuss „bestellt", muss aber von der DBK bestätigt werden.[6] Beide gehören beratend der Vollversammlung und dem Hauptausschuss an.[7] In der Vollversammlung ist der Geistliche Assistent berechtigt, Anträge zu stellen und jederzeit die Worterteilung zu verlangen, er nimmt beratend an den Sitzungen des Präsidiums teil und gehört der Gemeinsamen Konferenz aus DBK und ZdK an.[8] Der Geistliche Rektor gehört dem Generalsekretariat sowie der Delegiertenversammlung der Arbeitsgemeinschaft der katholischen Organisationen Deutschlands an.[9]

Die jeweiligen Aufgabenumschreibungen – beim Geistlichen Assistenten Beratung „in geistlichen und theologischen Fragen", beim Geistlichen Rektor die besondere Wahrnehmung der „geistlichen, theologischen und pastoralen Aufgaben"[10] – sind so weit gefasst, dass sie von ihnen als Passepartout genutzt werden können, um in jede sie interessierende Angelegenheit einbezogen zu werden. Sie als (bloße) Berater darzustellen, verschleiert ihre tatsächliche, strukturell garantierte Position. Ihre mitspracheberechtigte Vernetzung in alle wichtigen Organe des ZdK gewährt ihnen nicht nur einen Überblick über dessen sämtliche Aktivitäten und Entwicklungen und damit den Bischöfen eine breite Informationsbasis, sondern ermöglicht ihnen auch den amtlich vorgesehenen effektiven Abgleich mit der kirchlichen Doktrin. Als Repräsentanten der Bischofskonferenz bringen sie die höheren Orts geschätzten Auffassungen und Anliegen zur allfälligen Berücksichtigung ein. Auf dem Papier ist zwar die Vollversammlung das zentrale Organ des ZdK, die faktische Schlüsselstellung für die interne Willensbildung kommt aber den Spitzengremien Präsidium und Hauptausschuss zu. Dort werden nicht verschiebbare Fragen geklärt, „Konflikte moderiert …, die Arbeit des ZdK geplant, Erklärungen ab- und ausgeglichen sowie geklärt, was in der Vollversammlung geht und was nicht' (Hans Maier)"[11]. Das ZdK als „eigenständigen Akteur" mit „selbstständiger" Kursbestimmung zu sehen, ist eine Fehleinschätzung.[12]

Laikale Transmissionsriemen

Ebenfalls fehl geht der angesichts der Befassung mit innerkirchlichen Themen und erst recht im Zusammenhang mit dem Synodalen Weg naheliegende Eindruck, das ZdK sei eine Art Interessenvertretung zur innerkirchlichen Ermächtigung von Laien. Nichts liegt dem ZdK nach seiner
DNA wie nach seinem gegenwärtigen Profil ferner. Die Besonderheit der
Berufung der Laien besteht nicht in der innerkirchlichen Profilierung, sondern in der Ausrichtung auf die Welt. Wer sich als katholischer Laie kirchlich
richtig versteht, sieht sich primär als Aktivist in der Welt[13], als Weltagent, um
die weltliche Ordnung nach der von Gott gewollten aufzubauen und dazu
die „Freiheit der Kirche" zu verteidigen.[14] Das gilt selbstverständlich auch
für die organisierte Laienschaft.

In der Formulierung zurückhaltender, in der Sache aber nach wie vor
klar, versteht die katholische Kirche sich nach Lehre und Recht weiterhin als
von Christus staatsanalog gestiftete Heilsanstalt zur Verwirklichung des
Seelenheils[15], während der Staat als Institution der Schöpfungsordnung dem
weltlichen Wohl dient. Direkte weltliche Macht mit Zwangsgewalt hat Christus der Kirche nicht verliehen, wohl aber, weil die weltliche Ordnung der
göttlichen entsprechen muss, das Recht, dort in zeitlichen Dingen zu entscheiden und vorzugehen, wo die religiösen oder sittlichen Interessen (*ra-
tione salutis* bzw. *peccati*) betroffen sind (*potestas indirecta in temporalia*). Im
katholischen Staat beanspruchte sie die Hilfe des weltlichen Arms (*brachium
saeculare*). Später richtete sich ihr Anspruch jeweils an die Staatsspitze, indem sie Könige mit dem delegitimierenden Bannstrahl bedrohte, staatlichen
Gesetzen die Geltung entzog oder die zuständigen Staatsorgane aufforderte,
Gesetze aufzuheben oder zu ändern. Gegen den Souveränitätsanspruch der
neuzeitlichen Nationalstaaten konnte sich diese indirekte Kirchengewalt allerdings faktisch nicht mehr durchsetzen. Ohne den weitergehenden Anspruch im Grundsatz aufzugeben, machte sie ihn daher – doktrinell exemplarisch ausgestaltet durch Papst Leo XIII. – nur noch als *potestas directiva*

geltend, die Staatslenker zu beraten, zu ermahnen und gegebenenfalls mit Kirchenstrafen zu belegen.[16]

Nachdem das Volk zum Souverän wurde und der politische Einfluss über die Staatsspitze nicht mehr funktionierte, hielt die katholische Kirche ihren Anspruch aufrecht, wechselte aber die Methode, ihn geltend zu machen. Nach geltender Lehre des II. Vatikanischen Konzils wie der nachkonziliaren Päpste (und seit 1983 erstmals auch rechtlich kodifiziert) beansprucht die katholische Kirche, vor allem durch das Lehramt des Papstes, das natürliche Sittengesetz authentisch, d.h. in der Autorität Christi auszulegen. Dieser Normenbestand, nach kirchenamtlicher Auffassung mittels der menschlichen Vernunft der von Gott geschaffenen Natur zu entnehmen, gilt einschließlich des auch dem Staat übergeordneten Naturrechts in seinem Grundbestand und mit seinen Hauptgeboten als zugleich in den Zehn Geboten, dem Dekalog, geoffenbart. In der gleichen oberhalb von Gesellschaft und Staat angesiedelten Autorität beansprucht das Lehramt, über jegliche menschlichen Angelegenheiten (auch politische) zu urteilen, soweit die Grundrechte der menschlichen Person oder das Heil der Seelen dies erfordern (GS 76; c. 747 § 2). Wann dies der Fall ist, entscheidet das Lehramt selbst (Kompetenz-Kompetenz).[17]

Nach innen wie nach außen im Verhältnis zu Gesellschaft und Staat beansprucht die Kirche eine moralische Allzuständigkeit. Konkret betont sie auf dieser Grundlage u. a.: Die Freiheit und Würde des Menschen und dessen Grundrechte seien nicht zu trennen von der Wahrheit, es gebe sie nur in ihr und nicht gegen sie. Die vom Lehramt vorgelegten unveränderlichen sittlichen Normen seien auch die Basis einer echten, wahren Demokratie. Die zweite Tafel des Dekalogs enthalte die Grundregeln des gesellschaftlichen Lebens mit bestimmten Forderungen, welche die öffentliche Gewalt wie die Bürger befolgen müssten.[18] Die Sittenlehre sei unabhängig von der Befolgung demokratischer Regeln und Entscheidungsverfahren. Der Wert der Demokratie hänge viel mehr ab von der Übereinstimmung mit dem Sittengesetz.[19] Gesellschaften, die vom Evangelium absähen, drohten totalitär zu werden.[20] Demokratie bedeute nicht ethischen Pluralismus, vielmehr führe die Leugnung einer natürlichen Ethik zu moralischer Anarchie.[21] Ein

Gesetz, mit dem etwa Abtreibung und Euthanasie zugelassen oder begünstigt werden, erklärt der Papst für „ganz und gar ohne glaubwürdige Rechtsgültigkeit", als „kein wahres, sittlich verpflichtendes staatliches Gesetz mehr"[22]. Ob die nach der Rede von Papst Benedikt XVI. im Deutschen Bundestag 2011 stehend Applaudierenden verstanden hatten, dass er in philosophischer Verbrämung genau diesen katholischen Anspruch vorgetragen hatte, darf bezweifelt werden.[23]

ZdK: Zeitgemäßes *brachium saeculare*

Um unter den kirchlicherseits hingenommenen demokratischen Gegebenheiten der Gegenwart – im Hintergrundgespräch mit dem Journalisten Raoul Löbbert bekundete ein Weihbischof vor einigen Jahren ernsthaft: „Die Kirche hat schon vieles überstanden in ihrer Geschichte: Sie übersteht auch die Demokratie"[24] – ihre mittelbare Macht auf politischem Terrain auszuüben, erfand sie eine neu- und andersartige Form des *brachium saeculare*: die Indienstnahme der Grundrechte für ihre Zwecke. Die Kirche richtet an Persönlichkeiten und Gruppen, die zu ihr in einer besonderen Gewissens-, Interessen- oder sonstigen Bindung stehen, Gehorsamsanforderungen und Appelle, dass diese Staatsbürger, Organisationen, Parlamentarier, Partei- und Regierungspolitiker ihre eigenen Rechte und Funktionen im Interesse der Kirche ausüben.[25]

Schon das Konzil sah „die Katholiken … verpflichtet …, das wahre Gemeinwohl [*verum bonum commune* = das katholisierte Gemeinwohl; N. L.] zu fördern und das Gewicht ihrer Meinung stark zu machen, damit die staatliche Gewalt gerecht ausgeübt wird und die Gesetze der sittlichen Ordnung und dem Gemeinwohl entsprechen"[26]. Die Gewissens- und Gehorsamsbindung trifft Katholiken nicht nur als moralische, sondern auch als unmittelbare rechtliche Pflicht. Sie sind zu individuellem wie organisiertem politischen Engagement im und mit Kirchensinn rechtlich verpflichtet (c. 225) und haben dazu ihre bürgerlichen Freiheiten nach lehramtlicher Maßgabe zu gebrauchen (cc. 212 § 1, 227). Von Katholiken und katholischen

Politikern sowie anderen Verantwortungsträgern in besonderem Maße wird im gesellschaftlichen Kontext ein Dienst für die Kirche als gehorsame Gefolgschaft und verlängerter Arm amtskirchlicher Positionen erwartet.[27] Dass Verstöße kirchlicherseits nicht sanktioniert werden, ist opportunistisches Wegschauen, nicht Anerkennung. Nichts anderes gilt von der Anspruchsseite her für die im ZdK zusammengeschlossenen Verbände und Personen.

Darüber hinaus leistet das ZdK einen wichtigen Beitrag für weitere Kirchenbindungen anderer Art. Auch wenn die Beteiligung an den Rätewahlen extrem gering und die Vitalität der entsendenden Fach- und Interessenverbände und Bewegungen sehr unterschiedlich ist, so bietet die Vollversammlung des ZdK doch immer noch eine beachtliche Repräsentation der Überzeugten und Engagierten der ca. 30 % katholischen Kirchensteuerzahler in Deutschland. Dabei weist bereits die Zusammensetzung auf die Hauptaufgabe des ZdK hin. Die 43 % Rätevertreter der Vollversammlungsmitglieder bilden eine Brücke zur Gemeindebasis und dienen als Repräsentativitätsstütze. Ihnen stehen aber 57 % Vertreter organisierter katholischer Interessen und Persönlichkeiten des öffentlichen Lebens gegenüber. Das ZdK ist eine auf politische Einflussnahme zielende Organisation. Sie bespielt nicht spezielle Politikfelder, sondern hat eine sehr breite gesellschaftspolitische Ausrichtung. Zusammen mit der Bischofskonferenz im Hintergrund und deren amtlicher Verbindungsstelle zu Politik und Regierung, dem Katholischen Büro Berlin (= Kommissariat der deutschen Bischöfe)[28], gehört das ZdK zu einer relativ stabilen *Dreier-Allianz*[29] aus katholischen Organisationen mit interner politischer Willensbildung, die als Handlungseinheit eine erhöhte Chance auf erfolgreiche politische Präsenz und Beeinflussung hat.[30] Dabei geht es um die inhaltliche Positionierung in öffentlichen Gesellschaftsdiskursen, um direkte Lobbyarbeit und elitenverflechtendes Networking. Die Ebene öffentlicher Stellungnahmen bedienen dabei als „Textfabriken" arbeitsteilig die Bischofskonferenz mit Äußerungen vorzugsweise zu politischen Grundsatzthemen und das ZdK mit eher konkret an politischen Sach- und Detailfragen orientierten Stellungnahmen.

Katholisches Büro: „Direct Lobbying"

Wichtiger und effektiver ist die politische Vertretung katholischer Kirchen-
interessen, die kirchenamtlich programmatisch als immer auch gemein-
wohlorientiert verstanden[31], in der Durchführung aber durchaus in Parallele
zu anderen Lobbyakteuren gesehen wird.[32] Im Bereich der klassischen
Lobbyarbeit und vor allem des Direct Lobbying ist das Katholische Büro
federführend. Die DBK bleibt steuernd im Hintergrund. Bei der klassischen
Beeinflussung von Gesetzesvorhaben durch Informationsbeschaffung, öffentliche Anträge und Mitarbeit in Expertengremien hilft dem Katholischen
Büro die automatische Konsultation durch die Ministerien. Schon im Ent-
stehungsstadium von Gesetzen nämlich sollen die Kirchen um ihre Stellungnahme gebeten werden, damit ein frühzeitiger Meinungs- und Erfahrungsaustausch sichergestellt wird, und zwar auch dort, wo sie nicht unmittelbar
berührt sind.[33] Der Schwerpunkt der Arbeit des Katholischen Büros liegt
allerdings auf der Pflege eines „differenzierten Kontaktsystems"[34] zu Verantwortlichen in staatlich-politischen Instanzen. Es geht um die diskrete
und zurückhaltende, gleichwohl „ständige Fühlungnahme mit dem Bundes-
präsidenten, den leitenden Stellen der Bundesregierung, dem Bundestag
und den Parteien", um ein „Geflecht dienstlicher, gesellschaftlicher und
persönlicher Verbindungen"[35]. Neben Kontakten zu Politikern aller Parteien, die auch dort als Mittler für Anträge oder Anliegen dienen können,
wo das Katholische Büro nicht unmittelbar in Erscheinung treten will,
geht es vor allem um die Verbindung mit den verschiedenen Ebenen der
Ministerialbürokratie (vom Referenten und Ministerialrat, bis zum Minis-
terialdirigenten und beamteten Staatssekretär). Minister kommen und
gehen, Ministerialbeamte aber bleiben.[36] Etwas weiter gezogen wird der Bin-
dungskreis in eine beschränkte Öffentlichkeit durch Parlamentarische
Abende mit Gesprächskreisen und gemeinsamen Essen sowie durch Jahres-
empfänge wie dem traditionellen „Michaelsempfang" im Herbst.[37] Schließlich erweitert sich die Kontaktabdeckung im Vergleich zu anderen Lobby-

akteuren qualitativ und quantitativ dadurch, dass die Leiter der Verbindungsstellen zum Staat sich auch als Seelsorger verstehen, die einen pastoralen Auftrag[38] gegenüber Parlamentariern, Bediensteten der verschiedenen Bundesbehörden und des Parlaments, den übrigen Lobbyisten und den Journalisten haben. Hier werden u. a. Gottesdienste und Gebetsfrühstücke ebenso angeboten (und angenommen) wie kirchliche Kasualien (etwa Trauungen und Taufen), aber auch das Gespräch „über persönliche Sorgen und Zukunftsängste"[39] und der Zuspruch in Trauer und Leid. Auf diese Weise entstehen „Räume der Diskretion, der vorbehaltlosen Annahme und des Verständnisses. So dürfen sich in unseren Räumen nicht nur die kirchlich Gesinnten zu Hause fühlen. Weil eine Atmosphäre des Vertrauens herrscht, darf offen über alles (!) geredet werden"[40]. Dass hier durch die Verquickung von Interessendiplomatie und Seelsorge nicht eine besondere Form der Verbundenheit entsteht, ein in politischen Einfluss ummünzbares „Sozialkapital"[41], dafür sorgt der Leiter des Katholischen Büros Berlin, Prälat Karl Jüsten selbst, und zwar dadurch, dass er beide Funktionen strikt trennt.[42] Das Vertrauen, dass persönliche moralische Integrität einen effektiven Schutz gegen Missbrauch bietet, ist allerdings in der gegenwärtigen durch massiven klerikalen Machtmissbrauch verursachten Kirchenkrise sicher stark in Frage gestellt.

ZdK: Networking

Das ZdK unterstützt die politische Einflussnahme der Kirche nicht nur mit der Expertise seiner Fachstellen. Sein spezifischer Part in der Dreier-Allianz politischer Einflussnahme besteht in den Funktionen als Kontaktbörse und Elitenverflechtung. Das ZdK bringt engagierte Basiskatholiken mit politischen Verbandsakteuren und durch Kooptierung ausgewählte Einzelpersönlichkeiten der politischen Funktionselite (u. a. Parlamentarier, Minister, Ministerpräsidenten) zusammen. Es bildet auf diese Weise den permanenten Ausgangspunkt für ein Netzwerk dichter persönlicher Beziehungen zwischen dem politischen Katholizismus und wesentlichen poli-

tischen und staatlichen Instanzen, vom Bundespräsidialamt bis zum Bundeskanzleramt, zu den Bundes- und Landesministerien, den Parteien, Medien
und Verbänden.[43] Seit 1968 waren alle ZdK-Präsidenten Landespolitiker der
Unionsparteien, Spitzengremien des ZdK (Präsidium, Geschäftsführender
Ausschuss) sind durchschnittlich zu 30 % mit Politikern ebenfalls überwiegend der Unionsparteien besetzt, ihr Anteil an den in die Gemeinsame
Konferenz mit der Bischofskonferenz Entsandten liegt zeitweilig nochmals
höher bei knapp 50 %.[44] Jüngst wurden die Unionspolitiker Ministerpräsident von Schleswig-Holstein Daniel Günther, Verteidigungsministerin
Annegret Kramp-Karrenbauer, Manfred Weber und Peter Liese (EVP)
hinzugewählt. Seit den 2000er-Jahren sind auch Politiker der SPD und der
Grünen in Führungspositionen vertreten – als erste Grünen-Abgeordnete
wurde 2000 Christa Nickels[45] in das ZdK kooptiert (bis 2012). Seit 2001 war
sie Sprecherin eines Sachbereichs („Technik und Umwelt"). Ministerpräsident Winfried Kretschmann kandidierte 2021 nicht mehr. Zuletzt
wurde die Berliner Grünen-Politikerin Bettina Jarasch kooptiert. Aus der
SPD gehörte lange Wolfgang Thierse dem ZdK an, Karin Kortmann ist
schon seit 2009 eine der Vizepräsidentinnen, neu kooptiert wurde Minister-
präsidentin Malu Dreyer. Der Politiker-Anteil unter den vom ZdK in die
Gemeinsame Konferenz entsandten Mitglieder und im Hauptausschuss ist
höher als ihr Anteil im ZdK insgesamt. 2022 zieht das ZdK nach Berlin, denn
„dort spielt die Musik" (Thomas Sternberg).[46]

Damit die Dreier-Allianz als Handlungseinheit funktioniert, gibt es eine
sachliche und personelle gegenseitige Rückkoppelung und Koordination.
Der von der Vollversammlung der DBK gewählte und ihrem Vorsitzenden
dienstlich unterstellte Leiter des Katholischen Büros Berlin berichtet regelmäßig in der DBK. Seine Referenten gehören den sachlich zuständigen
bischöflichen Kommissionen an. Eine enge fachliche Kooperation besteht
mit dem VDD und seinen Kommissionen, dem Institut für Staatskirchenrecht in Bonn sowie dem sogenannten „Kirchenpolitischen Gremium" aus
den Generalvikaren und den Leitern der Katholischen Länderbüros sowie
weiteren nicht näher spezifizierten zentralen kirchlichen Einrichtungen.[47]
Jüsten gehört zu den als zentraler Ansprechpartner des ZdK gesehenen

Einzelpersönlichkeiten und ist ständiger Gast in dessen Hauptausschuss. Er konferiert mit dem Sekretär der DBK und dem Generalsekretär des ZdK. Berichtet wird von der Übung, dass sich Katholisches Büro und ZdK bei der Gründung neuer Beratungsgremien gegenseitig einen Platz anbieten, um die Gleichausrichtung zu unterstützen.[48]

Prälat Jüsten jedenfalls zeigt sich zufrieden. Der politische Katholizismus sei in Berlin zwar nicht mehr so homogen wie früher, aber alle Parteien versuchten, Katholiken

> „eine Heimat zu geben und genügend Raum, um christliche Ideale vorzutragen. Deshalb sind auch heute alle Parteien Ansprechpartner für die Interessenvertretung der katholischen Kirche. Traditionell gibt es immer noch eine höhere Milieukongruenz und Personenidentität zu den Unionsparteien. Insbesondere in der Gesellschaftspolitik finden sich hier nach wie vor die größten Übereinstimmungen. In vielen anderen Politikfeldern fühlen sich die Kirchen aber auch bei den anderen Parteien gut vertreten. … Der überwiegende Teil der Politikerinnen und Politiker in herausgehobenen Positionen in unserem Land bekennt sich nach wie vor zu einer der beiden großen Kirchen. Sie stehen oftmals auch öffentlich dazu, dass sie aus dem christlichen Glauben und ihrer Sozialisation in einer der beiden Kirchen wesentliche Impulse für ihr politisches Handeln bekommen haben"[49].

Darüber hinaus machen zwei weitere Interessenbindungen politische Instanzen großzügig ansprechbereit für kirchliche Anliegen.

Sozialmacht als Politkapital und Prestige als Werteagentur

Zum einen hat sich (nicht nur) die katholische Kirche im Nachkriegsdeutschland mit dem Deutschen Caritasverband als anerkannter institutioneller Zusammenfassung und Vertretung der katholischen Caritas in Deutschland und als mit seinen an die 700.000 MitarbeiterInnen (davon über 80 % Frauen) größter nichtstaatlicher Arbeitgeber in Deutschland und Europa zu einer konzernartigen Sozialgestalt umdesignt. Sie kann damit ihren Legitimations- und Relevanzverlust als „Kirche mit immer weniger Gläubigen" kompensieren als „Kirche mit immer mehr Stellen und sozialen Dienstleistungen"[50]. Der Staat wäre nicht einfach in der Lage, ihren Rückzug aus dem Sozialsektor auszugleichen, so dass sie von enormem Gewicht für die Funktionstüchtigkeit des Sozialstaats bleibt. So befürwortet etwa der Katholik und Ministerpräsident Armin Laschet (CDU) nachvollziehbar die starke Präsenz der Kirchen in Deutschland, nachdem er festgestellt hat, in Nordrhein-Westfalen gehörten zwei Drittel der Menschen einer christlichen Kirche an, 60 % der Kindertagesstätten seien in kirchlicher Trägerschaft und auch die Krankenhauslandschaft sei ohne die Kirchen nicht denkbar.[51] Auch die dem ZdK angehörende Katholikin und frühere Umweltministerin Barbara Hendricks (SPD) schätzt den gesellschaftlichen Einsatz der Kirche und würde niemals aus der Kirche austreten, obwohl diese ihre Lebensform moralisch verurteilt (Hendricks ist mit einer Frau verheiratet).[52]

Zum anderen werden die Kirchen nicht nur von der „politischen Klasse" als Werteagenturen mit ihrem relevanten „Beitrag zur Pflege der vorpolitischen, sozialmoralischen Grundlagen des Gemeinwesens"[53] geschätzt. So kann der katholische Polit-Prälat Jüsten sich gewiss sein: „Der Staat fördert die Kirchen, weil er sich darauf verlassen kann, dass die Kirche traditionell zur inneren Festigung der Gesellschaft beiträgt, indem sie kulturelle Kontinuität vermittelt, soziale Dienste leistet, sittliche Maßstäbe einpflanzt, religiöse Bedürfnisse läutert und stillt"[54].

Entsprechend hält auch Ministerpräsident Laschet die christliche Botschaft für das Beste, was man einer Gesellschaft anbieten könne. Die Botschaft der Religionen sei zentral für die Demokratie und für die Gesellschaft. „Es tut der Gesellschaft gut, wenn Menschen sich aus … christlicher Motivation heraus einbringen"[55]. Kritik etwa an der kirchlichen Missbrauchsaufklärung teilt er nicht: „Ich finde, die Kirche kümmert sich intensiv um die Aufklärung der Missbrauchskrise. Sie reagiert heute schnell und professionell, wie aktuelle Fälle zeigen, wo sie auch bei Wahrung der Unschuldsvermutung tätig wird. Das ist schon sehr konsequent"[56]. Kirchenangelegenheiten sind in NRW Chefsache und als solche bei der Staatskanzlei angesiedelt, die wiederum geleitet wird von Nathanael Liminski, dem Katholiken und Mitbegründer der Bewegung „Generation Benedikt"[57].

Der Katholik und seit vielen Jahren dem ZdK angehörende SPD-Politiker Wolfgang Thierse wandte sich in der katholischen Monatszeitschrift „Herder-Korrespondenz" ausführlich gegen Parteigenossen, die 2010 einen Arbeitskreis von Laizistinnen und Laizisten in der SPD gründen wollten.[58] Das Vorhaben war sofort breites Gesprächsthema „auf den Fluren von Synoden oder bei der Vollversammlung des Zentralkomitees der deutschen Katholiken". Die damalige Generalsekretärin und Mitglied im ZdK, Andrea Nahles, hatte die Genossen schnell zurückgepfiffen und der Parteivorsitzende Sigmund Gabriel erklärte, ein solcher Arbeitskreis sei nicht im Interesse der Partei. Der Parteivorstand lehnte entsprechend ab.[59] Thierse erinnerte zudem an das SPD-Programm mit dem Bekenntnis: „Für uns ist das Wirken der Kirchen, der Religions- und Weltanschauungsgemeinschaften durch nichts zu ersetzen, insbesondere wo sie zur Verantwortung für die Mitmenschen und das Gemeinwohl ermutigen und Tugenden und Werte vermitteln, von denen die Demokratie lebt"[60]. Eine junge Mitarbeiterin und engagierte Grüne erklärte mir einmal, zu den ersten Dingen, die man in der Partei lerne, gehöre: Kein Stress mit den Kirchen, da kann man nur verlieren.

Es zeigt sich: Als zeitgemäßer weltlicher Kirchenarm leistet das ZdK mit seinen zentralen Funktionen der Elitenverflechtung und Kontaktbörse auch heute einen entscheidenden Beitrag dazu, dass die Kirche weit in den politischen Raum wirkend hineinragt und „kirchliche Interessen politisch so wirksam repräsentiert werden, daß einer antikirchlichen staatlichen Willensbildung schon in der Wurzel begegnet werden kann"[61]. Wer von diesem ZdK als Mitausrichter des Synodalen Weges eine innerkirchliche Unterstützung der Ermächtigung von Laien erwartet, hat den Akteur nicht wirklich verstanden oder weiß nicht, worin er sich engagiert.

Fehlsichtigkeiten

Was außer diesem Missverständnis des ZdK als Ermächtigungshilfe kann erklären, dass Katholiken sich auf dem Synodalen Weg mit hohem Argumentationsaufwand und in mildem Forderungston abmühen, bloße Bitttexte an die Hierarchen zu richten, also unter dem Namen „Beschluss" Artefakte ihrer eigenen Ohnmacht zu produzieren? Wie kann es zu einer solchen Ab-Sicht von den realen Gegebenheiten in ihrer Kirche kommen – und zwar selbst dort, wo sie in freundlicher, aber klarer Analyse buchstäblich vor Augen geführt werden? Der Tübinger Kirchenrechtler Bernhard Anuth sollte beim Online-Studientag „Synodaler Weg – eine Zwischenbilanz" am 9. Dezember 2020[62] zu Beginn den Synodalen Weg aus kirchenrechtlicher Sicht untersuchen und Perspektiven aufzeigen. Seine präzise Analyse mündete in wichtige Fragen, die ernüchternd wirken können, aber dadurch ihre Bedeutung nicht verlieren. Er fragte abschließend, wozu und mit welcher Perspektive man sich auf den rechtlich komplett unverbindlichen Weg einlassen soll:

> „Um den Teilnehmenden der Synodalversammlung ‚eine Erfahrung von Partizipation' zu ermöglichen und dafür eine ‚kulturelle Implosion' in Kauf zu nehmen, wenn am Ende wenig Konkretes und erst recht keine Kirchenreform herauskommt? Kann man ‚engagierten Christinnen und Christen wirklich zumuten, weiter Lebenszeit und Energie für etwas einzusetzen, von dem mehr oder weniger klar wird, dass schon bei den kleinsten Schritten Rom dazwischengrätscht' oder sich die eigenen Bischöfe einer Umsetzung der Beschlüsse verweigern?"[63]

Was die Homepage der Katholischen Akademie der Erzdiözese Freiburg als „kontroverse Diskussion"[64] bezeichnet, war im Falle des Anuth-Beitrags keine inhaltliche Auseinandersetzung. Nicht ein einziges Argument stellte die sachliche Richtigkeit infrage. Stattdessen blendete man, was nicht widerlegbar war, einfach aus oder spaltete es ab. Banale Gemeinplätze wie „Das Recht ist nicht alles" (was im Übrigen niemand behauptet hatte), persönliche Anekdoten über die früh erkämpfte Position einer Oberministrantin (ohne verstanden zu haben, dass dieser „Sieg" der Gnade des Zelebranten zu verdanken war) oder persönliche Erlebnisse auf dem bisherigen Synodalen Weg, bei denen die alphabetisch begründete (vermeintliche) „Augenhöhe" nicht fehlen durfte, und schließlich die alle verbindende Haltung einer Trotzdem-Hoffnung, wurden als Gegenbekenntnisse aufgeboten. Nur: Wo Sachargumente mit Befindlichkeit beantwortet werden, findet keine Diskussion statt, sondern wird signalisiert, dass sie nicht erwünscht ist. Es mag jemand persönlich noch so felsenfest von etwas überzeugt sein, für die Eigenart und den erwartbaren Ausgang des Synodalen Weges ergibt sich daraus nicht das Geringste.

In diesen Haltungen dürften sich in einem breiten Strang von Theologen verbreitete Mythen spiegeln, die zu hoffnungsinduzierenden Fehlsichtigkeiten auf die real-existierende Kirche führen. Zu diesen Mythen, die auch das Handeln auf dem Synodalen Weg prägen, gehört, die Kirche sei eine Argumentationsgemeinschaft, in der die Theologie einen reformrelevanten Geltungsstatus hat und mit dem II. Vatikanum über eine gute Argumentationsgrundlage für Reformen verfügt – drei fatale Irrtümer oder Irreführungen. Beides wäre vor dem Synodalen Weg zu verantworten.

Starke Theologie?

Am Ende seiner Ansprache bei der ersten Synodalversammlung in Frankfurt rief der Neutestamentler Thomas Söding die Teilnehmer auf: „Weil unser kirchenrechtlicher Status strittig ist, müssen wir theologisch stark sein"[65]. Worin theologische Stärke besteht, erklärte er nicht. Einige Monate später forderte er zusammen mit drei weiteren Theologen in der Frankfurter Rundschau u. a. von Kardinal Woelki und Bischof Vorderholzer: „Das reicht nicht. Theologisch muss mehr kommen." Die Theologen seien in die

Synodalversammlung für Reflexionen gewählt worden über „eine gründliche Überprüfung ihrer [der Kirche; N. L.] normativen Ideale, Regeln, Prozesse, Standards und Routinen". Und das gehe nicht mit Autoritätsbezügen, sondern nur mit inhaltlich überzeugenden theologischen Argumenten, d. h. gesellschaftlich relevant, aktuell und verständlich, geschichtsbewusst, im Dialog mit den übrigen Wissenschaften und mit „einem wachen Sinn für die Botschaft der Bibel"[66].

Das ist durchaus richtig, nur leider wird das Entscheidende verdrängt oder verschwiegen, nämlich wie wir als Theologen in der kirchlichen Communio ekklesiologisch und rechtlich verortet sind und welchen Geltungsstatus unsere Argumente haben. Solche Unterlassung ist vor allem beim ZdK-Mitglied Thomas Söding überraschend bis befremdend: Seit 2001 ist er Berater der DBK-Glaubenskommission, die sich mit Anfragen an die Glaubenslehre der Kirche etwa zum Gottesbild, zum Sakramentenverständnis oder zur Bedeutung des Amtes in der Kirche befasst. Seit 2011 ist er Konsultor des von Papst Benedikt XVI. eingerichteten Päpstlichen Rates für Neuevangelisierung, der die Bischofskonferenzen bei der Verbreitung und Implementierung des päpstlichen Lehramts, vor allem des Weltkatechismus unterstützen soll. 2004 wurde er nach Konsultation der DBK auf Vorschlag des damaligen Präfekten der Glaubenskongregation, Kardinal Ratzinger, zum Mitglied der Internationalen Theologischen Kommission ernannt, eine Auszeichnung, die nur Theologen zuteilwird, die sich neben Wissen und Klugheit durch „ihre Treue gegenüber dem Lehramt der Kirche auszeichnen"[67]. Zehn Jahre gehörte er diesem unter strenger Verschwiegenheit arbeitenden Beratungsgremium der obersten Lehrüberwachungsbehörde an. Während dieser Zeit hat er maßgeblich mitgearbeitet an den vom Präfekten beauftragten und zur Veröffentlichung freigegebenen, also als lehrkonform gesiegelten Dokumenten über die „charakteristischen Merkmale der Katholischen Theologie"[68] und den „*Sensus fidei* im Leben der Kirche"[69]. Wer, wenn nicht Söding, könnte den Synodalen verlässlich Auskunft geben über den Status von Theologen und den ihrer Arbeit? Warum lässt er aber dann aus, was sich neben vielen theologischen Aufhübschungen in besagten Texten auch findet,

- dass nämlich in der katholischen Kirche Schrift, Tradition und Lehramt untrennbar miteinander verbunden sind und allein dem Lehramt die verbindliche Auslegung der ersten beiden zukommt,
- dass die Kirche sich dabei zwar nicht über, sondern unter dem Wort Gottes sieht (DV 1), aber die Einhaltung dieser wertvollen Selbstverpflichtung von ihrem Lehramt selbst und von Gott, dessen Willen es auslegt, geprüft wird (DV 10b),
- dass Exegeten das Wort Gottes erforschen und erklären, aber a) unter der Aufsicht des Lehramts (DV 23), b) mit nach dem Urteil des Lehramts geeigneten Methoden (DV 12 e)[70], c) zum Zweck der Predigtbefähigung, über dessen Erreichung die kirchliche Autorität befindet, sowie d) als wissenschaftliche Vorbereitung reifer kirchlicher Urteile (DV 23) und dies alles e) *secundum sensum Ecclesiae*,
- dass eine Katholische Theologie sich auszeichnet durch die Anerkennung der Lehrautorität der ökumenischen Konzilien, des ordentlichen und universalen Lehramts der Bischöfe und des Lehramts des Papstes[71] und durch Treue zur apostolischen Tradition, wozu die Aufmerksamkeit gegenüber den Lehren des Magisteriums gehört[72],
- dass (nur) den Bischöfen das Lehramt aufgrund „ihres eigenen spezifischen *,charisma veritatis certum'* (dem sicheren Charisma der Wahrheit) zukommt" (DV 8)[73],
- dass es verschiedene Bezugsorte (*loci*) der Theologie gibt, die aber zu gewichten und aufeinander zu beziehen sind[74] – es darf geraten werden, von wem maßgeblich,
- dass „das Lehramt ein wesentlicher Bestandteil im theologischen Unternehmen selbst ist" und die Treue zum Lehramt notwendig zur Theologie gehört und diese nicht beanspruchen darf, das gänzlich anders geartete Lehramt der Kirchenhirten zu ersetzen, das den Glauben authentisch auslegt, was der Theologie versagt ist,
- dass ein „Dissens" mit dem Lehramt keinen Platz in einer Theologie hat, die den Namen „katholisch" verdient, dem Lehramt vielmehr Gehorsam geschuldet ist, und zwar nicht rein äußerlich und formal, so dass die amtlichen Lehren auf rein dekorative Zitate reduziert werden,

sondern in dem Bestreben, die lehramtlich verkündete Wahrheit zu vertiefen, weil darin die eigentliche Aufgabe der Theologen besteht[75],

- dass die Kirche zwar für demokratische Werte eintritt, aber selbst nicht nach diesen Prinzipien strukturiert ist und daher der *sensus fidei* nicht einfach die öffentliche oder mehrheitliche Meinung der Gläubigen ist[76],
- dass nicht die Gläubigen oder die Theologen die Echtheit des *sensus fidelium* beurteilen, sondern allein das Lehramt[77] und
- dass schließlich an diesem Sinn nur teilhaben kann, wer das Lehramt achtet und bereit ist, auf die Lehre der Hirten zu hören wie auf Christus[78]?

Starke Theologen?

Warum präsentieren sich Theologieprofessoren den Laien auf dem Synodalen Weg nicht als das, was sie nach amtlich verordnetem Selbstverständnis zu sein haben? Sie wurden hierarchisch ermächtigt, öffentlich im Namen der Kirche wissenschaftliche Theologie zu lehren (cc. 812, 818), haben sich dafür nicht nur fachlich als geeignet erwiesen, sondern auch durch Rechtgläubigkeit und ein untadeliges Leben (cc. 810 § 1, 818). So leben sie öffentlich z.B. nicht als trans- oder homosexuelle oder nichtbinäre Personen, sondern als heterosexueller enthaltsamer Single oder kirchlich gültig verheiratet. Als solche im Namen der Kirche lehrenden Mandatstheologen bieten sie die Gewähr, dies lehramtskonform zu tun. Schon für die verschiedenen Graduierungen hatten sie präventive Konformitätsprüfungen zu bestehen: Für die Zulassung zur Promotion hatten sie ein Zeugnis des eigenen Ordinarius über ihren Glauben und ihre sittliche Haltung vorweisen können.[79] Für die Habilitation war ihnen die Übereinstimmung mit der ganzen Glaubens- und Sittenlehre der katholischen Kirche sowie ein Leben aus dem Glauben, einschließlich der Erfüllung der Katholikenpflichten, darunter Lehr- und Leitungsgehorsam gegenüber den Hirten, bescheinigt worden.[80] Vor ihrer Berufung in ein Professorenamt war ihnen auf der Grundlage einer genauen Prüfung und umfassenden Würdigung ihrer Person und ihres wissenschaftlichen Werkes (Veröffentlichungen und Lehrtätigkeit) die Unbedenklichkeit ihrer Lehre und ihres Lebenswandels vom zuständigen Diözesanbischof und diesem gegenüber vor der ersten Lebenszeitanstellung auch von der Bildungskongregation nach einer interdikasteriellen Prüfung bescheinigt worden (*Nihil obstat*). Wie schwierig, unberechenbar und daher belastend diese laufbahnentscheidenden Screenings grundsätzlich und gerade aktuell wieder sind, wird selten breiter bekannt, weil Betroffene aus Selbstschutz die vorgeschriebene „Vertraulichkeit"[81] wahren, womit die Kirche sich auch hier vor öffentlicher Rechtfertigung schützt. In der Zunft sind die Fälle gleichwohl bekannt. Und vor ihrem Amtsantritt bzw. vor der Aufnahme der Lehrtätigkeit haben Mandatstheologen, sofern kirchenrechtskonform gehandelt wurde, in Form der sogenannten *Professio fidei* ihre Totalidentifikation mit sämtlichen kirchenamtlichen Lehren bekannt. Auf diese Weise wurde ihnen nochmals eindrücklich der Umfang ihrer Kirchlichkeitsverpflichtung und die Grenze ihrer „*iusta* libertas", ihrer spezifisch katholischen Forschungs- und Meinungsfreiheit (c. 218 i. V. m. cc. 212, 750–754) und damit der Maßstab vor Augen geführt, den der Diözesanbischof oder Apostolische Stuhl anlegen würde, wenn sie ihrer Überwachungspflicht nachkommen und sich zur korrigierenden Intervention[82] oder zum Entzug der Lehrbefugnis (Rücknahme des *Nihil obstat*) veranlasst sehen sollten (c. 386 § 2).

Wenn Bischöfe ihre Sanktionsmacht nicht einsetzen, kann das unterschiedliche Gründe haben, sei es, dass man den Theologen oder die Theologin für nicht wichtig oder bekannt genug erachtet, sei es, dass man die vielleicht überschaubare Zeit bis zur Emeritierung des Problemfalls einfach verstreichen lässt, also wegschaut, oder aus politischem Opportunismus den an staatlichen Fakultäten zur Weiteralimentierung und Ersatzgestellung verpflichteten Staat nicht durch eine Häufung von *Nihil-obstat*-Fällen verprellen will, weil man ihn an anderer Stelle gerade braucht. Wie dem auch sei: Immer bleibt es in der Ermessensmacht des Diözesanbischofs oder des Apostolischen Stuhls, ob und wann er eingreift. Wer das leugnet, entsolidarisiert sich von der Legion von Lehrbeanstandeten und macht sie zum bedauerlichen, aber unvermeidlichen Ausschuss.

Auch die theologische Gesamtlandschaft unterliegt hierarchischer Pflege. Noch während der Synodale Weg auch über die angemessene Priesterausbildung diskutiert, haben die deutschen Bischöfe in demonstrativer Souveränität parallel einen Prozess zur Seminarkonzentration auf wenige Standorte in Gang gesetzt. Eine solche Konzentration kann die staatlichen Fakultäten infrage stellen, deren konkordatäre Garantie an der Priesterausbildung hängt. Ob dieses Risiko als tolerabler Kollateralschaden einkalkuliert oder einfach fahrlässig übersehen wurde, kann dahingestellt bleiben. Käme es zu dieser Konzentration, hätte dies für die Hierarchie den besonderen Charme, dass sich bei einer verringerten Zahl von Lehrstühlen die dafür geforderte Priesterquote leichter bedienen und sogar erhöhen ließe. Eine als zu selbstständig empfundene Laientheologie[83] ließe sich zurückstutzen. Jeden falls haben sich Mandatstheologen als Reflexionselite und zugleich auch als Konformitätselite zu erweisen, und dies in amtlicher Sicht wegen des Rechts der Gläubigen „auf sichere und zuverlässige Lehre und Verkündigung"[84].

Aufgabe und Status der Theologen ergeben sich nicht aus Selbstzuschreibungen, sondern sind als amtliches Selbstverständnis verordnet und von Papst Franziskus in seiner Apostolischen Konstitution „Veritatis Gaudium" erst 2018 erneut ausdrücklich bestätigt worden.[85] Das gute theologische Argument mag man in der Argumentationsgemeinschaft der *Scientific Community* stark machen, in einer sich ausdrücklich nicht als Diskursgemeinschaft verstehenden ständehierarchischen *communio hierarchica* hat es gegenüber den Bischöfen mit ihrem sicheren Wahrheitscharisma den Status von allenfalls erbetenen Anregungen und Ratschlägen. Was theologische Argumente wert sind, hat Papst Johannes Paul II. im Zusammenhang mit der unfehlbaren Lehre über die Unmöglichkeit der Priesterweihe für Frauen unter Berufung auf das von Papst Paul VI. in Auftrag gegebene Schreiben der Glaubenskongregation von 1976 *Inter Insigniores* bereits deutlich gemacht: Er unterschied *fundamentale* von *theologischen* Gründen. Die Tradition und das Verhalten Christi und der Apostel sind *fundamentale* Gründe, weil das kirchliche Lehramt die richtige Unterscheidung zwischen wandelbaren und unwandelbaren Elementen vornimmt. *Theologische* Gründe erläutern die vorgegebene Lehre, nicht als Beweis (und schon gar nicht als

Gegenbeweis), sondern als weitere Erhellung.[86] Dagegen immer wieder die immer gleichen theologischen Argumente vorzutragen[87] und die lehramtlichen Immunisierungen dagegen auszublenden[88], ist donquijotesk. Formulierungen wie, Lehramt und Kirchenrecht mögen dies oder jenes ja vorgeben, „theologisch gelte aber", sind kompensatorisch-großspurige geltungstheoretische Placebos. Manchen Theologen und Kanonisten mag es Balsam gegen die narzisstische Kränkung sein, dass Theologie nach amtlichem Verständnis aufhört, solche zu sein, wenn sie *expressis verbis* oder *in actu* ihre hierarchische Einordnung leugnet. Aber den Gläubigen gaukeln sie kontrafaktisch eine Reformrelevanz der Theologie vor und bewirtschaften eine immer noch weit verbreitete Reform-Sehn-Sucht, als wüsste man nicht, auf welchem Feld man nach wessen Regeln spielt.

Autorität Konzil?

Nicht besser steht es auch hier um die eingesetzten Argumente, und zwar in formaler wie inhaltlicher Hinsicht. Autoritätsargumente seien schwach, heißt es zu Recht. Und doch meint man, sich mit der notorischen Berufung auf das II. Vatikanum und seine Lehren eines solchen bedienen zu müssen, allerdings formal wie inhaltlich zu Unrecht. Es sagt bereits viel aus, wenn Laien sich für Veränderungen in der Kirche auf eine Veranstaltung berufen müssen, die klerikaler kaum sein kann. Allein Männer mit Bischofsweihe entschieden dort. Die brav im Geschirr der Bischöfe laufenden Konzilstheologen[89] (als vom Papst ernannte Periti oder private Berater) waren damals Priester. Als bloße Zuhörer (Auditoren) wurden *ad personam* ab der zweiten Sitzungsperiode ab 1963 auch männliche Laien (zunächst 12, am Ende 29) zugelassen, ab 1964 auch Frauen (zunächst 16, am Ende 23).[90] Eine der ersten von ihnen, die australische Theologin Rosemarie Goldie[91] erinnerte sich, während der Diskussion über weibliche Auditoren habe ein Bischof ihr erklärt, das sei überflüssig: „Sie sagen, dass hier keine Frauen sind, aber schauen Sie sich doch in Sankt Peter um. Da gibt es all die Statuen weiblicher Heiliger und natürlich die Jungfrau Maria, die ständig bei uns ist"[92]. Das war die 1960er-Jahre-Version von „Loben statt beteiligen (weihen)", heute sagt man: „Maria ist wichtiger als die Apostel" (Papst Franziskus)[93] oder „Lasst Frauen führen statt leiten" (deutsche Bischöfe).[94]

Das Autoritätsargument zerrinnt aber rechtlich in den Händen, denn wie das Konzilsereignis bleiben auch seine Ergebnisse in der Hand der Päpste. Sie beanspruchen die authentische Auslegung, eine, die, wie die Gesetzesauslegung durch den Gesetzgeber, nicht aufgrund ihrer überzeugenden Motive bindet, sondern, weil die Autorität es will.[95] Das katholische Konzil ist keine Supernorm und kann es nicht sein. Es steht nicht über der hierarchischen Kirchenstruktur, sondern in ihr. Aufgrund des dogmatisierten Lehr- und Leitungsprimats des Papstes kann das II. Vatikanum wie jedes künftige Konzil nur nach primatialer Maßgabe zur Geltung kommen. Kein Papst kann mehr an ein Konzil gebunden werden, jeder Papst kann seither analog zum Ausspruch Pius' IX. „Die Tradition bin ich" mit doktrineller und rechtlicher Deckung erklären: „Das Konzil bin ich"[96]. Einen Wettlauf um die richtige Konzilsinterpretation kann die Theologie nicht gewinnen. Sie ist kirchenpolitisch der Hase, der am Ende jeder durchhasteten Furche auf den Lehramtsigel trifft. Die rechte Konzilshermeneutik ist eine Machtfrage.

Wenn das Lehramt die Theologie sticht, dann sticht auch die rechtliche Transformation des Konzils in den CIC als vollmächtige Auslegung die Theologie. Forderungen, das Kirchenrecht müsse im Sinne des Konzils ausgelegt werden, verschieben das Problem nur: Wer legt die Lehren des Konzils aus? Wer füllt seinen „Geist" mit Inhalt und mit welcher Autorität? Die katholische Stände- und Geschlechterpyramide übersetzt sich in die entsprechende Geltungspyramide. Keiner der Kritiker dieser Einschätzung, keiner der Konzilsanrufer hat bislang ein einziges Beispiel vorweisen können, dass der Hinweis auf das II. Vatikanum einen Katholiken irgendeinem gesetzlichen Anspruch entzogen hätte. Es bleibt daher unverantwortlich, Gläubige mit dem „Konzilskompendium" oder „Herders theologischem Konzilskommentar" in der Hand in Reformhoffnungen zu bestärken oder gar in kirchenpolitische Kämpfe zu schicken, denn man stattet sie mit stumpfen Waffen aus.

Mythos Reformkonzil

Und schließlich bietet das II. Vatikanum auch inhaltlich nicht das, was manche auf dem Synodalen Weg sich wünschen mögen. Schon die Annahme, die zentrale Vollversammlung des Bischofsstandes *cum et sub Petro* hätte ihre Selbstentmachtung beschließen wollen, ist schlicht absurd und erweist den Wunsch als Verzweiflungsakt. Das Konzil enthält keinen (Voll-)Machtverzicht. Es hat mit seinem Partizipations- und Dienstjargon lediglich eine zeitgemäße Sprachform für die beibehaltene Klerikalmacht geschaffen. An allen wesentlichen Punkten hat es Vorrang- und Machtabsicherungen installiert. Im ersten Kapitel der Offenbarungskonstitution etwa stößt es ein vertieftes Verständnis der Offenbarung an. Statt sie als göttliche Information oder Instruktion über satzhafte Wahrheiten zu verstehen, die von den Hirten in einem „Depot" verwahrt und autoritativ den Gläubigen vorgelegt werden, entwirft es ein Verständnis der Offenbarung als realer Selbstmitteilung Gottes in geschichtlicher Vermittlung (DV 2–6). Diesen Ansatz bindet es dann aber nicht nur sehr vorsichtig an vorherige Konzilien zurück, sondern behält an anderen Stellen auch das alte satzhafte Verständnis (*depositum fidei*) und Belehrungsmodell der Offenbarung bei (DV 9–11; LG 25c. d., GS 33b. 62b; UR 26), so dass Papst Johannes Paul II. seine Umsetzung in den CIC[97] als Konzilsrezeption verstehen konnte. So wird ermöglicht, das Dokument wie das Konzil insgesamt nach vorne, aber auch nach rückwärts zu lesen und zu verwenden. Die Richtung bestimmt das Lehramt. Das Konzil ist nicht „Bollwerk der Reform, sondern ... Spielball der Reaktion"[98].

Was die Laien angeht, so besteht ihre viel gelobte konziliare „Aufwertung" darin, dass das Konzil sie nicht wie zuvor verschweigt und die Kirche im Klerus aufgehen lässt, sondern dass es die ekklesiologische Bedeutung der Taufe wiedergewinnt. Damit kommen die Laien in den Blick und deutlich ins Wort. Sie werden als überwältigend breite Basis der pyramidal gebauten Kirche sichtbar, aber das ändert ihre Position nicht. Auch eine nun vollständig ausgeleuchtete Pyramide bleibt eine Pyramide. Noch einmal: Etwaigen Nivellierungsversuchen wehrt das Konzil mit einer fünffachen Sicherung: (1) Die viel gerühmte Voranstellung des Volk-Gottes-Kapitels vor das Hierarchiekapitel in der Kirchenkonstitution ist ungefährlich, weil schon im ersten Kapitel die göttliche Stiftung der hierarchischen Struktur klargestellt war (LG 8). Die hierarchische Rahmung verhindert von vornherein ein egalitäres (Miss-)Verständnis der Volk-Gottes-Kategorie. (2) Die Gleichheit aller Gläubigen (LG 32) wird von der Gleichberechtigung entkoppelt, indem sie katholisiert und im Unterschied zum säkularen Gleichheitsbegriff als wahre (*vera*) Gleichheit nur auf die Würde bezogen wird. Die standes- und geschlechtsbedingten Ungleichheiten bleiben unangetastet. Gleichwertigkeit führt katholisch nicht zu Gleichberechtigung. (3) Auch Laien ein Priestertum zuzuschreiben, wird hierarchietauglich gemacht, indem man den Priesterbegriff einfach verdoppelt. Statt ihn nur auf Kleriker anzuwenden, wird er in ein gemeinsames oder Tauf-Priestertum aller Gläubigen und ein davon ontologisch verschiedenes hierarchisches Dienst- oder Weihepriestertum (LG 10) aufgefächert. (4) Mit einer kleinen Formel konnte diese semantische Strategie verallgemeinert werden: Ja, alle haben Anteil an den früher für Kleriker reservierten Würden Christi als Priester, Prophet und König oder der Sendung der Kirche, aber jeder auf seine wesensverschiedene Weise, auf Laien- oder Klerikerweise (LG 10b). (5) Schließlich bleibt es bei der bewährten Methode, den Unterschied dadurch zu wahren, dass bestimmte Attribute Klerikern vorbehalten werden. Nur für sie, nie für Laien oder für alle Gläubigen, wird im Konzil und in seinem Gefolge auch im CIC[99] und überall, wo amtlich sorgfältig gesprochen wird, die Dreierformel vom *munus docendi, regendi, sanctificandi* verwendet. In diesem Formelvorbehalt für Kleriker bleibt das seit dem 19. Jahrhundert favorisierte Bild vom Klerus als unter dem Papst heiligende, lehrende und leitende Kirche gegenüber den Laien als der zu heiligenden, zu regierenden und zu belehrenden Kirche bewahrt. All das kann man bedauern, kritisieren, zu verändern suchen – einstweilen beschreibt es die Realität.

Zu fragen wäre, in wessen Interesse und wem es dienlich ist, das II. Vatikanum nicht in seiner geschichtlichen und materiellen Begrenztheit wahrzunehmen und zu entmythologisieren, sondern es zu einer Ikone zu machen, die man in Krisenzeiten hervorholt, um gefährlich brodelnde Unzufriedenheit zu beschwichtigen, indem man es – wie etwa auf der Konzilsgala am Katholikentag in Mannheim im Rahmen des vorigen Gesprächsprozesses – erinnerungsselig verfeiert? Hans Küng hat die Einladung dorthin abgelehnt, er konnte angesichts der nachkonziliaren Entwicklung keinen Feieranlass entdecken.[100] Wer profitiert von der Ruhe, die entsteht, wenn immer neue Generationen von Theologen in die Konzilsschächte geschickt werden, um angeblich ungehobene Schätze zutage zu fördern?

Kanonistisch sieht man besser

Wer diese Realität kanonistisch nüchtern beschreibt, d. h. nicht durch den Schleier eigener oder beim Publikum unterstellter Reformwünsche, sondern mit amtlich vorgegebener Methode, der trifft selten auf stichhaltige Korrekturen oder sachliche Auseinandersetzungen.[101] Stattdessen stößt er öfter auf bloße Gegenbehauptungen verbunden mit Unterstellungen und auf Disqualifizierung zielende Etikettierungen. Da wird die kanonistische Analyse als politische Anleitung gelesen, „die zunehmend an Einfluss gewinnt und dem Versuch einer faktischen Reklerikalisierung der kirchlichen Wirklichkeit Vorschub leistet"[102]. Und in der Regel darf das „Schlag-Wort" vom Rechtspositivismus nicht fehlen, mit dem angeblich die Theologie überwältigt werde[103], ohne auch nur anzudeuten, was damit genau gemeint sei.[104] Alternative, genehmere kanonistische Positionen[105] werden ohne Abgleich der Argumente danebengestellt und empfohlen. Statt zu diskutieren, wird geliked – im Wissen darum, was an der Kirche Leidende, aber nicht von ihr Lassende gerne hören. Lässt ein Dogmatiker erkennen, dass er eine realistische Kanonistik nicht nur schätzt, sondern ihr auch in seiner Zunft mehr Aufmerksamkeit und faire Auseinandersetzung wünscht, wird er dort ähnlich stigmatisiert.[106] Wie viel sie einer vom Communio-Modell geleiteten Gesetzesinterpretation zutraut, wird deutlich, wenn Sabine Demel den bloßen Empfehlungscharakter der Beschlüsse des Synodalen Weges als „gravierendes Strukturdefizit" erkennt und trotzdem von einem Umgang auf der berühmten „Augenhöhe" sprechen kann und schließlich gar nicht das Beschlossene als das Entscheidende ansieht, „sondern *wie* wir zu den Beschlüssen gekommen sind, … die Haltung …, einander verstehen zu wollen"[107], um dann „vielleicht" zu erleben, dass sich die Bischöfe an die Empfehlungen halten. Das ist nicht mehr als „Trotzdem" mit einem „kleinen Vielleicht".

Einer der frühen dem Realitätsprinzip verpflichteten Kanonisten, Johannes Neumann, hat bereits 1981 aus seiner akademischen Lehrerfahrung berichtet, „vieles, was am Erscheinungsbild der Kirche Anstoß erregt", werde „nicht der Dogmatik und dem darauf gründenden hierarchischen System, sondern dem Kirchenrecht angelastet"; an der Rechtsgestalt der Kirche glaube „man sich stoßen zu dürfen, nicht jedoch an der Ideologie, welche sie hervorbringt"[108]. Sein Nachnachfolger in Tübingen, Bernhard Anuth, hat jüngst durch Differenzierungen dafür gesorgt, dass dies nicht als Gegenbashing verstanden wird. Zum einen sei zwischen dem Kirchenrecht als Ordnung und der Kanonistik als Wissenschaft zu unterscheiden (eigentlich peinlich, dass dieser Hinweis in einer Wissenschaft nötig ist). Der Analyst dieser Ordnung sei nicht ihr Produzent. Für das, was ein Kanonist als geltendes Recht beschreibt, trägt er keinerlei genetische Verantwortung, schon gar nicht als Laie. Kein Kanonist kann allein „amtliche Lehren … in kirchliches Recht transformieren" oder hat „Gesetzgebungskompetenz … Kein Kanonist, keine Kanonistin gießt irgendetwas in Rechtsform oder bewehrt etwas strafrechtlich"[109].

Ebenso wenig ist die theologische Disziplin „Dogmatik" verantwortlich für die lehramtliche Theologie, die als ideologische Grundlage der Rechtsordnung dient. Beide Disziplinen haben einander als Sündenbock nicht nötig. Denn für beide gilt gleichermaßen, dass sie „kein dem amtlichen ebenbürtiges und mit ihm argumentativ konkurrierendes Lehramt" innehaben. „Wer das für unangemessen hält, muss schon den Papst kritisieren, statt Stellvertreterhiebe gegen Kanonistinnen bzw. Kanonisten zu führen"[110].

Gravierender als die in der Sache nicht haltbaren Anwürfe gegen die Kanonistik sind allerdings ihre – vielleicht gewollten? – systemstabilisierenden

Wirkungen.[111] Wer die kanonistische Beschreibung der real existierenden *communio hierarchica* zu einem reaktionären Plädoyer politisiert und stattdessen seine theologische Wunschkirche als angeblich konziliares Communio-Modell einem Hierarchiemodell gegenüber und als gegeben hinstellt, der erhellt nicht den Blick auf die katholische Kirche, sondern der verstellt ihn. So wird etwa ein „elliptisches Wechselspiel zwischen Klerikern und Laien" behauptet, in dem beide Gruppen „wie zwei Brennpunkte einer Ellipse" sind, „für die ein grundlegendes Miteinander genauso wesentlich ist wie ein spezifisches Gegenüber"[112], das „Spezifische" aber anonym belassen, obwohl es als hierarchisch zu outen wäre. Oder die römisch-katholische Kirche wird in einem Modell der konzentrischen Kreise dargestellt – die bloße Projektion eines dreidimensionalen Objekts in den zweidimensionalen Raum bleibt aber strukturell folgenlos. Sobald die konziliaren wie kodikarischen Daten eingetragen werden, erheben die Kreise sich zur ekklesiologischen Realgestalt des Kegels oder der Pyramide. Schon 1979 hat Franz Xaver Kaufmann darauf hingewiesen, dass das Modell der konzentrischen Kreise der notwendigen tiefgreifenden Veränderung im institutionellen Selbstverständnis der Kirche entgegensteht. Als „Projektion der Hierarchie auf eine Ebene" ist es „selbst Ausdruck eines Denkens, das von der durchgehenden Hierarchisierung der innerkirchlichen Bezüge ausgeht"[113].

Statt mit kanonistischem Realitätssinn die „versteinerten Verhältnisse dadurch zum Tanzen [zu] zwingen, daß man ihnen ihre eigene Melodie vorsingt"[114], wird in theologischer Girlandensprache eine Smoothieversion katholischen Kirchenverständnisses, wird hierarchische Ekklesiologie in der Schnabeltasse aufgetischt, als Speise mit sedierender, benebelnder Wirkung. Man bietet ein paar theologische Reformkniffe zur Schmerzlinderung[115], theologisiert Machstrukturen und „erschwert es den Kirchengliedern sie zu identifizieren und strukturelle Machtasymmetrien zu kritisieren. Wenn Macht Dienst ist, leistet schließlich der, der mehr Macht hat, einen größeren Dienst"[116]. Produziert wird so nicht kritisches Bewusstsein, sondern hoffnungsinduzierte Geduld. Wem nutzt sie? Weist der Kirchenrechtler dann derart konditionierte Gläubige frakturredend auf die Geschlossenheit des Systems hin, zeigen sie ihn wegen Freiheitsberaubung an.

Sense Giving

Das Angebot an theologischen Reformversprechen ist breit und durch die Geleittheologen auch auf dem Synodalen Weg präsent. Aber das allein erklärt noch nicht die große Bereitwilligkeit, sich auf sie einzulassen, ihnen trotz aller Widrigkeiten zu vertrauen, und es erklärt auch nicht die Ignoranz oder Aggression gegenüber analytischen Zweifeln an ihrer Einlösbarkeit. Bei der Konzilsgeneration mag man den Reflex in Rechnung stellen, Konzilskritik als eine „nachträgliche Enteignung ihrer Erfahrungen"[117] zu empfinden, in jeder Kritik an „ihrem" Konzil die investierten Hoffnungen bedroht zu sehen. Und auch bei der Generation der „Zeitzeugen zweiter Ordnung", die nicht selbst am Konzil teilnahmen, aber mit seinem Studium „doch meistens zugleich ihren persönlichen Aufbruch mit ihm auf[arbeiten]"[118], kann die eigene theologische Initiation und Identität empfindlich berührt werden. Aber das ist nicht alles, da ist mehr und Tieferes.

Die katholische Kirche bietet nach wie vor ein umfassendes Sinnangebot in Gestalt ihres Heilsversprechens. Es lautet: Wer sich einmal durch die Taufe – theologisch gesprochen – in den Leib Christi hat eingliedern lassen bzw. – auch rechtlich gesprochen – sich so unwiderruflich in die originär rechtlich verfasste Glaubens- und Heilsgemeinschaft (LG 8), also in die insofern hierokratische Heilsanstalt[119] der katholischen Kirche hat hoheitlich aufnehmen lassen, dessen Heilschancen haben sich entscheidend verbessert. In katholischer Sicht sind Gottesbeziehung und Kirchlichkeit innerlich verbunden. Die Besonderheit des kirchlichen Sozialgebildes besteht in der Anteilgabe und Anteilhabe am Heil durch die Gemeinschaft mit der Kirche. Christus ist auch durch die Organisation wirksam, gießt durch sie Gnade und Wahrheit auf alle aus. Insoweit gilt die Rechtsgestalt als Heilsorgan (LG 8a). Diese Kirche sieht sich als „Keimzelle des Heils" und „Heilsinstrument" (LG 9b). Sie hält die ihr von Gott anvertrauten Heilsmittel vor und sorgt sich durch die rechte, vor allem klerikale Verkündigung des Evangeliums in Wort und Tat (Caritas) und durch die Verwaltung der ihr von

Gott anvertrauten Sakramente um den Erhalt und die Vertiefung der kirchlich bedingten Christusbeziehung. So ermöglicht, bahnt und gewährleistet sie das Seelenheil.[120] Im Gegenzug haben die Gläubigen um ihres Heiles willen die Anstaltsordnung einzuhalten, zusammengefasst in der grundlegenden Rechtspflicht, immer die Gemeinschaft mit der Kirche zu wahren (c. 209 § 1), d.h. durch die Bande des Glaubensbekenntnisses, der Sakramente und der kirchlichen Leitung (c. 205) sichtbar mit Christus verbunden zu bleiben, die übrige kirchliche Ordnung einzuhalten und mit großer Sorgfalt ihre Pflichten gegenüber der Kirche zu erfüllen (c. 209 § 2). Dies schließt nicht zuletzt die materielle Unterstützung ein, in Deutschland auf dem Weg der Kirchensteuer unter Androhung der Quasi-Komplettentrechtung.[121]

Vermittelt und affektiv abgestützt wird dieser Zusammenhang verkündigungssprachlich nach wie vor durch die Metaphernwelt der Kirche als durch Hirten behütete Herde und als „Familie Gottes". Man unterschätze die psychologische Binde- und Prägewirkung eingespielter Bildprogramme nicht, die an emotionale Schemata aus elementaren Erfahrungen andocken.[122] Wer sich in der Taufe aus dem Mutterschoß der Kirche wiedergeboren sieht, von ihr durch die geistlichen Väter mit den Heilsmitteln genährt und in Fürsorge[123] und nötigenfalls Strenge auf dem sicheren Heilsweg gehalten sieht, der bleibt lebenslang ein Kirchenkind. Wer die Hierarchie angreift, beleidigt die Mutter. Im angelsächsischen Raum werden die Priester immer noch mit „Father" angeredet, bei uns ist noch „Pater" für den Ordenspriester gängig. Psychologisch kann sich hier der väterliche Machtanspruch mit den mütterlichen Mitteln zu einer subtilen Loyalitätsverpflichtung verstärken. „Eine stärkere und tiefer verwurzelte Loyalitätspflicht als die gegen den mit mütterlichem Nachdruck verstärkten väterlichen Gehorsamsanspruch läßt sich kaum denken." Sie „macht die in Pflicht Genommenen nahezu wehrlos"[124]. Wo der Vater mit Autorität sich zudem als Diener bezeichnet oder in der Sprachform der Bitte befiehlt, entsteht ein Double-Bind-Mechanismus: Indem er sich unter das Kind stellt, muss dieses sich noch kleiner machen. Selbsterniedrigung funktioniert so als subtiles Machtmittel. Eine Emanzipation, eine Freigabe aus der väterlichen Gewalt ist denn auch kirchlich um der bleibenden Heilssorge willen nicht vorgesehen.

Mündigkeit bedeutet auf amtskatholisch nicht autonomer Selbststand, nicht autonome Selbstverwirklichung, sondern die ekklesionome Heilserwirkung. Entsprechend und bis heute gültig wie exemplarisch[125] mahnte die Mutter mit der Stimme ihres bischöflichen Lehramts im Konzil: Es ist „den Kindern der Kirche nicht erlaubt, in der Geburtenregelung Wege zu beschreiten, die das Lehramt in Auslegung des göttlichen Gesetzes verwirft" (GS 51b). Mündig wird der Katholik nur im demütigen Gehorsam gegenüber der Mutter Kirche.[126]

Seelsorge statt Selbstsorge

Darin spiegelt sich ein seit anderthalb Jahrtausenden eingespieltes latentes Arrangement zwischen Klerikern und Laien, um mit der ständehierarchisch gewordenen Kirchenverfassung klarzukommen.[127] Das tief verwurzelte psychodynamische Regulationsprinzip lautet: klerikale Seelsorge statt religiöser Selbstsorge. Der Klerus verspricht, die Sorge um das Seelenheil abzunehmen. Er präsentiert die verstehende und die übernatürliche Gnaden gewährende Mutter, hat aber gegebenenfalls auch mit Vaterstrenge[128] zu agieren: Wenn ihr euch fügt, versorgen wir euch mit den Heilsgütern und dem ewigen Heil, andernfalls droht das ewige Unheil. Die Laien entlasten sich von der eigenständigen Sinnsuche, setzen eine bequeme Passivität an die Stelle der Eigenverantwortung für gelebte Christlichkeit. In diesem unausgesprochenen Seelsorgearrangement sind Klerus und Laien symbiotisch verklammert. Die Laien bleiben in ihrer Religiosität auf eine permanente Bestätigung durch die Kirche angewiesen. Den Mangel an religiöser Eigenverantwortung kompensieren sie durch die Hoffnung, dass gehorsame Orthodoxie und -praxie den Himmel garantierten. Die Kleriker wurden umgekehrt jahrhundertelang psychisch mitgetragen von der frommen Verehrung der Laien.

Dieses symbiotische Arrangement funktioniert schon seit einiger Zeit nicht mehr reibungslos, aber es wirkt weiterhin, auch auf dem Synodalen Weg. Natürlich führt es zu Unbehagen und Unzufriedenheit, wenn sich der heutige mündig-demokratische Bürgersouverän als Katholik weiterhin im Untertanenstatus erleben muss; und der Verzicht auf religiöse Selbstsorge und Glaubenssubjektivität verliert immer weiter an Plausibilität. Und natürlich ist man aufgebracht über das Versagen der Hirten und geistlichen Väter. Und doch: Statt deren Art, den Gläubigen immer als das Bessere ihrer selbst zu begegnen, als das zu bezeichnen und zu behandeln, was sie ist, nämlich eine grandiose Anmaßung, versuchen sie lieber – zum wievielten Mal? – die Väter zu überzeugen. Konzils-Zitate sollen sie einbinden nach dem Motto: Du hast es doch selbst schon mal gesagt, also kannst Du Dich doch gefahrlos daran halten – das sei Dir ins Gewissen geschrieben. Man übernimmt mit dem alles auf Laiengröße herunterzoomenden Präfix „Mit" (-reden, -entscheiden, -beraten, -bestimmen) die verräterischen Wortbildungen aus dem kirchlichen Führungsjargon. Immer und immer wieder lässt man sich auf aufwendige Partizipationssimulationen ein, von deren Aussichten man eine Ahnung bekommt, wenn eine Theologin ihre Zweifel daran mit dem Aufruf beschwichtigt, den Synodalen Weg doch „permanent und penetrant zu ‚bebeten'"[129]. Wie in mittelalterlichen Fürstenspiegeln[130] begnügt man sich mit Appellen ausgerechnet an die Moral jener Hierarchen, die diese in der Missbrauchsaufarbeitung vermissen lassen. Und spätestens hier wird es sehr problematisch, weil diese Geduld komplizenhaft ist und so zu Schuld wird.[131]

Wie soll man es verstehen, wenn dieselbe Person, die Missbrauchsbetroffene nicht aus Kirchensteuermitteln (also überwiegend Laiengeldern) entschädigt sehen möchte, weil die Laien „keine Handhabe besitzen, um Machtmissbrauch zu verhindern"[132] und deshalb nicht verantwortlich seien, gleichzeitig für die Teilnahme am Synodalen Weg motiviert? So gut wie nichts daran stimmt: Laien sind weder schuld- noch wehrlos.

„Auch Schafe haben Verantwortung"[133]

Was waren denn die Menschen in der unmittelbaren persönlichen Umgebung der Opfer (Eltern, Verwandte, Freunde, Bekannte, Gemeindemitglieder), denen diese sich nicht zu offenbaren wagten, weil sie wussten, sie würden ihnen nicht glauben? Waren das keine Laien? Was waren denn in den USA und anderen Ländern (nur in Deutschland gar nicht?[134]) die Ermittler mit Beißhemmung, die Staatsanwälte mit Verfolgungsnachsicht, die Journalisten mit mangelndem Verständnis für das katholische Kirchensystem und / oder geringem Recherche-Elan, die bis heute wegschauenden oder beschwichtigenden Politiker, denen ein Kniefall vor der Kirche vorgeworfen wird?[135] Waren und sind das keine Laien? Und in jüngerer Zeit die Insider in den kirchlichen Verwaltungen, im pastoralen Dienst, in den katholischen Räten und Verbänden, den beiden großen Säulen des ZdK, die kooptierten Persönlichkeiten des öffentlichen Lebens – alles Laien, von denen kein einziger in all den Jahrzehnten jemals etwas mitbekommen haben soll? Für viele, vielleicht die meisten, mag das ja stimmen, aber für alle? Sicher ist nicht jeder zum Whistleblower geboren, und es gibt viele Motive für das Schweigen von Mitwissenden. Oft werden Ahnungen und Gerüchte nicht ausgereicht haben. Opfer sollten nicht gegen ihren Willen geoutet werden. Wer mit seiner Familie vom kirchlichen Arbeitsplatz abhängig ist, kann nachvollziehbare Prioritäten gesetzt haben. Ob die Sorge um kirchliche finanzielle Unterstützung für den eigenen Verband ein gleichermaßen nachvollziehbares Motiv ist, erscheint schon fraglicher. Zu behaupten, der Laienstand als solcher stehe hier rein und ohne jede moralische Mitverantwortung da, bedeutet erneut Entschuldung auf Kosten der Betroffenen. Man kann nicht einerseits die Solidarität mit ihnen beschwören und sich andererseits pauschal aus jeder Verantwortung stehlen.

Aus diesem Grund war und ist es fatal, dass die Laien dem Ruf der Bischöfe auf den Synodalen Weg gefolgt sind, obwohl auf der Pressekonferenz zur Vorstellung der MHG-Studie 2018 kein Bischof die Frage von Christiane Florin nach persönlicher Verantwortung und ebensolchen Konsequenzen mit Ja beantwortet hatte. Wäre dem ZdK wirklich an Gerechtigkeit für die Betroffenen gelegen, hätte es seine Mitarbeit auf den Zeitpunkt vertagen können, an dem Verantwortung und Konsequenzen der Hierarchen deutlich zu erkennen gewesen wären. Stattdessen haben sie die Aufarbeitung zur Bischofssache erklärt, sich auf einen Weg der Selbstbespiegelung in kirchlichen Binnenthemen begeben und klopfen sich auf die Schulter, wenn Betroffene in Zoomkonferenzen zu ihnen sprechen durften. Dabei musste noch die Herbstvollversammlung des ZdK 2020 schon mitten in den aktuellen „Kölner Wirren" für eine geplante Stellungnahme den vom Präsidium vorgesehenen Satz verhindern: „Im Prozess der Aufarbeitung bewegt sich das Zentralkomitee der deutschen Katholiken loyal an der Seite der Deutschen Bischofskonferenz"[136]. Daniel Deckers hat recht: „Laien, die die Parole ‚Loyal an der Seite der Bischofskonferenz' ausgeben, sind nicht Teil der Lösung, sondern Teil des Problems"[137].

No donation without representation

Als „letzte Chance" für Reformen, neues Vertrauen oder gesellschaftliches Ansehen der Kirche wird der Synodale Weg allenthalben bezeichnet.[138] Aber die Laien unterlegen solche Reden nicht mit Nachdruck, sie zeigen der klerikalen Macht, die sie erfahren und thematisieren, keine Gegenmacht an. Dabei hatte Kardinal Marx selbst erklärt, die Kirche reagiere insbesondere auf Druck.[139]

Haben die Laien wirklich keine Handhabe? Strafdruck kann nur der Staat erzeugen oder erhöhen. Kontrolldruck über Konzepte und Personalauswahl ist innerkirchlich schwierig, weil rechtlich ausgeschlossen. Was erzeugt werden könnte, ist allerdings ein Partizipationsdruck durch Partizipationsentzug in Gestalt zweier wesentlicher Ressourcen, über die Gläubige selbst verfügen: ihr Geld und ihre geldwerte Humanressource „ehrenamtliche Arbeit".

Ressource 1: Die Kirchenaustrittszahlen steigen, und schon wird nicht nur eine vorübergehende Welle, sondern ein erhöhtes Plateau erwartet. Immer häufiger wird auf den staatlichen Kirchenaustritt als Machtreservoir der Laien verwiesen.[140] Einmal nur die Gläubigen genommen, die nicht in einer materiellen Abhängigkeit von der Kirche stehen. Was wäre, wenn sie sich in ihrem Gewissen verpflichtet fühlten, nicht länger auf die selbstbestimmte Verwendung ihrer Kirchensteuer zugunsten jener zu verzichten, die erkennbar nicht bereit sind, Verantwortung für unterlassenen Kinderschutz zu übernehmen? Es stünde ihnen ja frei, den einbehaltenen Obolus selbst gewählten guten, auch kirchlichen Zwecken zuzuführen. Zeigten die Hierarchen

Einsicht und Verantwortung, wäre der Weg zurück leicht. Zunächst müssten sie allerdings mit Post rechnen, mit jenem Standardbrief, mit dem ihr Pfarrer ihnen mitteilen muss, dass sie nicht nur von den Heilsmitteln ausgeschlossen, sondern mit ihrem Schritt praktisch rechtlos geworden sind, eine Quasi-Exkommunikation erleiden, die nur nicht mehr so genannt werden darf.

Ressource 2: Eine noch viel mächtigere Ressource ist die ehrenamtliche Tätigkeit: Hier stehe ich – ich kann auch weggehen. Was wäre – so wird gefragt – wenn diese einmal ausfällt? Muss ein Katholik sein soziales Engagement kirchlich kanalisiert ausüben? Wo steht die Pflicht, in der Messe denen zu dienen, die ihre Macht ständig als Dienst verkaufen? Man wende nicht ein, ein solcher Streik vor Ort würde mit manchem Pfarrer auch die Guten treffen. Das sind Ausreden. Man kann sich nicht über systemische Ursachen empören und deren Repräsentanten in Schutz nehmen. Jeder Priester hat freiwillig Repräsentant dieses Systems sein wollen.

Immerhin zeigt sich punktuell ein erhöhtes Problem- und auch Selbstbewusstsein: Die ca. 60 Ehrenamtlichen aus Pfarrgemeinderäten und Kirchenvorständen im Erzbistum Köln, mit denen Kardinal Woelki am 30. März 2021 per Videokonferenz über das von ihm beauftragte Parteigutachten zum Missbrauch sprechen wollte, sollen Klartext geredet haben. Sie hätten dem Kardinal nicht nur Führungskompetenz und Vertrauenswürdigkeit abgesprochen, sondern ihn auch aufgefordert, den Weg für einen Neuanfang frei zu machen. Sie seien müde, sich für ihr Engagement immer stärker rechtfertigen zu müssen. Der Kardinal riskiere, sie und ihr Engagement zu verlieren.[141] Es bleibt abzuwarten, ob hier nur mal Dampf abgelassen wurde oder sich ein politisch relevantes Ressourcenbewusstsein zeigt, das nicht nur auf eine Person fixiert, sondern auch sensibel für Strukturen ist.

Brave Kirchenkinder

Die Laien sind also keineswegs ohne Handhabe, aber die Engagierten unter ihnen bringen es in aller Regel nicht über sich, sie zu nutzen, sie bleiben lieber fügsam. Sie verharren in ihrem systemstimmigen „pray-obey-and-pay-

Modus". Sie folgen nicht mehr jeder Hirtenweisung, erfüllen aber willig ihre Pflichten als Nährstand des Klerus und stellen ihm so seine sehr weltliche Machtbasis zur Verfügung: *Donation without representation*. Das Geld der Laien wird anschließend für ihre Disziplinierung genutzt, denn kirchliche Zuschüsse erhalten oder behalten Laien nur bei communiotreuem Wohlverhalten, oder es begegnet ihnen in Gestalt teurer hauseigener Medienmacht. Die Laien bekennen, an der Kirche zu leiden, aber verzichten auf den Einsatz ihrer Ressourcenmacht. Offenbar haben sie internalisiert, dass nur Hierarchenmacht Dienst ist, Ressourcenbewusstsein bei Laien aber unchristliches Machtstreben. Sie geben sich auf Podien kämpferisch und ihren selbst ernannten geistlichen Vätern manchmal Widerworte, aber zu mehr reicht es nicht. Sie bleiben brav, zu wichtig ist doch die (geistliche) Familie. Wer auf dem Synodalen Weg geht, will seine eigene Meinung gar nicht durchsetzen, sondern sie nur haben dürfen und trotzdem vom Bischof geliebt werden. Berichtet wird, wie sich auf dem Regensburger Katholikentag 2014 Mitarbeiterinnen von „Donum Vitae" unter Tränen dafür bedankten, dass der Vorsitzende der Bischofskonferenz sie nicht mehr ausgrenzt. Der junge Bischof Oster von Passau sei von 5000 Gläubigen wie bei einem Triumphzug bejubelt worden.[142] Jede Systemkritik verflüchtigt sich vor einem nett erscheinenden Bischof.

Und das Gewissen? Damit ist das so eine Sache. Das Gewissen des im amtlichen Sinne guten Katholiken ist eigentlich nicht seines, sondern das des Papstes, er kopiert es in seins, ein Gewissensklon. Er bleibt sich so gewiss (daher kommt Gewissen ja), auf dem sichersten Weg zum ewigen Heil zu sein. Der liberale Katholik hat ein Gewissen. Und es meldet ihm anderes als die lehramtliche Gewissensvorgabe. Er kann dieser Vorgabe nicht folgen und leidet daran. Er meint, es ginge der Kirche viel besser, wenn die Amtskirche seine Gewissensüberzeugung teilen könnte. Er glaubt, die Ortho-Toxie mit Argumenten und Interpretation auf homöopathische Verträglichkeit verdünnen zu können. Er glaubt an Kirchenentwicklung, ohne zu sehen (oder sehen zu wollen?), dass Evolution ein selbststeuernder Prozess ist, Entwicklung in der Kirche dagegen ein aus dem immer gleichen Kern gezogener amtlich gesteuerter Prozess. Der liberale Katholik wird sich daher so beharrlich wie vergeblich daran abarbeiten, dass alle guten Katholiken liberal werden, den Papst eingeschlossen. Es bleibt aber die kindliche Abhängigkeit, erst dann wirklich glücklich zu sein, wenn der Papst ihnen recht gibt. In der radikalsten Kritik meldet sich noch die Grundmelodie der Bestätigungssucht: Bitte Papa, sag', dass es richtig ist, was ich als mein Gewissen entdeckt habe. Wer noch ein beredtes Beispiel braucht, lese den Offenen Brief an den „Lieben Herrn Kardinal Marx", den acht Katholiken am 3. Februar 2019 in der „Frankfurter Allgemeinen Zeitung" veröffentlichten. Darin „appellieren" sie an die Bischöfe, den Gläubigen doch zu vertrauen und ihre „geistliche Vollmacht für mutige Reformen in Anspruch zu nehmen" (es folgen die bekannten Themen Selbstbindung in Gewaltenteilung, Frauenordination, Wahlzölibat, Sexualmoral). Und der Brief mündet in geradezu vorbildlicher Kirchenkindlichkeit in die Bitte:

> „Lieber Herr Vorsitzender, liebe Herren Bischöfe – Sie können mit uns rechnen. Wenn Sie sich an die Spitze der Reformbewegung setzen, haben Sie uns entschlossen hinter sich. Aber wir zählen auch auf Sie. Die Bischöfe haben das Heft in der Hand. Bitte zögern Sie nicht"[143].

Wer solche Gläubige hat, braucht Reformen nicht zu fürchten!

Redeweisen wie „Ihr werdet mich nicht los", „*meine* Kirche ist nicht die Hierarchie", „Ihr macht mir meine Kirche nicht kaputt", „mein Bleiben möchte ich nicht als Bestätigung verstanden wissen" sind Selbstbeschwichtigungen, Durchhalteparolen und ängstliche Ausweichmanöver vor der Entscheidung, auch nur vorübergehend kein Körperschaftskatholik und doch katholisch zu sein. In der zur Schau getragenen Unabhängigkeit ist die Angst davor, der Bischof könnte böse sein, noch zu spüren. Professoren – heißt es und man könnte hinzufügen: auch Politiker – verwandeln sich in Kommunionkinder, sobald ein Kardinal den Raum betritt. Und keineswegs nur Katholikinnen verhalten sich „devot und unreif", wenn ein Priester oder Bischof in ihrer Nähe ist.[144]

Die Antwort

Warum machen die Laien auch bei der aktuellen Partizipationssimulation wieder mit, warum bleiben selbst die strukturell mindergestellten Frauen weiterhin die entscheidenden Stützen des Systems, warum findet ein wirklicher „Weiberaufstand"[145] gerade nicht statt? Weil Softseller katholischer Ekklesiologie sie mit Ermutigungstexten immer nur tiefer in die Hoffnungsverstrickung führen und theologisch eingespielte Bildprogramme den kritischen Blick verstellen und weil sie sich aus einer letztlich katho-psychischen Disposition heraus nur zu bereitwillig solchen Weichzeichnerangeboten aussetzen und letztlich aus Angst vor Zuschuss- oder Arbeitsplatzverlust, vor kirchlicher Entheimatung, vor dem Verlust der Mitglaubenden, vor dem Verlust dessen, was sie als zu ihrem Leben gehörig zählen. Aber die letzte und tiefste Angst hinter dem Empfinden, bestehende Strukturen mit ihren lebensfeindlichen Effekten zutiefst abzulehnen und doch nicht von der Kirche lassen zu können, ist die, mit dem Verlust der Kirchenkindschaft doch von Gott abgeschnitten oder darauf angewiesen zu sein, dem eigenen Leben selbst einen Sinn zu geben. Der antizipierte Trennungsschmerz ist größer als alles Leiden an der Kirche. Die biographische Fernbindekraft an das katholische „All-inclusive-Sinnangebot" bleibt wirksam. Da verbleiben die Laien auf dem Synodalen Weg doch lieber in der kollektiven Regression.

Schluss?

Abb. 7: Denkmal des Heiligen Jean-Marie Vianney in Ars (Frankreich). Es erinnert an seine Begegnung mit einem Hirtenjungen, dem er sagte: „Du zeigst mir den Weg nach Ars und ich zeige dir den Weg in den Himmel". Er ist Schutzpatron der Pfarrer. (© akg-images/Universal Images Group)

Letzte Ausfahrt „Trotzdem!"

Mit ihrem Buch „Trotzdem" hat Christiane Florin ein Zeichen gesetzt, weil sie inhaltlich schon darüber hinausweist. Es ist nur der (letzte?) Versuch, katholisch zu bleiben, – denn ironische Distanz allein wird dem Ernst der Lage nicht hinreichend gerecht[1] –, zielt mit dem selbstkritischen Modus der „Anklage und Selbstanklage" aber schon weiter in das „Ich laufe bleibend davon"[2]. Man spürt, dass eine Entscheidung gefordert sein könnte. Aber das ist katholisch die Ausnahme. Typisch ist das „Ich-bleibe-auf-jeden-Fall-Trotzdem", das sich wie ein Mantra durch ein anderes Buch zieht, in dem Beteiligte Einblicke in den Synodalen Weg geben[3], genauso wie – Indiz für eine stabile katholische Disposition – vor genau 50 Jahren, als prominente Katholiken von Walter Dirks bis Hans Küng um Antwort auf die Frage gebeten wurden: „Warum bleibe ich in der Kirche?"[4]

Angesichts dieses „Verbleibe-Trotzdems" wäre dann doch zu fragen, ob das Leiden an der Kirche wirklich so dramatisch ist, wie es bisweilen vorgetragen wird. Denn pardon: Es gibt schlimmeres menschliches Leid. Jedenfalls scheint das Leben unterm Krummstab immer noch erträglicher zu sein als das Risiko einer Emanzipation von der Heilsanstalt.

Das ist völlig in Ordnung. Aber wer diesen Weg aus der selbst verschuldeten Unmündigkeit heraus scheut, der sollte mit Klagen aufhören und sich mit der Übergriffigkeit des Systems abfinden. Was Esther Vilar vor Jahren schon von katholischen Frauen verlangte[5], wäre von allen katholischen Laien zu fordern: Werdet erwachsen und seid religiöse Selbstsorger und Sinnfinder oder erklärt den Außenstehenden, den Journalisten und Kommentatoren, der mitbesorgten Weltöffentlichkeit ein für alle Mal, dass es schon ok ist, wie es ist. Dass euch eine Blumenkindertheologie ausreicht,

die Hierarchie wärmend *communio* nennt, dass euch Gemeinschaftsfühlig-
keit, bunte Interpretationstapeten und heimelige *communio*-Beleuchtung
genügen, weil die hierarchische Veranstaltung nun mal alternativlos ist, weil
sie doch irgendwie dem Willen und der Weisheit des Herrn entspricht. Erklärt einfach mit Sabine Demel, dass ihr gegen alle Enttäuschungen „an-
glauben … [,] die Trotzdem-Spiritualität leben und … gezeichnet von den
bereits erlebten und durchschmerzten Enttäuschungserfahrungen … ohne
Resignation"[6] bleiben wollt; erklärt einfach, dass ihr eure Probleme halt „in
der Familie" klärt, dass ihr mit der katholischen Zwie-Existenz als religiöser
Monarchist und gesellschaftlicher Demokrat individuell doch ganz gut umgehen könnt. Ein frommer Katholik trägt eben „Kirche … wie ein Hemd auf
dem Leibe, die Gesellschaft ist der Rock darüber"[7]. Wenn das so ist, dann
hört ihr Trotzdem-Katholiken aber auch auf, schizoid für Gesellschaft und
Staat Rechte und Praktiken zu fordern, die ihr kirchenintern nicht konsequent einfordert oder deren Verweigerung ihr gläubig akzeptiert. Fakt ist:
Wer es mit einer weltweiten Mehrheit von über 99 % bei frommen Wünschen belässt, statt etwas zu ändern, der lebt in der Kirche, die er verdient.

Wohin wird der Synodale Weg führen? Jedenfalls nicht in eine andere,
reformierte Kirche. Es wird wohl beim erneuten Rundweg bleiben, der im
Kreis herum, aber an kein Ziel führt. Wird es dann – wie Michael Ebertz befürchtete – bei denen auf dem Weg heißen: „Nix wie weg!"[8]? Vielleicht bei
einigen. Bei nicht wenigen wird es einfach weitergehen, und die nächste
Idealisten- oder Interessiertenkohorte wird bei Bedarf von Neuem – leidend
und doch wider alle Hoffnung hoffnungsfroh – freundlichen Hirten in die
Ablenkungsthemen folgen und erleben, wie die nächste Kultur des Dialogs
vor allem eines produziert: mehr inszenierte Dialoge, in denen Konflikte in
ein ewig schwebendes Verfahren verwandelt werden, in dem immer wieder
versprochen, aber nie erfüllt wird. Anders als der Protagonist im eingangs
genannten Film „Und täglich grüßt das Murmeltier" werden sie aus der Zeitschleife nicht herausfinden, ja es nicht einmal wirklich wollen.

Wer über den Grund dafür nachdenkt, wird schließlich eher an Woody
Allens Film „Der Stadtneurotiker" erinnert. In dessen Schlussszene trauert

der therapiesüchtige Intellektuelle Alvy seiner gescheiterten Liebesbeziehung nach:

> „Da musste ich an den alten Witz denken, den von dem Mann, der zum Psychiater kommt und sagt: ‚Doktor, mein Bruder ist verrückt, der denkt, er ist ein Huhn.' Und der Doktor sagt: ‚Warum bringen Sie ihn nicht in ein Irrenhaus?' Und der Mann sagt: ‚Das würde ich ja gerne, aber ich brauch' die Eier.' – Tja, ganz ähnlich ist es auch mit menschlichen Beziehungen, hab' ich das Gefühl. Sie sind oft so irrational, so verrückt und absurd, aber … trotzdem machen wir das mit, weil, tja, weil die meisten von uns die Eier brauchen."

Meinen Kollegen Bernhard Sven Anuth (Tübingen)
und Georg Bier (Freiburg)
danke ich herzlich für den bereichernden Austausch
und die kritische Durchsicht des Manuskripts.

Anhang

Abkürzungsverzeichnis

a. M.	am Main
AA	Zweites Vatikanisches Konzil, Dekret „Apostolicam actuositatem" v. 18. November 1965, in: AAS 58 (1966) 837–864
AAS	Acta Apostolicae Sedis
Abl	Amtsblatt
Abs.	Absatz, Absätze
AfkKR	Archiv für katholisches Kirchenrecht
AMRhKG	Archiv für Mittelrheinische Kirchengeschichte
AnGr	Analecta Gregoriana
AnzSS	Anzeiger für die Seelsorge
ApuZ	Aus Politik und Zeitgeschichte
Arbeitshilfen	Arbeitshilfen. Hg. v. Sekr. der DBK
Art.	Artikel
ASozG	Archiv für Sozialgeschichte
Aufl.	Auflage
Aymans-Mörsdorf, KanR	Kanonisches Recht. Lehrbuch aufgrund des Codex Iuris Canonici. Begr. v. Eduard Eichmann, fortgef. v. Klaus Mörsdorf, neu bearb. v. Winfried Aymans. 13. Aufl., 2 Bde., Paderborn – München – Wien – Zürich 1991–1997
BBB	Bonner biblische Beiträge
BBKL	Biographisch-bibliographisches Kirchenlexikon. Begr. v. Friedrich-Wilhelm Bautz, fortgef. v. Traugott Bautz, 41 Bde., Hamm – Herzberg – Nordhausen 1990–2020
Bd(e).	Band, Bände
BDKJ	Bund der Deutschen Katholischen Jugend
bearb.	bearbeitet
begr.	begründet
BiLi	Bibel und Liturgie
BKathF	Beiträge zur Katholizismusforschung
BWFKG	Beiträge zur westfälischen Kirchengeschichte
C Cler	Congregatio pro Clericis
C Cult	Congregatio de Cultu Divino et Disciplina Sacramentorum
C DocFid	Congregatio pro Doctrina Fidei
C Ep	Congregatio pro Episcopis
C GentEv	Congregatio pro Gentium Evangelizatione
C InstCath	Congregatio de Institutione Catholica (de Seminariis atque Studiorumque Institutis)
C	Congregatio
c.	Canon
cc.	Canones
CCEO	Codex Canonum Ecclesiarum Orientalium v. 18. Oktober 1990
CD	Zweites Vatikanisches Konzil, Dekret „Christus Dominus" v. 7. Dezember 1965, in: AAS 58 (1966) 673–696
CIC	Codex Iuris Canonici v. 25. Januar 1983

CivCatt	La Civiltà Cattolica
Comm.	Communicationes
d.h.	das heißt
dass.	dasselbe
DBK	Deutsche Bischofskonferenz
DDB	Die Deutschen Bischöfe. Hg. v. Sekr. der DBK
ders.	derselbe
DH	Denzinger, Henrici, Enchiridion symbolorum, definitionum et declarationum de rebus fidei et morum. Quod emendavit auxit, in linguam germanicam transtulit Peter Hünermann, ⁴⁴Freiburg i. Br. u. a. 2014
dies.	dieselbe(n)
dt.	deutsch
DThC	Dictionnaire de Théologie Catholique
DV	Zweites Vatikanisches Konzil, Dogmatische Konstitution „Dei Verbum" v. 18. November 1965, in: AAS 58 (1966) 817–830
ebd.	ebenda
Erg.-Lf.	Ergänzungslieferung
Est NF	Eichstätter Studien. Neue Folge
ExChr	Experiment Christentum
f., ff.	folgende
FAS	Frankfurter Allgemeine Sonntagszeitung
Fn	Fußnote
FAZ	Frankfurter Allgemeine Zeitung
fortgef.	fortgeführt
FR	Frankfurter Rundschau
FS	Franziskanische Studien; Festschrift
fzk	Forschungen zur Kirchenrechtswissenschaft
GE	Zweites Vatikanisches Konzil, Erklärung „Gravissimum educationis" v. 28. Oktober 1965, in: AAS 58 (1966) 728–739
GemKonf-GO	Geschäftsordnung für die Gemeinsame Konferenz v. 22. November 1976 (https://www.zdk.de/cache/dl-Geschaeftsordnung-Gemeinsame-Konferenz-570e9254f3dd1c6eea596b830b8a8ef2.pdf)
GemSyn I	Ludwig Bertsch u. a. (Hg.), Gemeinsame Synode der Bistümer in der Bundesrepublik Deutschland. Beschlüsse der Vollversammlung. Offizielle Gesamtausgabe I, Freiburg i. Br. – Basel – Wien ²1976
GS	Zweites Vatikanisches Konzil, Pastorale Konstitution „Gaudium et spes" v. 7. Dezember 1965, in: AAS 58 (1966) 1025–1115
HdbKathKR³	Stephan Haering/Wilhelm Rees/Heribert Schmitz (Hg.), Handbuch des katholischen Kirchenrechts, 3. vollständig neu bearbeitete Auflage, Regensburg 2015
HdbStKirchR³	Pirson, Dietrich u. a. (Hg.), Handbuch des Staatskirchenrechts der Bundesrepublik Deutschland, 3. grundlegend neu bearbeitete Auflage, Berlin 2020
Hervorheb.	Hervorhebung
Hg.	Herausgeber(in)
hg.	herausgegeben
HJ	Historisches Jahrbuch
HK	Herder-Korrespondenz
HlD	Heiliger Dienst
HV	Papst Paul VI., Enzyklika „Humanae Vitae" v. 25. Juli 1968
i. Br.	im Breisgau
i. V. m.	in Verbindung mit
IGMR	Institutio Generalis Missalis Romani, in: C Cult (Hg.), Missale Romanum ³2002, 19–86
I KaZ	Internationale Katholische Zeitschrift Communio
I Kvu	„Initiative Kirche von unten"
IM	Zweites Vatikanisches Konzil, Dekret „Inter mirifica" v. 4. Dezember 1963, in: AAS 56 (1964) 145–153
IntamsR	Intams Review
ITK	Internationale Theologische Kommission

JbAC.E	Jahrbuch für Antike und Christentum. Ergänzungsband
JBTh	Jahrbuch für Biblische Theologie
JCSW	Jahrbuch für Christliche Sozialwissenschaften
JVABG	Jahrbuch des Vereins für Augsburger Bistumsgeschichte
KKK	Katechismus der Katholischen Kirche [= Catechismus Catholicae Ecclesiae. Typica editio, Vatikanstadt 1997]
KoGe	Konfession und Gesellschaft. Beiträge zur kirchlichen Zeitgeschichte
KSG	Kritische Studien zur Geschichtswissenschaft
KStT	Kanonistische Studien und Texte
Kvu	„Katholikentag von unten"
LebZeug	Lebendiges Zeugnis
LG	Zweites Vatikanisches Konzil, Dogmatische Konstitution „Lumen gentium" v. 21. November 1964, in: AAS 57 (1965) 5–67
LJ	Liturgisches Jahrbuch
LKStKR	Axel Freiherr von Campenhausen / Ilona Riedel-Spangenberger / Reinhold Sebott (Hg.), Lexikon für Kirchen- und Staatskirchenrecht, 3 Bde., Paderborn 2000–2004
LThK.E	Lexikon für Theologie und Kirche. Ergänzungsband: Zweites Vatikanisches Konzil. Konstitutionen, Dekrete und Erklärungen. Lateinisch und Deutsch. Kommentare (Teile I–III), hg. v. Heinrich Suso Brechter u. a., Freiburg i. Br. 1966–1968
LThK²	Josef Höfer / Karl Rahner (Hg.), Lexikon für Theologie und Kirche, 10 Bde. u. Reg.-Bd., ²Freiburg i. Br. 1957–1967
LThK³	Walter Kasper u. a. (Hg.), Lexikon für Theologie und Kirche, ³Freiburg i. Br. u. a. 1993–2001
MdKI	Materialdienst des Konfessionskundlichen Instituts Bensheim
MKCIC	Münsterischer Kommentar zum Codex Iuris Canonici unter besonderer Berücksichtigung der Rechtslage in Deutschland, Österreich und der Schweiz, hg. v. Klaus Lüdicke unter Mitarbeit v. Rudolf Henseler u. a., Loseblattsammlung, Essen 1985 ff.
MKCIC.B	Beihefte zum Münsterischen Kommentar
MKHS. NF	Münchener Kirchenhistorische Studien. Neue Folge
MKS	Münsterschwarzacher Kleinschriften
MThA	Münsteraner Theologische Abhandlungen
MThS.K	Münchener Theologische Studien. Kanonistische Abteilung
MThZ	Münchener Theologische Zeitschrift
n.	numero
NKD	Nachkonziliare Dokumentation, 58 Bde., Trier 1967–1977
Nr.	Nummer
o. O.	ohne Erscheinungsort
ÖAKR	Österreichisches Archiv für Kirchenrecht
ÖBK	Österreichische Bischofskonferenz
OR	L'Osservatore Romano
OR dt.	L'Osservatore Romano. Wochenausgabe in deutscher Sprache
OrdKor	Ordenskorrespondenz
Orien.	Orientierung
PaThSt	Paderborner Theologische Studien
PCI	Pontificia Commissio ad Codici Canones Authentice Interpretandos
PCLT	Pontificium Consilium de Legum Textibus Interpretandis
PHF	Paderborner Historische Forschungen
PO	Zweites Vatikanisches Konzil, Dekret „Presbyterorum ordinis" v. 7. Dezember 1965, in: AAS 58 (1966) 991–1024
PontConsFam	Päpstlicher Rat für die Familie
Prot. N.	Protokoll-Nummer(n)
PThI	Pastoraltheologische Informationen
QD	Quaestiones disputatae
Reg.-Bd.	Registerband
RevScRel	Revue des sciences réligieuse

RGG⁴	Betz, Hans Dieter u. a. (Hg.), Religion in Geschichte und Gegenwart. Handwörterbuch für Theologie und Religionswissenschaft, 4. vollständig neu bearb. Auflage, Tübingen 1998–2007
RoJKG	Rottenburger Jahrbuch für Kirchengeschichte
RST	Regensburger Studien zur Theologie
RSWV NF	Rechts- und Staatswissenschaftliche Veröffentlichungen der Görres-Gesellschaft. Neue Folge
Sb Arbeitnehmer	Gemeinsame Synode, Synodenbeschluß: Die ausländischen Arbeitnehmer – eine Frage an die Kirche und die Gesellschaft, in: GemSyn I, 375–410
Sb Hoffnung	Gemeinsame Synode, Synodenbeschluß: Unsere Hoffnung. Ein Bekenntnis zum Glauben in dieser Zeit, in: GemSyn I, 84–111
Sb Ordnung	Gemeinsame Synode, Synodenbeschluß: Ordnung für die Schiedsstellen und Verwaltungsgerichte der Bistümer in der Bundesrepublik Deutschland, in: GemSyn I, 734–763
Sb Verantwortung	Gemeinsame Synode, Synodenbeschluß: Die Verantwortung des ganzen Gottesvolkes für die Sendung der Kirchen, in: GemSyn I, 651–677
SC	Zweites Vatikanisches Konzil, Konstitution „Sacrosanctum Concilium" v. 25. Januar 1964, in: AAS 56 (1964) 97–134
Sekr. der DBK	Sekretariat der Deutschen Bischofskonferenz
SICA	Franz Kalde (Hg.), Subsidia ad ius canonicum vigens applicandum, Metten 1990 ff.
SSynW	Satzung des Synodalen Weges (https://www.synodalerweg.de/fileadmin/SynodalerWeg/ Dokumente_Reden_Beitraege/2019-178a-Satzung-Synodaler-Weg.pdf)
StL⁷	Staatslexikon. Hg. v. der Görres-Gesellschaft, 7 Bde., ⁷Freiburg i. Br. 1985–1993
STStud	Salzburger Theologische Studien
StZ	Stimmen der Zeit
SynSt	Statut der Gemeinsamen Synode der Bistümer in der Bundesrepublik Deutschland, in: GemSyn I, 856–861
SZ	Süddeutsche Zeitung
TEH	Theologische Existenz heute
ThGl	Theologie und Glaube
ThPQ	Theologisch-praktische Quartalschrift
ThPr	Theologia practica
ThQ	Theologische Quartalschrift
tRU	Themen im Religionsunterricht
TThZ	Trierer Theologische Zeitschrift
TuP.B	Theologie und Praxis. Abteilung B
u. a.	und andere(s); unter anderen / -m
überarb.	überarbeitet
übers.	übersetzt
UR	Zweites Vatikanisches Konzil, Dekret „Unitatis redintegratio" v. 21. November 1964, in: AAS 57 (1965) 90–107
v.	vom / von
VAS	Verlautbarungen des Apostolischen Stuhls
VDD	Verband der Diözesen Deutschlands
verb.	verbessert (e, er, es, en)
vgl.	vergleiche
VKZG.F	Veröffentlichungen der Kommission für Zeitgeschichte. Reihe B, Forschungen
VKZG.Q	Veröffentlichungen der Kommission für Zeitgeschichte. Reihe A, Quellen
WeWe	Werdende Welt
WUNT	Wissenschaftliche Untersuchungen zum Neuen Testament
z. B.	zum Beispiel
Z. K.	Zentralkomitee der Katholikentage
z. T.	zum Teil
ZdK	Zentralkomitee der deutschen Katholiken
ZdK-GO	Geschäftsordnung des Zentralkomitees der deutschen Katholiken
ZdK-Statut	Statut des Zentralkomitees der deutschen Katholiken (2018)
ZRGG	Zeitschrift für Religions- und Geistesgeschichte

Anmerkungen

Und täglich grüßt der „Dialog"

1   Es wird das generische Maskulinum verwendet und die Ausdrucksweise nicht gegendert. Zum einen verfremdete das kirchenamtliche Texte, zum anderen ist das Geschlecht in der römisch-katholischen Kirche ein strukturierender Faktor und kann daher nicht angemessen sprachlich überspielt werden.

2   Vgl. Lüdecke, Rechtsgestalt.

3   Vgl. Faivre, Klerus, 133 sowie Lüdecke, Freiheit.

1952 Hierarchische Einhegung des Laienengagements: die Gründung des „Zentralkomitees der deutschen Katholiken"

1   Zu diesem Anliegen beider Konfessionen und ihrem Scheitern vgl. Dipper, Grundgesetz. Zur weiteren zeit- und religionsgeschichtlichen Einordnung vgl. Liedhegener, Nachkriegszeit.

2   Zitiert nach dem Aktenstück bei Trippen, Frings, 354.

3   Vgl. Glez, Pouvoir.

4   Erklärung der deutschen Bischöfe nach Annahme des Grundgesetzes der Bundesrepublik Deutschland v. 23. Mai 1949, 311. Da das Grundgesetz hinter dieser Erwartung zurückblieb, sahen die Bischöfe sich nicht in der Lage, ihm vorbehaltlos zuzustimmen, sondern nur als Provisorium. Zum bis heute zwiespältigen Verhältnis der deutschen Bischöfe zur demokratischen Verfassung der Bundesrepublik vgl. Große Kracht, Fremdeln.

5   Böckenförde, Staat, 26.

6   Hanssler, Verein, 86.

7   Vgl. etwa Conzemius, Weg. Für die Entwicklung vgl. Buchheim, Verbandskatholizismus, 30–83 sowie Aschmann, Weise. Die Vorstellung der Pius-Vereine als laikale Massenbewegung korrigiert allerdings Hippel, Revolution, 213f.

8   So 1848 an Papst Pius IX., zitiert nach: Maier, Zentralkomitee, 833.

9   Vgl. Hirscher, Zustände, 40. 42 sowie Fürst, Hirscher.

10 Maier, Zentralkomitee, 834f.

11 Vgl. Aschmann, Weise, 582–589.

12 Vgl. Arning / Wolf, Katholikentage, 14.

13 Vgl. ebd., 50f.

14 Vgl. ebd., 28.

15 So der Rechtsanwalt Felix Porsch auf dem Bonner Katholikentag 1881, zitiert nach: ebd., 75.

16 Ebd., 17.

17 Vgl. ebd., 88 sowie Aschmann, Weise, 597f.

18 So auf dem Essener Katholikentag 1906 sein Präsident, Adolf Gröber, vgl. Arning / Wolf, Katholikentage, 127 sowie ebd., 138f. für die Unterdrückung von Diskussionen um den Gewerkschaftsstreit auf dem Katholikentag in Aachen 1912.

19 Vgl. Aschmann, Weise, 586.

20 Vgl. Morsey, Zentrum.

21 So 1900 der Präsident des Katholikentages, Friedrich von Paschma, zitiert nach: Arning / Wolf, Katholikentage, 88. Vgl. ausführlich Kullmann, Gott.

22 Vgl. Heitzer, Volksverein sowie Grothmann, Verein, bes. 17–30. 398–410.

23 Die erste Zusammenkunft der deutschen Bischöfe fand vom 23. Oktober bis 16. November 1848 in Würzburg statt, kurz nach der ersten Generalversammlung der Vereine, vgl. Gatz, Bischofskonferenz, 495.

24 Vgl. Arning / Wolf, Katholikentage, 13.

25 Vgl. Grothmann, Verein, 26–30 sowie Patt, Volksverein, 872. Der Einsatz des Vereins für ein zeitgerechtes Kirchesein und den Apostolatsauftrag der Laien habe zumeist in den Bischöfen „den konservativen Gegenpol" gefunden.

Anhang

26 Vgl. zu diesem Eklat Grothmann, Verein, 146f.

27 Papst Pius XI., Enzyklika „Ubi arcano" v. 23. Dezember 1922, 1000, Nr. 1554 sowie weitere päpstliche Äußerungen zur Katholischen Aktion in: Rohrbasser (Hg.), Heilslehre, 1000–1027.

28 So Kardinal Faulhaber, zitiert nach: Großmann, Kirche, 51.

29 Vgl. ebd., 20–24.

30 Vgl. ausführlich Große Kracht, Stunde, 287–326.

31 Vgl. die Liste überregionaler Mitgliederverbände für katholische Laien mit Gründungs- und Wiedergründungsdatum bei Möhring, Organisationen, 129–133.

32 Vgl. Großmann, Kirche, 24–41 sowie Trippen, Frings, 505–524.

33 Vgl. ebd., 224–257.

34 Vgl. Jürgensmeier, Stohr.

35 Großmann, Kirche, 60.

36 Zitiert nach: Arning/Wolf, Katholikentage, 172.

37 Vgl. ebd.

38 Große Kracht, Stunde, 349.

39 Großmann, Kirche, 64.

40 Vgl. ebd., 65.

41 Vgl. Großmann, Kirche, 35; Trippen, Frings, 504f.

42 Vgl. Arning/Wolf, Katholikentage, 172 sowie Großmann, Kirche, 97. Schon das Wort „Laienkonferenz" konnte die Sorge der Bischöfe heraufbeschwören, Laien könnten überdiözesan besser organisiert sein als sie selbst und sich als Gegenstück zur Bischofskonferenz verstehen, vgl. ebd., 55 mit Fn. 51f. Am 14. Juni 1952 schrieb Bischof Keller (Münster) an Bischof Wendel (Speyer), 384f.: In den meisten Organisationen komme man „immer noch nicht von dem Gedanken los, daß das Zentralkomitee eine Art Laienparlament sein müsse, das in gewisser Weise parallel der Fuldaer Konferenz die eigentliche Führung im Raum der Laien habe und dessen Bindung an die Bischöfe deshalb nicht zu eng sein dürfe … Man bewegt sich tatsächlich, wenn auch unbewußt in Auffassungen, die nicht frei sind von laizistischem Gedankeneinschlag und sich an formaldemokratischer Anschauungsweise orientieren". Das dürfe man „nicht durchgehen lassen".

43 Papst Pius XII., Enzyklika „Mystici Corporis" v. 29. Juni 1943, 487f., Nr. 786.

44 Vgl. Trippen, Frings, 509.

45 Großmann, Kirche, 98.

46 Vgl. ebd., 69.

47 Vgl. Buchna, Böhler sowie van Schewick, Böhler sowie Großmann, Kirche, 42f. 91–93.

48 Vgl. zum Folgenden insgesamt ebd., 43–107; Trippen, Frings, 504–516; Große Kracht, Stunde, 327–359.

49 Dem lag entsprechend ein spezifisch katholischer Begriff von Repräsentativität zugrunde. Die Katholikenausschüsse repräsentierten die Laien und zugleich den Willen der Hierarchie, vgl. ebd., 319.

50 Großmann, Kirche, 47; vgl. auch Große Kracht, Stunde, 316.

51 Großmann, Kirche, 57. 92f.

52 Böhler hatte dazu vor allem den Kölner Rechtsanwalt Anton Roesen (Vorsitzender des Kölner Katholikenausschusses 1946–1961) entdeckt und Kardinal Frings empfohlen: Er habe „von Herrn Roesen den Eindruck bekommen, dass er durchaus geeignet" sei, dem Kölner Katholikenausschuss vorzusitzen, „ein klarer Kopf, noch jugendfrisch und durchaus aktiv". Nach Trippen, Frings, 507 war Roesen der entscheidende Helfer Böhlers auf Laienseite. Er war bis 1961 Vorsitzender des Kölner Katholikenausschusses, später des 1968 aus dem Diözesankomitee hervorgegangenen Diözesanrats. Roesen vertrat nach dem Krieg mit „Kreuzzug-Pathos" immer noch den alten Traum einer letztlich zu katholisierenden Gesellschaft, vgl. Große Kracht, Stunde, 320. Und innerkirchliche Reformen seien demnach nicht Sache der Laien, sondern der Priester, vgl. ebd., 389f.

53 Vgl. Köppler, Katholikenausschüsse sowie wiederum ausführlich Große Kracht, Stunde, 311–327.

54 Vgl. Trippen, Frings, 354f. sowie Große Kracht, Stunde, 314 mit Fn. 160.

55 So Böhler an Frings am 10. April 1947, zitiert nach: Trippen, Frings, 509f. Diese internen Vorlagen gelten als besonders aussagekräftig, „weil sie deutlich und ungefiltert durch Rücksichtnahmen auf Mitleser oder gar eine größere Öffentlichkeit" sind, so Trippen, ebd., 511. Vgl. auch Große Kracht, Stunde, 340–359.

56 Trippen, Frings, 513.

57 So Wilhelm Böhler in einem undatierten Bericht an die Fuldaer Bischofskonferenz 1947, zitiert nach: Buchna, Jahrzehnt, 327.

58 Vgl. Großmann, Kirche, 93.

59 So Böhler 1951 in einem Exposé für die Bischöfe, zitiert nach: ebd., 69.

60 Doering-Manteuffel, Fromme, 96.

61 Böhler an Frings am 5. Januar 1951, 256 sowie bereits Trippen, Frings, 514.

62 Vgl. Protokoll der Fuldaer Bischofskonferenz 21.–23. August 1951, 309–311.

63 Vgl. Großmann, Kirche, 81. 86f. 104. Zum Folgenden vgl. ebd., 104–107.

64 Vgl. ebd., 49 mit Fn. 28. 65. 101.

65 Aschmann, Weise, 589.

66 Vgl. Großmann, Kirche, 102.

67 Vgl. ZdK, Geschichte: „1952 nahm auch das Zentralkomitee mit neuem Statut und unter dem Namen Zentralkomitee der deutschen Katholiken (ZdK) seine Arbeit wieder auf." Auch Maier, Zentralkomitee, 839 betont die Kontinuität, wenn er die Aufgabenstellung des ZdK „nahtlos" an die früheren Generalversammlungen anknüpfen sieht. Vgl. dagegen auch Aschmann, Weise, 582. 589.

68 Dirks, Schaf, 113 beginnt mit dem Hinweis: „Mein Mann [= Walter Dirks; N. L.], der Mitglied des alten ZdK war, pflegte zu sagen, der Wandel, der sich da vollzogen habe, werde daran deutlich, daß er als kritischer Intellektueller heraus- und ich als Verbandsfunktionärin hineingekommen bin."

69 So der damalige Generalassistent Hengsbach, Zentralkomitee, 21. Die von der Fuldaer Bischofskonferenz eingesetzte bischöfliche Kommission zur Koordinierung der Kräfte im Laienapostolat notiert im Protokoll einer Besprechung über Aufgaben und Aufbau des Zentralkomitees der deutschen Katholiken vom 8. November 1951, 336, es solle um einen geistlichen Berater im Auftrag des Episkopats gehen, „etwa im Sinne eines Generalassistenten. Dadurch soll die rechte Zusammenordnung der Verantwortlichkeiten von Priestern und Laien zum Ausdruck gebracht werden".

70 Vgl. Großmann, Kirche, 135f.

71 So Bischof Wendel (Speyer) an Kardinal Frings zur Vorbereitung der Satzung, zitiert nach: Ebd., 100. Vgl. auch ebd., 102.

72 Kösters, Vereinskatholizismus, 43.

73 Zitiert nach: Große Kracht, Stunde, 359. Vgl. auch Aschmann, Weise, 593, die in der Betonung des Vertrauens der Bischöfe die Frage provoziert sieht, „wer eigentlich welche Angst und welches Misstrauen vor wem hatte und warum?" Als im Ringen um die Einrichtung eines Sekretariats der Deutschen Bischofkonferenz 1957 Bischof Hengsbach einen Ordnungsentwurf vorlegte, sollte zu den Aufgaben eines Sekretariats der Bischöfe auch gehören: „Verbindung zum Zentralkomitee der deutschen Katholiken: Vermittlung der alta directio des deutschen Episkopats zum Zentralkomitee und allen angeschlossenen Organisationen" (Trippen, Frings, 627).

74 Vgl. Großmann, Kirche 104.

75 Hengsbach, Zentralkomitee, 21.

76 Vgl. ebd., 88.

77 Köppler, Katholikenausschüsse, 68.

78 Vgl. Großmann, Kirche, 509.

79 Ebd., 94.

1972–1975 Druckablass und Beruhigung: die Würzburger Synode

1 Vgl. zur Gesamtentwicklung Großmann, Kirche., 137–169.

2 Zitiert nach ebd., 510.

3 Vgl. Schildt, 60er Jahre, 12.

4 Vgl. Szczesny, Zukunft, 9.

5 Vgl. Ebertz, Erosion.

6 Rolli-Alkemper, Familie, 215. Vgl. außerdem ebd., 173–237.

7 Vgl. Beck-Gernsheim, Dasein, bes. 316–319. 325–329.

8   Sie hatten nicht verhindern können, dass Frauen auch ein eigenes Bankkonto eröffnen und ohne Genehmigung des Ehemannes berufstätig sein konnten, vgl. Rolli-Alkemper, Familie, 560–581.

9   Vgl. etwa die Antworten führender Priester und Laien auf eine Zeitschriftenumfrage zu Wünschen an das angekündigte Konzil, an die jüngst Schatz, Wunschlisten erinnert hat. Die Stichworte sind vertraut: Indexabschaffung, mehr Freiheit in der Kirche, Zölibatsmilderung, Weihe von *viri probati*, Dezentralisierung, Laienvertretung.

10   Vgl. für diese bis heute anhaltende Überschätzung des Konzils Lüdecke, Codex Iuris Canonici.

11   Großmann, Kirche, 177.

12   Vgl. ebd., 176.

13   Vgl. ebd., 171–184; Arning / Wolf, Katholikentage, 186f. sowie Voges, Konzil, 69.

14   Vgl. Lüdecke / Bier, Kirchenrecht, 13–28. 57–75. 131–145.

15   Vgl. zu den Folgen Lüdecke, Geschlecht.

16   Vgl. Hengsbach, Zusammenarbeit, 102.

17   Ebd., 103.

18   Ebd.

19   Ebd., 103f.

20   Ebd.

21   Ebd., 104.

22   Vgl. für den realistisch erhobenen Status quo in Sachen Glaubenssinn Bier, Kirche.

23   Hengsbach nutzt hier effektiv die konziliare Redeweise von der allgemeinen, aber wesensverschiedenen Teilhabe der Gläubigen an den *tria munera Christi*, vgl. Lüdecke / Bier, Kirchenrecht, 102.

24   Hengsbach, Zusammenarbeit, 104.

25   Vgl. ebd., 105.

26   Ebd., 105f.

27   Ebd., 108.

28   Vgl. Großmann, Kirche, 201f.

29   Köppler, Zusammenarbeit, 124.

30   Ebd., 120.

31   Vgl. dazu Voges, Konzil, 74–82.

32   Vgl. ebd., 77.

33   Vgl. Hennig, Stellung, 251.

34   So in den Vorschlägen des ZdK und der Konferenz der Leiter der Seelsorgeämter zur Durchführung des Konzilsdekrets über das Apostolat der Laien, zitiert nach: Voges, Konzil, 77.

35   So der Geschäftsführende Ausschuss des ZdK 1966 zur ekklesiologischen Ortsbestimmung der kirchlichen Laienorgane, zitiert nach: Ebd., 81.

36   Hennig, Stellung, 253.

37   Vgl. so Neuner, Dialogmotiv, 56.

38   Vgl. Lüdecke, Konzil sowie ders., Codex Iuris Canonici.

39   Vgl. Papst Paul VI., Enzyklika „Ecclesiam Suam" v. 6. August 1964.

40   Vgl. ebd., Kapitel III.

41   Vgl. ebd., Nr. 19 und erneut Nr. 58.

42   Vgl. ebd., Nr. 90.

43   Neuner, Dialogmotiv, 58.

44   Vgl. Papst Paul VI., Enzyklika „Ecclesiam Suam" v. 6. August 1964, Nr. 117–120.

45   Ebd., Nr. 118.

46   Ebd., Nr. 119.

47   Ebd., Nr. 120.

48   Neuner, Dialogmotiv, 61.

49   Weymann-Weyhe, Angesicht, 68 sowie zum Dialogverständnis der Enzyklika insgesamt vgl. ebd., 63–75.

50 Ein Signalwort für solche katholisierende Semantik ist das Adjektiv *verus* bzw. Adverb *vere*, mit dem jeweils der richtige Gebrauch eines Wortes angezeigt wird. Prominente Beispiele sind etwa die *vera aequalitas* (LG 32 und c. 208) und die *vera libertas*, vgl. Anuth, Freiheit; für die Verwendung in den Konzilstexten vgl. Ochoa, Index verborum, 513f.

51 Carroll, Alice, 88. Für den politischen Kontext vgl. Schmitt, Formen, 179: „Bei … entscheidenden politischen Begriffen kommt es eben darauf an, wer sie interpretiert, definiert und anwendet … Es ist eine der wichtigsten Erscheinungen im rechtlichen und geistigen Leben der Menschheit überhaupt, dass derjenige, der wahre Macht hat, auch von sich aus Begriffe und Worte zu bestimmen vermag. Caesar dominus et supra grammaticam: der Kaiser ist Herr auch über die Grammatik." Dabei spielt er an auf eine Szene während des Konzils von Konstanz 1414. Kaiser Sigismund verwendete das lateinische Wort für „Schisma" statt als Neutrum als Femininum. Auf den Fehler hingewiesen antwortete er: „Ego sum imperator Romanorum et supra grammaticam." Ein Bischof antwortete „Caesar non supra grammaticos."

52 Vgl. z. B. Pfürtner, Freiheit, 221: „Wir, und ich spreche hier für einen großen Anteil in meiner Kirche, Laien, Priester, Theologen, glaubten von der Versammlung der etwa 2500 Bischöfe in Rom einschließlich der Kardinäle und des Papstes ein weltöffentliches Versprechen für ein derartig neues freies Miteinander in der Kirche erhalten zu haben."

53 Vgl. Bacon, Apophthegms, 170.

54 Cremer, Stimme, 119.

55 Ebd., 120.

56 Ebd., 118.

57 Vgl. ebd., 119.

58 Vgl. May, Bischofskonferenz.

59 Von Amts wegen gehörten ihr an Präsident, Generalsekretär und Geistlicher Direktor des ZdK, vgl. Hemmerle, Zentralkomitee, 116f.

60 Vgl. Großmann, Kirche, 187.

61 Vgl. ZdK-Statut (1967) sowie ein entsprechendes Organigramm bei Albus, Zentralkomitee, 14.

62 Vgl. Elten, Pro hominibus constitutus, 61.

63 Vgl. Aschmann, Weise, 589.

64 Vor der ersten Berufung von Einzelpersönlichkeiten nach dem neuen Statut auf der ZdK-Vollversammlung vom 13.–14. November 1967 hatte der Generalsekretär eine Liste mit Vorschlägen allerdings nicht nur an das Präsidium übermittelt, sondern auch an die Bischöfliche Kommission für Laienfragen, vgl. Großmann, Kirche, 193.

65 Vgl. Hemmerle, Zentralkomitee, 117 sowie Pötter, Einleitung, 648.

66 Hemmerle, Zentralkomitee, 98.

67 Ebd., 103.

68 Ebd., 108.

69 Ebd. Der Dienst des kirchlichen Leitungsamtes ist dabei eben besonders der Einheit des Gesamten zugeordnet, vgl. ebd., 109.

70 Ebd., 111.

71 Ebd., 112.

72 So wiederum Kronenberg zur 100-Jahrfeier des ZdK 1968, zitiert nach: Albus, Zentralkomitee, 10 und Hemmerle, Zentralkomitee, 116, wonach das ZdK nicht „einfachhin [aber irgendwie doch?; N. L.] ,im Namen' der deutschen Katholiken sprechen" wird.

73 So der Generalsekretär Kronenberg in seiner Rede vor der Frühjahrsvollversammlung des ZdK 1967, zitiert nach: Großmann, Kirche, 189.

74 Bis Weihnachten sollten sie nach Rom Bericht erstatten und Vorschläge unterbreiten, vgl. C DocFid, Schreiben v. 24. Juli 1966, 660f.

75 Vgl. zur Vor- und Nachgeschichte der Enzyklika „Humanae Vitae" ausführlich Lüdecke, Königstein.

76 Frings, Schreiben v. 18. Mai 1967, zitiert nach: Trippen, Frings, 533.

77 Die deutschen Bischöfe, Schreiben v. 22. September 1967. Als Verfasser dieses Schreibens gilt Karl Rahner, vgl. Deckers, Kardinal, 145.

78 Die deutschen Bischöfe, Schreiben v. 22. September 1967, 329, Nr. 10.

79 In einem Briefwechsel mit Weihbischof Reuss von Mainz hatte Kardinal Döpfner bereits Anfang Juli 1966 aufgrund seiner Papstaudienzen Zweifel geäußert, ob der Papst der Kommissionsmehrheit folgen würde, vgl. Kaiser, Encyclical, 226f.

80   Vgl. die deutschen Bischöfe, Schreiben v. 22. September 1967, 330–333, Nr. 13–21, bes. 331, Nr. 19. Zur zeitgenössischen parteiischen Behandlung der Irrtumsmöglichkeit unterhalb der Unfehlbarkeitsschwelle vgl. Lüdecke, Grundnormen, 320–327.

81   Vgl. zeitgenössisch exemplarisch Sartory, Strukturkrise, 139–167 sowie Mitglieder des Aktionskreises Humanae vitae an der Ruhr-Universität Bochum (Hg.), Humanae vitae.

82   Vgl. dazu als Überblick Voges, Konzil, 133–149 sowie zeitgenössisch und anschaulich: Oertel, Aufstand und ebenso anschaulich aus der Erinnerung des damaligen Katholikentagspräsidenten: Vogel, Katholikentag.

83   Vgl. ZdK (Hg.), Welt, 280.

84   Vgl. Arning / Wolf, Katholikentage, 188f.

85   Vgl. als Dokumentation der kritischen Positionen exemplarisch Onna / Stankowski (Hg.), Katholizismus.

86   Galli, Katholikentag.

87   Beitz, Bedeutung, 140.

88   Vgl. Voges, Konzil, 146–149. 180.

89   Vgl. Oertel, Aufstand.

90   Vgl. Maier, Sendung, 271.

91   Trippen, Frings, 512.

92   Vgl. Voges, Konzil, 138–141.

93   Vogel, Katholikentag, 26f.

94   Vgl. zur Königsteiner Erklärung Lüdecke, Königstein, 383–389.

95   So die Überlegungen in der DBK-Kommission für Laienfragen im Rückblick auf den Katholikentag am 16. September 1968, vgl. Voges, Konzil, 151.

96   Vgl. ebd., 153–155.

97   Vgl. Erklärung der Deutschen Bischofskonferenz zu dem Buch von Professor Dr. Hubertus Halbfas „Fundamentalkatechetik" v. 15. Juli 1968 sowie die Sicht des Betroffenen Halbfas, Leben, 118–140.

98   Vgl. dazu Gärtner, Fall sowie ausführlich ders., Jacobs.

99   Zitiert nach: Voges, Konzil, 152.

100   Vogel, Katholikentag, 27. In einem Vortrag vor der Gesellschaft für mittelrheinische Kirchengeschichte am 25. April 1990 hatte er erklärt: „In einem Straßencafé am Samstagnachmittag, bei einem Gespräch zwischen Kardinal Döpfner und mir, wird der Gedanke gefaßt, eine Synode der Bistümer der Bundesrepublik Deutschland vorzubereiten" (ders., Katholizismus, 502).

101   Voges, Konzil, 166.

102   So ebd., 167 die Auskunft des damaligen Generalsekretärs Friedrich Kronenberg.

103   Vgl. so die Erinnerung von Friedrich Kronenberg. Das Protokoll begründete die Überweisung mit sprachlichen Ungenauigkeiten, vgl. Voges, Konzil, 168.

104   Die deutschen Bischöfe, Wort „Zu Fragen des Glaubens und des kirchlichen Lebens", 74. 75.

105   Vgl. Voges, Konzil, 171–180.

106   Vgl. so auch Lehmann, Einleitung, 38.

107   Voges, Konzil, 182.

108   Vgl. den Überblick ebd., 87–100 sowie mit einer Bilanz 2010 Utsch / Klusmann (Hg.), Konzil.

109   Schäfer, Thema, 43.

110   Ders., Priestergruppen, 374.

111   Vgl. Voges, Konzil. 99.

112   So der Freckenhorster Kreis im Rückblick auf ein Treffen mit Bischof Tenhumberg 1969 in Münster, vgl. Großbölting, Christsein, 90.

113   Schäfer, Priestergruppen, 365.

114   Vgl. den Abdruck des Entwurfs bei Nees, Synode, 256–262.

115   Vgl. für den gesamten Vorgang und die weiteren Diskussionen über das endgültige Statut und die Geschäftsordnung wieder grundlegend Voges, Konzil, 193–357.

116   Vgl. dazu immer noch aktuell Onna, Analyse, 33–37.

117 Vgl. Anuth, Kirchenrecht.

118 Voges, Konzil, 185.

119 So zu Recht schon der Hinweis des Jesuiten Johannes Hirschmann während des Gesprächs zwischen Bischofskonferenz und ZdK am 9. November 1968 in Essen-Werden, vgl. ebd., 163.

120 Vgl. publizistisch flankierend das Autorenpaar Ratzinger / Maier, Demokratie, das, anders als der Titel vermuten lassen kann, gerade die Unvereinbarkeit von Demokratie und Kirche konturierte. Vor allem bei Ratzinger geschieht dies thetisch setzend und unter Abwertung statt argumentativer Auswertung anderer Positionen.

121 Vgl. Hallermann, Statut, 99, der darauf aufmerksam macht, dass der Apostolische Stuhl dem Statut mittels einer *approbatio* statt einer bloßen *recognitio* auch inhaltlich zugestimmt hat, allerdings nur für die Dauer der Synode vom 3. Januar 1971 bis zum 23. November 1975. Für die nachkonziliare Rechtslage zur Bischofskonferenz vgl. Listl, Kirchenregion, 243–251.

122 Vgl. Nees, Synode, 163. 246 Fn. 165.

123 Vgl. so zu Recht gegen die oft als „Zaubermittel" propagierte Selbstbindung Bier, Partner, 24.

124 Das dort vorgesehene Benehmen mit der Zentralkommission ändert daran nichts Wesentliches, vgl. Voges, Konzil, 231. Die Pflicht zur Einberufung einer Vollversammlung auf schriftlichen Antrag eines Viertels der Mitglieder wird aufgrund des notwendigen Einvernehmens der Bischofskonferenz für die Beratungsgegenstände als von sehr geringer Bedeutung eingeschätzt, vgl. Nees, Synode, 197 Fn. 92.

125 Ein zwischenzeitlich vorgesehenes bloßes Benehmen wurde wieder rückgängig gemacht, vgl. Voges, Konzil, 232f., das Einvernehmen in den amtlich beigefügten Erläuterungen zum Statut, 56 als unverzichtbar betont.

126 Vgl. Nees, Synode, 159–163 sowie zur Auslegung des einschlägigen Art. 12 des Statuts der Bischofskonferenz May, Bischofskonferenz, 433–441.

127 Vgl. auch Nees, Synode, 170. 178.

128 Vgl. ebd., 233. Die Vollversammlung konnte auch auf schriftlichen Antrag von mindestens 30 Mitgliedern Änderungen der Geschäftsordnung beschließen.

129 Vgl. für die Diskussion ebd., 223–226.

130 Ad-hoc-Sachverständige mit bloß beratendem Stimmrecht konnten die Sachkommissionen zu bestimmten Punkten selbst einladen (Art. 15 Abs. 3 SynSt), vgl. Voges, Konzil, 227f.

131 Schmitz, Beratungsorgane, 278 Fn. 6.

132 Vgl. Sb Arbeitnehmer, 375–410, hier der Hinweis auf den kursiven Textteil: 376.

133 Eine Ausnahme bildet der Sb Hoffnung, 84–111, der sich als Bekenntnis- und Zeugnisschrift versteht sowie als auch „kritische Selbstdarstellung", vgl. ebd., 87.

134 Schulz, Orden, 554.

135 Ähnlich bereits Plate, Konzil, 64.

136 Volz, Religionsunterricht, 121 (Hervorheb. N. L.).

137 Ebd., 122 (Hervorheb. N. L.).

138 Vgl. Plate, Konzil, 64.

139 Vgl. etwa die Forderung der DBK, Erklärung zur Vorlage der Sachkommission I, 29 diese nicht als „verbindliche Erklärung", sondern als Empfehlung zu verabschieden.

140 Schulz, Orden, 554 (Hervorheb. N. L.).

141 Zum Schicksal der Voten vgl. Lüdicke, Voten sowie Althaus, Rezeption.

142 Lüdicke, Voten, 128.

143 Diese Konstruktion ging auf den Sekretär der Bischofskonferenz, Karl Forster, zurück, vgl. Voges, Konzil, 221.

144 So in einem Vortrag vor der Konferenz von Religionspädagogen in Altenberg. Zitiert nach: Trippen, Höffner, 206.

145 Vgl. Klostermann, Kommentar, 281f. sowie Hünermann, Kommentar, 479–481.

146 Ein vorgegebenes Gesetzgebungsverfahren gibt es in der Kirche nicht, vgl. dazu und zum Folgenden Socha, in: MKCIC 7, Rn. 2.

147 Vgl. Nees, Synode, 164–166.

148 Vgl. ebd., 176. 249 Fn. 209.

149 Gemäß CD 38,4 war hierzu die vorherige *recognitio* des Apostolischen Stuhls erforderlich. Das Statut erwähnt davon nichts, weshalb das Bestätigungsdekret der C Ep v. 14. Februar 1970, 861f. eigens darauf hinweist.

150 Vgl. so zu Recht Voges, Konzil, 223.

151   Nees, Synode, 61.

152   Vgl. so schon eingeschränkter ebd., 101. Auch an anderer Stelle bleibt Nees unentschieden, wenn er einerseits erklärt: „Der Gesetzgebungsakt, der formalrechtlich entscheidend ist, erfolgt durch die Synode. Vom Gewicht her ist aber entscheidend der Beschluß der Bischofskonferenz, das Veto nicht einzulegen" (ebd., 63), und andererseits feststellt: Die Aufgabe der Synode gehöre „zwar zur gesetzgebenden Tätigkeit", könne „aber nicht eigentlich als Gesetzgebung bezeichnet werden" (ebd., 44).

153   Vgl. Brecht, Galilei, 1325: Als der Inquisitor dem Papst die Gefahren der Galilei-Erkenntnisse für die Kirche vor Augen führt, will der Papst allenfalls die Folterinstrumente zeigen lassen, woraufhin der Inquisitor antwortet: „Das wird genügen, Eure Heiligkeit. Herr Galilei versteht sich auf Instrumente."

154   Werners, Erfahrungen, 33.

155   Vgl. Papst Paul VI., Ansprache v. 20. November 1965, 985: „Notum est, sed iuvat id in memoriam revocare, a iure divino manare quaedam elementa constitutiva *Ecclesiae, quae est societas inaequalis,* nempe primatum Romani Pontificis, episcopatum, ac deinde presbyteratum, diaconatum. Etiam *laici* sunt ex hac parte recensendi, qui tamen *regendi carent facultate"* (Hervorheb. N. L.).

156   Vgl. Plate, Konzil, 54.

157   Voges, Konzil, 222.

158   Vgl. Werners, Erfahrungen, 31.

159   Vgl. ebd. sowie Plate, Konzil, 58. 59.

160   So die „Stellungnahme Prof. Ratzingers zur ‚Frankfurter Resolution' im Höffner-Nachlass", nach: Trippen, Höffner, 208.

161   Vgl. Voges, Konzil, 332–338, bes. 337f. aus der gleichen Stellungnahme, die sich auch im Nachlass von Franz Hengsbach befand.

162   Döpfner, Rede, 8.

163   Ders., Bericht, 96.

164   Vgl. Voges, Konzil, 347–350.

165   Lehmann, Einleitung, 54.

166   Ebd., 55.

167   Vgl. ausführlich Lüdecke, Feiern; ders., Loben sowie ders., Liturgie.

168   Vgl. Voges, Konzil, 401.

169   Vgl. ebd., 406.

170   Vgl. Lehmann, Einleitung, 55.

171   Vgl. Voges, Konzil, 367 und Nees, Synode, 246 Fn. 168.

172   AA. VV., Floh.

173   Vgl. Ziemann, Bewegung, 362.

174   Vgl. Liedhegener, Konflikt, 45.

175   Vgl. Voges, Konzil, 334. 410. Vgl. bezeichnend Döpfner, Rede, 10: Für das Zusammenwirken auf der Synode seien Verfahrensregeln nötig. „Wir werden die bewährten Weisen parlamentarischer Arbeit, [wer entscheidet, welche „bewährt" sind?; N. L.], (mit einem kirchlichen Ausdruck könnten wir auch sagen) synodaler Arbeit nützen, aber die Synode möge nicht Übungsfeld eines formalen Parlamentarismus, von nutzlosen Geschäftsordnungsdebatten werden."

176   Als Paradebeispiel für die ebenso subtile wie ideologische Entleerung des Demokratiebegriffs in Anwendung auf die Kirche vgl. Lehmann, Legitimation.

177   Döpfner, Bericht, 91.

178   Ebd., 94.

179   Ebd.

180   Vgl. Semmelroth, Synode, 210.

181   Döpfner, Bericht, 93.

182   Vgl. Böckenförde, Anmerkungen, 9.

183   Döpfner, Bericht, 89.

184   Ders., Predigt, 87.

185   Schneider, Rom, 367.

186   Vgl. Plate, Konzil, 60.

187   Vgl. Werners, Erfahrungen, 34 mit Fn. 9.

188   Vgl. Voges, Konzil, 398f.

189   Vgl. Döpfner, Rede, 9.

190   Vgl. Werners, Erfahrungen, 36.

191   Bericht über die III. Vollversammlung der Gemeinsamen Synode (3.–7. Januar 1973), 13. Vgl. bereits Döpfner, Rede, 10: „Ich spreche die Hoffnung aus, daß der Synode die Bildung fester Fraktionen erspart bleibt."

192   Vgl. Plate, Konzil, 60–62.

193   Vgl. Kasper, Dienste, 591.

194   Vgl. Böckle, Ehe, 411f.

195   Vgl. ebd., 412–414.

196   So die ehemalige Synodalin Schneider, Rom, 374.

197   Vgl. Weiss, Würzburger Synode, 98.

198   Schneider, Rom, 375.

199   Vgl. Arning / Wolf, Katholikentage, 196f.

200   Maier, Jahre, 269.

201   Vgl. Althaus, Gemeinsame Synode; Weiss, Würzburger Synode sowie Damberg, Gemeinsame Synode, 20.

202   Vgl. Emeis / Sauermost (Hg.), Synode.

203   Vgl. Werners, Erfahrungen, 40f.

204   Vgl. Damberg, Gemeinsame Synode, 23.

205   Vgl. Sb Verantwortung, 673.

206   Vgl. Lüdicke, Voten, 136f.

207   Vgl. Althaus, Rezeption, 163f.

208   Heinz, Wegweisung, 608.

209   Der Neutestamentler Beutler, Prozess, 282 hat 1986 Bischof Homeyer (Hildesheim) nach einer Fortsetzung oder Neuauflage der Synode gefragt und die Auskunft erhalten, das sei angesichts des neuen Pontifikats und der strengeren Normen für nationale Bischofssynoden nicht opportun. 20 Jahre später wiederholte er seine Anfrage bei Kardinal Lehmann, der gleichfalls abwinkte. Die Kirche in Deutschland bzw. die Bischofskonferenz habe „nicht ‚die innere Kraft und den langen Atem', um sich auf einen solchen neuerlichen Prozess einzulassen".

210   Vgl. Ziemann, Kirche, 189. 339.

211   Vgl. Schmiedl, Synodaler Weg.

212   Vgl. Sb Ordnung, 735.

213   Vgl. Althaus, Rezeption, 406–423 sowie Schüller, Recht. Zur aktuellen Entwicklung vgl. Lüdicke, Zeit.

214   Vgl. cc. 1737–1740 Schema Novissimum CIC 1982.

215   Corecco, Katalog, 198.

216   Vgl. C Cler, Dekret v. 19. März 2006 (Prot. N. 20060224), 79. Zur kanonistischen Kritik an dieser Position vgl. den Schriftsatz der Anwältin des Beschwerdeführers, Wegan, Memoriale, 116–118 sowie Althaus, Synode.

2011–2015 Schön, darüber gesprochen zu haben: der Gesprächsprozess der deutschen Bischöfe

1   Damberg, Gemeinsame Synode, 20.

2   Ebd., 18 sowie die sehr zurückhaltende Einschätzung von Bayerlein, Würzburger Synode.

3   Missalla, Nichts, 136.

4   Arning / Wolf, Katholikentage, 198. Vgl. auch Goertz, Brückenschläge, 29f.

5   Vgl. zum Ganzen die instruktive Dokumentation von Seidler / Steiner (Hg.), Kirche. Für den Beginn der IKvu vgl. 84f. (Heinrich Missalla) sowie Kerstiens, Umbrüche, 128–139 und ders., Von oben, 109–112.

6   Maier, Jahre, 268.

7   Ebd.

8   So laut Kullmann, Gott, 74 Friedrich Kronenberg in einem Expertengespräch für seine Arbeit.

9   So Hans Maier im Gespräch mit Liedhegener, Macht, 270 mit Fn. 157, vgl. auch Maier, Jahre, 269.

10   Zitiert nach: Kerstiens, Von oben, 113.

11   Ebd., 116.

12   Ebd., 115.

13   Ebd.

14   Maier, Jahre, 268.

15   Vgl. Arning / Wolf, Katholikentage, 200; Aschmann, Stunde, 25.

16   Vgl. ZdK, Stellungnahme v. 14. November 1981.

17   Vgl. Kullmann, Gott, 91 sowie Gerster, Friedensdialog, 237–245. 269–290.

18   So der Generalsekretär Kronenberg in einem internen Vermerk, vgl. ebd., 278.

19   Vgl. Zander, Christen, 117–124. 135–137.

20   Vgl. Nientiedt, Fromm, 484.

21   Vgl. ebd.; Kullmann, Gott, 100, mit dem Hinweis, Maier habe die Metapher schon während des Katholikentags mit dem Hinweis relativiert, keinem Grünen sei es verwehrt zu sprechen oder zu fragen. Vgl. auch Arning / Wolf, Katholikentage, 206f.

22   In seiner Grußbotschaft an den Essener Katholikentag v. 8. September 1968 leitete er zur Erwähnung der Enzyklika mit den Worten über: „Nicht wenige … nehmen heute für sich die Freiheit in Anspruch, ihre rein persönlichen Ansichten mit jener Autorität kundzutun, die sie offensichtlich dem streitig machen, der von Gott dieses Charisma besitzt. Man möchte gerne erlaubt wissen, daß jeder in der Kirche meinen und glauben kann, was ihm beliebt. Dabei bedenkt man aber nicht, daß nur der sich voll und ganz in den Dienst der Wahrheit stellt, der sich dem Lehramt der Kirche unterordnet", Ansprache v. 8. September 1968, 36. Vgl. auch seine Ansprache im Dezennium von HV v. 23. Juni 1978, 432f.

23   Vgl. Hamer, Struktur, 238–240; Ratzinger, Gesicht, 364. 367.

24   Vgl. C DocFid, Erklärung „Mysterium Ecclesiae" v. 24. Juni 1973, 399f., Nr. 2 sowie Bier, Kirche.

25   Vgl. C DocFid, Erklärung „Mysterium Ecclesiae" v. 24. Juni 1973, 401, Nr. 3.

26   Vgl. dies., Erklärung v. 29. Dezember 1975, 80f., Nr. 4f. 1973 richtete der Papst das „Komitee für die Familie" ein, das sich speziell mit Ehe- und Familienfragen befassen und weltweit Reflexionen anregen und koordinieren sollte, vgl. Papst Paul VI., Ansprache v. 13. März 1974.

27   Vgl. C DocFid, Erklärung v. 29. Dezember 1975, 94, Nr. 13.

28   Vgl. Schmitz, Einführung, 115–121.

29   Vgl. den lateinischen Text bei Ochoa, Leges Ecclesiae, 6440, Nr. 4161 sowie die deutsche Übersetzung: Der Treueid der Bischöfe, 27. Sie trat an die Stelle der „Forma iuramenti" von 1962, vgl. De consecratione Electi in Episcoporum, 61–63. Sie hatte sich auf die Disziplin konzentriert und verpflichtete zur Verfolgung und zum Kampf gegen Häretiker, Schismatiker und Rebellen.

30   Für eine Würdigung des Pontifikats unter theologisch-thematischen Fragestellungen vgl. Goertz / Striet (Hg.), Johannes Paul II. sowie unter den unverzichtbaren rechtlichen und ökumenischen Perspektiven bereits Bock (Hg.), Gläubigkeit.

31   Vgl. dazu insgesamt Lüdecke, Grundnormen.

32   Curran, Dissent selbst hat die Vorgänge geschildert (vgl. 3–49), interpretiert (vgl. 50–74), bewertet (vgl. 75–109) und ausführlich dokumentiert (vgl. 113–287). Vgl. Allen, Ratzinger, 267–270. 285–296.

33   Vgl. ebd., 294 mit dem Zusatz: „Diese Phrase – Sollen wir dann auch Ihre Freunde untersuchen? – stieß Curran als unvereinbar mit Ratzingers allgemeinem Ruf persönlicher Anständigkeit auf."

34   Vgl. Greinacher / Haag (Hg.), Fall Küng.

35   Vgl. C DocFid, Declaratio v. 3. April 1979 sowie Jossua, Theologe.

36   Vgl. Fox, Ratzinger, 297–300 mit 99 Einträgen. Die Liste war allerdings bald fortzuschreiben, vgl. etwa C DocFid, Notifikation v. 30. März 2012.

37   Vgl. exemplarisch Curran, Dissent sowie als Überblick Auza, Magisterium, 442–509.

38   Vgl. so bereits Böckenförde, Tendenzen sowie grundsätzlich Hahn, Grundlegung, 189–233.

39   Vgl. Kölner Erklärung v. 6. Januar 1989 sowie Mitinitiator Mieth, Bilanz und jetzt ders., Nicht einverstanden, 149–155.

40   Papst Johannes Paul II. hatte die umstrittene Bestellung von Kardinal Meisner zum Erzbischof von Köln am 20. Dezember 1988 gerade vollzogen, vgl. zu dem Vorgang Hartmann, Bischof, 124–160. Zuvor hatten bereits die Ernennungen von

Wolfgang Haas zum Weihbischof mit Nachfolgerecht (Koadjutor) im Schweizer Bistum Chur und von Hans Hermann Groer zum Nachfolger Kardinal Königs als Erzbischof von Wien für Aufsehen gesorgt, vgl. Jecker, Risse und Czernin, Buch.

41 Für Bamberg war 1987 einem Theologen das *Nihil obstat* verweigert worden, weil er als ehemaliger Assistent von Hans Küng seiner „Bringschuld" nicht nachgekommen war, sich öffentlich von ihm zu distanzieren, und in Bonn war im Jahr darauf dem in Aussicht genommenen Nachfolger für den bekannten Moraltheologen Franz Böckle, Karl-Wilhelm Merks, das *Nihil obstat* nicht erteilt worden, vgl. Böckle, Konkordat, 69.

42 Der Papst hatte die Lehre verschiedentlich in die Nähe der Offenbarung gerückt und den Eindruck ihrer Unwiderrufbarkeit erweckt, vgl. Lüdecke, Königstein, 399–403.

43 Kölner Erklärung v. 6. Januar 1989, Abs. 3.

44 Vgl. Deckers, Kardinal, 289.

45 Vgl. Kasper, Tür, 11. Das Muster ist gängig: In der Pose des Weit- und Überblickers wird der Kritik in Teilen zugestimmt, sie dann aber insgesamt als oberflächlich und in der Form verfehlt abgetan, um sich den vorgeblich eigentlichen und tieferen Problemen und Einsichten zuzuwenden, u. a. der, dass Freiheit katholisch eben in der Wahrheit gründet.

46 Vgl. C DocFid, Professio fidei; dies., Rescriptum v. 19. September 1989; dies., Stellungnahmen v. 29. Juni 1998, 550 sowie im Einzelnen Lüdecke, Grundnormen, 416–452 und ders., Schritt.

47 Vgl. C DocFid, Instruktion „Donum Veritatis" v. 24. Mai 1990 sowie Lüdecke, Grundnormen, 452–497.

48 AA. VV., Gesetz, 24.

49 Die Überarbeitung des kirchlichen Gesetzbuches nahm eigens Bedacht auf diese Lehrtechnik, vgl. Lüdecke, Grundnormen, 283–294.

50 Vgl. Papst Johannes Paul II., Apostolisches Schreiben „Ordinatio sacerdotalis" v. 22. Mai 1994, 548; C DocFid, Stellungnahmen v. 29. Juni 1998, 550, Nr. 11; dies., Responses, 61; Bertone, Recezione sowie Lüdecke, Dogma. Im Vergleich dazu riefen die entsprechenden Qualifizierungen der Lehre über die Verwerflichkeit der Euthanasie sowie über die Unauflöslichkeit der sakramentalen und vollzogenen Ehe kaum Aufregung hervor, vgl. Papst Johannes Paul II., Enzyklika „Evangelium Vitae" v. 25. März 1995, 475–477, Nr. 65 und ders., Ansprache v. 21. Januar 2000.

51 Vgl. C DocFid, Responsum v. 28. Oktober 1995.

52 Vgl. dies., Schreiben v. 31. Juli 2004 sowie Lüdecke, Collaboratio.

53 Vgl. PontConsFam, Vademecum, 10, Nr. 2. 4 und Papst Johannes Paul II., Ansprache v. 17. März 1997, 576, Nr. 3.

54 Vgl. C DocFid, Erklärung „Dominus Iesus" v. 6. August 2000; dies., Note zum Begriff „Schwesterkirchen" und erneut dies., Antworten v. 29. Juni 2007 sowie Lüdecke, Relevanz.

55 Vgl. C DocFid, Epistula v. 14. September 1994.

56 Vgl. dies., Erwägungen.

57 Vgl. dies., Note v. 24. November 2002.

58 Dies., Schreiben „Communionis notio" v. 28. Mai 1993.

59 Vgl. Papst Johannes Paul II., Enzyklika „Ecclesia de Eucharistia" v. 17. April 2003 sowie Lüdecke, Feiern.

60 Vgl. C Cult, Instruktion „Redemptionis Sacramentum" v. 25. März 2004; C DocFid, Note v. 11. Februar 2005.

61 Vgl. C Cler u. a., Instruktion v. 15. August 1997; C Cler, Rundschreiben v. 19. März 1999.

62 Vgl. Goddijn, Dilemma, 279–284 sowie Schelkens, Paul VI, 130–134.

63 Vgl. Krätzl, Leben, 64f.; Stanzel, Geißel, 72f. sowie Würth, Vorgeschichte, bes. 8–10.

64 Vgl. Drobinski, Gott, 109–156. Auch Kaufmann, Konzil, 74 Fn. 17 gibt seinen Zeitzeugeneindruck wieder, die nachsynodale Bischofsgeneration habe nicht mehr das gleiche Wohlwollen gegenüber einer Laienbeteiligung aufgebracht und stattdessen „erneut ein[en] klerikalen Anspruch in den Vordergrund" gerückt; ausdrücklich nennt er die „umstrittenen Bischöfe von Köln und Fulda".

65 Vgl. zu beiden Vorgängen Lüdecke, Entfernung.

66 Für einen Eindruck von der Vielfalt an Reformbewegungen nicht nur im deutschsprachigen Raum vgl. Preglau-Hämmerle (Hg.), Reformbewegungen.

67 Vgl. Werners, Erfahrungen, 40. Auf Verlangen der Vollversammlung des ZdK erstattete 1979 Bayerlein Bericht über die Arbeit der Gemeinsamen Konferenz vor der Vollversammlung des Zentralkomitees der deutschen Katholiken am 11. / 12. Mai 1979. Er betonte, die Konferenz sei kein „Nachfolgeorgan" der Gemeinsamen Synode (vgl. ebd., 64). In den bis dato sechs Sitzungen habe die wechselseitige Information funktioniert, zu irgendwelchen Folgerungen oder Beschlüssen sei es jedoch nicht gekommen (vgl. ebd., 66. 68). Sein Fazit lautete: „Insgesamt ist die Gemeinsame Konferenz bisher auch in kirchlichen Kreisen ein unbekanntes Wesen; daß sie ohne Wirkung ist, wäre sicher viel zu negativ gesagt; daß sie ihre Aufgaben voll erfüllt hat, eine starke Übertreibung" (ebd., 70).

68   Vgl. Liedhegener, Macht, 217.

69   Vgl. AA. VV., Knalleffekt.

70   Vgl. Seeber, Vorgang, 5 sowie AA. VV., Ausländer, 74.

71   Bayerlein, Würzburger Synode, 16.

72   Vgl. ders., Spannungen, 96.

73   Vgl. ZdK, Erklärung v. 18. November 1994, bes. Nr. 10.

74   Vgl. Ständiger Rat der DBK, Stellungnahme, 156.

75   Vgl. Böckenförde, Kirchenvolks-Begehren, 131.

76   Vgl. so übereinstimmend Bayerlein, Spannungen, 96 und Maier, Sendung, 269.

77   Ebd. Liedhegener, Macht, 217 nennt exemplarisch Kardinal Meisner.

78   Vgl. Demel / Heinz / Pöpperl, Geist, 25.

79   Vgl. zum Folgenden Demel / Heinz / Pöpperl, Geist sowie Lappen, Recht.

80   Vgl. Schneider, Rom, 378.

81   Im Überblick:

- „Weitergabe des Glaubens an die kommende Generation"   *Rottenburg-Stuttgart (1985–86)*
- „Kirche und Gemeinde: Gemeinschaft mit Gott – miteinander – für die Welt"   *Hildesheim (1989–90)*
- „Miteinander auf dem Weg"   *Augsburg (1990)*
- „Weggemeinschaft – Bilanz und Perspektiven"   *Aachen (1989–2002)*
- „Miteinander Kirche sein – für die Welt von heute"   *Freiburg (1991–92)*
- „Gemeinsam auf dem Weg. Die Kirche in München und Freising im Gespräch   *München-Freising (1991–94)*
  über Schwerpunkte der Seelsorge"
- „Wir sind Kirche – Wege suchen im Gespräch"   *Würzburg (1993–97)*
- „Zieh den Kreis nicht zu klein"   *Regensburg (1993–95)*
- Pastoralgespräch ohne Motto   *Köln (1995–96)*
- „Mit einer gemeinsamen Hoffnung unterwegs"   *Münster (1994–97)*
- „Wir sind sein Volk – Bausteine für pastorale Perspektiven"   *Paderborn (1996–2001)*
- „Kirche neu erfahren"   *Passau (1997–2002)*
- „Gemeinsam den Aufbruch wagen"   *Bamberg (1997–2004)*
- „… damit sie das LEBEN haben"   *Berlin (1999)*
- „Du schenkst uns Zukunft und Hoffnung"   *Osnabrück (1999 / 2004)*
- „Um Gottes und der Menschen willen – den Aufbruch wagen"   *Magdeburg (2000–2006)*
- „Das Salz im Norden"   *Hamburg (2004–2006).*

82   Lappen, Recht, 73.

83   Als Ereignischronik vgl. Bauer, Diözesansynode.

84   Vgl. die Reaktionen in: Frauen in der Synode, 2f.

85   Vgl. Demel / Heinz / Pöpperl, Geist, 52f.

86   Vgl. dazu Diergarten, Unbehagen, 405–408.

87   Pastoralgespräch im Erzbistum Köln, Schlussvoten, 72.

88   Demel / Heinz / Pöpperl, Geist, 176.

89   Meisner, Herz, 32.

90   Vgl. Demel / Heinz / Pöpperl, Geist, 72.

91   C Ep / C GentEv, Instruktion v. 19. März 1997, 708f., Nr. I, 1.

92   Ebd., 718, Nr. IV, 2.

93   Ebd., 3f.

94   Vgl. Demel / Heinz / Pöpperl, Geist, 61. 65.

95   Vgl. ebd., 51.

96   Noack, Diözesantag, 5.

97 Zitiert nach: Demel / Heinz / Pöpperl, Geist, 110.

98 Ratzinger, Demokratisierung, 84.

99 Vgl. ZdK-Kommission 8, Dialog. Es war nur eine von mehr als einem Dutzend öffentlicher Erklärungen mit Kritik an Handlungsweisen der Hierarchie allein im Jahrfünft nach der Kölner Erklärung, vgl. Lücking-Michel, Kirche sowie schon zuvor Greinacher, Cui bono.

100 Vgl. Hagemann, Analyse.

101 ZdK-Kommission 8, Dialog, 14.

102 Ebertz, Dialog, 285.

103 ZdK-Kommission 8, Dialog, 15.

104 Das Wort selbst kommt nur an einer Stelle eigenständig, d. h. nicht als bloßer Titelteil vor (vgl. ebd., 35).

105 Ebd., 8.

106 Ebd., 18.

107 Vgl. ebd., 19.

108 Vgl. ebd., 26. 28.

109 Vgl. ebd., 29–39.

110 So zu Recht Ebertz, Dialog, 301.

111 Vgl. ZdK-Kommission 8, Dialog, 6.

112 Ebd., 13.

113 Ebd., 15. 16. 18. 20.

114 Ebd., 7f. 9.

115 Vgl. die deutschen Bischöfe, Schreiben v. 21. September 1981, Nr. II. 2 und III. 1.

116 Selbst wenn eine Gleichbehandlung im Laienrecht erreicht wäre, fehlte weiterhin die Gleichheit vor dem Gesetz, also die Rechtsanwendungsgleichheit, vgl. Lüdecke, Bemerkungen. Dadurch bleibt ein geschlechtsneutral formuliertes Gesetz legal geschlechtsspezifisch anwendbar.

117 Vgl. Außerordentliche Bischofssynode 1985, Schlußdokument, Nr. 2. 4. 6.

118 Vgl. ebd., Nr. 2. Papst Johannes Paul II. wird das später ausführlicher entfalten in seinem Nachsynodalen Apostolischen Schreiben „Pastores gregis" v. 16. Oktober 2003, Nr. 8. 19. 5.

119 Vgl. Außerordentliche Bischofssynode 1985, Schlußdokument, C. Nr. 8 sowie Papst Pius XII., Ansprache v. 18. Februar 1946, 145: „Parole veramente luminose, che valgono per la vita sociale in tutti i suoi gradi, ed anche per la vita della Chiesa, senza pregiudizio della sua struttura gerarchica". Das Schlussdokument verweist auf S. 144 der Ansprache, in der das Prinzip eingeführt wird. Die Beschränkung für die innerkirchliche Anwendung findet sich auf S. 145.

120 Vgl. Papst Paul VI., Ansprache v. 11. Oktober 1969, 719 und ders., Ansprache v. 27. Oktober 1969, 728f.

121 Vgl. Castillo Lara, Sussidiarità, bes. 454. 459. 461–463.

122 Vgl. ZdK-Kommission 8, Dialog, 10f. 44.

123 Vgl. erneut Neuner, Dialogmotiv.

124 ZdK-Kommission 8, Dialog, 13, Nr. 3.1.

125 ZdK-Vollversammlung, Dialog, 45.

126 Ebd., 46.

127 Vgl. Lücking-Michel, Kirche, 326.

128 Ebd., 327.

129 Vgl. AA. VV., Konflikt.

130 Zitiert nach: Otto, Kortmann.

131 Vgl. exemplarisch „Wir sind Kirche" (Hg.), Kirchenvolks-Begehren sowie für die ursprüngliche Initiative in Österreich Zulehner (Hg.), Kirchenvolks-Begehren.

132 Vgl. Waschbüsch, Kirchenvolks-Begehren.

133 Vgl. Schavan, Dialog.

134 Vgl. Laurien, Plebiszit.

135 Vgl. Maier, Kirchenvolks-Begehren.

136 Vgl. Hansen, Kirchenvolks-Begehren.

137 Vgl. Nientiedt, Ökumenischer, 393. Zu den Ausfällen des Erzbischofs von Fulda vgl. das Büchlein des Hessischen SPD-Landtagsabgeordneten Klemm, Gnadenlos intolerant. Für eine ausführliche Dokumentation verschiedener seiner öffentlichen Äußerungen vgl. Klein / Sinderhauf (Hg.), Dyba, 27–544.

138 Bayerlein, Spannungen, 96.

139 Ebd., 100.

140 Vgl. ebd. Ebenso ders., Würzburger Synode, 16.

141 Zitiert nach: Seiterich-Kreuzkamp, Lehmann.

142 Vgl. ders., Druck.

143 Vgl. Böckenförde, Kirchenvolks-Begehren, 132.

144 Kamphaus, Gemeinsam.

145 Meisner, Gott, 37f.

146 Ders., Herz, 167.

147 Ratzinger, Demokratisierung, 86f. sowie unverändert ders., Kirche, 193f.

148 Vgl. zum Folgenden Eilers, Jahre sowie Spieker, Kirche.

149 Vgl. etwa Lehmann, Interview v. 26. September 1999: Schon vor zehn Jahren habe er dem Papst die Frage gestellt: „Wer gibt mir die ethische Erlaubnis, dass ich auf die Rettung von Tausenden von Kindern verzichten kann? Er konnte mir auf diese Frage auch keine Antwort geben, und ich habe sie eigentlich bis heute nicht gefunden."

150 Vgl. Leicht, Kamphaus.

151 Spital, Presseerklärung v. 7. Februar 2000.

152 Vgl. Deckers, Kardinal, 328. 329.

153 DBK, Pressemitteilung v. 24. September 1999, 8, Nr. IX.

154 So selbst Eilers, Jahre, 56.

155 Angert, Leserbrief.

156 Vgl. Bayerlein, Spannungen, 97.

157 Vgl. Maier, Jahre, 368.

158 Ders., Interview v. 8. November 2019. Immerhin lässt der Papa Emeritus sich inzwischen zu einem Kontakt auf Abstand herab, denn Maier fügt hinzu: „[S]eit zwei Jahren verkehren wir aber wenigstens wieder schriftlich miteinander."

159 Vgl. Eilers, Jahre, 55.

160 Vgl. etwa Waschbüsch, Schwangerenkonfliktberatung sowie Demel, Streiten.

161 Vgl. Lüdecke, Pluralismus; Pree, Schwangerenkonfliktberatung; Böckenförde, Stunde.

162 Vgl. Lüdecke, Grundnormen, 334–349. Die irrige Annahme, der Gehorsam stünde unter Gewissensvorbehalt ist auch auf dem Synodalen Weg präsent, vgl. Lob-Hüdepohl, Geist, 416f.

163 Vgl. dazu ausführlich Anuth, Recht und ders., Bindung.

164 Papst Johannes Paul II., Enzyklika „Veritatis splendor" v. 6. August 1993, 1181, Nr. 60.

165 Ebd., 1183f., Nr. 64.

166 C DocFid, Note v. 24. November 2002, Nr. 7.

167 Dies., Brief v. 25. Oktober 2000.

168 Ebd., Nr. 1.

169 Ebd., Nr. 3.

170 Ebd.

171 Meisner, Interview v. 3. November 2000.

172 Vgl. Die deutschen Bischöfe, Erklärung zu „Donum Vitae e. V.", 133, Nr. 165.

173 Vgl. Deckers, Geschenk.

174 Meyer, Schublade, 745 sowie für den Gesamtvorgang um seine Nachfolge vgl. ebd., 739–747.

175 Vgl. Kortmann, Interview.

176 Vgl. Papst Johannes XXIII., Enzyklika „Mater et magistra" v. 15. Mai 1961, 401.

177 Papst Johannes Paul II., Nachsynodales Apostolisches Schreiben „Christifideles laici" v. 30. Dezember 1988, Nr. 30.

178 Kortmann, Interview.

179 Vgl. AA.VV., Bischöfe.

180 Meyer, Bericht.

181 So damals noch als Befürchtung bei Deckers, Damoklesschwert.

182 Vgl. zum Folgenden und zur bis heute nicht schlüssig geklärten Frage, warum, was weltweit seit den 1980er-Jahren öffentlich wurde, in Deutschland erst 2010 für wirkliche Schlagzeilen sorgte, Lüdecke, Warum erst 2010? sowie Katsch, Damit es aufhört.

183 Generalsekretariat der Bischofssynode, Lineamenta 2015.

184 Papst Johannes XXIII., Enzyklika „Mater et Magistra", v. 15. Mai 1961, Nr. 1.

185 So etwa Jüsten, Advocacy mit bleibendem Selbstbewusstsein ohne jeden Hinweis auf das kirchliche Versagen in Sachen Kindesmissbrauch durch Priester.

186 Zitiert nach: Facius / Hollstein, Toleranz.

187 Morsbach, Elefant, 127, am Ende ihrer detaillierten sprachlichen Analyse der Affäre als exemplarischen Machtkampf, der allerdings mit der „Ausschaltung" Groers keineswegs beendet war, sondern in eine weitere Etappe gehen sollte.

188 Vgl. Würth, Vorgeschichte, 9–11.

189 Vgl. dies., Reaktionen.

190 Vgl. ÖBK, Erklärung Dialog (1996) sowie zum Weiteren Struppe, Dialog sowie Csoklich, Wind.

191 ÖBK, Erklärung Dialog (1996).

192 Csoklich, Wind, 609.

193 Vgl. ÖBK, Erklärung Dialog (1998 / 2).

194 Papst Johannes Paul II., Predigt v. 19. Juni 1998.

195 Ebd.

196 Vgl. ders., Ansprache v. 21. Juni 1998.

197 Vgl. Walz, Dialog, 133.

198 Struppe, Dialog, 206.

199 Vgl. ÖBK, Erklärung Dialog (1998 / 3), 2.

200 Papst Johannes Paul II., Ansprache v. 20. November 1998, 428.

201 Ebd., 429.

202 Ebd., 430.

203 Vgl. Krenn, Kirchenvolksbegehren, 531.

204 Vgl. C DocFid, Bemerkungen v. 19. Dezember 1998. Öffentlich bekannt geworden sein soll der Brief erst Ende März 1999, vgl. Struppe, Dialog, 209.

205 Ebd.

206 So zu Recht auch Belok, Aufbruch, 120.

207 Vgl. ebd., 122.

208 Vgl. Zollitsch, Pressebericht v. 25. Februar 2010. Zur Steuerungsgruppe gehörten: Erzbischof Zollitsch als DBK-Vorsitzender, Kardinal Marx (München-Freising), Bischof Bode (Osnabrück), Bischof Overbeck (Essen), vgl. DBK, Erklärung v. 25. Februar 2010.

209 Vgl. dies., Pressemitteilung v. 24. September 2009.

210 Zitiert nach: Wanke, Miteinander sprechen.

211 Der den Bischöfen genehme Präsident des ZdK, Alois Glück, sprach auf der Vollversammlung des ZdK am 19. / 20. November 2010 vom wieder gewachsenen gegenseitigen Vertrauen, vgl. Glück, Bericht.

212 Vgl. Wanke, Miteinander sprechen.

213 Vgl. Zollitsch, Kirche.

214 Vgl. ebd.

215 Vgl. ebd.

216 Vgl. zum Folgenden: Wanke, Miteinander sprechen.

217 Ebd.

218 Vgl. zum Folgenden: Lücking-Michel, Dialog.

219 Ebd.

220 Vgl. ebd.

221 Ebd.

222 Ebd.

223 Ebd.

224 Ebd.

225 Vgl. Glück, Bericht.

226 U. a. Bundestagspräsident Norbert Lammert, Bundesbildungsministerin Annette Schavan sowie die Ex-Minister-präsidenten Bernhard Vogel, Erwin Teufel und Dieter Althaus, vgl. AA. VV., CDU-Politiker.

227 Vgl. Sekr. der DBK, Pressemeldung v. 22. Januar 2011.

228 AA. VV., Brandmüller.

229 Vgl. Lehmann, Dialogunfähigkeit.

230 Vgl. zum Folgenden den Text und einen exemplarischen Überblick zu Inhalten und Rezeption Könemann / Schüller (Hg.), Memorandum. Zu den vielen erfolglosen Vorläufern vgl. Greinacher, Cui bono.

231 Vgl. ZdK, Pressemeldung v. 8. März 2011.

232 DBK, Pressemeldung v. 4. Februar 2011.

233 Meisner, Erschrocken.

234 Das taten kritisch Pottmeyer, Memorandum und Schärtl, Krise.

235 Kasper, Sache.

236 Vgl. AA. VV., Zollitsch.

237 Vgl. Schröpf, Müller.

238 Vgl. ZdK, Erklärung v. 18. / 19. November 2011.

239 Langendörfer, Stellungnahme v. 18. November 2011.

240 Vgl. zum Folgenden: DBK, Wort v. 17. März 2011.

241 Vgl. Belok, Aufbruch, 122–124.

242 Ebertz, Wohlklang, 20.

243 DBK, Wort v. 17. März 2011.

244 Ebd.

245 Vgl. zum Folgenden die Dokumentation zum Gesprächsprozess der Deutschen Bischofskonferenz 2011–2015 sowie Belok, Aufbruch und Kruip / Fischer, Drama.

246 Belok, Aufbruch, 126.

247 Vgl. Eilers, Dialogprozess.

248 Kruip / Fischer, Drama, 523.

249 Ebd., 524.

250 Vgl. Dritte Generalversammlung, Verhandlungen, 74f.

251 Vgl. Sekr. der DBK (Hg.), Heute.

252 Marx, Krise, 337.

253 Kruip / Fischer, Drama, 522.

254 Vgl. Belok, Aufbruch, 114.

255 Vgl. AA.VV., Deutschland. Schon vor der Ankündigung der deutschen Bischöfe hatten die Räte der Diözese Rotten-burg-Stuttgart gemeinsam mit Bischof Fürst einen eigenen Dialogprozess beschlossen und am 26. März 2011 offiziell be-gonnen, vgl. Fliethmann, Dialogprozess, 42. Auch dort wurde betont, die Gesamtverantwortung liege beim Diözesanbischof (vgl. ebd., 43). Denn: „Die Legitimation von Partizipationsforderungen im politischen Bereich ergibt sich aus der grundsätz-lichen demokratischen Verfassung des Staates. ... Die Kirche ist keine Demokratie, denn in ihr geht die Macht von Gott, nicht vom Volke aus. Dies hat dazu geführt, dass die innere Struktur der Kirche als eine hierarchische organisiert ist. Für den innerkirchlichen Dialogprozess hat das zur Konsequenz, einerseits die Anforderungen an jeden wirklichen Dialog zu er-füllen, Offenheit für die Wahrheit in den Positionen aller Beteiligter mitzubringen, andererseits jedoch die Konsense, die

vertikal aus der Tradition der Kirche wie auch horizontal aus der Breite der weltweiten Kirche vorgegeben sind, in ihrer normativen Gültigkeit anzuerkennen" (ebd., 41f.).

256   Vgl. Koch, Bischöfe, 42.

257   Vgl. ders., Gesprächsprozess, 21.

258   Dieser ist nach c. 750 §1 ausschließlich für unfehlbar vorgelegte Offenbarungslehren gefordert.

259   Vgl. Koch, Dialogprozess.

260   Vgl. Eilers, Dialogprozess, 86.

261   Ebertz, Wohlklang, 20.

262   Belok, Aufbruch, 114.

263   Vgl. ebd. mit Hinweis auf den Titel eines Podiums der Katholischen Frauengemeinschaft Deutschlands (kfd) auf dem Mannheimer Katholikentag 2012: „Dialogprozess – Chance oder Mogelpackung?" sowie Göhrig, Dialoginitiative, 109.

264   Vgl. Bucher, Kirchenvolksbegehren, 481.

265   Marx, Einführung, 1.

266   Ders., Geleit, 4.

267   Ebd.

268   Vgl. Sekr. der DBK (Hg.), Gemeinsam Kirche sein.

269   Ebd., Nr. 2c.

270   Vgl. ebd., Nr. 5b.

271   Ebd., Nr. 4b.

272   Ebd., Nr. 5c.

273   Ebd.

274   Ebd., Nr. 3.

275   Ebd.

276   Ebd., Nr. 4a.

277   Ebd.

278   Ebd., Nr. 5a.

Seit 2020 Lasst sie doch (wieder) reden …: der Synodale Weg

1   Vgl. Finger / Müller, Provokateur.

2   So auch die Erfahrung von Journalisten bei ihren Versuchen, Licht in die Missbrauchsaufklärung bzw. deren Verhinderung im Erzbistum Köln zu bringen: „Niemand sagt da die Unwahrheit – aber man sagt nie alles" (Joachim Frank) nach Drobinski / Wernicke, Lesen.

3   Vgl. Pfeiffer, Interview v. 17. April 2019.

4   Vgl. MHG-Forschungsprojekt.

5   Missbrauch: Kirche deckt Vertuscher (Panorama v. 18. März 2010).

6   Vgl. Vorstellung der Missbrauchsstudie v. 25. September 2018.

7   Vgl. Orth, Aufarbeitung, 10.

8   Vgl. die Dokumentation des geleakten Papiers „Vorschlag eines synodalen Prozesses" v. 21. Januar 2019.

9   ZdK-Vollversammlung, Beschluss v. 23. November 2018.

10   Vgl. zum Folgenden Papier „Vorschlag eines synodalen Prozesses" v. 21. Januar 2019.

11   Vgl. ebd.

12   Vgl. Klask, Revolution sowie ders., Konferenz.

13   Vgl. Martin, Oster.

14   Vgl. ders., Bischöfe sowie Öhler, Ende.

15   Vgl. Marx, Pressebericht v. 14. März 2019.

16   Vgl. Martin, Bischöfe.

17   Vgl. Sternberg, Abendpodium.

18   Vgl. ders., Erklärung v. 14. März 2019.

19   Vgl. zur Pfingstpredigt von Kardinal Marx: DBK, Pressemeldung v. 9. Juni 2019.

20   Sternberg, Schritte, 203.

21   Vgl. ebd., 192. 193.

22   Ders., Interview v. 21. Dezember 2018.

23   Ders., Interview v. 10. Mai 2019.

24   Ders. zitiert nach: AA. VV., Vertrauen.

25   Hubert Wolf auf dem Podium der „Denkwerkstatt der Reformdebatte" der Katholischen Akademie München am 23. Juli 2019, vgl. AA. VV., Auszüge, 11.

26   Höfling, Weg.

27   Drobinski, Synodaler Weg.

28   Vgl. ZdK, Synodaler Weg.

29   ZdK, ZdK-Vollversammlung (Hervorheb. N. L.) sowie Orth, Kirche.

30   Meyer, Segen.

31   Lücking-Michel, Editorial.

32   Dies., Interview.

33   AA. VV., ZdK-Vollversammlung befürwortet Beteiligung am „Synodalen Weg" (10. Mai 2019), laut Orth, Kirche, 11 mit nur knapper Mehrheit von 70 zu 65 Stimmen.

34   Vgl. Drevon, Kirche.

35   Vgl. AA. VV., Wir arbeiten sehr vertrauensvoll.

36   Vgl. DBK, Pressemeldung v. 5. Juni 2019.

37   Vgl. Wimmer, Voderholzer.

38   Vgl. Orth, Weg, 5.

39   Vgl. zum Folgenden mit ausführlicher Belegung Anuth, Weg-Weg.

40   Vgl. Sternberg, Abendpodium.

41   Vgl. Satzung des Synodalen Weges.

42   Vgl. § 1b und c ZdK-Statut.

43   Vgl. Voderholzer, Erklärung v. 26. September 2020 und Woelki, Interview v. Februar 2020, 19.

44   C Ep, Direktorium v. 22. Februar 2004, Nr. 165.

45   Ebd., Nr. 175.

46   C Ep / C EvGent, Instruktion v. 19. März 1997, 718, Nr. IV. 4.

47   Das Verständnis des Stimmrechts in Art. 11 SSynW entspricht exakt dem der Instruktion über die Diözesansynode, vgl. ebd., Nr. IV. 5. Vgl. auch c. 443 §§ 3–5 sowie Aymans-Mörsdorf, KanR II, 307.

48   Vgl. Erste Synodalversammlung, Protokoll, 2. Warum machte er nicht wie in vorangegangenen Interviews deutlich, dass die Verbindlichkeit, von der er redet, allenfalls eine moralische sein kann? Denn natürlich weiß er: „Beschlüsse des Synodalen Weges werden rein rechtlich keine unmittelbare Wirksamkeit in den Bistümern haben. Es bedarf einer Umsetzung durch die Ortsbischöfe" (Sternberg, Interview v. 4. September 2019).

49   Florin, Aufbruch.

50   Ratzinger, Geleitwort, XV.

51   Bätzing, Interview v. 29. Mai 2020, 30.

52   Preckel, Synodaler Weg, 37.

53   Vgl. Papst Franziskus, Brief v. 29. Juni 2019, bes. z. B. Nr. 9 u. 11. Zur Entstehung vgl. Wiegelmann, Briefgeheimnis.

54   Papst Franziskus, Brief v. 29. Juni, Nr. 2.

55   Vgl. ebd., Nr. 3.

56   Ebd., Nr. 9.

57   Vgl. Wulf, Ecclesia, 675. Faber, Ecclesia, 472 sieht auch „konstruktive Kritik" als eine mögliche Äußerung des Kirchensinns. Was „konstruktiv" ist und was nicht, beurteilt allerdings die kirchliche Autorität.

58   Papst Franziskus, Ansprache v. 20. November 2015.

59   Ders., Ansprache v. 30. Januar 2014.

60   Marx / Sternberg, Erklärung v. 29. Juni 2019 sowie in einer ausführlichen Variante Söding, Ermahnung.

61   Vgl. Wiegelmann, Briefgeheimnis, 26.

62   Das Pressestatement ist zwar noch auf der Homepage des ZdK abrufbar, aus den Dokumenten und Beiträgen auf der Seite des Synodalen Weges selbst aber herausgenommen.

63   Papst Franziskus, Ansprache v. 2. September 2019.

64   Eterović, Grußwort v. 23. September 2019.

65   Vgl. C Ep, Schreiben v. 4. September 2019 (Prot. N. 485 / 2019) mit dem als Anlage beigefügten Schreiben des PCLT v. 1. August 2019 (Prot. N. 16701 / 2019).

66   Ebd., 2.

67   Vgl. ITK, Synodalität. Aus Deutschland gehörte ihr 2004–2014 Thomas Söding an, seither Karl-Heinz Menke.

68   Ebd., Nr. 69. Vgl. das entsprechende Zitat mit betonender Hervorhebung des letzten Satzes im Schreiben des PCLT v. 1. August 2019, 3.

69   Vgl. DBK, Pressemeldung v. 13. September 2019.

70   Die Vorüberlegungen des Vorbereitenden Forums „Macht und Gewaltenteilung in der Kirche", die der Gemeinsamen Konferenz am 13. / 14. September 2019 in Fulda vorlagen, hatte dafür die entlarvende paradoxale Wortschöpfung „deliberative Beratungsformen" gefunden, 21 (vgl. https://www.synodalerweg.de/fileadmin/Synodalerweg/Dokumente_Reden_Beitraege/SW-Vorlage-Forum-I.pdf).

71   Anuth, Weg-Weg.

72   Stender, Besonderheit, 23.

73   Ebd., 22.

74   Papst Franziskus, Apostolisches Schreiben „Evangelium Gaudium" v. 24. November 2013, Nr. 32.

75   Ebd. Vgl. auch ders., Ansprache v. 17. Oktober 2015.

76   Vgl. zur Einordnung am Beispiel der viel diskutierten Aufwertung der Bischofskonferenzen Anuth, Dezentralisierung, bes. 118–121 sowie zum Grundsätzlichen Bier, Dezentralität.

77   Papst Franziskus, Ansprache v. 17. Oktober 2015, 1144.

78   Ders., Ansprache v. 25. November 2020.

79   Bischofssynode, Amazonien, 66, Nr. 111.

80   Vgl. Scheiper, Priester.

81   Papst Franziskus zitiert nach: Spadaro, Governo, 356: „C'è stata una discussione… una discussione ricca… una discussione ben fondata, ma nessun discernimento, che è qualcosa di diverso dall'arrivare a un buono e giustificato consenso o a maggioranze relative." Er fuhr fort: „Dobbiamo capire che il Sinodo è più di un Parlamento; e in questo caso specifico non poteva sfuggire a questa dinamica. Su questo argomento è stato un Parlamento ricco, produttivo e persino necessario; ma non più di questo. Per me questo è stato decisivo nel discernimento finale, quando ho pensato a come fare l'Esortazione."

82   Vgl. exemplarisch C Ep, Direktorium v. 22. Februar 2004, Nr. 33f. 39. 46. 57. 126. 158.

83   Florin, Trotzdem, 95.

84   Zitiert nach: Orth, Weg, 4.

85   Vgl. ebd.

86   Sekr. der DBK (Hg.), Dienst, Nr. 7 (Hervorheb. N. L.).

87   Vgl. Berger, Handlexikon, 178.

88   Vgl. Lüdecke, Anmerkungen. Zuvor lebten sie bereits in Form von Sondergenehmigungen weiter, vgl. dazu eingehend Schmitz, Sondervollmachten und Scheulen, Rechtsstellung, 17–26.

89   Für die jetzt auch sensibilisierte Liturgiewissenschaft vgl. z. B. Kranemann, Kleider.

90   Vgl. zum Folgenden klassisch Braun, Paramente sowie für die neuere Entwicklung Fahrner, Kleider; Anton, Paramente.

91   Vgl. Klauser, Ursprung.

92   Vgl. zu dieser Kombination und ihren Gefahren Odenthal, Priesterbild.

93   Vgl. auch C Ep, Direktorium v. 22. Februar 2004, Nr. 23b. Reinhard Marx hat sein Pallium am 29. Juni 2008 von Papst Benedikt XVI. erhalten (https://gloria.tv/post/TVb6CiAEbrmJ2T6yfP2ogRj70).

94   Vgl. zum Folgenden Lüdecke, Feiern.

95 Vgl. IGMR, Nr. 31. 71.

96 Vgl. ebd., Nr. 30.

97 Vgl. ebd. und Nr. 78.

98 Vgl. Meisner, Mysterium, 36.

99 Papst Johannes Paul II., Enzyklika „Ecclesia de Eucharistia" v. 17. April 2003, Nr. 5b.

100 Vgl. Meisner, Mysterium, 37f. sowie ausführlich Mass-Ewerd, Nominari debent, bes. 280f.

101 Vgl. c. 767 § 1 sowie PCI, Responsio v. 20. Juni 1987.

102 Vgl. C Cler u. a., Instruktion v. 15. August 1997, Art. 3 § 1.

103 Vgl. c. 910 § 1. Das PCI hat auf Anfrage verbindlich unterstrichen, außerordentliche Kommunionausteiler dürften nur dann tätig werden, wenn in der Kirche ein auf keine Weise gehinderter ordentlicher Spender nicht anwesend ist, vgl. Responsio v. 1. Juni 1988. Die C Cler u. a., Instruktion v. 15. August 1997 hat dies in Art. 8 § 2 erneut eingeschärft. So auch der neu eingefügte Artikel der IGMR, Nr. 162.

104 Vgl. ebd., Nr. 11.

105 In welchem Sinn „Dialog" in der Liturgie verstanden wird, zeigt sich auch in Bezug auf die Predigt. Sie sei als Dialog zu erarbeiten, der dann freilich monologisch ablaufe. Ein Monolog sei dann dialogisch, wenn der Prediger seine Zuhörer zuvor geistig um seinen Schreibtisch versammelt und auf sie eingeht, vgl. Arnold, Predigt, 128f.

106 Bisweilen ist er das, wie eine Erinnerung von Gabriel, Macht, 237 anzeigt. Am Ende eines Weiterbildungskurses für junge Priester und Laientheologen hätten erstere wie selbstverständlich eine gemeinsame Eucharistiefeier als Höhepunkt und Abschluss gewollt, seien damit bei den Laien aber auf Widerspruch gestoßen. Das „führe nur zu einer Spaltung der Gruppe und gerate zu einer Demonstration des überlegenen Status und der Macht der Kleriker über die Laien". Es blieb dann bei einem Wortgottesdienst.

107 Vgl. die Szene unter: https://www.youtube.com/watch?v=XhUKnP_ed_A.

108 Vgl. IGMR, Nr. 114.

109 Vgl. die Aufnahme des Eröffnungsgottesdienstes: https://www.domradio.de/video/eucharistiefeier-zur-eroeffnung-der-ersten-synodalversammlung.

110 Vgl. ebd. (Hervorheb. N. L.).

111 Vgl. Marx, Predigt v. 1. Dezember 2019.

112 Vgl. etwa Schatz, Vaticanum I, 175–177; Sieben, Consensus sowie grundsätzlich und zur letztendlichen Funktion des Papstes als *truth maker* Wassilowsky, Wahrheit, 224–231.

113 Vgl. Wolf, Der Unfehlbare, 269. 282.

114 Marx, Das Ganze, 40.

115 So nach Allen, Ratzinger, 32 (Hervorheb. N. L.).

116 Vgl. ebd., 275.

117 Posener, Kreuzzug, 70.

118 Vgl. Papst Johannes Paul II., Enzyklika „Ecclesia de Eucharistia" v. 17. April 2003, Nr. 1. und Nr. 29: „Der Dienst der Priester, die das Sakrament der Weihe empfangen haben, macht in der von Christus bestimmten Heilsordnung deutlich, dass die von ihnen gefeierte Eucharistie eine Gabe ist, die auf radikale Weise die Vollmacht der Gemeinde überragt. Das priesterliche Dienstamt ist unersetzlich, um die eucharistische Konsekration gültig an das Kreuzesopfer und an das letzte Abendmahl zu binden."

119 Vgl. in dieser Richtung etwa Rahner, Spiritualität, 189.

120 Vgl. C DocFid, Schreiben v. 6. August 1983 sowie Papst Johannes Paul II., Enzyklika „Ecclesia de Eucharistia" v. 17. April 2003, Nr. 29.

121 Vgl. C DocFid, Schreiben v. 31. Juli 2004, Nr. 8. 12.

122 Die in c. 234 weiterhin zu fördernden sogenannten Kleinen Seminare (früher: Knabenseminare, -konvikte oder -internate; heute: Studienseminare), d. h. diözesane Einrichtungen zur Förderung der Priesterberufung bereits im Schulalter, spielen in Deutschland keine nennenswerte Rolle mehr. Die ehemals über zwanzig Stätten wurden sukzessive geschlossen. 2008 gründeten allerdings die Legionäre Christi die „Apostolische Schule" in Bad Münstereifel (Erzbistum Köln), vgl. Laube, Knabenseminare.

123 Vgl. als Überblick Althaus, Die Aus- und Fortbildung.

124 Vgl. exemplarisch Windsor, Heaven; Scheiper, Fall Crottogini sowie jetzt dies., Überlegungen.

125 Zur irrigen Berufung dafür auf das Konzil von Trient vgl. Wolf, Krypta, 159–166. Vgl. zudem die aktuelle universalkirchliche Priesterbildungsordnung, die in Deutschland noch nicht umgesetzt wurde: C Cler, Ratio fundamentalis v. 8. Dezember 2016.

126 Vgl. C Ep, Direktorium v. 22. Februar 2004, Nr. 84.

127 Vgl. zum Folgenden Treiber / Steinert, Fabrikation, bes. 61–88. 118–124 sowie für die dort exemplarisch behandelten Jesuitenkollegs Eickmeyer, Kadavergehorsam. Vgl. außerdem Geller u. a. (Hg.), Briefe, 117–141 und für Erfahrungsbelege vgl. Hoffmann, Klerus, 93–114.

128 Vgl. Simmel, Soziologie.

129 Menke, Strom, 15.

130 Vgl. Wolf, Zölibat.

131 Vgl. für die älteren Priesterjahrgänge exemplarisch die Erfahrungen von Missalla, Mut, 46: „Selbstverleugnung, Gehorsam und Unterordnung sowie die Bereitschaft, über sich verfügen zu lassen, waren ebenso selbstverständlich wie die unbedingte Treue zur Papstkirche. Die aszetischen Leitgedanken waren in etwa: sich nicht wichtig nehmen – sonst verstößt man gegen die Demut; sich ein- und unterordnen – sonst sündigt man durch adamitischen Stolz; Verzicht auf die eigenen Wünsche und Hingabe des eigenen Lebens – sonst war man selbstsüchtig. Sich auf Erfahrungen zu berufen, weckte den Verdacht des Subjektivismus; dem Verlangen nach einer zeitgemäßen Gestalt des Glaubens und einer Lebensform, die den Erfordernissen der geschichtlichen Stunde entsprach, wurde leicht unterstellt, dem Hang zu einer billigen Anpassung an die Welt oder dem Modernismus verfallen zu sein. Zucht und Disziplin, streng geregelte Zeiten des Gebetes und der Arbeit, Gehorsam gegenüber den Vorgesetzten – das musste eingeübt werden und gegen alle Versuchungen durchgehalten werden."

132 Heße, Rufbar sein, 41f.

133 Vgl. als Vorgänger c. 276 Schema Novissimum.

134 C Cler, Ratio fundamentalis v. 8. Dezember 2016, Nr. 45. 106.

135 Vgl. C Cult, Rundschreiben v. 10. November 1997 sowie ausführlich und zur Praxis Bitterli, Priester, 237–256.

136 Vgl. C Cler, Ratio fundamentalis v. 8. Dezember 2016, Nr. 205.

137 Vgl. zu den damit verbundenen Problemen Pucher, Verhältnis, 500–504.

138 Guardini, Berichte, 92f. berichtet, wie er sich einem Studiengenossen gegenüber kritisch zur Kirche äußerte, dieser es pflichtgemäß dem Spiritual erzählte, der es wiederum dem Regens hintertrug, so dass Guardini beinahe von der Weihe ausgeschlossen worden wäre.

139 So die „eiserne Konviktregel" in Graz 1950, vgl. Liebermann, Lebenserinnerungen, 36.

140 Vgl. Anuth, Neokatechumenaler Weg.

141 Vgl. ders., Geschichte, 210.

142 Vgl. C InstCath, Final Report v. 15. Dezember 2008 (Prot. N. 1009 / 2002), Nr. 4.

143 Vgl. ausführlich Rothe, Klerikerkleidung.

144 Menke, Strom, 31.

145 Vgl. zum einen den langjährigen Seminarprofessor und -regens Coleman, Seminary Formation, 216f. sowie jüngst Bauer, Priesterausbildung.

146 Vgl. dazu Scheiper, Vatikan; dies., Crottogini sowie ausführlich dies., Zensur.

147 Vgl. Coleman, Formation, 216. Vgl. jetzt die u. a. auf anonymisierten Interviews mit Klerikern basierende Analyse des italienischen Religionssoziologen Marzano, Casta.

148 Vgl. C Cler, Ratio fundamentalis v. 8. Dezember 2016, Nr. 30. Auf der Grundlage und in weiterführender Auslegung von LG, PO und CD sind die wichtigsten Dokumente: Papst Johannes Paul II., Nachsynodales Apostolisches Schreiben „Christifideles laici" v. 30. Dezember 1988; ders., Nachsynodales Apostolisches Schreiben „Pastores dabo vobis" v. 25. März 1992; ders., Nachsynodales Apostolisches Schreiben „Pastores gregis" v. 16. Oktober 2003 mit den konkretisierenden Direktorien zu Dienst und Leben der Priester und der Bischöfe: C Cler, Direktorium v. 11. Februar 2013 und C Ep, Direktorium v. 11. Februar 2004.

149 Vgl. für dieses verordnete und in der Sozialisation angezielte Priesterselbstverständnis im Einzelnen etwa C Cler, Direktorium v. 11. Februar 2013, Vorwort; Nr. 1. 5. 6. 26. 34 und 41 sowie Papst Johannes Paul II., Nachsynodales Apostolisches Schreiben „Pastores gregis" v. 16. Oktober 2003, Nr. 76.

150 Vgl. ders., Nachsynodales Apostolisches Schreiben „Christifideles laici" v. 30. Dezember 1988, Nr. 2. 9. 15.

151 Vgl. C Ep, Direktorium v. 11. Februar 2004, Nr. 112.

152 Dyba, Weihepriestertum, 820.

153 Zitiert nach: AA. VV., Bischof Meier.

154 Vgl. im Einzelnen: C Ep, Direktorium v. 11. Februar 2004, Nr. 2. 65. 158.

155 Vgl. C Cler, Ratio fundamentalis v. 8. Dezember 2016, Nr. 32.

156 Vgl. Papst Johannes Paul II., Nachsynodales Apostolisches Schreiben „Pastores gregis" v. 16. Oktober 2003, Nr. 1.

157 Vgl. im Einzelnen C Ep, Direktorium v. 11. Februar 2004, Einleitung sowie Nr. 1. 33. 158.

158 Vgl. C Cler, Direktorium v. 11. Februar 2013, Nr. 28.

159 Vgl. dies., Instruktion v. 29. Juni 2020, Nr. 96.

160 Vgl. Gibson, Church, 5.

161 Auch Präsident Erdogan sieht sich als Hirte, vgl. Kaygusuz, Erdogan.

162 Vgl. Wilmes u. a., Hirt.

163 Vgl. Freitag, Hirtenamt.

164 Vgl. zu Tradition und aktueller Befürwortung dieses Bildprogramms Subrack, Vaterschaft.

165 Zur Überhöhung vor allem Papst Pius' IX. u. a. in der Kombination von Heiligkeit und Vaterschaft vgl. Zinnhobler, Pius IX., 391–393.

166 C Cler, Direktorium v. 11. Februar 2013, Nr. 24.

167 Ebd. Für die Wiederbelebung eines sakralisierten Priesterbildes des 19. Jahrhunderts insbesondere bei Papst Benedikt XVI. vgl. Essen, Amt.

168 Vgl. Papst Johannes Paul II., Nachsynodales Schreiben „Pastores gregis" v. 16. Oktober 2003, Nr. 5.

169 Ebd., Nr. 34.

170 C Ep, Direktorium v. 11. Februar 2004, Nr. 1.

171 Foucault, Kritik, 9. Vgl. Schüßler, Identität.

172 Vgl. zum Folgenden mit ausführlicher Belegung Lüdecke, Bildungswesen sowie Schnackers, Kirche, 173–187.

173 Vgl. Art. 9 Abs. 2 LG.

174 Vgl. etwa Art. 1 und 2 IM für „Mutter Kirche" sowie die in der *Professio fidei* des Konzils von Trient zu bekennende „heilige katholische und apostolische Römische Kirche als Mutter und Lehrerin aller Kirchen" (DH 1868). Vgl. auch Papst Johannes XXIII., Enzyklika „Mater et Magistra" v. 15. Mai 1961; Papst Paul VI., Enzyklika „Humanae Vitae" v. 25. Juli 1968, Nr. 19.

175 Papst Johannes Paul II., Ansprache v. 20. November 1999, Nr. 5.

176 Vgl. Art. 13 CD.

177 Vgl. Bechina, Kirche, 19–183.

178 Ketteler, Freiheit, 189.

179 Vgl. Papst Johannes Paul II., Nachsynodales Apostolisches Schreiben „Christifideles laici" v. 30. Dezember 1988, Nr. 61.

180 Vgl. ebd.

181 Vgl. C Ep, Direktorium v. 22. Februar 2004, Nr. 14.

182 Art. 6 Abs. 1. 2 und Art. 13 Abs. 4 PO.

183 Vgl. Art. 7 Abs. 1 GE.

184 Vgl. so das Recht des Kindes auf Bildung, Schule, Berufsausbildung nach Art. 28 der UN-Kinderrechtskonvention.

185 Vgl. Mieth, Nicht einverstanden, 73f.

186 Vgl. C DocFid, Schreiben v. 31. Juli 2004 sowie Lüdecke, Collaboratio.

187 Vgl. Betti, Professione, 323 sowie ausführlich Lüdecke, Grundnormen, 416–452.

188 Vgl. ders., Schritt.

189 Vgl. Pontifikale für die katholischen Bistümer des deutschen Sprachgebiets, 79, Nr. 28; 135, Nr. 32.

190 Vgl. Rüfner, Informativprozess.

191 Vgl. so der Apostolische Nuntius in Frankreich (1979–1988), Angelo Felici im kleinen Kreis, zitiert nach Wargny, Welt, 36.

192 Der in den 1990er-Jahren in der Schweiz verwendete Fragebogen war in der Sache ähnlich auch andernorts üblich, vgl. Jecker, Risse, 269–271. Der Fragebogen stimmt mit dem überein, der 2001 in der „Frankfurter Allgemeinen Zeitung" veröffentlicht wurde. Ein mir vorliegender Fragebogen, der 2014 verschickt wurde, weist als neues Eignungskriterium den Umgang mit Missbrauchsfällen und ansonsten eine Straffung ohne wesentliche Änderungen auf:

„3. Umgang mit Mißbrauchsfällen Minderjähriger – Korrektes Vorgehen bei bekannten Fällen sexuellen Mißbrauchs an Minderjährigen durch Priester und Laien; pflichtbewußtes Verhalten Opfern, Tätern und offiziellen Behörden gegenüber; Angemessenheit beim Umgang mit derartigen Konflikten. …

5. Rechtgläubigkeit – Treue zum Lehramt der Kirche, insbesondere Einstellung des Kandidaten zu den Dokumenten des Heiligen Stuhles über das Priesteramt, die Priesterweihe von Frauen, Ehe und Familie, die Sexualethik; ökumenische Einstellung.

6. Disziplin – Gehorsam gegenüber dem Heiligen Vater und dem Bischof; Achtung und Annahme des priesterlichen Zölibats, wie er vom kirchlichen Lehramt vorgestellt wird; Beachtung der Normen bezüglich des Vollzugs des Gottesdienstes; priesterliche Kleidung".

Vgl. auch das Interview des früheren Priors von Kloster Andechs, Bilgri, v. 12. März 2021, 30: „Unter Papst Johannes Paul II. wurde ich von einem Nuntius zwei Mal zu Bischofskandidaten befragt. Das waren Fragen wie: Hat der Kandidat sich jemals für die Priesterweihe der Frauen ausgesprochen? Ist er positiv zur Empfängnisverhütung eingestellt? Sind von ihm sexuelle Verfehlungen bekannt? Wenn man das entsprechend beantwortet, fällt der Betreffende durch. Dieses Spitzelsystem, das dadurch entsteht, müsste dringend geändert werden."

193   Vgl. Bier, Rechtsstellung, 42.

194   Vgl. Pontifikale für die katholischen Bistümer des deutschen Sprachgebiets, 30, Nr. 31.

195   Die Formula iusiurandi fidelitatis ab Episcopis praestandi war 1987 geändert worden. Sie ist nicht amtlich publiziert, aber bei Schmitz, Professio fidei, 378f. Fn. 93 unter Kennzeichnung der Unterschiede zur vorhergehenden Formel von 1972 abgedruckt. Diese ältere Fassung findet sich auf Latein bei Ochoa, Leges Ecclesiae, 6440, Nr. 4161 sowie in deutscher Übersetzung bei: Der Treueid der Bischöfe, 27.

196   Vgl. Berger, Bischofsstab.

197   Vgl. Anuth, Macht.

198   Das weiß auch Bischof Dieser (Aachen), wenn er eine Änderung der Lehre über die Immoralität von homosexuellen Handlungen anspricht, vgl. AA. VV., Bischof Dieser. Denn mit Bernhard Anuth gilt: „Diese Lehre verlangt zwar von allen Gläubigen Gehorsam …, wurde bislang aber nicht als unfehlbar vorgelegt, d. h. sie könnte geändert werden. Möglich wäre das aber nur im Rahmen eines fundamentalen Umbaus der kirchlichen Sexualmoral. Denn solange außereheliche Sexualität immer in sich schlecht ist und die Heterosexualität der Gatten wesentlich zum Ehebegriff gehört, gibt es logisch keinen Spielraum für eine positive Würdigung gelebter Homosexualität. Und da die Lehren über die Unrechtmäßigkeit von Unzucht und Ehebruch als unfehlbar gelten, ist eine Selbstkorrektur des Lehramts in diesen Fragen aus kanonistischer Sicht nicht zu erwarten" (Anuth, Hetero-Ehe). Zudem bleibt völlig unerfindlich, warum und inwiefern der Bischof für einen solchen Vorschlag das Forum des Synodalen Weges braucht.

199   Vgl. etwa die Bitte des „Arbeitskreises ‚Erneuerung der Kirche' im Bund Neudeutschland" in seinem Schreiben v. 22. September 1998 an alle Oberhirten in Deutschland, „für Ihr Bistum eine Ausnahmeregelung für die Zulassung der Frau zum Diakonat in Rom zu erwirken", sowie Anuth, Möglichkeit sowie für die Laienhomilie jetzt Hallermann, Gründe.

200   Vgl. Angstenberger u. a., Selbstverpflichtungserklärung v. 12. Juli 2019.

201   Vgl. https://www.facebook.com/108671360960801/videos/277323570482906/ (00:26:00).

202   Vgl. Drobinski, Rede. Er wird zivilrechtlich als „divers" geführt. Die katholische Geschlechteranthropologie sieht im Genotyp das Geschlecht eines Menschen bleibend festgelegt und lehnt die Kategorie „divers" daher ab. Sie rechnet Janosch Roggel zu den Frauen. Zu Konsequenzen und Problematik vgl. Lüdecke, Ehefähigkeit, 1287–1289.

203   So im Gespräch mit Schulte, Glaube.

204   Vgl. Klein, Mensch, 43.

205   Vgl. ebd., 45 (Hervorheb. N. L.).

206   Maria Boxberg im Interview mit Christoph Brüwer: https://www.katholisch.de/artikel/23595-synodaler-weg-theologin-will-bischoefe-und-laien-zum-zuhoeren-bringen. Für das Niveau vgl. exemplarisch die eingestellten Videos: https://www.synodalerweg.de/video/geistliche-impulse.

207   Vgl. Hagenkord, Umkehr.

208   Florin, Trotzdem, 144.

209   Vgl. Diergarten, Unbehagen, 407.

210   Vgl. Florin, Trotzdem, 146.

211   Vgl. AA. VV., Generalvikar.

212   Schwaderlapp, Interview v. 13. Dezember 2019.

213   Nr. 2333 KKK. Zur Eheunfähigkeit Trans- und Intersexueller aus kirchlicher Sicht vgl. Lüdecke, Ehefähigkeit, 1287–1289 sowie Bier, Interview v. 7. April 2021.

214   Vgl. Public Affairs Office (US Conference of Catholic Bishops), Chairman.

215 Vgl. C DocFid, Responsum v. 22. Februar 2021.

216 Vgl. dies., Schreiben v. 31. Juli 2004, Nr. 2f.; dies., Anmerkungen v. 23. Juli 1992, Nr. 12f. sowie Lüdecke, Collaboratio, 234 sowie ebd., 237–239 zur ekklesiologischen Bedeutung der kirchlichen Geschlechteranthropologie.

217 Vgl. die Erklärung des UN-Menschenrechtsrats gegen Menschenrechtsverletzungen aufgrund der Geschlechtsidentität und der sexuellen Orientierung v. 22. März 2011: „Joint statement on ending acts of violence and related human rights violations based on sexual orientation & gender identity" (http://www.state.gov/r/pa/prs/ps/2011/03/158847.htm; 2. November 2013) sowie Lohrenscheit / Thiemann, Selbstbestimmungsrechte.

218 Sauer / Mittag, Geschlechtsidentität.

219 Vgl. etwa den Apostolischen Nuntius und permanenten Beobachter des Heiligen Stuhls bei den Vereinten Nationen und anderen internationalen Organisationen in Genf, Erzbischof Tomasi, Foreword; Goertz, Streitfall, 81f.

220 Vgl. C DocFid, Erwägungen, Nr. 5f. und 10 sowie dies., Note v. 24. November 2002.

221 Vgl. AA. VV., Reduzierung.

222 So der Dogmatiker Michael Seewald (Münster) zitiert nach: Frank, Reformprozess.

223 Florin, Trotzdem, 146.

224 Buttgereit, Interview, 14.

225 So unabhängig von der kirchenpolitischen Einstellung rechtlich zutreffend Aymans, Interview v. 21. Januar 2021.

226 So bei Katz, Katholizismus, 123.

227 Knop, Gemeinsam unterwegs, 28.

Warum? Sehschwäche und Regression – Geduld und Komplizenschaft

1 Vgl. § 2 c) ZdK-Statut.

2 Vgl. ebd., § 1 (3).

3 Vgl. C Ep, Direktorium v. 22. Februar 2004, Nr. 115.

4 Ebd.

5 Vgl. § 13 (1) ZdK-Statut.

6 Vgl. ebd., §§ 8 (3f.h). 13 (2). 14 (3).

7 Vgl. ebd., §§ 7 (1). 8 (2) sowie § 15 (2) ZdK-GO.

8 Vgl. §§ 3 (1). 6 (4). 10 (1) ZdK-Statut sowie § 3 (4) GemKonf-GO.

9 Vgl. §§ 5 (2) und 15 (1) ZdK-Statut.

10 Vgl. ebd., §§ 13 und 15 (2). In der auf der Homepage des ZdK angebotenen ZdK PowerPoint Stand 2018, Folie 21 wird der Rektor zur „Leitung" des Generalsekretariats gezählt (https://www.zdk.de/service/downloads/materialien/).

11 Vgl. Liedhegener, Macht, 270. Ein Beispiel für die „Führung" der Vollversammlung durch Präsidium und Hauptausschuss ist das 2008 von ZdK-Mitgliedern geforderte „Zukunftsgespräch der Katholiken in Deutschland" auch unter Beteiligung der nicht einhellig dazu bereiten Bischöfe. Präsidium und Hauptausschuss beschlossen, das Vorhaben nicht in der Vollversammlung beraten zu lassen, sondern stattdessen selbst mit dem VDD ein einvernehmliches Vorgehen in dieser Sache zu ermöglichen, vgl. Eilers, Zukunft.

12 Vgl. so aber selbst aus politologischer Perspektive Liedhegener, Macht, 164. 268.

13 Vgl. cc. 225 und 228 sowie ausführlicher Lüdecke / Bier, Kirchenrecht, 97–112.

14 Vgl. C Ep, Direktorium v. 22. Februar 2004, Nr. 110.

15 Vgl. Lüdecke, Rechtsgestalt sowie ders., Verständnis.

16 Vgl. Link, Potestas sowie Sägmüller, Lehrbuch, 41–48.

17 Vgl. zu dieser ersten Kodifizierung nach Wortlaut und bestätigender Redaktionsgeschichte Lüdecke, Grundnormen, 168–192, bes. 177–192.

18 Vgl. KKK 1884. 2244; Papst Johannes Paul II., Enzyklika „Veritatis splendor" v. 6. August 1993, Nr. 95–101.

19 Vgl. ders., Enzyklika „Evangelium Vitae" v. 25. März 1995, Nr. 70.

20 Vgl. KKK 2244. 2257; Papst Johannes Paul II., Enzyklika „Veritatis splendor" v. 6. August 1993, Nr. 99.

21 Vgl. C DocFid, Note v. 24. November 2002, Nr. 2. 6.

22 Papst Johannes Paul II., Enzyklika „Evangelium Vitae" v. 25. März 1995, Nr. 72.

23 Vgl. Papst Benedikt XVI., Ansprache v. 22. September 2011. Den lehramtlichen Anspruch hat auch Reiter, Papst in seiner Laudatio auf die Rede komplett ausgeblendet. Vgl. ausführlich zur amtlichen Position: ITK, Suche.

24 Zitiert nach: Löbbert, Schluss.

25 Vgl. Kaiser, Repräsentation, 122–151, bes. 137–141.

26 AA 14. Zum Katholisierungsattribut „verus,-a,-um" im katholischen Soziolekt vgl. exemplarisch Lüdecke / Bier, Kirchenrecht, 57–76 sowie Anuth, Freiheit.

27 Vgl. die Ermahnung der C DocFid, Note v. 24. November 2002 sowie zum gesetzlichen Status quo Anuth, Bindung sowie grundlegend ders., Recht.

28 Vgl. Jüsten, Verbindungsstellen.

29 Liedhegener, Macht, 278.

30 Vgl. ebd., 227–333.

31 Vgl. Jüsten, Verbindungsstellen, 1491. 1497 sowie ders., Advocacy-Arbeit, 18.

32 Vgl. ders., Verbindungsstellen, 1499 sowie ders., Interview v. März 2007, 125f. sowie Leif / Speth, Thesen.

33 Die Praxis geht zurück auf eine briefliche Bitte von Bundeskanzler Willy Brandt an die Ministerien im Herbst 1970, vgl. Frerk, Kirchenrepublik, 44–49. Von interessierter Seite, nämlich dem Stellvertretenden Leiter des Katholischen Büros wurde dieses Schreiben als „Erlaß des Bundeskanzlers" kolportiert, vgl. Niemeyer, Kontakte, 76 Fn. 3.

34 Ebd.

35 Reimers / Jüsten, Lobbying, 225.

36 Vgl. Niemeyer, Kontakte, 82; Frerk, Kirchenrepublik, 215–258. Da der Kirchendienst als öffentlicher Dienst anerkannt ist, besteht zudem die Möglichkeit des „Seitenwechsels" qualifizierter Mitarbeiter vom Staat zur Kirche und umgekehrt, vgl. Behrens, Vertretung, 31. Dem Vernehmen nach geschieht dies z. T. auch mittels gezielter Abwerbung durch eine deutliche Höherdotierung im Kirchendienst, vgl. Frerk, Kirchenrepublik, 221f.

37 Vgl. ebd., 81f.

38 Vgl. Jüsten, Verbindungsstellen, 1498.

39 So Jüsten gegenüber Holzhauer, Lobbyismus, 264.

40 Reimers / Jüsten, Lobbying, 229f.

41 So die Befürchtung bei Frerk, Kirchenrepublik, 77–81.

42 Vgl. Holzhauer, Lobbyismus, 264.

43 Vgl. Liedhegener, Macht, 325–333. Einen detailreichen Einblick in den Vernetzungsgrad der katholischen Kirche in Staat und Gesellschaft bietet die Netzwerkgrafik, in der Carsten Frerk mit Stand 2015 das breite Verbindungsnetz der Mitglieder des ZdK visualisiert hat. Sie kann unter www.kirchenrepublik.de kostenlos heruntergeladen werden.

44 Vgl. Liedhegener, Macht, 327f.

45 Nickels, Abendessendiplomatie, 90 erinnert sich warm an das Ende der Eiszeit zwischen den Bündnisgrünen und der katholischen Kirche. „Bereits 1988 gab es eine Gesprächsrunde im Katholischen Büro ... Weitere Gespräche folgten, bis endlich am 8. Dezember 1997 das erste Spitzengespräch stattfand. Im Sekretariat der Deutschen Bischofskonferenz wurde uns ein warmes Abendessen serviert. Wir versammelten uns um einen liebevoll gedeckten Tisch, wobei das blütenweiße, makellos geplättete Damasttischtuch zu vielen Aaahs und Ooohs und mancherlei Scherzen Anlass gab. Damals haben wir uns gegenseitig zugesagt, dort, wo Zusammenarbeit möglich ist, diese zu suchen und notwendigen Streit fair auszutragen. Diese Zusage trägt bis heute."

46 Vgl. Demuth, Zentralkomitee.

47 Vgl. Jüsten, Verbindungsstellen, 1501.

48 Vgl. Liedhegener, Macht, 279.

49 Jüsten, Advocacy-Arbeit, 18.

50 Ebertz, Kirche, 213.

51 Vgl. Laschet, Interview v. Juni 2019, 20f.

52 Vgl. Hendricks, Interview v. Mai 2020, 18.

53 Graf, Kirchendämmerung, 17, vgl. außerdem ebd., 7–30 und 85 sowie Klöcker, Wiege, 118–130.

54 Jüsten, Advocacy-Arbeit, 19.

55 Laschet, Interview v. Juni 2019, 21.

56 Ebd., 20.

57 Vgl. zu ihm Zimmermann, Liminski sowie Reisener, Schattenmann.

58 Vgl. Thierse, Forderungen. Vgl. zur überwiegend strategischen Nachkriegsannäherung der ursprünglich laizistisch ausgerichteten SPD: Hering, Kirchen sowie zu aktuellen Gemeinsamkeiten Maget (Hg.), Kirche.

59 Vgl. Thierse, Forderungen.

60 Das Hamburger Programm. Das Grundsatzprogramm der SPD, 39.

61 Kaiser, Repräsentation, 150.

62 Vgl. die Online-Dokumentation: https://www.katholische-akademie-freiburg.de/detail/nachricht/id/135893-synodaler-weg-eine-zwischenbilanz/?cb-id=12027544.

63 Vgl. den Vortrag mit wissenschaftlichem Apparat: Anuth, Weg-Weg.

64 Vgl. https://www.katholische-akademie-freiburg.de/detail/nachricht/id/135893-synodaler-weg-eine-zwischenbilanz/?cb-id=12027544.

65 Söding, Synodalität sowie in der verkürzten Druckfassung ders., Synodalität im Lichte, 53.

66 Vgl. Emunds u. a., Das reicht nicht.

67 Papst Johannes Paul II., Motu proprio „Tredecim anni" v. 6. August 1982, Nr. 3.

68 Vgl. ITK, Theologie, Nr. 3.

69 Vgl. dies., Sensus fidei.

70 Zur Geschichte der kirchenamtlichen Zensur historisch-kritischer Methoden der Exegese und ihrer gleichfalls autoritätsverdankten allmählichen Freigabe vgl. Klauck, Exegese. Frühere Verurteilungen wurden nicht aufgehoben, sondern lediglich nicht wiederholt oder durch neue Beurteilungen ersetzt. Die Beurteilung der Methodenadäquanz und der Ergebnisgüte wird ungemindert beansprucht. Daran ändert auch der – unverbindliche – Überblick der Päpstlichen Bibelkommission zur exegetischen Methodenlandschaft nichts, vgl. Sekr. der DBK (Hg.), Bibelkommission; Klauck, Jubeljahre. Aus der Sicht des Protestanten Haustein, Interpretation, 75 bewegt das Dokument sich „innerhalb der Klammer, vor der ‚römisch-katholisches Lehramt' steht, und ist ein Zeugnis des (Vor)Denkens ihres Präsidenten". Rüterswörden, Interpretation, 154 sieht den Text „voller Vorbehalte", keine der behandelten exegetischen Methoden „wird vorbehaltlos akzeptiert". Vgl. außerdem immer noch aufschlussreich über die anderskonfessionelle Sicht: Steck, Lehramt. Größerer exegetischer Freiraum bleibt römisch-katholisch autoritative Frei-Gabe. Eventuell ist sie möglich, weil die kirchliche Autorität „sich ihrer Position, die auf der Macht der Tradition, und zwar letztlich der im Papst selbst präsenten Tradition beruht, so sicher ist, daß sie eine ernsthafte Gefahr von Seiten historisch-kritischer Schriftauslegung, wenigstens in den Grenzen, wie sie diese zuläßt, nicht mehr meint befürchten zu müssen. In dem Maße, wie die unbedingte Autorität der Kirche gesichert ist, ist es möglich, der Schriftauslegung mehr Raum zu geben", so Ebeling, Bedeutung, 43 Anm. 4.

71 Vgl. ITK, Theologie, Nr. 29f.

72 Vgl. ebd., Nr. 32.

73 Vgl. ebd., Nr. 33.

74 Vgl. ebd., Nr. 20.

75 Vgl. ebd., Nr. 37–41.

76 Vgl. dies., Sensus, Nr. 83. 89f. 97. 114. 118f.

77 Vgl. ebd., Nr. 77.

78 Vgl. ebd., 97.

79 Vgl. C Ep, Dekret v. 1. Januar 1983, Art. 20.

80 Vgl. DBK, Habilitation, I. 1.a) und b).

81 Vgl. C InstCath, Normen v. 25. März 2010, 17, Nr. 21: „Im gesamten Verfahren zur Erlangung der Erklärung des Heiligen Stuhls ist Vertraulichkeit zu wahren."

82 Dass sich die universalkirchliche Aufmerksamkeit selbst auf zehnzeilige Leserbriefe richten kann, wenn es etwa um Frauenordination geht, zeigt exemplarisch der Fall Hoppe, vgl. Lüdecke, Lehramt. Dass die Theologen auch der Beobachtung durch den Nuntius sicher sein dürfen, wird etwa deutlich im Abschlussbericht des Apostolischen Nuntius in Österreich von 1985, der nicht nur autoritätsschwächelnde Bischöfe bedauert, sondern auch die damaligen Moraltheologen Hans Rotter, Alfons Riedl und Günter Virt ins Visier nimmt, vgl. Cagna, Nunziatura, 365.

83 Schon in den 1990-Jahren zeigte sich der Apostolische Nuntius in Österreich besorgt, dass die Zahl der Laien als Professoren in Hauptfächern immer größer werde. Mit den deutschen Bischöfen – so der Nuntius – sei „diese Frage schon in Rom besprochen" worden. Die Kirche wolle mit Fakultäten an staatlichen Universitäten präsent sein. Die Professoren fühlten sich jedoch oft mehr als Beamte des Staates denn als Vertreter der Kirche. Durch Laien scheine das Gewünschte nicht mehr garantiert. Daher bat der Nuntius die Bischöfe um die „Gewinnung eines positiven Ansatzes" (AA. VV., Gesetz, 24).

84 Grocholewski, Nihil obstat, 269. Vgl. ausführlich Bier, Verhältnis, bes. 32–35.

85   Vgl. dazu ausführlich Anuth, Freiheit.

86   Vgl. Papst Johannes Paul II., Apostolisches Schreiben „Ordinatio sacerdotalis" v. 22. Mai 1994, Nr. 2 sowie DocFid, Erklärung v. 15. Oktober 1976, Nr. 4f.

87   Vgl. jüngst erneut Hilberath, Kirche.

88   Vgl. Lüdecke, Dogma.

89   Vgl. Robert Blair Kaiser zitiert nach Adolfs, Kirche, 16.

90   Vgl. Goldie, Participation, 64f.; McEnroy, Guest sowie Valerio, Madri.

91   Vgl. Quisinsky, Goldie, Vgl. dort auch die Artikel zu den weiteren Auditorinnen: Marie-Louise Monnet aus Frankreich, Elisabeth Thomas als Sr. Maria Juliana und Gertrud Ehrle aus Deutschland.

92   Stourton, Wahrheit, 260.

93   So Papst Franziskus 2016 beim ökumenischen Reformationsgedenken in Lund, vgl. AA.VV., Papst.

94   Vgl. Lüdecke, Loben.

95   Castillo Lara, Auslegung, 226.

96   Vgl. Schatz, Tradizione.

97   Vgl. Lüdecke, Grundnormen, 145–156.

98   Mieth, Nicht einverstanden, 60.

99   Die Kombinierung von *munus sanctificandi* mit der *suo-modo*-Sicherung auch für Laien in c. 835 n. 4 ist ein Einzelfall, der sich textgeschichtlich als Versehen erweist, vgl. Lüdecke, Grundnormen, 110–112.

100   Vgl. Küng, Es gibt nichts zu feiern.

101   So allerdings bei Hahn, Grundlegung.

102   Bucher, Priester, 27f.

103   Vgl. ebd., Fn. 20.

104   Vgl. zur Auseinandersetzung mit solchen Anwürfen jetzt Anuth, Kirchenrecht.

105   In diesem Fall von Demel, Verantwortung sowie dies. (Hg.), Krönung.

106   So berichtet von Georg Essen als Reaktion auf seinen Beitrag „The Invention of Tradition", bes. 164f.

107   Demel, Synodaler Weg, 95f.

108   Neumann, Grundriß, XV. Neumann hatte da bereits seit 1977 seine Lehre als Kirchenrechtler eingestellt und den zuständigen Kultusminister und seinen Ortsbischof informiert, er vermöge „nicht länger, in meinen Vorlesungen den Studierenden die Diskrepanz zwischen unserer freiheitlich-demokratischen Rechtsordnung auf der einen und der absolutistischen Nicht-Rechtsordnung auf der anderen Seite als zwei miteinander vereinbare Formen der Gerechtigkeit vorzustellen. Hier tut sich eine Kluft auf, die zu verdecken und erst recht zu überwinden ich mich aufgrund der Realität im römisch-katholischen System nicht in der Lage sehe" (Brief an Bischof Moser v. 24. Oktober 1977, abgedruckt in: Neumann, Kirchenrechtsprofessor, 348).

109   Anuth, Kirchenrecht, 416f.

110   Ebd., 418.

111   Vgl. so zu Recht Hahn, Pastoral.

112   Demel, Laien- (Ohn-)Macht, 42f. 48.

113   Kaufmann, Kirche, 144.

114   Marx, Kritik, 173.

115   Vgl. Florin, Trotzdem, 115f.

116   Hahn, Grundlegung, 215.

117   Jarausch, Zeitgeschichte, 10.

118   Wassilowsky, Chance, 626.

119   Vgl. Lüdecke, Rechtsgestalt sowie ders., Gläubigkeit.

120   Vgl. Erdö, Heil.

121   Vgl. das Allgemeine Dekret der DBK zum Kirchenaustritt v. 20. September 2012 sowie Lüdecke, Dienst.

122   Vgl. Werbick, Kirche, 238–251 sowie Bucher, Mutter, 17f. 198.

123   Vgl. SC 14. 21; LG 15; GS 4f.

124 Werbick, Kirche, 241.

125 Vgl. Lüdecke, Humanae vitae.

126 Vgl. Balthasar, Christ, 91.

127 Vgl. dazu Diergarten, Unbehagen, 172f., 361–438.

128 Dass daraus ein Selbstverständnis widersprüchlicher und marginalisierter Männlichkeit bei Klerikern entsteht, das wiederum zu den Risikofaktoren sexuellen Missbrauchs gehören kann, sei hier nur angezeigt und ist an anderer Stelle zu verfolgen, vgl. Odenthal, Priesterbild sowie Keenan, Child Sexual Abuse, 235–247.

129 Vgl. Bundschuh, Gefühle, 48.

130 Vgl. grundlegend, Berges, Fürstenspiegel.

131 So zu Recht Florin, Trotzdem, 21.

132 So Lücking-Michel, Kirchensteuer.

133 Florin, Trotzdem, 18; vgl. Lüdecke, Bischöfe.

134 Vgl. ders., Warum erst 2010.

135 Vgl. Ortner, Kniefall.

136 Deckers / Janse, Aufarbeitung.

137 Deckers, Bilanz.

138 Vgl. Labudda / Leitschuh, Vorwort, 9.

139 Vgl. AA. VV., Beistand.

140 Vgl. etwa Deckers, Kapitel; Hank, Bischöfe sowie Frank, Opferhilfe, 4 über die Gründung des gemeinnützigen Vereins „Umsteuern! Robin Sisterhood" zur Umwidmung von Kirchensteuern.

141 Vgl. Frank, Aufstand, 3. Das geradezu existenzielle Ausmaß der ehrenamtlichen Tätigkeiten von Katholiken, d. h. von freiwilligem und unentgeltlichem Laien-Engagement im Auftrag der Kirche, mit dem darin gründenden politischen Potenzial wird eindrucksvoll deutlich bei Ebert, (Laien-)Engagement.

142 Vgl. Florin, Schrei.

143 Lücking-Michel u. a., Brief v. 3. Februar 2019.

144 Vgl. Florin, Trotzdem, 137.

145 Trotz der schon 3. Auflage von dies., Weiberaufstand. Ob er mit Maria 2.0 wirklich passiert, ist m. E. noch nicht entschieden.

Schluss? Letzte Ausfahrt „Trotzdem!"

1 Vgl. dies., Trotzdem, 11.

2 Florin, Ich laufe bleibend davon.

3 Vgl. Labudda / Leitschuh (Hg.), Synodaler Weg.

4 Vgl. Dirks / Stammler (Hg.), Kirche.

5 Vgl. Villar, Katholikinnen.

6 Demel, Kirche, 30.

7 So das Bekenntnis von Mieth, Nicht einverstanden, 11.

8 Ebertz, Glauben.

Quellen

Verlautbarungen der Päpste

Papst Benedikt XVI., Ansprache beim Besuch des Deutschen Bundestages v. 22. September 2011 (http://www.vatican.va/content/benedict-xvi/de/speeches/2011/september/documents/hf_ben-xvi_spe_20110922_reichstag-berlin.html; abgerufen am 29. März 2021).

Papst Franziskus, Ansprache v. 30. Januar 2014 (dt.: http://www.vatican.va/content/francesco/de/cotidie/2014/documents/papa-francesco-cotidie_20140130_meditazioni-15.html; abgerufen am 29. März 2021).

Ders., Ansprache v. 17. Oktober 2015 bei der Feierstunde zum 50-jährigen Bestehen der Bischofssynode, in: OR 155 (2015) Nr. 238 v. 18. Oktober 2015, 4–5; auch in: AAS 107 (2015) 1138–1144 (dt.: https://www.vatican.va/content/francesco/de/speeches/2015/october/documents/papa-francesco_20151017_50-anniversario-sinodo.html; abgerufen am 29. März 2021).

Ders., Ansprache v. 20. November 2015 (http://www.vatican.va/content/francesco/de/speeches/2015/november/documents/papa-francesco_20151120_adlimina-rep-fed-germania.html; abgerufen am 29. März 2021).

Ders., Ansprache v. 2. September 2019 an Bischöfe der ukrainischen griechisch-katholischen Kirche, in: OR 159 (2019) Nr. 198 v. 2./3. September 2019, 6 (dt.: OR dt. 49 [2019] Nr. 36 v. 6. September 2019, 3).

Ders., Ansprache v. 25. November 2020 bei der Generalaudienz, in: OR 160 (2020) Nr. 273 v. 25. November 2020, 7 (dt.: OR dt. 50 [2020] Nr. 49 v. 4. Dezember 2020, 2).

Ders., Apostolisches Schreiben „Evangelii Gaudium" v. 24. November 2013, in: AAS 105 (2013) 1019–1137.

Ders., Brief v. 29. Juni 2019 an das pilgernde Volk Gottes in Deutschland, in: OR 159 (2019) Nr. 148 v. 1./2. Juli 2019, 8–9 (dt.: VAS 220).

Ders., Predigt bei der Frühmesse im vatikanischen Gästehaus „Domus Sanctae Marthae" v. 30. Januar 2014 (http://www.vatican.va/content/francesco/de/cotidie/2014/documents/papa-francesco-cotidie_20140130_meditazioni-15.html; abgerufen am 29. März 2021).

Papst Johannes XXIII., Enzyklika „Mater et magistra" v. 15. Mai 1961, in: AAS 53 (1961) 401–464.

Papst Johannes Paul II., Codex Iuris Canonici, in: AAS 75 (1983) Pars II, 1–301 mit Corrigenda ebd., 321–324 (dt.: Codex Iuris Canonici, Codex des kanonischen Rechtes. Lateinisch-deutsche Ausgabe mit Sachverzeichnis, Kevelaer ⁸2017).

Ders., Catechismus Catholicae Ecclesiae. Typica editio, Vatikanstadt 1997 (dt.: Katechismus der katholischen Kirche, Neuübersetzung aufgrund der Editio typica Latina, München u.a. 2003).

Ders., Ansprache v. 17. März 1997, in: AAS 89 (1997) 575–578.

Ders., Ansprache v. 21. Juni 1998 (http://www.vatican.va/content/john-paul-ii/en/speeches/1998/june/documents/hf_jp-ii_spe_19980621_austria-bishop.html; abgerufen am 29. März 2021).

Ders., Ansprache v. 20. November 1998, in: AAS 90 (1998) 422–430.

Ders., Ansprache v. 20. November 1999, in: AAS 92 (2000) 249–257.

Ders., Ansprache v. 21. Januar 2000, in: AAS 92 (2000) 350–355.

Ders., Apostolisches Schreiben „Ordinatio sacerdotalis" v. 22. Mai 1994, in: AAS 86 (1994) 545–548 (dt.: VAS 117).

Ders., Enzyklika „Ecclesia de Eucharistia" v. 17. April 2003, in: AAS 95 (2003) 433–475 (dt.: VAS 159).

Ders., Enzyklika „Evangelium Vitae" v. 25. März 1995, in: AAS 87 (1995) 401–522 (dt.: VAS 120).

Ders., Enzyklika „Veritatis splendor" v. 6. August 1993, in: AAS 85 (1993) 1133–1228 (dt.: VAS 111).

Ders., Motu proprio „Tredecim anni" v. 6. August 1982, in: AAS 74 (1982) 1201–1205.

Ders., Nachsynodales Apostolisches Schreiben „Christifideles laici" v. 30. Dezember 1988, in: AAS 81 (1989) 393–521 (dt.: VAS 87).

Ders., Nachsynodales Apostolisches Schreiben „Pastores dabo vobis" v. 25. März 1992, in: AAS 84 (1992) 657–804 (dt.: VAS 105).

Ders., Nachsynodales Apostolisches Schreiben „Pastores gregis" v. 16. Oktober 2003, in: AAS 96 (2004) 825–924 (dt.: VAS 163).

Ders., Predigt v. 19. Juni 1998 (http://www.vatican.va/content/john-paul-ii/de/homilies/1998/documents/hf_jp-ii_hom_19980619_austria-salzburg.html; abgerufen am 29. März 2021).

Papst Paul VI., Ansprache „Singulari cum" v. 20. November 1965, in: AAS 57 (1965) 985–989.

Ders., Ansprache v. 8. September 1968, in: Franz Böckle / Carl Holenstein (Hg.), Die Enzyklika in der Diskussion. Eine orientierende Dokumentation zu „Humanae Vitae", Zürich 1968, 35–36.

Ders., Ansprache v. 23. Juni 1978, in: AAS 70 (1978) 426–433.

Ders., Ansprache v. 11. Oktober 1969, in: AAS 61 (1969) 716–721.

Ders., Ansprache v. 27. Oktober 1969, in: AAS 61 (1969) 726–730.

Ders., Ansprache v. 13. März 1974, in: AAS 66 (1974) 232–234.

Ders., Enzyklika „Ecclesiam Suam" v. 6. August 1964, in: AAS 56 (1964) 609–659 (dt.: http://www.vatican.va/content/paul-vi/de/encyclicals/documents/hf_p vi_enc_06081964_ecclesiam.html; abgerufen am 29. März 2021).

Ders., Enzyklika „Humanae Vitae" v. 25. Juli 1968, in: AAS 60 (1968) 481–503.

Papst Pius XI., Enzyklika „Ubi arcano" v. 23. Dezember 1922 (Auszug), in: Anton Rohrbasser (Hg.), Heilslehre der Kirche. Dokumente von Pius IX. bis Pius XII., Freiburg / Schweiz 1953, 1000f., Nr. 1554.
Papst Pius XII., Ansprache v. 18. Februar 1946, in: AAS 38 (1946) 141–151.
Ders., Enzyklika „Mystici Corporis" v. 29. Juni 1943, in: Anton Rohrbasser (Hg.), Heilslehre der Kirche. Dokumente von Pius IX., Freiburg / Schweiz 1953, 466-526.

Dokumente des Zweiten Vatikanischen Konzils

Dekret „Apostolicam actuositatem" v. 18. November 1965, in: AAS 58 (1966) 837–864.
Dekret „Christus Dominus" v. 7. Dezember 1965, in: AAS 58 (1966) 673–696.
Dekret „Inter mirifica" v. 4. Dezember 1963, in: AAS 56 (1964) 145–153.
Dekret „Presbyterorum ordinis" v. 7. Dezember 1965, in: AAS 58 (1966) 991–1024.
Dekret „Unitatis redintegratio" v. 21. November 1964, in: AAS 57 (1965) 90–107.
Dogmatische Konstitution „Dei Verbum" v. 18. November 1965, in: AAS 58 (1966) 817–830.
Dogmatische Konstitution „Lumen gentium" v. 21. November 1964, in: AAS 57 (1965) 5–67.
Erklärung „Gravissimum educationis" v. 28. Oktober 1965, in: AAS 58 (1966) 728–739.
Konstitution „Sacrosanctum Concilium" v. 25. Januar 1964, in: AAS 56 (1964) 97–134.
Pastorale Konstitution „Gaudium et spes" v. 7. Dezember 1965, in: AAS 58 (1966) 1025–1115.

Verlautbarungen der Römischen Kurie

C Cler, Dekret v. 19. März 2006 (Prot.Nr. 20060224), in: Johannes Grabmeier (Hg.), Kirchlicher Rechtsweg – vatikanische Sackgasse. Kirchliches Rechtssystem in der römisch-katholischen Kirche endgültig gescheitert – dargestellt an einem konkreten Fall eines hierarchischen Rekurses von Regensburg bis Rom zur Mitwirkung der Laien in der Kirche, Schierling 2012, 78–80.
Dies., Direktorium für Dienst und Leben der Priester v. 11. Februar 2013 (http://www.clerus.org/clerus/dati/2013-03/21-13/Direttorio_DE.pdf; abgerufen am 29. März 2021).
Dies., Instruktion „Die pastorale Umkehr" v. 29. Juni 2020 (= VAS 226), Bonn 2020.
Dies., Ratio Fundamentalis Sacerdotalis v. 8. Dezember 2016. Das Geschenk der Berufung zum Priestertum, Vatikanstadt 2016 (dt.: VAS 209).
Dies., Rundschreiben „Der Priester, Lehrer des Wortes, Diener der Sakramente und Leiter der Gemeinde für das dritte Jahrtausend" v. 19. März 1999 (= VAS 139), Bonn 1999.
Dies. u. a., Instruktion zu einigen Fragen über Mitarbeit von Laien am Dienst der Priester v. 15. August 1997, in: AAS 89 (1997) 852–878 (dt.: VAS 129).
C Cult, Instruktion „Redemptionis Sacramentum" v. 25. März 2004, in: AAS 96 (2004) 549–601 (dt.: VAS 164).
Dies., Rundschreiben betreffend die Skrutinien über die Eignung der Kandidaten an die Diözesanbischöfe und die anderen Ordinarien, welche die kanonische Fakultät zur Zulassung zu den heiligen Weihen besitzen v. 10. November 1997, in: Notitiae 33 (1997) 495–506.
C DocFid, Antworten auf Fragen zu einigen Aspekten bezüglich der Lehre über die Kirche v. 29. Juni 2007, in: AAS 99 (2007) 604–608.
Dies., Bemerkungen v. 19. Dezember 1998 zu einigen „Vorschlägen" der Delegiertenversammlung des „Dialogs für Österreich" (https://www.stjosef.at/dokumente/glaubenskongregation_delegiertenversammlung.htm; abgerufen am 29. März 2021).
Dies., Brief v. 25. Oktober 2000 betreffs der Unterstützung des Vereins „Donum vitae" durch katholische Laien (http://www.nomokanon.de/doku/018.htm; abgerufen am 29. März 2021).
Dies., Declaratio circa librum R. P. Iacobi Pohier: „Quand je dis Dieu" v. 3. April 1979, in: AAS 71 (1979) 446–447.
Dies., Einige Anmerkungen bezüglich der Gesetzesvorschläge zur Nicht-Diskriminierung homosexueller Personen v. 23. Juli 1992, in: OR 132 (1992) Nr. 169 v. 24. Juli 1992, 4.
Dies., Epistula ad catholicae ecclesiae episcopos de receptione communionis eucharisticae a fidelibus qui post divortium novas inierunt nuptias v. 14. September 1994, in: AAS 86 (1994) 974–979 (dt.: http://www.vatican.va/roman_curia/congregations/cfaith/documents/rc_con_cfaith_doc_14091994_rec-holy-comm-by-divorced_ge.html; abgerufen am 29. März 2021).
Dies., Erklärung „Dominus Iesus" v. 6. August 2000, in: AAS 92 (2000) 742–765.
Dies., Erklärung „Inter insigniores" v. 15. Oktober 1976, in: AAS 69 (1977) 98–116 (dt.: VAS 117).
Dies., Erklärung „Persona humana" v. 29. Dezember 1975, in: AAS 68 (1976) 77–96.
Dies., Erklärung „Mysterium Ecclesiae" v. 24. Juni 1973, in: AAS 65 (1973) 396–408.
Dies., Erwägungen zu den Entwürfen einer rechtlichen Anerkennung gleichgeschlechtlicher Lebensgemeinschaften, in: Comm. 35 (2003) 214–223.

Dies., Instruktion „Donum Veritatis" v. 24. Mai 1990, in: AAS 82 (1990) 1550–1570 (dt.: VAS 98).

Dies., Lehrmäßige Note v. 24. November 2002, in: AAS 96 (2004) 359–370 (dt.: VAS 158).

Dies., Lehramtliche Stellungnahmen zur „Professio fidei" v. 29. Juni 1998, in: AAS 90 (1998) 544–551 (dt.: VAS 144).

Dies., Note bezüglich des Spenders des Sakraments der Krankensalbung v. 11. Februar 2005, in: Comm. 37 (2005) 175–179.

Dies., Note zum Begriff „Schwesterkirchen" v. 30. Juni 2000, in: OR v. 28. Oktober 2000, 6.

Dies., Notifikation zum Buch „Just Love. A Framework for Christian Sexual Ethics" von Sr. Margaret A. Farley RSM v. 30. März 2012, in: OR dt. 42 (2012) Nr. 25 v. 4./5. Juni 2012, 11–12.

Dies., Professio fidei et iusiurandum fidelitatis in suscipiendo officio nomine Ecclesiae exercendo, in: AAS 81 (1989) 104–106.

Dies., Rescriptum ex audientia SS.mi formulas professionis fidei et iuris iurandi fidelitatis contingens foras datur v. 19. September 1989, in: AAS 81 (1989) 1169.

Dies., Responsum ad dubium circa doctrinam in Epist. Ap. „Ordinatio Sacerdotalis" traditam v. 28. Oktober 1995, in: AAS 87 (1995) 1114 (dt.: OR dt. 25 [1995] Nr. 47 v. 24. November 1995, 4).

Dies., Responsum ad dubium über die Segnung von Verbindungen von Personen gleichen Geschlechts v. 22. Februar 2021 (https://press.vatican.va/content/salastampa/it/bollettino/pubblico/2021/03/15/0157/00330.html#ted; abgerufen am 29. März 2021).

Dies., Schreiben an die katholischen Bischöfe über einige Fragen bezüglich des Dieners der Eucharistie betreffend vom 6. August 1983, in: AAS 75 Pars I (1983) 1001–1009 (dt.: VAS 49).

Dies., Schreiben „Communionis notio" v. 28. Mai 1993, in: AAS 85 (1993) 838–850 (dt.: VAS 107).

Dies., Schreiben „Cum Oecumenicum Concilium" v. 24. Juli 1966, in: AAS 58 (1966) 659–661.

Dies., Schreiben über die Zusammenarbeit von Mann und Frau in der Kirche und in der Welt v. 31. Juli 2004, in: AAS 96 (2004) 671–687.

Dies., Some Brief Responses to Questions Regarding the *Professio Fidei*, in: AA. VV. (Hg.), Proclaiming the Truth of Jesus Christ. Papers from the Vallombrosa Meeting, Washington D.C. 2000, 61–66.

C Ep, Dekret v. 1. Januar 1983 über die Katholisch-Theologischen Fakultäten in den Staatlichen Universitäten im Bereich der Deutschen Bischofkonferenz zur ordnungsgemäßen Anpassung und Anwendung der Vorschriften der Apostolischen Konstitution „Sapientia Christiana", in: Sekr. d. DBK (Hg.), Katholische Theologie und Kirchliches Hochschulrecht. Einführung und Dokumentation der kirchlichen Rechtsnormen (= Arbeitshilfen 100), Bonn ²2011, 371–385.

Dies., Dekret zur Approbation des Statuts der Gemeinsamen Synode (Prot.Nr. 122/69) v. 14. Februar 1970, in: GemSyn I, 856–862.

Dies., Direktorium für den Hirtendienst der Bischöfe v. 22. Februar 2004 (= VAS 173), Bonn 2004.

Dies., Schreiben v. 4. September 2019 (Prot.Nr. 485/2019) (https://www.synodalerweg.de/fileadmin/redaktion/diverse_downloads/dossiers_2019/2019-09-04-Schreiben-Rom-mit-Anlage-ital-Original.pdf; abgerufen am 29. März 2021).

Dies./C GentEv, Instruktion über die Diözesansynode v. 19. März 1997, in: AAS 89 (1997) 706–721 (dt.: http://www.vatican.va/roman_curia/congregations/cbishops/documents/rc_con_cbishops_doc_20041118_diocesan-synods-1997_ge.html; abgerufen am 29. März 2021).

C InstCath, Final Report on Apostolic Visitation to U.S. Centers of Priestly Formation v. 15. Dezember 2008 (Prot. Nr. 1009/2002), Nr. 4 (http://www.usccb.org/beliefs-and-teachings/vocations/priesthood/priestly-formation/upload/Final-Seminary-Visitation-Report.pdf; abgerufen am 1. Dezember 2020, inzwischen nicht mehr verfügbar).

Dies., Normen zur Erteilung des Nihil obstat bei der Berufung von Professoren der Katholischen Theologie an den staatlichen Universitäten im Bereich der Deutschen Bischofskonferenz v. 25. März 2010, in: Sekr. der DBK (Hg.), Berufung von Professoren der Katholischen Theologie. Normen – Vorgaben – Informationen (= DDB – Kommission für Wissenschaft und Kultur 38), Bonn 2014, 7–18.

De consecratione Electi in Episcopum, in: Pontificale Romanum. Pars Prima, Vatikanstadt 1962, 60–89.

Generalsekretariat der Bischofssynode, XIV. Ordentliche Generalversammlung der Bischofssynode „Die Berufung und Sendung der Familie in Kirche und Welt von heute", Lineamenta, Vatikanstadt 2014 (http://www.vatican.va/roman_curia/synod/documents/rc_synod_doc_20141209_lineamenta-xiv-assembly_ge.html#Die_Familie_in_den_Dokumenten_der_Kirche; abgerufen am 29. März 2021).

PCI, Responsio v. 20. Juni 1987, in: AAS 79 (1987) 1249 (dt.: Franz Kalde [Hg.], Authentische Interpretationen zum Codex Iuris Canonici I [1984–1994] [= SICA 1], Metten ²1996, 22).

Ders., Responsio v. 1. Juni 1988, in: AAS 80 (1988) 1373 (dt.: Franz Kalde [Hg.], Authentische Interpretationen zum Codex Iuris Canonici I [1984–1994] [= SICA 1], Metten ²1996, 26).

PCLT, Schreiben v. 1. August 2019 (Prot.Nr. 16701/2019) [als Anlage] (https://www.synodalerweg.de/fileadmin/redaktion/diverse_downloads/dossiers_2019/2019-09-04-Schreiben-Rom-mit-Anlage-ital-Original.pdf; abgerufen am 29. März 2021).

PontConsFam, Vademecum für die Beichtväter, in: OR dt. 27 (1997) v. 14. März 1997, 9–14.

Dokumente der deutschen Bischöfe

Fuldaer Bischofskonferenz, Protokoll der Sitzung v. 21.–23. August 1951, in: Annette Mertens (Hg.), Akten Deutscher Bischöfe seit 1945. Bundesrepublik Deutschland 1950–1955 (= VKZG.Q 59), Paderborn 2017, 301–323.

DBK., Allgemeines Dekret zum Kirchenaustritt v. 20. September 2012, in: Abl Köln 152 (2021) Nr. 11 v. 1. Oktober 2012, 140–141.

Dies., Erklärung v. 25. Februar 2010 aus Anlass der Aufdeckung von Fällen sexuellen Missbrauchs an Minderjährigen im kirchlichen Bereich (https://www.dbk.de/fileadmin/redaktion/diverse_downloads/presse/2010-035a-Erklaerung_Missbrauch.pdf; abgerufen am 29. März 2021).

Dies., Erklärung zu dem Buch von Professor Dr. Hubertus Halbfas „Fundamentalkatechetik" v. 15. Juli 1968, in: Sekr. d. DBK (Hg.), Dokumente der Deutschen Bischofskonferenz. Bd. 1. 1965–1968, Bonn 1998, 461–462.

Dies., Erklärung zur Vorlage der Sachkommission I „Die Beteiligung der Laien an der Verkündigung im Gottesdienst", in: Synode S2/1972 Sonderheft, 29–30.

Dies., Habilitation und Berufung von Nichtpriestern an den Katholisch-Theologischen Fakultäten und Philosophisch-Theologischen Hochschulen (1972), in: Sekr.d. DBK (Hg.), Katholische Theologie und Kirchliches Hochschulrecht. Einführung und Dokumentation der kirchlichen Rechtsnormen (= Arbeitshilfen 100), Bonn ²2011.

Dies., Im Heute glauben – Wort der deutschen Bischöfe an die Gemeinden v. 17. März 2011 (https://www.dbk-shop.de/de/publikationen/sonstige-publikationen/worte-deutschen-bischoefe/im-heute-glauben.html?dl_media=14882; abgerufen am 29. März 2021).

Dies., Pressemeldung v. 4. Februar 2011, Erklärung zum Memorandum „Kirche 2011: Ein notwendiger Aufbruch" (https://www.dbk.de/nc/presse/aktuelles/meldung/erklaerung-zum-memorandum-kirche-2011-ein-notwendiger-aufbruch/detail/; abgerufen am 29. März 2021).

Dies., Pressemeldung v. 5. Juni 2019, „Synodaler Weg der katholischen Kirche in Deutschland" (https://www.dbk.de/presse/aktuelles/meldung/synodaler-weg-der-katholischen-kirche-in-deutschland; abgerufen am 29. März 2021).

Dies., Pressemeldung v. 9. Juni 2019 (https://www.dbk.de/presse/aktuelles/meldung/kardinal-marx-synodaler-weg-fuehrt-neu-in-ein-pfingsten; abgerufen am 29. März 2021).

Dies., Pressemeldung v. 13. September 2019 (https://www.dbk.de/nc/presse/aktuelles/meldung/synodaler-weg-der-kirche-in-deutschland/detail/; abgerufen am 29. März 2021).

Dies., Pressemitteilung v. 24. September 1999.

Dies., Pressemitteilung v. 24. September 2009 (https://www.dbk.de/fileadmin/redaktion/diverse_downloads/presse/2010-154-Pressebericht-H-VV-2010.pdf; abgerufen am 29. März 2021).

Die deutschen Bischöfe, Erklärung nach Annahme des Grundgesetzes der Bundesrepublik Deutschland v. 23. Mai 1949, in: Günter Baadte/Anton Rauscher (Hg.), Hirtenbriefe und Ansprachen zu Gesellschaft und Politik 1945–1949 = (Dokumente deutscher Bischöfe 1), Würzburg 1985, 311–316.

Dies., Schreiben an alle, die von der Kirche mit der Glaubensverkündigung beauftragt sind, v. 22. September 1967, in: Dokumente der Deutschen Bischofskonferenz. Bd. I, 1965–1968, Bonn 1998, 325–350.

Dies., Zu Fragen der Stellung der Frau in Kirche und Gesellschaft v. 21. September 1981 (= DDB 30), Bonn 1981.

Dies., Erklärung zu „Donum Vitae e. V.", in: Abl Köln 146 (2006) Nr. 9 v. 1. August 2006.

Geschäftsordnung für die Gemeinsame Konferenz v. 22. November 1976 (https://www.zdk.de/cache/dl-Geschaeftsordnung-Gemeinsame-Konferenz-570e9254f3dd1c6eea596b830b8a8ef2.pdf; abgerufen am 29. März 2021).

Satzung des Synodalen Weges (Angenommen durch Beschluss der Vollversammlung der Deutschen Bischofskonferenz am 25. September 2019 – Angenommen durch die Vollversammlung des Zentralkomitees der deutschen Katholiken [ZdK] am 22. November 2019) (https://www.synodalerweg.de/fileadmin/Synodalerweg/Dokumente_Reden_Beitraege/Satzung-des-Synodalen-Weges.pdf; abgerufen am 29. März 2021).

Literatur

AA. VV., Ausländer in der Bundesrepublik. Stellungnahmen der Bischofskonferenz und des ZdK, in: HK 39 (1985) 74–78.

AA. VV., Bischof Dieser für Änderung von kirchlicher Lehre zur Homosexualität (https://www.katholisch.de/artikel/28701-bischof-dieser-fuer-aenderung-von-kirchlicher-lehre-zu-homosexualitaet; abgerufen am 29. März 2021).

AA. VV., Bischof Meier: Kanzeln und Altäre sind nicht der erste Ort der Laien (https://www.katholisch.de/artikel/27433-bischof-meier-kanzeln-und-altaere-sind-nicht-der-erste-ort-der-laien; abgerufen am 29. März 2021).

AA. VV., Bischöfe lehnen Brockmann ab, in: Die Tagespost 62 (2009) Nr. 52 v. 2. Mai 2009, 4.

AA. VV., CDU-Politiker fordern Ende des Zölibats (https://www.zeit.de/politik/deutschland/2011-01/zoelibat-cdu; abgerufen am 29. März 2021).

AA.VV., Deutschland: Eine Ortskirche im Dialogprozess, in: HK 67 (2013) 439.

AA. VV., Erzbistum Köln: Generalvikar distanziert sich von BDKJ-Kampagne (https://www.kath.net/news/70063; abgerufen am 29. März 2021) [zitiert als: AA. VV., Generalvikar].

AA. VV., Floh im Pelz, in: Der Spiegel 25 (1971) Nr. 3. v. 11. Januar 1971, 34.

AA. VV., „Das Gesetz ist klar, die Praxis weithin anders". Aus dem Protokoll einer Sitzung der Österreichischen Bischofskonferenz, in: Christ und Welt Nr. 25. v. 22. Juni 1990, 24.

AA. VV., Geistlicher Beistand (https://www.domradio.de/themen/benedikt-xvi/2018-10-05/benedikt-xvi-sichert-masterstudium-kinderschutz-unterstuetzung-zu; abgerufen am 29. März 2021).

AA. VV., Gestraffte Auszüge aus der Podiumsdiskussion, in: zur debatte 49 (2019) Nr. 5, 8–11.

AA.VV., Kardinal Brandmüller in einem offenen Brief anlässlich der Zölibatsinitiative von acht katholischen CDU-Politikern (http://www.kath.net/news/29865; abgerufen am 29. März 2021).

AA. VV., Kardinal Marx: Synodaler Weg führt neu in ein Pfingsten (https://www.erzbistum-muenchen.de/news/bistum/Kardinal-Marx-Synodaler-Weg-fuehrt-neu-in-ein-Pfingsten-34685.news; abgerufen am 29. März 2021).

AA. VV., Knalleffekt in Deutschland: Bischof Müller stoppt Zahlung für das ZdK (http://www.kath.net/news/12857; abgerufen am 29. März 2021).

AA.VV., Konflikt um katholische Jugend geht weiter, in: Kirchenzeitung für das Bistum Aachen 49 (1994) Nr. 40 v. 2. Oktober 1994, 4.

AA.VV., Papst erteilt Frauenpriestertum erneut Absage (https://www.katholisch.de/artikel/11058-papst-erteilt-frauenpriestertum-erneut-absage; abgerufen am 29. März 2021).

AA. VV., Reduzierung der Standorte für Priesterausbildung wird konkreter (https://www.katholisch.de/artikel/28532-reduzierung-der-standorte-fuer-priesterausbildung-wird-konkreter; abgerufen am 29. März 2021).

AA. VV., Vertrauen mit Klärungsbedarf. Sternberg sieht bei Mehrheit der Bischöfe „echten Reformwillen" (https://www.domradio.de/themen/reformen/2019-04-20/sternberg-sieht-bei-mehrheit-der-bischoefe-echten-reformwillen; abgerufen am 29. März 2021).

AA. VV., „Wir arbeiten sehr vertrauensvoll zusammen". Sternberg überzeugte Bischöfe vom Thema Frauen (https://www.domradio.de/themen/bischofskonferenz/2019-07-06/wir-arbeiten-sehr-vertrauensvoll-zusammen-sternberg-ueberzeugte-bischoefe-vom-thema-frauen; abgerufen am 29. März 2021).

AA. VV., ZdK-Vollversammlung befürwortet Beteiligung am „Synodalen Weg" (10. Mai 2019) (https://www.zdk.de/veroeffentlichungen/pressemeldungen/detail/ZdK-Vollversammlung-befuerwortet-Beteiligung-am-Synodalen-Weg--1252p/; abgerufen am 29. März 2021).

AA. VV., Zollitsch kritisiert Reformpapier (http://www.archivioradiovaticana.va/storico/2011/02/20/d_zollitsch_kritisiert_reformpapier_/ted-463891; abgerufen am 29. März 2021).

Adolfs, Robert, Wird die Kirche zum Grab Gottes, Graz – Wien – Köln 1967.

Albus, Michael, Das Zentralkomitee der deutschen Katholiken. Geschichte, Aufgabe, Selbstverständnis, in: Berichte und Dokumente (ZdK) 1972, 3–14.

Allen, John L., Joseph Ratzinger, Düsseldorf ²2005.

Althaus, Rüdiger, § 23 Die Aus- und Fortbildung der Kleriker, in: HdbKathKR³, 372–387.

Ders., Die Gemeinsame Synode der Bistümer in der Bundesrepublik Deutschland und der Codex Iuris Canonici von 1983. Zwei Rechtsquellen für die Kirche in Deutschland?, in: Dominicus M. Meier u.a. (Hg.), Rezeption des Zweiten Vatikanischen Konzils in Theologie und Kirchenrecht heute. FS Klaus Lüdicke (= MKCIC.B 55), Essen 2008, 13–39.

Ders., Die Rezeption des Codex Iuris Canonici von 1983 in der Bundesrepublik Deutschland unter besonderer Berücksichtigung der Voten der Gemeinsamen Synode der Bistümer in der Bundesrepublik Deutschland (= PaThSt 28), Paderborn 2000.

Angert, Tobias, Leserbrief, in: FAZ 52 (2000) Nr. 4 v. 6. Januar 2000, 11.

Angstenberger, Pius u.a., Selbstverpflichtungserklärung von Priestern v. 12. Juli 2019 (http://www.futur2.org/article/selbstverpflichtungserklaerung-von-priestern; abgerufen am 29. März 2021).

Anton, Klara, Paramente – Dimensionen der Zeichengestalt (= Bild – Raum – Feier 3), Köln 1999.

Anuth, Bernhard Sven, Das Recht katholischer Laien auf Anerkennung ihrer bürgerlichen Freiheiten (c. 227 CIC / c. 402 CCEO) (= fzk 39), Würzburg 2016.

Ders., Der Neokatechumenale Weg, in: Michael Klöcker / Udo Tworuschka (Hg.), Handbuch der Religionen, München seit 1997 (Loseblattwerk), II-1.2.20, 1–25 (58. Erg.-Lf. 2018).

Anhang

Ders., Der Neokatechumenale Weg. Geschichte – Erscheinungsbild – Rechtscharakter (= fzk 36), Würzburg 2006 [zitiert als Anuth, Geschichte].

Ders., Die „wahre Freiheit" theologischer Forschung und Lehre. Kanonistische Beobachtungen zur Apostolischen Konstitution „Veritatis gaudium" in: Georg Essen / Magnus Striet (Hg.), Nur begrenzt frei? Katholische Theologie zwischen Wissenschaftsanspruch und Lehramt (= Katholizismus im Umbruch 10), Freiburg i. Br. 2019, 66–108.

Ders., Ein „Gemeinsamer Weg-Weg"!? Kirchenrechtliche Perspektiven eines synodalen Experiments, in: Ders. / Georg Bier / Karsten Kreutzer (Hg.), Der Synodale Weg – eine Zwischenbilanz, Freiburg i. Br. 2021 (im Druck).

Ders., „Heilsame Dezentralisierung" der katholischen Kirche? Kanonistische Perspektiven am Beispiel der Bischofskonferenzen, in: Jörg Breitschwerdt / Julia Reiff / Christoph Wenzel (Hg.), Kirche(n) und ihre Ordnungen. Einblicke in eine spannungsreiche Geschichte (= Unio et Confessio 30), Bielefeld 2020, 101–132.

Ders., Kirchenrecht und Kirchenrechtswissenschaft. Ein Beitrag zur (inter)disziplinären Diskussionskultur, in: ThQ 200 (2020) 406–419.

Ders., Möglichkeit und Konsequenzen eines sakramentalen Frauendiakonats, in: Ders. / Bernd Dennemarck / Stefan Ihli (Hg.), „Von Barmherzigkeit und Recht will ich singen". FS Andreas Weiß (= est NF 84), Regensburg 2020, 41–70.

Ders., Nur in der Hetero-Ehe? Verbindlichkeit und Entwicklungspotenzial lehramtlicher Sexualmoral (https://www.feinschwarz.net/nur-in-der-hetero-ehe-verbindlichkeit-und-entwicklungspotenzial-lehramtlicher-sexualmoral/; abgerufen am 29. März 2021).

Ders., Voll(e) Macht: Konsequenzen amtlicher Ekklesiologie. Eine kanonistische Problemanzeige, in: ThQ 201 (2021) (im Druck).

Ders., Zwischen Freiheit und Bindung: Das Recht katholischer Laien auf Freiheit in den bürgerlichen Angelegenheiten (c. 227 CIC / c. 402 CCEO), in: Rüdiger Althaus / Judith Hahn / Matthias Pulte (Hg.), Im Dienst der Gerechtigkeit und Einheit. FS Heinrich J. F. Reinhardt (= MKCIC.B 75), Essen 2017, 161–178 (auch online verfügbar unter: https://publikationen.uni-tuebingen.de/xmlui/handle/10900/89517) [zitiert als: Anuth, Bindung].

Arbeitskreis „Erneuerung der Kirche" im Bund Neudeutschland, Schreiben v. 22. September 1998, in: Hirschberg 51 (1998) 710.

Arning, Holger / Wolf, Hubert, Hundert Katholikentage. Von Mainz 1848 bis Leipzig 2016, Darmstadt 2016.

Arnold, Franz Xaver, Predigt als Verkündigung des Wortes Gottes, in: Paul Bormann / Hans-Joachim Degenhardt (Hg.), Liturgie in der Gemeinde, Paderborn 1964, 116–129.

Aschmann, Birgit, Die Stunde der Laien?, in: HK 72 (2018) Nr. 11, 21–25.

Dies., „In ausgezeichnetster Weise bewährt"? 150 Jahre Zentralkomitee der deutschen Katholiken (ZdK), in: HJ 139 (2019) 580–600.

Außerordentliche Bischofssynode, Schlußdokument der Außerordentlichen Bischofssynode 1985 (= VAS 68), Bonn 1985.

Auza, Bernardito Cleopas, The Noninfallible Magisterium and Theological Dissent, Rome 1990.

Aymans, Winfried, Interview v. 21. Januar 2021, in: Die Tagespost 74 (2021) Nr. 3 v. 21. Januar 2021, 11.

Bacon, Francis, Apophthegms, in: Joseph Devey (Hg.), The Moral and History Works of Lord Bacon, London 1852, 164–191 (auch online verfügbar unter: https://archive.org/details/moralhistoricalwoobaco/page/160/mode/2up).

Bätzing, Georg, Interview v. 29. Mai 2020, in: Publik-Forum 10 (2020), 28–32.

Balthasar, Hans Urs von, Wer ist ein Christ?, Freiburg i. Br. 1969.

Bauer, Christian, Synodale Priesterausbildung statt Kasernierung (https://www.katholisch.de/artikel/28809-pastoraltheologe-synodale-priesterausbildung-statt-kasernierung; abgerufen am 29. März 2021).

Bauer, Gerhard, Die Diözesansynode Augsburg 1990. Vorbereitung und Ablauf, in: JVABG 25 (1991) 11–59.

Bayerlein, Walter, Bericht über die Arbeit der Gemeinsamen Konferenz vor der Vollversammlung des Zentralkomitees der deutschen Katholiken am 11. / 12. Mai 1979, in: Berichte und Dokumente (ZdK) 1979, 63–70.

Ders., Spannungen im Verhältnis Laien – Hierarchie?, in: David Seeber (Hg.), Im Aufbruch gelähmt? Die deutschen Katholiken an der Jahrhundertwende, Frankfurt a. M. 2000, 91–104.

Ders., Würzburger Synode 1975 bis heute. Versuch einer Bilanz, in: Wilhelm Schreckenberg (Hg.), 10 Jahre danach. Versuch einer Bilanz der Würzburger Synode, o. O. 1985, 9–23.

Bechina, Friedrich, Die Kirche als „Familie Gottes". Die Stellung dieses theologischen Konzeptes im Zweiten Vatikanischen Konzil und in den Bischofssynoden von 1974 bis 1994 im Hinblick auf eine „Familia-Dei-Ekklesiologie" (= AnGr 272 sectio B 93) Rom 1998.

Beck-Gernsheim, Elisabeth, Vom „Dasein für andere" zum Anspruch auf ein Stück „eigenes Leben". Individualisierungsprozesse im weiblichen Lebenszusammenhang, in: Soziale Welt 34 (1983) 307–340.

Behrens, Jörg-Holger, Die einheitliche Vertretung gemeinsamer Anliegen der Kirchen gegenüber dem Staat unter besonderer Berücksichtigung der Rolle der Juristen, in: Ricarda Dill / Stephan Reimers / Christoph Thiele (Hg.), Im Dienst der Sache. Liber amicorum für Joachim Gaertner (= Schriften zum Staatskirchenrecht 8), Frankfurt am Main 2003, 29–34.

Beitz, Wolfgang, Die Bedeutung der außerparlamentarischen Opposition für das gesellschaftliche Wirken der katholischen Verbände, in: ZdK (Hg.), Mitten in dieser Welt. 82. Deutscher Katholikentag vom 4. September bis 8. September 1968 in Essen, Paderborn 1968, 132–142.

288

Belok, Manfred, Wird der Aufbruch gelingen? Zum Gesprächsprozess der Deutschen Bischofskonferenz, in: Joachim Wiemeyer (Hg.), Dialogprozesse in der katholischen Kirche. Begründungen – Voraussetzungen – Formen, Paderborn u. a. 2013, 113–132.

Berger, Rupert, Bischofsstab, in: LThK³ 2, 501–502.

Ders., Pastoralliturgisches Handlexikon. Das Nachschlagewerk für alle Fragen zum Gottesdienst, 5. völlig neu überarb. Aufl., Freiburg - Basel - Wien 2013.

Berges, Wilhelm, Die Fürstenspiegel des hohen und späten Mittelalters (= Schriften des Reichsinstituts für ältere deutsche Geschichte / Monumenta Germaniae historica 2), Stuttgart 1938 [unveränderter Nachdruck 1952].

Bericht über die III. Vollversammlung der Gemeinsamen Synode der Bistümer in der Bundesrepublik Deutschland, 3. bis 7. Januar 1973 in Würzburg, in: Synode 1 / 1973, 7–21.

Bertone, Tarcisio, A proposito della recezione dei Documenti del Magistero e del dissenso pubblico, in: OR 136 (1996) Nr. 292 v. 20. Dezember 1996, 1. 5.

Betti, Umberto, Professione di fede e giuramento di fedeltà. Considerazioni dottrinali, in: Notitiae 25 (1989) 321–325.

Beutler, Johannes, Den synodalen Prozess fortsetzen, in: Hirschberg 61 (2008) 282–283.

Bier, Georg, Das Verhältnis zwischen dem kirchlichen Lehramt und den Theologen in kanonistischer Perspektive, in: Reinhild Ahlers / Beatrix Laukemper-Isermann (Hg.), Kirchenrecht aktuell. Anfragen von heute an eine Disziplin von „gestern" (= MKCIC.B 40), Essen 2004, 1–44.

Ders., Dezentralität in der katholischen Kirche? Nicht-normative Steuerung im Dienst der kirchlichen Einheit, in: Janbernd Oebecke (Hg.), Nicht-normative Steuerung in dezentralen Systemen (= Nassauer Gespräche der Freiherr-vom-Stein-Gesellschaft 7), Stuttgart 2005, 175–204.

Ders., Die Rechtsstellung des Diözesanbischofs nach dem Codex Iuris Canonici von 1983 (= fzk 32), Würzburg 2001.

Ders., Interview v. 7. April 2021 (https://www.katholisch.de/artikel/29274-kirchenrechtler-nur-ein-bedauerndes-achsel-zucken-fuer-transsexuelle; abgerufen am 7. April 2021).

Ders., Partner oder Helfer? Strukturen der Mitverantwortung von Laien in der römisch-katholischen Kirche, in: Kirchen-VolksBewegung Wir sind Kirche (Hg.), Kirchenreform, München 2016, 5–25 (auch online verfügbar unter https://www.wir-sind-kirche.de/files/2410_Glaubwuerdig_in_die_Zukunft.pdf; abgerufen am 29. März 2021).

Ders., Wir sind Kirche. Der Glaubenssinn des Gottesvolkes in kirchenrechtlicher Sicht, in: Dominicus M. Meier u. a. (Hg.), Rezeption des Zweiten Vatikanischen Konzils in Theologie und Kirchenrecht heute. FS Klaus Lüdicke (= MKCIC.B 55), Essen 2008, 73–97.

Bilgri, Anselm, Interview v. 12. März 2021, in: SZ 77 (2021) v. 12. März 2021, 30.

Bischofssynode, Sonderversammlung für Amazonien, Amazonien: Neue Wege für die Kirche und eine ganzheitliche Ökologie. Schlussdokument, 25. Oktober 2019, übers. v. Norbert Arntz und Thomas Schmidt, Aachen / Essen 2019.

Bitterli, Marius Johannes, Wer darf zum Priester geweiht werden? Eine Untersuchung der kanonischen Normen zur Eignungsprüfung des Weihekandidaten (= MKCIC.B 58), Essen 2010.

Bock, Wolfgang (Hg.), Gläubigkeit und Recht und Freiheit. Ökumenische Perspektiven des katholischen Kirchenrechts, Göttingen 2006.

Böckenförde, Ernst-Wolfgang, Staat – Gesellschaft – Kirche, in: Christlicher Glaube in Geschichte und Gesellschaft 15 (1982) 5–120.

Böckenförde, Werner, Kirchenrechtliche Anmerkungen zur gegenwärtigen Lage in der römisch-katholischen Kirche (https://wir-sind-kirche.de/files/2099_BOECKENFOERDE%20Kirchenrechtliche%20Anmerkungen.pdf; abgerufen am 29. März 2021).

Ders., Neuere Tendenzen im katholischen Kirchenrecht. Divergenz zwischen normativem Geltungsanspruch und faktischer Geltung, in: ThPr 27 (1992) 110–130.

Ders., Schlägt wirklich die Stunde der Laien?, in: FAZ 51 (1999) Nr. 255 v. 2. November 1999, 16.

Ders., Warum ich das Kirchenvolks-Begehren unterstütze?, in: „Wir sind Kirche" (Hg.), Das Kirchenvolks-Begehren in der Diskussion, Freiburg i. Br. 1995, 131–134.

Böckle, Franz, Christlich gelebte Ehe und Familie. Einleitung, in: GemSyn I, 411–422.

Ders., Strapaziertes Konkordat. Theologische Fakultäten unter dem Zugriff Roms, in: Die Zeit 43 (1988) Nr. 45 v. 4. November 1988, 69.

Böhler, Wilhelm, Schreiben v. 5. Januar 1951 an Josef Kardinal Frings, in: Annette Mertens (Hg.), Akten Deutscher Bischöfe seit 1945. Bundesrepublik Deutschland 1950–1955 (= VKZG.Q 59), Paderborn 2017, 255–258.

Braun, Joseph, Die liturgischen Paramente in Gegenwart und Vergangenheit. Ein Handbuch der Paramentik, Nachdruck der 2. verb. Aufl. 1924, Bonn 2005.

Brecht, Bertolt, Leben des Galilei. Schauspiel, in: Gesammelte Werke. Band 3, Frankfurt 1967, 1229–1345.

Bucher, Anton A., Braucht Mutter Kirche brave Kinder? Religiöse Reifung contra kirchliche Infantilisierung, München 1997.

Ders., Warum ich nicht mehr Kirchenvolksbegehrer bin. Ein persönlicher Essay, in: Georg Ritzer (Hg.), „Mit euch bin ich Mensch …". FS Friedrich Schleinzer O.Cist. (= STStud), Innsbruck – Wien 2008, 480–489.

Bucher, Rainer, Priester des Volkes Gottes. Gefährdungen, Grundlagen, Perspektiven, Würzburg 2010.

Buchheim, Karl, Der deutsche Verbandskatholizismus. Eine Skizze seiner Geschichte, in: Bernhard Hanssler (Hg.), Die Kirche in der Gesellschaft. Der deutsche Katholizismus und seine Organisation im 19. und 20. Jahrhundert, Paderborn 1961, 30–83.

Buchna, Kristian, Ein klerikales Jahrzehnt? Kirche, Konfession und Politik in der Bundesrepublik während der 1950er Jahre (= Historische Grundlagen der Moderne 11), Baden-Baden 2014.

Ders., Wilhelm Böhler, in: Internetportal Rheinische Geschichte (http://www.rheinische-geschichte.lvr.de/Persoenlichkeiten/wilhelm-boehler/DE-2086/lido/57c58544401766.29800528; abgerufen am 29. März 2021).

Bundschuh, Christiane, Gemischte Gefühle – Erwartungen einer Theologie an einen / den Synodalen Weg, in: Michaela Labudda / Marcus Leitschuh (Hg.), Synodaler Weg. Letzte Chance? Standpunkte zur Zukunft der katholischen Kirche, Paderborn 2020, 47–50.

Buttgereit, Stephan, Interview zum Forum „Priesterliche Lebensform", in: Hirschberg 72 (2019) Nr. 6, 13–14.

Cagna, Mario, Nunziatura Apostolica in Austria. Relazione finale (1976–1985), in: Alberto Melloni / Maurilio Guasco (Hg.), Un diplomatico vaticano fra dopoguerra e dialoge. Mons. Mario Cagna (1911–1986), Bologna 2003, 359–377.

Carroll, Lewis, Alice hinter den Spiegeln (insel taschenbuch 97), Frankfurt a. M. 1974.

Castillo Lara, Rosalio José Cardinal, Die authentische Auslegung des kanonischen Rechts im Rahmen der Tätigkeit der Päpstlichen Kommission für die authentische Interpretation des ius canonicum. in: ÖAKR 37 (1987/ 88) 209–228.

Ders., La sussidiarità nella dottrina della Chiesa, in: Salesianum 57 (1995) 443–463.

Coleman, Gerald D., Seminary Formation in Light of the Sexual Abuse Crisis: Pastores Dabo Vobis, in: Thomas G. Plante / Kathleen L. McChesney (Hg.), Sexual Abuse in the Catholic Church. A Decade of Crisis, 2002–2012, Oxford 2011, 205–219.

Conzemius, Victor, Der lange Weg zu den Menschenrechten, in: Norbert Kutschki (Hg.), Der Streit um den rechten Glauben, Zürich 1991, 104–125.

Corecco, Eugenio, Der Katalog der Pflichten und Rechte des Gläubigen im CIC, in: André Gabriels / Heinrich J. F. Reinhardt (Hg.), Ministerium Iustitiae. FS Heribert Heinemann, Essen 1985, 179–202.

Cremer, Thomas, Stimme eines Laien, in: Orientierung 31 (1967) 117–120.

Csoklich, Fritz, Wind der Veränderung. Delegiertenversammlung zum „Dialog für Österreich", in: HK 52 (1998) 608–612.

Curran, Charles, Faithful Dissent, London 1986.

Czernin, Hubertus, Das Buch Groer. Eine Kirchenchronik, Klagenfurt u. a. 1998.

Damberg, Wilhelm, Die Gemeinsame Synode der Bistümer in der Bundesrepublik Deutschland (1971–1975). Eine historische Betrachtung, in: PThI 31 (2011) 7–23.

Das Hamburger Programm. Das Grundsatzprogramm der SPD (https://www.spd.de/partei/organisation/das-grundsatzprogramm/; abgerufen am 29. März 2021).

Deckers, Daniel, Der Kardinal. Karl Lehmann. Eine Biographie, München 2004.

Ders., Die erschütternde Bilanz der Kirche (https://www.faz.net/aktuell/politik/inland/missbrauch-in-der-kirche-eine-erschuetternde-bilanz-17252111.html; abgerufen am 29. März 2021).

Ders., Geschenk des Lebens, in: FAZ 59 (2007) Nr. 68 v. 21. März 2007, 10.

Ders., Neues Kapitel in Köln, in: FAZ 73 (2021) Nr. 41 v. 18. Februar 2021, 1.

Ders., Unter dem Damoklesschwert des kirchlichen Strafrechts, in: FAZ 51 (1999) Nr. 281 v. 2. Dezember 1999, 4.

Ders. / Janse, Thomas, Was heißt hier Aufarbeitung? (https://www.faz.net/aktuell/politik/inland/missbrauch-in-der-kirche-zdk-praesident-ohne-klare-haltung-17062796.html; abgerufen am 29. März 2021).

Demel, Sabine, Der Synodale Weg: Und er kann trotzdem gelingen, in: Michaela Labudda / Marcus Leitschuh (Hg.), Synodaler Weg. Letzte Chance? Standpunkte zur Zukunft der katholischen Kirche, Paderborn 2020, 92–96.

Dies., Kirche sind wir alle! Überlegungen zum Dialogprozess (= MKS 187), Münsterschwarzach 2013.

Dies. (Hg.), Krönung oder Entwertung des Konzils? Das Verfassungsrecht der katholischen Kirche im Spiegel der Ekklesiologie des Zweiten Vatikanischen Konzils, Trier 2007.

Dies., Laien- (Ohn-)Macht in der katholischen Kirche. Das deutschschweizerische Modell im Kontext kirchenrechtlicher Reformforderungen, in: Orien. 72 (2008) 42–48.

Dies., Streiten kann verbinden! Grundlagen und Grenzen der christlichen Gehorsamspflicht, dargestellt am Streit um die kirchliche Schwangerschafts-Konfliktberatung, in: Katholische Ärztearbeit Deutschlands (Hg.), Gehorsam und Widerstand – Nachfrage bei Friedrich (von) Spee – „Brauchen wir andere Ethik?" Neue Herausforderung durch die Entwicklung der Embryonen- und Stammzellforschung, Ostfildern 2001, 25–37.

Dies., Zur Verantwortung berufen. Nagelproben des Laienapostolats, Freiburg i. Br. 2009.

Dies. / Heinz, Hanspeter, Pöpperl, Christian, „Löscht den Geist nicht aus". Synodale Prozesse in deutschen Diözesen, Freiburg i. Br. 2005.

Demuth, Norbert, Zentralkomitee der deutschen Katholiken zieht nach Berlin (https://www.kirche-und-leben.de/artikel/zentralkomitee-der-deutschen-katholiken-zieht-nach-berlin/; abgerufen am 29. März 2021).

Der Treueid der Bischöfe. Dokumentation, in: MdKI 40 (1989) 27.

Diergarten, Friedrich, Das Unbehagen im Christentum. Psychoanalytische und theologische Untersuchungen zu Verdrängungsproblemen, Frankfurt a. M. u. a. 2003.

Dipper, Christof, „… daß es nicht gelungen ist, dem Grundgesetz eine tiefere religiöse Begründung zu geben". Die Konfessionen und die Entstehung des Grundgesetzes, in: Hermann-Josef Große Kracht / Gerhard Schreiber (Hg.), Wechselseitige Erwartungslosigkeit? Die Kirchen und der Staat des Grundgesetzes – gestern, heute, morgen, Berlin 2019, 3–31.

Dirks, Marianne, Sanftes schwarzes Schaf. Abschiedswort beim Ausscheiden aus dem Zentralkomitee der deutschen Katholiken im Dezember 1972, in: Annette Lissner (Hg.), Marianne Dirks. Sich wandeln und nicht müde werden. Lebenstexte, Düsseldorf 1994, 113–116.

Dirks, Walter / Stammler, Eberhard (Hg.), Warum bleibe ich in der Kirche? Zeitgenössische Antworten, München ³1971.

Döpfner, Julius Kardinal, Bericht beim Abschluss der Gemeinsamen Synode der Bistümer in der Bundesrepublik Deutschland am 22. November 1975 nach der 8. Sitzung im Dom zu Würzburg, in: Synode 8 / 1975, 89–96.

Ders., Predigt beim Pontifikal-Gottesdienst zum Abschluss der Synode im Dom zu Würzburg am Sonntag, 23. November 1975, 10.00 Uhr, in: Synode 8 / 1975, 87.

Ders., Rede zur Eröffnung der konstituierenden Versammlung der Gemeinsamen Synode der Bistümer in der BRD, in: Synode 2 / 1971, 8–10.

Doering-Manteuffel, Anselm, Die ‚Frommen' und die ‚Linken' vor der Wiederherstellung des bürgerlichen Staats. Integrationsprobleme und Interkonfessionalismus in der frühen CDU, in: Ders. / Jochen-Christoph Kaiser (Hg.), Christentum und politische Verantwortung. Kirchen im Nachkriegsdeutschland (= KoGe 2), Stuttgart 1990, 88–108.

Dokumentation des geleakten Papiers „Vorschlag eines synodalen Prozesses" v. 21. Januar 2019: Darüber streiten die Bischöfe. Protokollauszug zur 223. Sitzung des Ständigen Rates der DBK v. 29. Januar 2019 (https://www.zeit.de/2019/08/deutsche-bischofskonferenz-sexueller-missbrauch-strategiepapier-missbrauchssynode; abgerufen am 29. März 2021).

Dokumentation zum Gesprächsprozess der Deutschen Bischofskonferenz 2011–2015 (https://www.dbk.de/themen/gespraechsprozess/d_okumentation-mannheirn/; abgerufen am 29. März 2021).

Drevon, Julia Maria, Kirche: Maria 2.0 und der Aufstand der Frauen, in: HK 73 (2019) Nr. 5, 11–12.

Dritte Generalversammlung des katholischen Vereins Deutschlands, Verhandlungen am 2. 3. 4. und 5. October 1849 zu Regensburg. Amtlicher Bericht, Regensburg 1849.

Drobinski, Matthias, Freie Rede, in: SZ 76 (2020) Nr. 27 v. 3. Februar 2020, 7.

Ders., Oh Gott, die Kirche. Versuch über das katholische Deutschland, Düsseldorf 2008.

Ders., Zum Synodalen Weg… gehört ein gewisser Konflikt mit Rom, in: Hirschberg 72 (2019) Nr. 6, 28.

Ders. / Christian Wernicke, Lesen und schweigen, in: SZ 77 (2021) Nr. 6 v. 7. Januar 2021, 8 (auch online verfügbar unter: https://www.sueddeutsche.de/medien/katholische-kirche-missbrauch-kardinal-woelki-stillschweigen-erzbistum-koeln-journalisten-1.5166778; abgerufen am 29. März 2021).

Dyba, Johannes, Das hierarchische Weihepriestertum und das gemeinsame Priestertum aller Gläubigen. Kirchenrechtlich-pastorale Überlegungen, in: PCLT (Hg.), Ius in Vita et in Missione Ecclesiae. Acta Symposii Internationalis Iuris Canonici Occurrente X Anniversario Promulgationis Codici Iuris Canonici Diebus 19–24 Aprilis 1993 in Civitate Vaticana Celebrati, Vatikanstadt 1994, 807–821.

Ebeling, Gerhard, Die Bedeutung der historisch-kritischen Methode für die protestantische Theologie und Kirche, in: Ders., Wort und Glaube. Bd. 1, Tübingen ²1961, 1–49.

Ebertz, Michael N., Dialog und Dialogprobleme – im Kontext der pluralisierten Gesellschaft, in: Gebhard Fürst (Hg.), Dialog als Selbstvollzug der Kirche? (= QD 166), Freiburg i. Br. 1997, 284–308.

Ders., Ehrenamtliches (Laien-) Engagement. Einsichten und Anstöße, in: Ders. / Hans-Georg Hunstig, Magdalene Bogner (Hg.), Kirche lebt. Mit uns. Ehrenamtliches Laienengagement aus Gottes Kraft, Düsseldorf 2004, 142–175.

Ders., Erosion der Gnadenanstalt? Zum Wandel der Sozialgestalt von Kirche, Frankfurt a. M. 1998.

Ders., Glauben bis zum Umfallen (https://www.fr.de/politik/kirche-krise-doch-klerus-will-sich-nicht-veraendern-12282828.html; abgerufen am 29. März 2021).

Ders., Katholische Kirche in Deutschland – Von der Glaubensgemeinschaft zur Dienstleistungsorganisation, in: Bernd Schröder / Wolfgang Kraus (Hg.), Religion im öffentlichen Raum / La Religion dans l'espace public. Deutsche und französische Perspektiven (= Frankreich-Forum. Jahrbuch des Frankreichzentrums der Universität des Saarlandes 8), Bielefeld 2009, 193–218.

Ders., Wie kann jetzt noch Wohlklang entstehen, in: Katholisches Sonntagsblatt. Das Magazin für die Diözese Rottenburg-Stuttgart 159 (2011) Nr. 11 v. 13. März 2011, 20–21.

Eickmeyer, Jost, Kadavergehorsam? Zur „Totalität" jesuitischer Pädagogik in der Frühen Neuzeit. Ein institutions- und literaturgeschichtlicher Durchgang, in: Richard Faber (Hg.), Totale Erziehung in europäischer und amerikanischer Literatur (= Zivilisation und Geschichte 25), Frankfurt a. M. 2013, 51–75.

Eilers, Rolf, Der Dialogprozess: ein erster Schritt, in: Hirschberg 68 (2015) Nr. 2, 79–87.

Ders., Über die Zukunft eines Zukunftsgesprächs, in: Hirschberg 61 (2008) Nr. 12, 776–777.

Ders., Zehn Jahre Donum vitae. Ringen um den Lebensschutz 1999–2009, Ahrweiler ²2010.

Elten, Joseph van, Pro hominibus constituta. Gedenkausstellung des Historischen Archivs des Erzbistums Köln zum 100. Geburtstag von Josef Kardinal Frings am 6. Februar 1987, Köln 1987.

Emunds, Bernhard u. a., Das reicht nicht. Theologisch muss mehr kommen, in: FR 76 (2020) Nr. 219 v. 19. / 20. September 2020, 35.

Erdö, Peter, Das „Heil der Seelen" im Codex Iuris Canonici. Ein öffentlich-rechtliches Prinzip der Interpretation und der Rechtsanwendung, in: AfkKR 172 (2003) 85–96.

Erläuterungen zum Statut, in: Synode 2 / 1970, 53–56.

Erste Synodalversammlung 30. 1.–1. 2. 2020, Frankfurt. Protokoll (https://www.synodalerweg.de/fileadmin/Synodalerweg/Dokumente_Reden_Beitraege/Synodalversammlung-I-Protokoll.pdf; abgerufen am 29. März 2021).

Essen, Georg, Das kirchliche Amt zwischen Sakralisierung und Auratisierung. Dogmatische Überlegungen zu unheilvollen Verquickungen, in: Magnus Striet / Rita Werden (Hg.), Unheilige Theologie! Analysen angesichts sexueller Gewalt gegen Minderjährige durch Priester (= Katholizismus im Umbruch 9), Freiburg i. Br. 2019, 78–105.

Ders., „The „Invention of Tradition". Führung und Macht jenseits der Theologie des 19. Jahrhunderts, in: Benedikt Jürgens / Matthias Sellmann (Hg.), Wer entscheidet, wer was entscheidet? Zum Reformbedarf kirchlicher Führungspraxis (= QD 312), Freiburg i. Br. 2020, 159–174.

Eterović, Nikola, Grußwort zur Herbst-Vollversammlung der Deutschen Bischofskonferenz am 23. September 2019 in Fulda (https://www.dbk.de/nc/presse/aktuelles/meldung/grusswort-von-erzbischof-dr-nikola-eterovic-apostolischer-nuntius-in-deutschland/detail/; abgerufen am 29. März 2021).

Faber, Eva-Maria, Sentire cum Ecclesia, in: LThK³ 9, 471–472.

Facius, Gernot / Hollstein, Mirjam, „Bei uns gibt es null Toleranz". Interview mit Erzbischof Zollitsch, in: Welt am Sonntag 61 (2010) Nr. 9 v. 28. Februar 2010, 6.

Fahrner, Elke, Des Priesters Kleider und ein Blick darunter, Thaur 1998.

Faivre, Alexandre, Klerus. I. Begriff u. Geschichte, in: LThK³ 6, 131–133.

Finger, Evelyn / Müller, Daniel, Provokateur wider Willen. Christian Pfeiffer wollte den sexuellen Missbrauch in der katholischen Kirche aufklären. Woran ist er gescheitert? Ein Gespräch mit dem entlassenen Ermittler, in: Die Zeit 68 (2013) Nr. 4 v. 17. Januar 2013, 52.

Fliethmann, Thomas, Der Dialogprozess, in: Dialog- und Erneuerungsprozess in der Diözese Rottenburg-Stuttgart 2011 bis 2013, Rottenburg / Stuttgart 2013, 40–49.

Florin, Christiane, Aufbruch, Aufstand, Abbruch – der synodale Weg (https://www.deutschlandfunk.de/katholische-kirche-in-deutschland-aufbruch-aufstand-abbruch.2540.de.html?dram:article_id=458592; abgerufen am 29. März 2021).

Dies., Ich laufe bleibend davon, in: Christ & Welt 75 (2020) Nr. 13 v. 22. März 2020, 3–4.

Dies., Schrei nach Liebe, in: Christ & Welt 69 (2014) Nr. 24 v. 5. Juni 2014, 1.

Dies., Trotzdem. Wie ich versuche, katholisch zu bleiben, München 2020.

Dies., Weiberaufstand. Warum Frauen in der katholischen Kirche mehr Macht brauchen, München 2017.

Foucault, Michel, Was ist Kritik, Berlin 1992.

Fox, Matthew, Ratzinger und sein Kreuzzug. Ein engagiertes Plädoyer für Schöpfungsspiritualität statt Dogmenmacht, Uhlstädt-Kirchhasel 2011.

Frank, Joachim, Aufstand gegen Woelki, in: Kölner Stadt-Anzeiger Nr. 77 v. 1. / 2. April 2021, 3.

Ders., Reformprozess. Theologe: Synodaler Weg der katholischen Kirche „hinfällig" (https://www.ksta.de/politik/reform-prozess-theologe--synodaler-weg-der-katholischen-kirche--hinfaellig--36257202; abgerufen am 29. März 2021).

Ders., Opferhilfe statt Kirchensteuer, in: Kölner Stadtanzeiger v. Sonntag, 20. Juni 2021, 4.

Frauen in der Synode. Arbeitshilfe zur Diözesansynode Augsburg 1990, o. O. 1991.

Freitag, Josef, Hirtenamt, in: LThK³ 5, 160.

Frerk, Carsten, Kirchenrepublik Deutschland. Christlicher Lobbyismus. Eine Annäherung, Aschaffenburg 2015.

Fürst, Walter, Hirscher, Johann Baptist, in: LThK³ 5, 153–154.

Gabriel, Karl, Macht und Liturgie in der katholischen Klerikerkirche. Genese und gegenwärtige Krise, in: Gregor Maria Hoff / Julia Knop / Benedikt Kranemann (Hg.), Amt – Macht – Liturgie. Theologische Zwischenrufe für eine Kirche auf dem Synodalen Weg (= QD 308), Freiburg i. Br. 2020, 159–174.

Galli, Mario von, Der Essener Katholikentag eine Chance für die Kirche, in: Publik Nr. 1 v. 27. September 1968, 33.

Gärtner, Stefan, Der Fall des niederländischen Katholizismus. Kirche und Seelsorge in einer spätmodernen Gesellschaft, Freiburg i. Br. 2017.

Ders. / Jan Jacobs, Auf eine neue Weise Kirche sein. Das Pastorale Konzil in den Niederlanden (1966–1970), in: PThI 31 (2011) 25–38.

Gatz, Erwin, Bischofskonferenz. I. Historisch, in: LThK³ 2, 487–495.

Geller, Helmut u. a. (Hg.), 2000 Briefe an die Synode. Auswertung und Konsequenzen, Mainz 1971.

Gerster, Daniel, Friedensdialog im Kalten Krieg. Eine Geschichte der Katholiken in der Bundesrepublik 1957–1983 (= Campus Historische Studien 65), Frankfurt a. M. 2012.

Gibson, David, The Coming Catholic Church. How the Faithful Are Shaping a New American Catholicism, San Francisco 2003.

Glez, G., Pouvoir du pape dans l'ordre temporel, in: DThC 12 (1935) 2670–2772.

Glück, Alois, Bericht über die Bensberger Arbeitstagung der Gemeinsamen Konferenz am 4. / 5. November 2010 (https://www.zdk.de/veroeffentlichungen/reden-und-beitraege/detail/Bericht-ueber-die-Bensberger-Arbeitstagung-der-Gemeinsamen-Konferenz-am-4-5-11-2010-Alois-Glueck-215i/; abgerufen am 29. März 2021).

Goddijn, Walter, Das Dilemma des niederländischen Katholizismus. Für oder gegen Rom?, in: Norbert Greinacher / Hans Küng (Hg.), Katholische Kirche – wohin? Wider den Verrat am Konzil, München – Zürich 1986, 269–284.

Göhrig, Bernd Hans, „Dialoginitiative ohne Konsultationsprozess ist sinnlos. Gemeinden werden übergangen", in: imprimatur 44 (2011) 109–110.

Goertz, Hajo, Brückenschläge. Wirke und Wirkung der Katholikentage (Topos plus 602), Kevelaer 2006.

Goertz, Stephan, Streitfall Diskriminierung. Die Kirche und die neue Politik der Menschenrechte, in: HK 67 (2013) 78–83.

Ders./Striet, Magnus (Hg.), Johannes Paul II. – Vermächtnis und Hypothek eines Pontifikats (= Katholizismus im Umbruch 12), Freiburg i. Br. 2020.

Goldie, Rosemarie, La participation des laïcs aux travaux du Concile Vatican II, in: RevScRel 62 (1988) 54–73.

Graf, Friedrich Wilhelm, Kirchendämmerung. Wie die Kirchen unser Vertrauen verspielen, München 2011.

Greinacher, Norbert, Cui bono? Über Vergeblichkeit und Nutzen öffentlicher Erklärungen von Theologinnen und Theologen, in: Hermann Häring/Karl-Josef Kuschel (Hg.), Neue Horizonte des Glaubens und Denkens, FS Hans Küng, München 1993, 129–160.

Ders./Haag, Herbert (Hg.), Der Fall Küng: Eine Dokumentation, München 1980.

Grocholewski, Zenon, Das kirchliche „Nihil obstat". Die Berufung des Professors für katholische Theologie, in: Seminarium 41 (2001) 255–274.

Großbölting, Thomas, „Wie ist Christsein heute möglich?" Suchbewegungen des nachkonziliaren Katholizismus im Spiegel des Freckenhorster Kreises (= MThA 47), Altenberge 1997.

Große Kracht, Hermann-Josef, Bleibendes Fremdeln? Die katholische Kirche und der Staat des Grundgesetzes, in: StZ 144 (2019) 371–379.

Große Kracht, Klaus, Die Stunde der Laien? Katholische Aktion in Deutschland im europäischen Kontext 1920–1960 (= VKZG.F 129), Paderborn 2016.

Großmann, Thomas, Zwischen Kirche und Gesellschaft. Das Zentralkomitee der deutschen Katholiken 1945–1970 (= VKZG.F 56), Mainz 1991.

Grothmann, Detlef, „Verein der Vereine"? Der Volksverein für das katholische Deutschland im Spektrum des politischen und sozialen Katholizismus der Weimarer Republik (= PHF 9), Köln 1997.

Guardini, Romano, Berichte über mein Leben. Autobiographische Aufzeichnungen, Düsseldorf 1984.

Hagemann, Wilfried, Analyse der Stellungnahmen zum Dialogpapier, in: Berichte und Dokumente (ZdK) Nr. 90, 49–78.

Hagenkord, Bernd, Umkehr und Verwandlung. Als geistlicher Begleiter im Synodalen Prozess, in: Ordkor 61 (2020) 396–402.

Hahn, Judith, Grundlegung der Kirchenrechtssoziologie. Zur Realität des Rechts in der römisch-katholischen Kirche, Wiesbaden 2019.

Dies., Pastoral versus Kirchenrecht. Wie weiter mit dem „Tragödienklassiker"? II (https://www.feinschwarz.net/pastoral-versus-kirchenrecht-wie-weiter-ii/; abgerufen am 29. März 2021).

Halbfas, Hubertus, So bleib doch ja nicht stehen. Mein Leben mit der Theologie, Ostfildern 2015 [zitiert als Halbfas, Leben].

Hallermann, Heribert, Das Statut der Gemeinsamen Synode der Bistümer in der Bundesrepublik Deutschland, in: Wilhelm Rees/Joachim Schmiedl (Hg.), Unverbindliche Beratung oder kollegiale Steuerung? Kirchenrechtliche Überlegungen zu synodalen Vorgängen (= Europas Synoden nach dem Zweiten Vatikanischen Konzil 2), Freiburg 2014, 87–104.

Ders., Mit guten Gründen, in: HK 75 (2021) Nr. 2, 23–25.

Hamer, Jérome, Struktur, Verfahren und Aufgaben der Glaubenskongregation, in: HK 28 (1974) 238–246.

Hank, Rainer, Die Bischöfe sind Geisterfahrer (https://www.faz.net/aktuell/wirtschaft/hanks-welt-die-bischoefe-sind-geisterfahrer-16612256.html?printPagedArticle=true#pageIndex_2; abgerufen am 29. März 2021).

Hansen, Ursula, Kirchenvolks-Begehren – Erneuerung der Kirche?, in: „Wir sind Kirche" (Hg.), Das Kirchenvolks-Begehren in der Diskussion, Freiburg i. Br. 1995, 157–159.

Hanssler, Bernhard, Vom katholischen Verein zum Zentralkomitee, in: Ders. (Hg.), Die Kirche in der Gesellschaft. Der deutsche Katholizismus und seine Organisationen im 19. und 20. Jahrhundert, Paderborn 1961, 84–90.

Hartmann, Gerhard, Der Bischof. Seine Wahl und Ernennung. Geschichte und Aktualität, Graz 1990.

Haustein, Jörg, Die Interpretation der Bibel in der Kirche. Zum neuen Dokument der Päpstlichen Bibelkommission vom April 1993, in: MdKI 45 (1994) 73–77.

Heinz, Hanspeter, Wegweisung in die Zukunft. Die bleibende Aktualität der Würzburger Synode, in: HK 59 (2005) 604–608.

Heitzer, Horstwalter, Volksverein für das katholische Deutschland, in: StL[7] 5, 806–807.

Hemmerle, Klaus, Das Zentralkomitee der deutschen Katholiken. Grundsätzliche Erwägungen zu faktischen Entwicklungen, in: JCSW 12 (1971) 95–122.

Hendricks, Barbara, Interview v. Mai 2020, in: HK 74 (2020) Nr. 5, 16–19.

Hengsbach, Franz, Das Zentralkomitee der deutschen Katholiken, in: Mitteilungen für Seelsorge und Laienarbeit im Bistum Limburg 2 (1955) Nr. 3, 19–21.

Ders., Die kirchliche Zusammenarbeit der deutschen Katholiken nach dem II. Vatikanischen Konzil, in: ZdK (Hg.) Auf Dein Wort hin. 81. Deutscher Katholikentag vom 13. Juli bis 17. Juli 1966 in Bamberg, Paderborn 1966, 101–112.

Hennig, John, Zur geistesgeschichtlichen Stellung des Modebegriffs „Gespräch", in: ZRGG 16 (1964) 250–264.

Hering, Rainer, Die Kirchen als Schlüssel zur politischen Macht? Katholizismus, Protestantismus und Sozialdemokratie in der zweiten Hälfte des 20. Jahrhunderts, in: ASozG 51 (2011) 237–266.

Heße, Stefan, Rufbar sein und bleiben. Über die Berufung in der Nachfolge Jesu und den Dienst der Kirche, in: LebZeug 57 (2002) 36–43.

Hilberath, Bernd Jochen, Die Kirche ist ermächtigt, Frauen die Priesterweihe zu spenden (https://www.feinschwarz.net/die-kirche-ist-ermaechtigt-frauen-die-priesterweihe-zu-spenden; abgerufen am 29. März 2021).

Hippel, Wolfgang von, Revolution im deutschen Südwesten. Das Großherzogtum Baden 1848/49 (= Schriften zur politischen Landeskunde Baden-Württembergs 26), Stuttgart – Berlin – Köln 1998.

Höfling, Gabriele, Wie der synodale Weg… zur Erfolgsgeschichte werden kann, in: Hirschberg 72 (2019) Nr. 6, 24.

Hoffmann, Lutz, Der frustrierte Klerus. Über einige Erfahrungen junger Priester, in: Ders. (Hg.), Auswege aus der Sackgasse. Anwendungen soziologischer Kategorien auf die gegenwärtige Situation von Kirche und Seelsorge (= ExCh 10), München 1971.

Holzhauer, Johanna, Lobbyismus der Kirchen in der Bundesrepublik, in: Leif, Thomas / Speth, Rudolf (Hg.), Die fünfte Gewalt. Lobbyismus in Deutschland (= Schriftenreihe Bundeszentrale für politische Bildung 514), Wiesbaden 2006, 259–271.

Hünermann, Peter, Theologischer Kommentar zur dogmatischen Konstitution über die Kirche Lumen gentium, in: Ders. (Hg.), Herders Theologischer Kommentar zum Zweiten Vatikanischen Konzil, Bd. 2, Freiburg i. Br. 2004, 263–582.

ITK, Auf der Suche nach einer universalen Ethik. Ein neuer Blick auf das natürliche Sittengesetz (http://www.vatican.va/roman_curia/congregations/cfaith/cti_documents/rc_con_cfaith_doc_20090520_legge-naturale_ge.html; abgerufen am 29. März 2021).

Dies., Die Synodalität in Leben und Sendung der Kirche v. 2. März 2018 (= VAS 215), Bonn 2018.

Dies., Sensus fidei im Leben der Kirche (http://www.vatican.va/roman_curia/congregations/cfaith/cti_documents/rc_cti_20140610_sensus-fidei_ge.html; abgerufen am 29. März 2021).

Dies., Theologie heute: Perspektiven, Prinzipien und Kriterien (http://www.vatican.va/roman_curia/congregations/cfaith/cti_documents/rc_cti_doc_20111129_teologia-oggi_ge.html; abgerufen am 29. März 2021).

Jarausch, Konrad H., Zeitgeschichte und Erinnerung. Deutungskonkurrenz oder Interdependenz?, in: Ders., / Martin Saborw (Hg.), Verletztes Gedächtnis. Erinnerungskultur und Zeitgeschichte im Konflikt, Frankfurt a. M. 2002, 9–37.

Jecker, Urs, Risse im Altar. Der Fall Haas oder Woran die katholische Kirche krankt, Zürich 1993.

Jossua, Jean-Pierre, Ein vernichteter Theologe: Jacques Pohier, in: Norbert Greinacher / Hans Küng (Hg.), Katholische Kirche – wohin? Wider den Verrat am Konzil, München – Zürich 1986, 424–432.

Jürgensmeier, Friedhelm, Stohr, Albert, in: Michael Quisinsky / Peter Walter (Hg.), Personenlexikon zum Zweiten Vatikanischen Konzil, Freiburg i. Br. ²2013, 263–264.

Jüsten, Karl, Advocacy-Arbeit der Kirche im säkularen Rechtsstaat. Aktuelle Herausforderungen im Verhältnis von Staat und Kirche, in: zur debatte 45 (2014) Nr. 6, 18–19.

Ders., Interview v. März 2007, in: HK 61 (2007) 123–126.

Ders., Verbindungsstellen zwischen Staat und katholischer Kirche, in: HdbStKirchR³, 1489–1514.

Kaiser, Joseph A., Die Repräsentation organisierter Interessen, Berlin 1956.

Kaiser, Robert B., The Encyclical that Never Was. The Story of the Commission on Population, Family und Birth, 1964–1966, London 1987 (= revidierte Fassung von The Politics of Sex and Religion, Kansas City 1985).

Kamphaus, Franz, „Wir sind gemeinsam unterwegs". Bischof Franz Kamphaus zur Rede des Präsidenten der Diözesanversammlung, Dr. Hans-Peter Röther bei der Festveranstaltung zum Bistumsjubiläum in der Frankfurter Paulskirche, in: Der Sonntag. Kirchenzeitung des Bistums Limburg 67 (2013) Nr. 1 v. 5. Januar 2013, 1.

Kasper, Walter, Die pastoralen Dienste der Gemeinde. Einleitung, in: GemSyn I, 581–596.

Ders., Die Tür kann nicht ins beliebig Offene führen. Wohin steuert der deutsche Katholizismus?, in: FAZ 41 (1989) Nr. 47 v. 24. Februar 1989, 11.

Kasper, Walter Kardinal, Kommen wir zur Sache, in: FAZ 62 (2011) Nr. 35 v. 11. Februar 2011, 9 (wieder abgedruckt in: Könemann / Schüller [Hg.], Memorandum, 148–152, allerdings mit falschem Datum).

Katsch, Matthias, Damit es aufhört. Vom befreienden Kampf der Opfer sexueller Gewalt in der Kirche, Berlin 2020.

Katz, Heiner, Katholizismus zwischen Kirchenstruktur und gesellschaftlichem Wandel, in: Karl Gabriel / Franz-Xaver Kaufmann (Hg.), Zur Soziologie des Katholizismus, Mainz 1980, 112–144.

Kaufmann, Franz-Xaver, Kirche begreifen. Analysen und Thesen zur gesellschaftlichen Verfassung des Christentums, Freiburg i. Br. 1979.

Ders., Vom Konzil zur Synode: Katholizismus im Aufbruch, in: Wilhelm Damberg / Karl-Josef Hummel (Hg.), Katholizismus im Aufbruch. Zeitgeschichte und Gegenwart (= VKZG.F 130), Paderborn 2015, 67–76.

Kaygusuz, Sema, Erdogan im Wahn des Drachen, in: SZ Nr. 93 v. 22. / 23. April 2017, 17.

Keenan, Marie, Child Sexual Abuse and the Catholic Church. Gender, Power, and Organizational Culture, Oxford 2012.

Keller, Michael, Schreiben v. 14. Juni 1952 an Joseph Wendel, in: Annette Mertens (Hg.), Akten Deutscher Bischöfe seit 1945. Bundesrepublik Deutschland 1950–1955 (= VKZG.Q 59), Paderborn 2017, 383–385.

Kerstiens, Ferdinand, Umbrüche – eine Kirchengeschichte von unten. Autobiographische Notizen (= Persönlichkeit im Zeitgeschehen 2), Berlin 2013.

Ders., Von oben – von unten. Die IKvu und das Zentralkomitee der deutschen Katholiken, in: Seidler, Martin / Steiner, Michael (Hg.), Kirche lebt von unten. Erfahrungen aus 20 Jahren, Wuppertal 2000, 109–127.

Ketteler, Wilhelm Emmanuel von, Freiheit, Autorität und Kirche. Erörterungen über die großen Probleme der Gegenwart, Mainz ³1862.

Klask, Fabian, Die gelähmte Konferenz (https://www.zeit.de/2019/07/deutsche-bischofskonferenz-missbrauch-katholische-kirche-krisendebatte; abgerufen am 29. März 2021).

Ders., Ein bisschen Revolution (https://www.zeit.de/gesellschaft/zeitgeschehen/2019-02/katholische-kirche-sexueller-miss-brauch-umgang-bischoefe/komplettansicht; abgerufen am 29. März 2021).

Klauck, Hans-Josef, Alle Jubeljahre. Zum neuen Dokument der Päpstlichen Bibelkommission, in: Ders., Religion und Gesellschaft im frühen Christentum. Neutestamentliche Studien (= WUNT 152), Tübingen 2003, 394–420.

Ders., Die katholische neutestamentliche Exegese zwischen Vatikanum I und Vatikanum II, in: Ders., Religion und Gesellschaft im frühen Christentum. Neutestamentliche Studien (= WUNT 152), Tübingen 2003, 360–393.

Klauser, Theodor, Der Ursprung der bischöflichen Insignien und Ehrenrechte, in: Ernst Dassmann (Hg.), Theodor Klauser. Gesammelte Arbeiten zur Liturgiegeschichte, Kirchengeschichte und christlichen Archäologie (= JbAC.E 3), Münster 1974, 195–211.

Klein, Gotthard / Sinderhauf, Monica (Hg.), Erzbischof Johannes Dyba. „Unverschämt katholisch" (= Quaestiones non disputatae VI), Siegburg 2002.

Klein, Mara, Da muss mehr Mensch rein, in: Michaela Labudda / Marcus Leitschuh (Hg.), Synodaler Weg. Letzte Chance? Standpunkte zur Zukunft der katholischen Kirche, Paderborn 2020, 43–46.

Klemm, Lothar, Gnadenlos intolerant. Bischof Johannes Dyba, Marburg 1993.

Klöcker, Michael, Katholisch – von der Wiege bis zur Bahre. Eine Lebensmacht im Zerfall?, München 1991.

Klostermann, Ferdinand, Kommentar zu LG-Kapitel IV, in: LThK.E Teil I, 260–283.

Knop, Julia, Gemeinsam unterwegs. Synodale Strukturen, Haltungen und Entwicklungen in der katholischen Kirche, in: tRU 17, 22–29 (https://www.synodalerweg.de/materialien#c4972; abgerufen am 29. März 2021).

Koch, Heiner, Der Dialogprozess hat seine Grenzen, in: Kirchenzeitung für das Erzbistum Köln 88 (2012) Nr. 20 v. 18. Mai 2012, 5.

Ders., Dialogprozess der deutschen Bischöfe, in: Der Priesterrat im Erzbistum Köln, Protokoll. „Glaubensweitergabe im Umbruch – Sakramentenkatechese". Tagung vom 8.–10. November 2011 in Bensberg, 42–44 [zitiert als Koch, Bischöfe].

Ders., Gesprächsprozess der deutschen Bischöfe, in: Der Priesterrat im Erzbistum Köln, Protokoll. „Tut dies zu meinem Gedächtnis" – die Eucharistie als Opfer und Mahl. Tagung vom 6.–8. November 2012 in Bensberg, 21–22.

Kölner Erklärung v. 6. Januar 1989 (http://www.wir-sind-kirche.de/files/90_k%C3%B6lnerkl.pdf; abgerufen am 29. März 2021).

Könemann, Judith / Schüller, Thomas (Hg.), Das Memorandum. Die Positionen im Für und Wider, Freiburg i. Br. 2011.

Köppler, Heinrich, Katholikenausschüsse, in: LThK² 6, 68.

Ders., Unsere Zusammenarbeit in der erneuerten Kirche, in: ZdK (Hg.), Auf Dein Wort hin. 81. Deutscher Katholikentag vom 13. Juli bis 17. Juli 1966 in Bamberg, Paderborn 1966, 112–136.

Kösters, Christoph, Vereinskatholizismus und religiöse Sozialisation in Deutschland seit 1945, in: Klaus Tenfelde (Hg.), Religiöse Sozialisationen im 20. Jahrhundert. Historische und vergleichende Perspektiven (= Veröffentlichungen des Instituts für soziale Bewegungen, A 43), Essen 2010, 33–57.

Kortmann, Karin, Interview v. 8. Mai 2009 (https://www.deutschlandfunkkultur.de/zdk-mitglied-kortmann-klagt-ueber-heckenschuetzenmentalitaet.954.de.html?dram:article_id=144245; abgerufen am 29. März 2021).

Kranemann, Benedikt, Kleider machen Leute. Liturgische Kleidung, Macht und Gemeindeliturgie, in: Gregor Maria Hoff / Julia Knop / Benedikt Kranemann (Hg.), Amt – Macht – Liturgie. Theologische Zwischenrufe für eine Kirche auf dem Synodalen Weg (= QD 308), Freiburg i. Br. 2020, 41–56.

Krätzl, Helmut, Mein Leben für eine Kirche, die den Menschen dient, Innsbruck – Wien 2011.

Krenn, Barbara, Kirchenvolksbegehren. Eine Erfolgsgeschichte der Kirchenbasis? 10 Jahre danach – eine Zusammenschau, in: Das Lexikon für Österreich. Bd. 9, Mannheim u. a. 2006, 527–531.

Kruip, Gerhard / Fischer, Luisa, Drama oder Tragödie in fünf Akten?, in: HK 69 (2015) 522–526.

Küng, Hans, Es gibts nichts zu feiern, in: SZ 68 (2012) Nr. 108 v. 10. Mai 2012, 2.

Kullmann, Claudio, „… Gott braucht uns in der Politik!" Die Deutschen Katholikentage in Zivilgesellschaft und Politik 1978–2008, Wiesbaden 2016.

Labudda, Michaela / Leitschuh, Marcus, Vorwort, in: Dies. (Hg.), Synodaler Weg. Letzte Chance? Standpunkte zur Zukunft der katholischen Kirche, Paderborn 2020, 9–11.

Langendörfer, Hans, Stellungnahme v. 18. November 2011 zum Entschließungsantrag „Für ein partnerschaftliches Zusammenwirken von Frauen und Männer in der Kirche" auf der Vollversammlung des ZdK (https://www.dbk.de/nc/presse/aktuelles/meldung/stellungnahme-zur-vollversammlung-des-zentralkomitees-der-deutschen-katholiken/detail/; abgerufen am 29. März 2021).

Lappen, Friedolf, Vom Recht zu reden und vom Recht gehört zu werden. Synoden und Foren (= MKCIC.B 46), Essen 2007.

Laschet, Armin, Interview v. Juni 2019, in: HK 73 (2019) Nr. 6, 18–21.

Laube, Volker, Bischöfliche Knabenseminare (4. Juni 2007), in: Historisches Lexikon Bayerns (https://www.historisches-lexikon-bayerns.de/Lexikon/Bischöfliche_Knabenseminare; abgerufen am 29. März 2021).

Laurien, Hanna-Renate, Plebiszit statt Dialog?, in: „Wir sind Kirche" (Hg.), Das Kirchenvolks-Begehren in der Diskussion, Freiburg i. Br. 1995, 191–193.

Lehmann, Karl, Allgemeine Einleitung, in: GemSyn I, 21–67.

Ders., Interview v. 26. September 1999, in: Welt am Sonntag 52 (1999) Nr. 39 v. 26. September 1999, 6.

Ders., Zur dogmatischen Legitimation einer Demokratisierung in der Kirche. In: Concilium (D) 7 (1971) 171–181.

Lehmann, Karl Kardinal, Doppelte Dialogunfähigkeit, in: Glaube und Leben. Kirchenzeitung für das Bistum Mainz 67 (2011) Nr. 6 v. 6. Februar 2011, 9.

Leicht, Robert, Franz Kamphaus bleibt Bischof von Limburg, obwohl ihm der Papst die Schwangerenberatung entzogen hat. Auf seiner Meinung beharrt er, in: Die Zeit 56 (2002) v. 14. März 2002, 12.

Leif, Thomas / Speth, Rudolf, Zehn zusammenfassende Thesen zur Anatomie des Lobbyismus in Deutschland und sechs praktische Lösungsvorschläge zu seiner Demokratisierung, in: Dies. (Hg.), Die fünfte Gewalt. Lobbyismus in Deutschland (= Schriftenreihe Bundeszentrale für politische Bildung 514), Wiesbaden 2006, 351–354.

Liebermann, Max, Lebenserinnerungen, Linz 2014.

Liedhegener, Antonius, Konflikt und Konsens im katholischen Binnenraum – Historische (Vor-)Erfahrungen in der Bundesrepublik Deutschland der 1960er und 1970er Jahre, in: Joachim Wiemeyer (Hg.), Dialogprozesse in der katholischen Kirche. Begründungen – Voraussetzungen – Formen, Paderborn u. a. 2013, 35–51.

Ders., Nachkriegszeit (1945–1960), in: Volkhard Krech / Lucian Hölscher (Hg.), 20. Jahrhundert – Epochen und Themen (= Handbuch der Religionsgeschichte im deutschsprachigen Raum 6 / 1), Paderborn 2015, 135–174.

Ders., Macht, Moral und mehr. Der politische Katholizismus in der Bundesrepublik Deutschland und den USA seit 1960 (= Jenaer Beiträge zur Politikwissenschaft 11), Baden-Baden 2006.

Link, Christoph, Potestas directa / indirecta / directiva, in: RGG⁴ 6 (2003) 1521–1522.

Listl, Joseph, Die Kirchenregion. Regionalkonzil und Bischofskonferenz, in: Ders. / Hubert Müller / Heribert Schmitz (Hg.), Grundriß des nachkonziliaren Kirchenrechts, Regensburg 1980, 241–252.

Lob-Hüdepohl, Andreas, „Löscht den Geist nicht aus!" Kommunikative Zumutungen des Synodalen Weges als geistlicher Prozess, in: OrdKor 61 (2020) 411–418.

Löbbert, Raoul, Schluss. Aus. Amen!, in: Die Zeit 76 (2021) Nr. 7 v. 21. Februar 2021, 11.

Lohrenscheit, Claudia / Thiemann, Anne, Sexuelle Selbstbestimmungsrechte – Zur Entwicklung menschenrechtlicher Normen für Lesben, Schwule, Transsexuelle und Intersexuelle, in: Claudia Lohrenscheit (Hg.), Sexuelle Selbstbestimmung als Menschenrecht, Baden-Baden 2009, 15–40.

Lücking-Michel, Claudia, Dialog – Impuls für eine zukunftsfähige Kirche. Vortrag auf der Arbeitstagung der Gemeinsamen Konferenz am 4. / 5. November 2010 (https://www.zdk.de/veroeffentlichungen/reden-und-beitraege/detail/Dialog-Impuls-fuer-eine-zukunftsfaehige-Kirche-Claudia-Luecking-Michel--224J/; abgerufen am 29. März 2021).

Dies., Editorial. Der Synodale Weg, in: Hirschberg 72 (2019) Nr. 6, 2.

Dies., Für eine dialogische Kirche. Genese, Anliegen und Wirkung öffentlicher Erklärungen im Interesse des Dialogs in der Kirche, in: Gebhard Fürst (Hg.), Dialog als Selbstvollzug der Kirche? (= QD 166), Freiburg i. Br. 1997, 309–328.

Dies., Interview, in: Hirschberg 72 (2019) Nr. 6, 5.

Dies., Kirchensteuer für Missbrauchsopfer? Contra, in: Publik-Forum 23 / 2019 v. 6. Dezember 2019, 8.

Dies. u. a., Offener Brief an Kardinal Marx v. 3. Februar 2021, in: FAS 19 (2019) Nr. 5 v. 3. Februar 2021.

Lüdecke, Norbert, Also doch ein Dogma? Fragen zum Verbindlichkeitsanspruch der Lehre über die Unmöglichkeit der Priesterweihe für Frauen aus kanonistischer Perspektive. Eine Nachlese, in: Wolfgang Bock / Wolfgang Lienemann (Hg.), Frauenordination. Studien zu Kirchenrecht und Theologie III (= Texte und Materialien Reihe A Nr. 47), Heidelberg 2000, 41–119.

Ders., Das Bildungswesen, in: HdbkathKR³, 989–1017.

Ders., Das Verständnis des kanonischen Rechts nach dem Codex Iuris Canonici von 1983, in: Christoph Grabenwarter / Norbert Lüdecke (Hg.), Standpunkte im Kirchen- und Staatskirchenrecht. Ergebnisse eines interdisziplinären Seminars (= fzk 33), Würzburg 2002 , 177–215.

Ders., Der Codex Iuris Canonici von 1983: „Krönung" des II. Vatikanischen Konzils?, in: Hubert Wolf / Claus Arnold (Hg.), Die deutschsprachigen Länder und das II. Vatikanum (= Programm und Wirkungsgeschichte des II. Vatikanums 4), Paderborn 2000, 209–237 (auch online verfügbar unter: https://bonndoc.ulb.uni-bonn.de/xmlui/handle/20.500.11811/1014).

Ders., Der schönste Pluralismus deckt keinen Ungehorsam, in: FAZ 51 (1999) Nr. 304 v. 30. Dezember 1999, 42.

Ders., Die Freiheit des Herrn Woelki (https://www.feinschwarz.net/die-freiheit-des-herrn-woelki/; abgerufen am 29. März 2021).

Ders., Die Grundnormen des katholischen Lehrrechts in den päpstlichen Gesetzbüchern und neueren Verlautbarungen in päpstlicher Autorität (= fzk 28), Würzburg 1997 (auch online verfügbar unter: https://bonndoc.ulb.uni-bonn.de/xmlui/handle/20.500.11811/985).

Ders., Die kirchenrechtliche Relevanz der „subsistit in"-Formel. Ein kanonistischer Ökumenebaustein, in: Rüdiger Althaus / Klaus Lüdicke / Matthias Pulte (Hg.), Kirchenrecht und Theologie im Leben der Kirche. FS Heinrich J. F. Reinhardt (= MKCIC.B 50), Essen 2007, 279–309.

Ders., Die rechtliche Ehefähigkeit und die Ehehindernisse, in: HdbkathKR³, 1282–1314.

Ders., Die Rechtsgestalt der römisch-katholischen Kirche, in: Michael Klöcker / Udo Tworuschka (Hg.), Handbuch der Religionen, München seit 1997 (Loseblattwerk) II-1.2.3.0, 1–17 (16. Erg.-Lf. 2007)

Ders., Dienst oder Bärendienst?, in: Georg Bier (Hg.), Der Kirchenaustritt. Rechtliches Problem und pastorale Herausforderung (= Theologie kontrovers), Freiburg i. Br. 2013, 171–187 (auch online verfügbar unter: https://bonndoc.ulb.uni-bonn.de/xmlui/handle/20.500.11811/1021).

Ders., Ein konsequenter Schritt. Kirchenrechtliche Überlegungen zu „Professio fidei" und Treueid, in: HK 54 (2000) 339–344.

Ders., Einmal Königstein und zurück? Die Enzyklika Humanae Vitae als ekklesiologisches Lehrstück, in: Dominicus M. Meier u. a. (Hg.), Rezeption des Zweiten Vatikanischen Konzils in Theologie und Kirche heute. FS Klaus Lüdicke (= MKCIC.B 55), Essen 2008, 357–412.

Ders., Entfernung von Diözesanbischöfen. Kanonistische Erinnerung an den exemplarischen Fall „Bischof Gaillot", in: Elmar Güthoff / Stephan Haering (Hg.), Ius quia iustum. FS Helmuth Pree (= KStT 65), Berlin 2015, 451–506.

Ders., Feiern nach Kirchenrecht. Kanonistische Bemerkungen zum Verhältnis von Liturgie und Ekklesiologie, in: JBTh 18 (2003) 395–456 (auch online verfügbar unter: https://bonndoc.ulb.uni-bonn.de/xmlui/handle/20.500.11811/1401).

Ders., Gläubigkeit und Recht und Freiheit, Kanonistische Thesen zum Pontifikat Johannes Paul II. in ökumenischer Absicht, in: Wolfgang Bock (Hg.), Gläubigkeit und Recht und Freiheit. Ökumenische Perspektiven des katholischen Kirchenrechts, Göttingen 2006, 25–52 (auch online verfügbar unter: https://bonndoc.ulb.uni-bonn.de/xmlui/handle/20.500.11811/1020).

Ders., „Humanae vitae" – ein heikler Erinnerungsort, in: Birgit Aschmann / Wilhelm Damberg (Hg.), Liebe und tu, was du willst? Die „Pillenenzyklika" Humanae Vitae von 1968 und ihre Folgen, Paderborn 2021, 31–67.

Ders., Kanonistische Anmerkungen zum Motu Proprio Summorum Pontificum, in: LJ 58 (2008) 3–34 (auch online verfügbar unter: https://bonndoc.ulb.uni-bonn.de/xmlui/handle/20.500.11811/1001).

Ders., Kanonistische Bemerkungen zur rechtlichen Grundstellung der Frau im CIC / 1983, in: Kirchliches Recht als Freiheitsordnung. GS Hubert Müller (= fzk 27), Würzburg 1997, 66–90.

Ders., Konzil, in: Werner Heun u. a. (Hg.), Evangelisches Staatslexikon, Stuttgart 2006, 1320–1324.

Ders., Liturgie als inszenierte Ekklesiologie (https://theosalon.blogspot.com/2019/11/liturgie-als-inszenierte-ekklesiologie. html#more; abgerufen am 29. März 2021).

Ders., Loben statt weihen (https://theosalon.blogspot.com/2017/02/loben-statt-weihen.html#more; abgerufen am 29. März 2021).

Ders., Mehr Geschlecht als Recht? Zur Stellung der Frau nach Lehre und Recht der römisch-katholischen Kirche, in: Sigrid Eder / Irmtraud Fischer (Hg.), „… männlich und weiblich schuf er sie …" (Gen 1,27). Zur Brisanz der Geschlechterfrage in Religion und Gesellschaft (= Theologie im kulturellen Dialog 16), Innsbruck 2009, 183–216 (auch online verfügbar unter: https://bonndoc.ulb.uni-bonn.de/xmlui/handle/20.500.11811/986).

Ders., Recta collaboratio per veram aequalitatem. Kanonistische Bemerkungen zum Schreiben der Kongregation für die Glaubenslehre über die Zusammenarbeit von Mann und Frau in der Kirche und in der Welt, in: IntamsR 10 (2004) 232–240.

Ders., Vom Lehramt zur Heiligen Schrift. Kanonistische Fallskizze zur Exegetenkontrolle, in: Ulrich Busse / Michael Reichardt / Michael Theobald (Hg.), Erinnerung an Jesus. Kontinuität und Diskontinuität in der neutestamentlichen Überlieferung. FS Rudolf Hoppe (= BBB 166), Göttingen 2011, 501–525 (auch online verfügbar unter: (https://bonndoc.ulb. uni-bonn.de/xmlui/handle/20.500.11811/1022).

Ders., Warum erst 2010? Hinweise und Anfragen zur Vorgeschichte eines Skandaljahres der Kirche in Deutschland, in: Bernhard Anuth / Bernd Dennemarck / Stefan Ihli (Hg.), „Von Barmherzigkeit und Recht will ich singen." FS Andreas Weiß (= est NF 84), Regensburg 2020, 353–380.

Ders., Wie deutsche Bischöfe und kirchliche Laien die Entschädigung von Opfern hintertreiben (https://www.fr.de/kultur/ abgekartet-13284905.html; abgerufen am 29. März 2021).

Ders. / Bier, Georg, Das römisch-katholische Kirchenrecht. Eine Einführung, Stuttgart 2012.

Lüdicke, Klaus, Die Voten der Würzburger Synode und der Entwurf für das künftige Codex Iuris Canonici, in: FS 64 (1982) 128–149.

Ders., Es wird Zeit … Wir brauchen kirchliche Verwaltungsgerichte, in: HK 74 (2020) Nr. 1, 23–25.

Maget, Franz (Hg.), Kirche und SPD. Von Gegnerschaft zu Gemeinsamkeiten, München 2014.

Maier, Hans, Das Zentralkomitee der deutschen Katholiken, in: Winfried Aymans / Karl-Theodor Geringer / Heribert Schmitz (Hg.), Das konsoziative Element in der Kirche. Akten des VI. Internationalen Kongresses für kanonisches Recht, München, 14.–19. September 1987, St. Ottilien 1989, 831–845.

Ders., Die Sendung der Laien in der Kirche von heute, in: IKaZ 40 (2011) 262–272.

Ders., Gute Jahre, böse Jahre. Ein Leben 1931 ff., München ³2019.

Ders., Interview v. 7. November 2019, in: Christ & Welt 74 (2019) Nr. 46 v. 7. November 2019, 2.

Ders., Kirchenvolks-Begehren – Was soll dabei herauskommen?, in: „Wir sind Kirche" (Hg.), Das Kirchenvolks-Begehren in der Diskussion, Freiburg i. Br. 1995, 197–199.

Martin, Kilian, Bischof Oster weist Bericht über Synodenvorschlag zurück (https://www.die-tagespost.de/kirche-aktuell/ Bischof-Stefan-Oster-weist-Bericht-ueber-Synodenvorschlag-zurueck;art312,195780; abgerufen am 29. März 2021).

Ders., Deutsche Bischöfe starten synodalen Prozess (https://www.die-tagespost.de/kirche-aktuell/Deutsche-Bischoefe-starten-synodalen-Prozess;art312,196543; abgerufen am 29. März 2021).

Marx, Karl, Zur Kritik der Hegelschen Rechtsphilosophie. Einleitung, in: Internationale Marx-Engels-Stiftung (Hg.), Karl Marx, Friedrich Engels, Gesamtausgabe (MEGA). Abteilung 1. Bd. 2. Werke, Artikel, Entwürfe. März 1843 bis August 1844, Berlin ²2009, 170–183.

Marx, Reinhard Kardinal, Das Ganze des Glaubens in den Blick nehmen, in: Michaela Labudda / Marcus Leitschuh (Hg.), Synodaler Weg. Letzte Chance? Standpunkte zur Zukunft der katholischen Kirche, Paderborn 2020, 37–42.

Ders., Einführung anlässlich des Jahresgesprächs „Martyria: Ich bin eine Mission – heute von Gott reden" am 12. September 2014 in Magdeburg: (http://www.dbk.de/fileadmin/redaktion/diverse_downloads/dossiers_2014/Gespraechsforum-Magdeburg-Einfuehrung-K-Marx.pdf.; abgerufen am 29. März 2021).

Ders., Krise und Wende. Zur Lage der Kirche, in: HK 65 (2011) 335–339.

Ders., Predigt v. 1. Dezember 2019 beim Gottesdienst zum ersten Adventssonntag mit Beginn der geistlichen Vorbereitungsphase für den Synodalen Weg der katholischen Kirche in Deutschland im Münchner Liebfrauendom (https://www.erzbistum-muenchen.de/kardinal-marx/im-wortlaut/im-wortlaut-2019/97386; abgerufen am 29. März 2021).

Ders., Pressebericht v. 14. März 2019 zur Frühjahrs-Vollversammlung der Deutschen Bischofskonferenz (https://dbk.de/nc/presse/aktuelles/meldung/abschlusspressekonferenz-der-fruehjahrs-vollversammlung-2019-der-deutschen-bischofskonferenz-in-linge/detail/; abgerufen am 29. März 2021).

Ders., Zum Geleit, in: Sekr. der DBK (Hg.), Im Heute glauben. Überdiözesaner Gesprächsprozess „Im Heute glauben" 2011–2015. Abschlussbericht, Bonn 2015, 4–5.

Ders. / Sternberg, Thomas, Erklärung v. 29. Juni 2019 zum Brief des Papstes an das „pilgernde Volk Gottes" (https://www.zdk.de/veroeffentlichungen/pressemeldungen/detail/Papst-Franziskus-schreibt-Brief-an-das-pilgernde-Volk-Gottes-in-Deutschland--1259D/; abgerufen am 29. März 2021).

Marzano, Marco, La casta die casti. I preti, il sesso e l'amore, Mailand–Florenz 2021.

Mass-Ewerd, Theodor, Nominari debent. Zur Benennung des Papstes, des Ortsbischofs und des Kollegiums der Bischöfe im Eucharistischen Hochgebet, in: Andreas Heinz / Heinrich Rennings (Hg.), Gratias agamus. Studien zum eucharistischen Hochgebet. FS B. Fischer, Freiburg i. Br. 1992, 269–281.

May, Georg, Die deutsche Bischofskonferenz nach ihrer Neuordnung, in: AfkKR 138 (1969) 405–461.

McEnroy, Carmel, Guest In Their Own House: The Women of Vatican II, New York 1996.

Meisner, Joachim Kardinal, Erschrocken und betrübt. Zum Memorandum der Theologieprofessoren, in: Kirchenzeitung für das Erzbistum Köln 87 (2011) Nr. 12 v. 25. März 2011, 3.

Ders., Interview v. 3. November 2000, in: Westerwälder Zeitung 51 (2000) v. 3. November 2000.

Ders., Mit dem Herzen sehen. Chance und Auftrag der Kirche zu Beginn des dritten Jahrtausends. Ein Gespräch mit Stefan Rehder, Aachen 2000 [zitiert als: Meisner, Herz].

Ders., Mysterium der Liebe Gottes. Eine Hinführung zur Heiligen Messe, in: Ders. / Hans-Günther Kaufmann, Die Heilige Messe, Augsburg 1997, 7–46.

Ders., Sein, wie Gott uns gemeint hat! Betrachtungen zu Maria, Berlin – Hildesheim 1988.

Menke, Karl-Heinz, Im Strom fließt die Quelle. Gedanken zur Identität einer hundertjährigen Institution, in: Evertz, Winfried (Hg.), Im Spannungsfeld zwischen Staat und Kirche. 100 Jahre Priesterausbildung im Collegium Albertinum, Siegburg 1992, 15–37.

Meyer, Hans Joachim, Bericht zur Lage auf der Vollversammlung des ZdK 20. / 21. November 2009 (https://www.zdk.de/veroeffentlichungen/reden-und-beitraege/detail/Bericht-zur-Lage-Prof-Dr-Hans-Joachim-Meyer--197z/; abgerufen am 29. März 2021).

Ders., In keiner Schublade. Erfahrungen im geteilten und vereinten Deutschland, Freiburg i. Br. 2015.

Ders., Päpstlicher Segen, in: HK 73 (2019) Nr. 9, 6.

MHG-Forschungsprojekt „Sexueller Missbrauch an Minderjährigen durch katholische Priester, Diakone und männliche Ordensangehörige im Bereich der Deutschen Bischofskonferenz" v. 24. September 2018, Mannheim – Heidelberg – Gießen 2018 (https://dbk.de/fileadmin/redaktion/diverse_downloads/dossiers_2018/MHG-Studiegesamt.pdf; abgerufen am 29. März 2021).

Mieth, Dietmar, Eine durchwachsene Bilanz. Die „Kölner Erklärung" von 1989 und ihre Wirkung, in: HK 63 (2009) 65–70.

Ders., Nicht einverstanden. Meine Erfahrungen als Laientheologe und Ethiker, Freiburg i. Br. 2020.

Missalla, Heinrich, Mut zur Wirklichkeit, in: Publik-Forum 9 / 2004, 46–49.

Ders., „Nichts muss so bleiben, wie es ist". Mein katholisches Leben im 20. Jahrhundert, Oberursel 2009.

Missbrauch: Kirche deckt Vertuscher. Panorama Nr. 273 v. 18. März 2000 (http://daserste.ndr.de/panorama/pdfkirche100.pdf; abgerufen am 29. März 2021).

Mitglieder des Aktionskreises Humanae vitae an der Ruhr-Universität Bochum (Hg.), Humanae vitae oder die Freiheit des Gewissens. Materialien zur Auseinandersetzung mit der Enzyklika Papst Pauls VI. über die Geburtenregelung, Olten 1968.

Möhring, Helmut, Die katholischen Organisationen Deutschlands (= Christ in der Welt XII / 10), Aschaffenburg 1965.

Morsbach, Petra, Der Elefant im Zimmer. Über Machtmissbrauch und Widerstand: Essay, München 2020.

Morsey, Rudolf, Zentrum, in: StL⁷ 5, 1153–1157.

Nees, Albin, Die erste Gemeinsame Synode der Bistümer in der Bundesrepublik Deutschland (1971–1975). Ihre innere Rechtsordnung und ihre Stellung in der Verfassung der Kirche (= RSWV NF 28), Paderborn 1978.

Neumann, Johannes, Grundriß des katholischen Kirchenrechts, Darmstadt 1981.

Neumann, Ursula, Der Kirchenrechtsprofessor nimmt Vernunft an, wird mit mir glücklich und stirbt, books on demand 2017.

Neuner, Peter, Das Dialogmotiv in der Lehre der Kirche, in: Gebhard Fürst (Hg.), Dialog als Selbstvollzug der Kirche? (= QD 166), Freiburg i. Br. 1997, 47–70.

Nickels, Christa, Abendessendiplomatie, in: Karl Jüsten / Hans Langendörfer (Hg.), Wir Nachbarn des Himmels. Erfahrungen und Begegnungen mit Karl Lehmann, Freiburg i. Br. 2006, 89–92.

Niemeyer, Johannes, Institutionalisierte Kontakte zwischen Kirche und staatlich-politischen Instanzen, in: Anton Rauscher (Hg.), Kirche und Staat in der Bundesrepublik 1949–1963 (= BKath. F. B: Abhandlungen), Paderborn 1979, 69–93.

Nientiedt, Klaus, Fromm, nachdenklich, orientierungsschwierig. Der 89. Katholikentag in Aachen, in: HK 40 (1986) 479–484.

Ders., Ökumenischer, pluraler, kleiner. Der 92. Deutsche Katholikentag in Dresden, in: HK 48 (1994) 393–396.

Noack, Hans-Christopher, Diözesantag beendet, in: Südkurier 71 (1995) Nr. 251 v. 30. Oktober 1997, 5.

Ochoa, Xaverius, Index verborum cum documentis Concilii Vaticani Secundi, Roma 1967.

Ders., Leges Ecclesiae post Codicem iuris canonici editae, 5. Bd. Leges anni 1973–1978 editae, Roma 1980.

Odenthal, Andreas, Priesterbild – Gottesdienst – Missbrauch. Liturgiehistorische und kulturpsychoanalytische Überlegungen zur Ambivalenz liturgischer Rollenbilder, in: Konrad Hilpert u. a. (Hg.), Sexueller Missbrauch von Kindern und Jugendlichen im Raum der Kirche. Analysen – Bilanzierungen – Perspektiven (= QD 309), Freiburg i. Br. 2020, 199–208.

ÖBK, Erklärung „Dialog für Österreich", in: Abl ÖBK 1996, Nr. 19 v. 20. Dezember 1996, 1–2 [zitiert als: ÖBK, Erklärung Dialog (1996)]

Dies., Erklärung „Dialog für Österreich", in: Abl ÖBK (1998) Nr. 22 v. 20. Mai 1998, 1–2 [zitiert als: Erklärung Dialog (1998 / 1)].

Dies., Erklärung „Dialog für Österreich", in: Abl ÖBK (1998) Nr. 22 v. 20. Mai 1998, 2 [zitiert als: ÖBK, Erklärung Dialog (1998 / 2)].

Dies., Erklärung „Dialog für Österreich", in: Abl ÖBK (1998) Nr. 24 v. 29. Dezember 1998, 1–2 [zitiert als: ÖBK, Erklärung Dialog (1998 / 3)].

Öhler, Andrea, Am Ende wird abgerechnet. Die Wut des Augsburger Bischofs hilft der Kirche (https://www.zeit.de/ 2019/24/ bischoefe-synode-streit#comments; abgerufen am 29. März 2021).

Oertel, Ferdinand, Aufstand der Laien, in: Die politische Meinung 46 (2001) Nr. 378, 39–44.

Onna, Ben van, Analyse, in: Ders. / Martin Stankowski (Hg.), Kritischer Katholizismus. Argumente gegen die Kirchen-Gesellschaft, Frankfurt a. M. – Hamburg 1969, 8–43.

Ders. / Stankowski, Martin (Hg.), Kritischer Katholizismus. Argumente gegen die Kirchen-Gesellschaft, Frankfurt a. M. – Hamburg 1969.

Orth, Stefan, Aufarbeitung beginnt, in: HK 72 (2018) Nr. 11, 9–10.

Ders., Dieser Weg wird kein leichter sein, in: HK 74 (2020) Nr. 1, 4–5.

Ders., Kirche: ZdK in Bewegung, in: HK 73 (2019) Nr. 6, 11–12.

Ortner, Helmut, Kniefall des Rechtsstaats (https://www.fr.de/panorama/kniefall-des-rechtsstaats-90185395.html; abgerufen am 29. März 2021).

Otto, Andreas, Karin Kortmann und die katholische Reformdebatte. Frauenfrage entscheidend – damals wie heute (https:// www.domradio.de/themen/reformen/2020-01-29/frauenfrage-entscheidend-damals-wie-heute-karin-kortmann-und-die-katholische-reformdebatte; abgerufen am 29. März 2021).

Pastoralgespräch im Erzbistum Köln, Schlussvoten und Meinungsbilder, Köln Februar 1996 (letzte Bearbeitung 17. Februar 2001) (https://www.erzbistum-koeln.de/export/sites/ebkportal/seelsorge_und_glaube/spiritualitaet/spiritualitaet_ und_beten/aa/pastoralgespraech/schlussvoten.pdf; abgerufen am 29. März 2021).

Patt, Helmut Josef, Volksverein. I. Volksverein für das katholische Deutschland, in: LThK³ 10, 871–872.

Pfeiffer, Christian, Interview v. 17. April 2019, in: Die Zeit 74 (2019) Nr. 17 v. 17. April 2019, 47–48.

Pfürtner, Stephan, Freiheit in der Kirche? Skizze eigener Erfahrungen, in: Friederike Schönemann / Thorsten Maaßen (Hg.), Prüft alles und behaltet das Gute! Zum Wechselspiel von Kirchen, Religionen und säkularer Welt. FS Hans-Martin Barth, Frankfurt a. M. 2004, 214–232.

Plate, Manfred, Das deutsche Konzil. Die Würzburger Synode. Bericht und Deutung, Freiburg i. Br. 1975.

Pontifikale für die katholischen Bistümer des deutschen Sprachgebiets. Die Weihe des Bischofs, der Priester und der Diakone. Handausgabe mit Pastoralliturgischen Hinweisen, Freiburg i. Br. 1994.

Posener, Alan, Benedikts Kreuzzug. Der Angriff des Vatikans auf die moderne Gesellschaft, Berlin 2009.

Pötter, Wilhelm, Einleitung zum Sb. Verantwortung des ganzen Gottesvolkes für die Sendung der Kirche, in: GemSyn I, 637–651.

Pottmeyer, Hermann J., Das Memorandum „Kirche 2011. Ein notwendiger Aufbruch". Chance zu einem Dialog?, in: IKaZ 40 (2011) 145–150.

Preckel, Anne, Der Synodale Weg. Fragen und Antwort, Stuttgart 2020.

Pree, Helmut, Schwangerenkonfliktberatung – kirchenrechtliche Gesichtspunkte, in: AnzSS 109 (2000) 215–217.

Preglau-Hämmerle, Susanne (Hg.), Katholische Reformbewegungen weltweit. Ein Überblick, Innsbruck 2012.

Public Affairs Office (US Conference of Catholic Bishops), U. S. Bishops Chairman Express Concerns with Executive Order on Supreme Court Decision v. 22. Januar 2021 (https://www.usccb.org/news/2021/us-bishop-chairmen-express-concerns-executive-order-supreme-court-decision; abgerufen am 29. März 2021).

Pucher, Ernst, Zum Verhältnis von forum externum und forum internum besonders in der Ausbildung der Kleriker, in: ÖAKR 38 (1989) 494–504.

Quisinsky, Michael, Goldie, Rosemarie, in: Ders. / Peter Walter (Hg.), Personenlexikon zum Zweiten Vatikanischen Konzil, Freiburg i. Br. 2012, 117–118.

Rahner, Karl, Zur Spiritualität des Priesters vom Amt her gesehen, in: Ders., Schriften zur Theologie XIV, Zürich – Einsiedeln – Köln 1980, 182–207.

Ratzinger, Joseph / Hans Maier, Demokratie in der Kirche. Möglichkeiten, Grenzen, Gefahren (= WeWe 16), Limburg 1970.

Ratzinger, Joseph Kardinal, Demokratisierung der Kirche – Dreißig Jahre danach, in: Ders. / Hans Maier (Hg.), Demokratie in der Kirche. Möglichkeiten und Grenzen, Limburg / Lahn ²2005, 78–92.

Ders., Demokratisierung der Kirche – Dreißig Jahre danach, in: Ders., Künder des Wortes und Diener eurer Freude. Theologie und Spiritualität (= Joseph Ratzinger, Gesammelte Schriften 12), Freiburg i. Br. – Basel – Wien 2010, 187–198 [zitiert als: Ratzinger, Kirche].

Ders., Geleitwort, in: Philippe Delhaye / Leon Elders (Hg.), Episcopale Munus. Recueil d'études sur le ministère épiscopal offertes en hommage a Son Excellence Mgr J. Gijsen, Assen 1982, XI–XVI.

Ders., Gesicht und Aufgabe einer Glaubensbehörde, in: HK 38 (1984) 360–368.

Reimers, Stephan / Jüsten, Karl, „Lobbying" für Gott und die Welt, in: Susanna Schmidt / Michael Wedell (Hg.), „Um der Freiheit willen …". Kirche und Staat im 21. Jahrhundert. FS Burkhard Reichert, Freiburg i. Br. 2002, 221–231.

Reisener, Thomas, Wer ist Armin Laschets Schattenmann? Nathanael Liminiski im Porträt (https://rp-online.de/nrw/landespolitik/maschinist-der-macht-nathanael-liminiski-im-portraet_aid-32470471; abgerufen am 29. März 2021).

Reiter, Johannes, Der Papst und das Naturrecht. Ein Beitrag zur Rezeption der Bundestagsrede von Benedikt XVI. anlässlich seines Deutschlandbesuchs 2011, in: TThZ 122 (2013) 85–102.

Rohrbasser, Anton (Hg.), Heilslehre der Kirche. Dokumente von Pius IX. bis Pius XII., Freiburg / Schweiz 1953.

Rolli-Alkemper, Lukas, Familie im Wiederaufbau. Katholizismus und bürgerliches Familienideal in der Bundesrepublik Deutschland 1945–1965 (= VKZG.F 89), Paderborn 2000.

Rothe, Wolfgang F., Die außerliturgische Klerikerkleidung nach can. 284 CIC. Eine rechtsgeschichtliche, rechtssystematische und rechtskritische Untersuchung (= MThS.K 68), St. Ottilien 2014.

Rüfner, Wolfgang, Informativprozess, in: LKStKR II, 283–284.

Rütersworden, Udo, Die Interpretation der Bibel in der Kirche. Zum Dokument der Päpstlichen Bibelkommission von 1993, in: BiLi 71 (1998) 154–159.

Sägmüller, Johann Baptist, Lehrbuch des katholischen Kirchenrechts 1, Freiburg i. Br. ³1914.

Sartory, Thomas und Gertrude, Strukturkrise einer Kirche. Vor und nach der Enzyklika „Humanae Vitae", München 1969.

Sauer, Arn / Mittag, Jana, Geschlechtsidentität und Menschenrecht in der internationalen Politik, in: ApuZ 62 (2012) 55–62.

Schäfer, Klaus, Zum Thema Priestergruppen, in: StZ 95 (1970) 34–46.

Ders., Nochmals: Zum Thema Priestergruppen, in: StZ 95 (1970) 361–378 [zitiert als: Schäfer, Priestergruppen].

Schärtl, Thomas, Was ist die Krise der Kirche? Über das „Memorandum 2011" und seine brennenden theologischen Fragen, in: IKaZ 40 (2011) 151–162.

Schatz, Klaus, Vaticanum I. 1869–1870. Bd. II, Paderborn u. a. 1993.

Ders., „La tradizione sono io". Zur umstrittenen ‚Szene' Pius IX. mit Kardinal Guidi, in: Ders., Vaticanum I. 1869–1870. Bd. II: Unfehlbarkeit und Rezeption, Paderborn u. a. 1994, 312–322.

Ders., Wunschlisten für das kommende Konzil. Eine Umfrage der Zeitschrift Wort und Wahrheit 1960 / 61, in: Katharina Krips / Stephan Mokry / Klaus Unterburger (Hg.), Aufbruch in der Zeit. Kirchenreform und europäischer Katholizismus (= MKHS NF 10), Stuttgart 2020, 335–354.

Schavan, Annette, Dialog statt Dialogverweigerung, in: „Wir sind Kirche" (Hg.), Das Kirchenvolks-Begehren in der Diskussion, Freiburg i. Br. 1995, 221–223.

Scheiper, Jessica, Crottogini, Jakob (1919–2012), in: BBKL XLI (2020) 243–246.

Dies., Der „Fall Crottogini" oder: Priesterbild, Sexualität und Zensur, in: MThZ 70 (2019) 118–144.

Dies., Der Fall Crottogini. Wie der Vatikan eine heikle Studie verschwinden ließ, in: HK 74 (2020) Nr. 6, 43–44 [zitiert als: Scheiper, Vatikan].

Dies., Überlegungen zur Verhältnisbestimmung von Priesterbild und Priesterbildung seit dem Konzil von Trient (im Druck).

Dies., Verheiratete katholische Priester? Bemerkungen zur Zölibatsdiskussion, in: ThGl 111 (2021), 16-33.

Dies., Zensur im Dienst des Priesterbildes. Der „Fall Crottogini" (= fzk 42), Würzburg 2019.

Schelkens, Karim, Paul VI and the Postconciliar Celibacy Crisis in the Netherlands, in: Jörg Ernesti (Hg.), Paul VI. und die nachkonziliare Krise. Studientage, Brixen, Februar 2012, in Zusammenarbeit mit der Philosophisch-Theologischen Hochschule Brixen (= Pubblicazioni del Istituto Paolo VI 32), Brescia 2013, 121–149.

Scheulen, Roland, Die Rechtsstellung der Priesterbruderschaft „St. Petrus". Eine kritische Untersuchung auf dem Hintergrund der geltenden Struktur und Disziplin der Lateinischen Kirche (= MKCIC.B 30), Essen 2001.

Schewick, Burkhard van, Böhler, Wilhelm, in: StL⁷ 1, 863–864.

Schildt, Axel, Die 60er Jahre. Politik, Gesellschaft und Kultur am Ende der Nachkriegszeit, in: Bernd Hey (Hg.), Kirche, Staat und Gesellschaft nach 1945. Konfessionelle Prägungen und sozialer Wandel (BWFKG 21), Bielefeld 2001, 11–23.

Schmiedl, Joachim, Synodaler Weg und Würzburger Synode (https://www.feinschwarz.net/synodaler-weg-und-wuerzburger-synode/; abgerufen am 29. März 2021).

Schmitt, Carl, Völkerrechtliche Formen des modernen Imperialismus (1932), in: Ders., Positionen und Begriffe im Kampf mit Weimar-Genf-Versailles 1923–1939, Hamburg 1940, 162–190.

Schmitz, Heribert, Die Beratungsorgane des Diözesanbischofs, in: Joseph Listl / Hubert Müller / Heribert Schmitz (Hg.), Grundriß des nachkonziliaren Kirchenrechts, Regensburg 1980, 277–287.

Ders., Einführung und Kommentar zur Neuordnung der Kandidatenauswahl für den bischöflichen Dienst in der Lateinischen Kirche, in: NKD 38, 115–131.

Ders., „Professio fidei" und „ius iurandum fidelitatis". Glaubensbekenntnis und Treueid. Wiederbelebung des Antimodernisteneides?, in: AfkKR 157 (1988) 353–429.

Ders., Sondervollmachten einer Sonderkommission. Kanonistische Anmerkungen zum Rescriptum ex Audientia SS.mi vom 18. Oktober 1988 der Päpstlichen Kommission „Ecclesia Dei", in: AfkKR 159 (1990) 36–59.

Schnackers, Hubert, Kirche als Sakrament und Mutter. Zur Ekklesiologie von Henri de Lubac (= RST 22), Frankfurt a. M. 1979.

Schneider, Angela, Wie Rom auf die deutsche Synode reagierte, in: Norbert Greinacher / Hans Küng (Hg.), Katholische Kirche – wohin? Wider den Verrat am Konzil, München 1986, 367–379.

Schröpf, Christina, Bischof Müller verbietet Lesung mit Ex-ZdK-Chef (https://www.mittelbayerische.de/bayern-nachrichten/bischof-mueller-verbietet-lesung-mit-ex-zdk-chef-21705-art663007.html; abgerufen am 29. März 2021).

Schüller, Thomas, Vergessenes Recht – die „Würzburger Kirchliche Verwaltungsgerichtsordnung", in: PThI 31 (2011) 171–187.

Schüßler, Michael, Christliche Identität und soziale Kontrolle. Transformationen der Pastoralmacht ins Digitale, in: Christian Ströbele u. a. (Hg.), Welche Macht hat Religion? Anfragen an Christentum und Islam (= Theologisches Forum Christentum – Islam), Regensburg 2019, 163–176.

Schulte, Tobias, Galube (sic!) ich das, oder sage ich es nur? (https://www.youpax.de/content/glaube-ich-das-oder-sage-ich-es-nur-janosch-roggel.php; abgerufen am 29. März 2021).

Schulz, Anselm, Die Orden und andere geistliche Gemeinschaften. Auftrag und pastorale Dienste heute, in: GemSyn I, 549–580.

Schwaderlapp, Tobias, Interview v. 13. Dezember 2019 (https://www.domradio.de/themen/jugend-und-spiritualitaet/2019-12-13/im-glauben-ist-nicht-alles-verhandlungssache-dioezesanjugendseelsorger-liest-bdkj-die-leviten; abgerufen am 29. März 2021).

Seeber, David, Verquerer Vorgang, in: HK 39 (1985) 5.

Seidler, Martin / Steiner, Michael (Hg.), Kirche lebt von unten. Erfahrungen aus 20 Jahren, Wuppertal 2000.

Seiterich-Kreuzkamp, Thomas, Hat Kardinal Lehmann zwei Gesichter?, in: Publik-Forum 22 / 2002, 28–29.

Ders., Stand Lehmann unter Druck, in: Publik-Forum 22 / 2002, 28–29 [zitiert als Seiterich-Kreuzkamp, Druck].

Sekr. der DBK (Hg.), „Gemeinsam Kirche sein". Wort der deutschen Bischöfe zur Erneuerung der Pastoral v. 1. August 2015 (= DDB 100), Bonn 2015.

Dass., Im Heute glauben. Überdiözesaner Gesprächsprozess „Im Heute glauben" 2011–2015. Abschlussbericht, Bonn 2015.

Dass., Pressemeldung v. 22. Januar 2011 (https://www.dbk.de/nc/presse/aktuelles/meldung/sekretariat-der-deutschen-bischofskonferenz-zu-viri-probati/detail/; abgerufen am 29. März 2021).

Dass. (Hg.), Päpstliche Bibelkommission. Die Interpretation der Bibel in der Kirche v. 23. April 1993 (= VAS 115), Bonn ²1996.

Dass. (Hg.), Zum gemeinsamen Dienst berufen. Die Leitung gottesdienstlicher Feiern – Rahmenordnung für die Zusammenarbeit von Priestern, Diakonen und Laien im Bereich der Liturgie v. 8. Januar 1999 (= DDB 62), Bonn 1999.

Semmelroth, Otto, Die Synode und die „Basis". Zwei beachtenswerte Hinweise, in: Hirschberg 25 (1972) 209–212.

Sieben, Hermann Josef, Consensus, unanimitas und maior pars auf Konzilien. Von der Alten Kirche bis zum I. Vatikanum, in: ThPh 67 (1992) 192–229.

Simmel, Georg, Soziologie der Mahlzeit, in: Michael Landmann / Margarete Susman (Hg.), Georg Simmel. Brücke und Tür. Essays des Philosophen zur Geschichte, Religion, Kunst und Gesellschaft, Stuttgart 1957, 243–250.

Socha, Hubert, Kommentar zu c. 7, in: MKCIC (Stand 2012).

Söding, Thomas, Ermahnung als Ermutigung. Der Brief von Papst Franziskus an die deutschen Katholiken auf dem „Synodalen Weg", in: IKaZ Communio 47 (2019) 367–379.

Ders., Synodalität im Lichte des Briefes von Papst Franziskus (https://www.synodalerweg.de/fileadmin/Synodalerweg/Dokumente_Reden_Beitraege/Ansprache-Prof.-Soeding-Synodalitaet-im-Lichte-des-Briefes-von-Papst-Franziskus.pdf; abgerufen am 29. März 2021).

Ders., Synodalität im Lichte des Briefes von Papst Franziskus, in: Michaela Labudda / Marcus Leitschuh (Hg.), Synodaler Weg. Letzte Chance? Standpunkte zur Zukunft der katholischen Kirche, Paderborn 2020, 52–58 [zitiert als Söding, Synodalität im Lichte].

Spadaro, Antonio, Il governo di Francesco. È ancora attiva la spinta propulsiva del pontificato?, in: CivCatt 171 (2020) 350–364.

Spieker, Manfred, Kirche und Abtreibung. Ursachen und Verlauf eines Konflikts, Paderborn – München – Wien u. a. 2001.

Spital, Hermann Josef, Presseerklärung v. 7. Februar 2000 zur Schwangerenkonfliktberatung.

Ständiger Rat der DBK, Stellungnahme zur Erklärung des Zentralkomitees der deutschen Katholiken zur Frage der kirchenrechtlich zwingenden Verbindung von Ehelosigkeit und Priesteramt, in: Abl Osnabrück 110 (1994) 156.

Stanzel, Norbert, Die Geißel Gottes. Bischof Kurt Krenn und die Kirchenkrise, Wien 1999.

Statut des Zentralkomitees der deutschen Katholiken, in: Berichte und Dokumente (ZdK) 1969, 3–8.

Steck, Karl Gerhard, Das römische Lehramt und die Heilige Schrift (= TEH 107), München 1963.

Stender, Christoph, Des Synodalen Weges Besonderheit. „Weiter ist der Mensch seit ein Gespräch er ist", in: Hirschberg 72 (2019) Nr. 6, 20–23.

Sternberg, Thomas, Abendpodium beim Online Studientag „Synodaler Weg – eine Zwischenbilanz" v. 9. Dezember 2019 – Synodaler Weg Teil 3 (00:13:47) (https://www.katholische-akademie-freiburg.de/detail/nachricht/id/135893-synodaler-weg-eine-zwischenbilanz/?cb-id=12027544; abgerufen am 29. März 2021).

Ders., Erklärung v. 14. März 2019 zum Beschluss der DBK zu synodalem Prozess (https://www.zdk.de/veroeffentlichungen/pressemeldungen/detail/ZdK-Praesident-Thomas-Sternberg-begruesst-Beschluss-zu-synodalem-Prozess-1258V/; abgerufen am 29. März 2021).

Ders., Interview v. 21. Dezember 2018 (https://www.domradio.de/themen/soziales/2018-12-21/druck-im-land-ist-staerker-geworden-laien-praesident-schaut-auf-das-jahr-2018, abgerufen am 29. März 2021).

Ders., Interview v. 10. Mai 2019 (https://www.domradio.de/themen/laien/2019-05-10/ergebnisse-muessen-her-zdk-praesident-sternberg-ueber-kirchenreform-und-europawahl; abgerufen am 29. März 2021).

Ders., Interview v. 4. September 2019 (https://www.kirche-und-leben.de/wie-verbindlich-wird-der-synodale-weg-herr-sternberg; abgerufen am 29. März 2021).

Ders., Schritte auf dem Synodalen Weg. Beteiligungsformen in der katholischen Kirche der Bundesrepublik Deutschland, in: Thomas Schüller / Michael Seewald (Hg.), Die Lehrkompetenz der Bischofskonferenz. Dogmatische und kirchenrechtliche Perspektiven, Regensburg 2020, 191–215.

Stourton, Edward, Die reine Wahrheit. Die katholische Kirche auf dem Weg ins dritte Jahrtausend, Mödling 1999.

Struppe, Ursula, Der „Dialog für Österreich" – eine „historische Wende" oder eine „gut geplante Frustration"?, in: Diakonia 30 (1999) 202–209.

Subrack, Josef, Geistliche Vaterschaft – Geistliche Mutterschaft, in: IKaZ 28 (1999) 128–136.

Szczesny, Gerhard, Die Zukunft des Unglaubens. Zeitgemäße Betrachtungen eines Nichtchristen, München 1959.

Thierse, Wolfgang, Anachronistische Forderungen. Was steckt hinter dem Arbeitskreis von Laizisten in der SPD?, in: HK 65 (2011) 11–15.

Tomasi, Silvano M., Foreword. Promotion of a More Balanced Dialogue at the United Nations in Geneva, in: Permanent Observer Mission of the Holy See (Hg.), Preserving the Universality of Human Rights. Parallel Event in Conjunction with the 19th Regular Session of the United Nations Human Rights Council on March 9, 2012, Vatican City, 2012, 9–12.

Treiber, Hubert / Steinert, Heinz, Die Fabrikation des zuverlässigen Menschen. Über die „Wahlverwandtschaften" von Kloster- und Fabrikdisziplin, Münster 2005.

Trippen, Norbert, Josef Kardinal Frings (1887–1978). Bd. I: Sein Wirken für das Erzbistum Köln und für die Kirche in Deutschland (= VKZG.F 94), Paderborn 2003.

Ders., Joseph Kardinal Höffner (1906–1987). Bd. II: Seine bischöflichen Jahre 1962–1987 (= VKZG.F 122), Paderborn 2012.

Utsch, Edgar / Klusmann, Carl-Peter (Hg.), Dem Konzil verpflichtet – verantwortlich in Kirche und Welt. Priester- und Solidaritätsgruppen in Deutschland (AGP) 1969–2010: eine Bilanz nach 40 Jahren (= TuP.B, 25), Berlin 2010.

Valerio, Adriana, Madri del Concilio. Ventitré donne al Vaticano II, Roma 2012.

Villar, Esther, Katholikinnen aller Länder vereinigt Euch, Bergisch Gladbach 1995.

Voderholzer, Rudolf, Persönliche Erklärung v. 26. September 2020 (in: https://www.bistum-regensburg.de/news/persoenliche-erklaerung-von-bischof-dr-rudolf-voderholzer-6979/; abgerufen am 29. März 2021).

Vogel, Bernhard, Der deutsche Katholizismus im 20. Jahrhundert, in: AMRhKG 42 (1990) 494–505.

Ders., Der Essener Katholikentag, in: (2019) Nr. 6, 25–28.

Voges, Stefan, Konzil, Dialog und Demokratie. Der Weg zur Würzburger Synode 1965–1971 (= VKZG.F 132), Paderborn 2015.

Volz, Ludwig, Der Religionsunterricht in der Schule. Einleitung, in: GemSyn I, 113–122.

Vorbereitendes Forum „Macht und Gewaltenteilung in der Kirche", Vorüberlegungen (https://www.synodalerweg.de/file-admin/Synodalerweg/Dokumente_Reden_Beitraege/SW-Vorlage-Forum-I.pdf; abgerufen am 29. März 2021).

Vorstellung der Missbrauchsstudie der katholischen Kirche – Vollversammlung v. 25. September 2018 Liveübertragung v. 25. September 2018 (https://www.youtube.com/watch?v=4TyUbTsYnz8; abgerufen am 29. März 2021).

Walz, Frank, Der „Dialog für Österreich" aus der Sicht eines Liturgiewissenschaftlers, in: HlD 53 (1999) 127–136.

Wanke, Joachim, Miteinander sprechen – aber worüber? (https://www.zdk.de/veroeffentlichungen/reden-und-beitraege/detail/Miteinander-sprechen-aber-worueber-Bischof-Dr-Joachim-Wanke--225A/; abgerufen am 29. März 2021).

Wargny, Christophe, Die Welt schreit auf, die Kirche flüstert. Jacques Gaillot, ein Bischof fordert heraus, Freiburg i. Br. 1993.

Waschbüsch, Rita, Die Schwangerenkonfliktberatung – Konflikte und Alternativen, in: Katholische Ärztearbeit Deutschlands (Hg.), Gehorsam und Widerstand – Nachfrage bei Friedrich (von) Spee – „Brauchen wir eine andere Ethik?" Neue Herausforderung durch die Entwicklung der Embryonen- und Stammzellforschung, Ostfildern 2001, 38–56.

Dies., Kirchenvolks-Begehren – Wenig hilfreich in der Sache, in: „Wir sind Kirche" (Hg.), Das Kirchenvolks-Begehren in der Diskussion, Freiburg i. Br. 1995, 247–248.

Wassilowsky, Günther, Abstimmen über die Wahrheit? Entscheidungskulturen in der Geschichte der Kirche, in: StZ 233 (2015) 219–233.

Ders., Die Chance des zweiten Blicks. Plädoyer für eine historische Konzilsforschung, in: HK 57 (2003) 623–627.

Wegan, Martha, Erstes Memoriale als Anwältin von Johannes Grabmeier zur Antragsbegründung an die zweite Sektion der Apostolischen Signatur, in: Johannes Grabmeier (Hg.), Kirchlicher Rechtsweg – vatikanische Sackgasse. Kirchliches Rechtssystem in der römisch-katholischen Kirche endgültig gescheitert – dargestellt an einem konkreten Fall eines hierarchischen Rekurses von Regensburg bis Rom zur Mitwirkung der Laien in der Kirche, Schierling 2012, 97–128.

Weiss, Wolfgang, Die Würzburger Synode – Ende statt Anfang?, in: RoJKG 26 (2007) 93–106.

Werbick, Jürgen, Kirche. Ein ekklesiologischer Entwurf für Studium und Praxis, Freiburg i. Br. 1994.

Werners, Hans, Erfahrungen mit der Würzburger Synode, in: Dieter Emeis / Burkard Sauermost (Hg.), Synode – Ende oder Anfang?, Düsseldorf 1976, 25–41.

Weymann-Weyhe, Walter, Ins Angesicht widerstehen. Über den Gehorsam in der Kirche, Olten – Freiburg i. Br. 1969.

Wiegelmann, Lucas, Das Briefgeheimnis. So entstand das Schreiben von Papst Franziskus an die Deutschen, in: HK 73 (2020) Nr. 10, 25–26.

Wilmes, Bernd u. a., Hirt, Guter Hirt, in: LThK³ 5, 155–160.

Wimmer, Anian Christoph, Voderholzer: Die Weichen für den „Synodalen Weg" sind falsch gestellt worden (https://de. catholicnewsagency.com/story/voderholzer-der-synodale-prozess-wird-nur-zu-mehr-frustration-fuhren-5105; abgerufen am 29. März 2021).

Windsor, Gerard, Heaven where the bachelors sit, Queensland 2012.

„Wir sind Kirche" (Hg.), Das Kirchenvolks-Begehren, Freiburg i. Br. 1995.

Woelki, Rainer Maria Kardinal, Interview v. Februar 2020, in: HK 74 (2020) Nr. 2, 17–21.

Wolf, Hubert, Der Unfehlbare. Pius IX. und die Erfindung des Katholizismus im 19. Jahrhundert, München 2020.

Ders., Krypta. Unterdrückte Traditionen der Kirchengeschichte, München 2015.

Ders., Zölibat. 16 Thesen, München ²2019.

Wulf, Friedrich, Sentire cum ecclesia, in: LThK² 9, 674–675.

Würth, Johanna, Reaktionen auf das Ergebnis, in: Paul M. Zulehner (Hg.), Kirchenvolks-Begehren und Weizer Pfingstvision: Kirche auf Reformkurs, Innsbruck 1995, 44–50.

Dies., Vorgeschichte und Anlaß, in: Paul M. Zulehner (Hg.), Kirchenvolks-Begehren und Weizer Pfingstvision: Kirche auf Reformkurs, Innsbruck 1995, 8–16.

Zander, Helmut, Die Christen und die Friedensbewegungen in beiden deutschen Staaten. Beiträge zu einem Vergleich für die Jahre 1978–1987 (= Beiträge zur Politischen Wissenschaft 54), Berlin 1989.

ZdK, Die Geschichte des ZdK (https://www.zdk.de/ueber-uns/blick-in-die-geschichte/; abgerufen am 29. März 2021).

Dass., Erklärung v. 18. November 1994 „zur Frage der kirchenrechtlich zwingenden Verbindung von Ehelosigkeit und Priesteramt" (https://www.zdk.de/veroeffentlichungen/erklaerungen/detail/Zur-Frage-der-kirchenrechtlich-zwingenden-Verbindung-von-Ehelosigkeit-und-Priesteramt-62D/; abgerufen am 29. März 2021).

Dass., Erklärung v. 18. / 19. November 2011 „Für ein partnerschaftliches Zusammenwirken von Frauen und Männern in der Kirche" (http://www.zdk.de/cache/dl-Fuer-ein-partnerschaftliches-Zusammenwirken-von-Fr-7a7f9aa-befc83640f4dcdc202b40b442.pdf; abgerufen am 29. März 2021).

Dass., Pressemeldung „Dialog fortsetzen" v. 8. März 2011 (https://www.zdk.de/veroeffentlichungen/pressemeldungen/detail/Dialog-fortsetzen-634k/; abgerufen am 29. März 2021).

Dass., Statut (1967), in: Berichte und Dokumente (ZdK) 1969, 3–8.

Dass., Statut und Geschäftsordnung (2018), Bonn 2018 (https://www.zdk.de/ueber-uns/statut-und-geschaeftsordnung/; abgerufen am 29. März 2021).

Dass., Stellungnahme v. 14. November 1981 (https://www.zdk.de/veroeffentlichungen/erklaerungen/detail/Zur-aktuellen-Friedensdiskussion-122d/; abgerufen am 29. März 2021).

Dass., Synodaler Weg – Leitantrag des Präsidiums v. 10. Mai 2019 (https://www.zdk.de/veroeffentlichungen/reden-und-beitraege/detail/Synodaler-Weg-Leitantrag-des-Praesidiums-424e/; abgerufen am 29. März 2021).

Dass., ZdK-Vollversammlung befürwortet Beteiligung am „Synodalen Weg" (https://www.zdk.de/veroeffentlichungen/pressemeldungen/detail/ZdK-Vollversammlung-befuerwortet-Beteiligung-am-Synodalen-Weg--1252p/; abgerufen am 29. März 2021).

ZdK (Hg.), Mitten in dieser Welt. 82. Deutscher Katholikentag vom 4. September bis 8. September 1968 in Essen, Paderborn 1968.

ZdK-Kommission 8, Dialog statt Dialogverweigerung. Wie in der Kirche miteinander umgehen? Diskussionsbeitrag der Kommission 8 „Pastorale Grundfragen", in: Berichte und Dokumente (ZdK) 1994, 3–43.

ZdK-Vollversammlung, Beschluss v. 23. November 2018: „Entschlossenes gemeinsames Handeln, jetzt!" (https://www.zdk.de/veroeffentlichungen/erklaerungen/detail/Entschlossenes-gemeinsames-Handeln-jetzt--247N/; abgerufen am 29. März 2021).

Dies., Dialog und Dialogverweigerung. Wie in der Kirche miteinander umgehen? Beschluß der Vollversammlung des ZdK, in: Berichte und Dokumente (ZdK) 1994, 44–48.

Ziemann, Benjamin, Katholische Kirche und Sozialwissenschaften 1945–1975 (= KSG 175), Göttingen 2007.

Ders., Zwischen sozialer Bewegung und Dienstleistung am Individuum. Katholiken und katholische Kirche im therapeutischen Jahrzehnt, in: ASozG 44 (2004) 357–393.

Zimmermann, Steffen, Nathanael Liminski: Von der „Generation Benedikt" zu Armin Laschet (https://www.katholisch.de/artikel/28492-nathanael-liminski-von-der-generation-benedikt-zu-armin-laschet; abgerufen am 29. März 2021).

Zinnhobler, Rudolf, Pius IX. in der katholischen Literatur seiner Zeit, in: Georg Schwaiger (Hg.), Konzil und Papst. Historische Beiträge zur Frage der höchsten Gewalt in der Kirche, Paderborn 1975, 387–432.

Zollitsch, Robert, Pressebericht v. 25. Februar 2010 (https://www.dbk.de/fileadmin/redaktion/diverse_downloads/presse/2010-035-Pressebericht.pdf; abgerufen am 29. März 2021).

Ders., Wo steht die Kirche heute? Impuls auf der Arbeitstagung der Gemeinsamen Konferenz am 4./5. November 2010 (https://www.zdk.de/veroeffentlichungen/reden-und-beitraege/detail/Wo-steht-die-Kirche-heute-Erzbischof-Dr-Robert-Zollitsch--229U/; abgerufen am 29. März 2021).

Zulehner, Paul M. (Hg.), Kirchenvolks-Begehren und Weizer Pfingstvision: Kirche auf Reformkurs, Innsbruck 1995.